레전드
러시아어
회화사전

NEW 레전드
러시아어 회화사전

개정2판 1쇄 **발행** 2024년 10월 25일
개정2판 1쇄 **인쇄** 2024년 10월 21일

저자	강라나(Кан Светлана)
감수	발라바네츠 엘레나(Балабанец Елена)
기획	김은경
편집	이지영 · Jellyfish
디자인	IndigoBlue
성우	보이초바 아나스타샤(Бойцова Анастасия) · 오은수
녹음 · 영상	BRIDGE CODE

발행인	조경아		
총괄	강신갑		
발행처	랭귀지북스		
등록번호	101-90-85278	**등록일자**	2008년 7월 10일
주소	서울시 마포구 포은로2나길 31 벨라비스타 208호		
전화	02.406.0047	**팩스**	02.406.0042
이메일	languagebooks@hanmail.net		
MP3 다운로드	blog.naver.com/languagebook		

ISBN	979-11-5635-231-0 (13790)
값	21,000원

ⓒLanguagebooks, 2024

레전드
러시아어
회화사전

랭귀지북스

세계에서 가장 큰 나라, **러시아!**

Здра́вствуйте! 즈드라스트부이쩨!

안녕하세요!

여러분과 러시아어의 길에 함께하게 되어 기쁩니다.

러시아는 전통 깊은 문화와 매력적인 관광지가 있는 나라, 풍부한 천연자원으로 상당한 발전 잠재력을 가진 나라로, '가장 가까운 유럽' 즉, 유럽의 관문으로 통합니다. 한국과 러시아의 경제적, 문화적, 교육적 교류는 점점 더 활발해지는 추세라 최근 러시아어 학습의 필요성이 높아지고 있습니다. 유학, 사업, 무역 등 러시아어를 배우는 목적은 다양할 것이라 생각됩니다.

러시아 현지 또는 한국의 독자분들이 원어민들과 원활한 의사소통을 하는 데 도움을 드리고자 이 책을 집필했습니다. 첫 만남부터 꼭 필요한 주제들을 세부적으로 나누어, 활용도가 높고 원어민들이 실제 쓰는 표현들을 준비했습니다. 일상생활은 물론이고 학교, 직장, 여행 등 각종 상황에서 적절한 표현이 무엇인지 바로 찾아 말할 수 있도록 하였고, 생생한 러시아 문화와 최신 정보로 흥미를 더했습니다. 또한 러시아어 발음 특성상 읽기를 어려워하시는 분들을 위해 한글 발음 표기와 러시아어 표준 발음 녹음도 준비했습니다.

러시아어는 한국 학습자들에게 다소 생소한 발음에 어미 변화와 전치사 사용, 단어마다 신경 써야 하는 문법 등이 복잡하게 느껴질 수 있습니다. 하지만 자신하건대, 도중에 포기하지만 않고 꾸준히 갈고닦으면, 큰 성취감이 생기는 언어가 바로 러시아어입니다.

입문 단계에서 약간의 진입 장벽이 느껴질 수 있지만, 절대 포기하지 말고 반복 또 반복하실 것을 당부드립니다. 오늘부터 하루에 한 마디라도 내가 하고 싶은 말을 러시아어로 표현해 본다고 생각하며 이 책에 수록된 문장들을 여러분의 것으로 하나하나 만들어 간다면, 러시아어 실력을 높일 수 있을 것이라 확신합니다.

마지막으로 응원해 주신 부모님과 가족에게 감사의 말을 전합니다.

Не бойтесь трудностей! 니 보이찌시 뜨루드나스쩨이!
У вас всё получится! 우 바ㅅ 프쇼 빨루치짜!

어려움을 두려워하지 마세요!
여러분은 모든 것이 잘 될 거예요!

저자 강라나

러시아 현지에서 가장 많이 쓰는 기본 회화를 엄선해 담았습니다. 학습을 통해 자기소개와 취미 말하기부터 직업 소개, 감정 표현까지 다양한 주제의 기본 회화를 쉽게 구사해 보세요.

1. 러시아어 최신 3,500여 개 표현!

왕초보부터 초·중급 수준의 러시아어 학습자를 위한 어휘·표현집으로, TORFL A1~B2 러시아어 필수 어휘를 기본으로, 일상생활에서 자주 접하게 되는 상황을 12개의 챕터에서 큰 주제로 묶고, 다시 500개 이상의 작은 주제로 나눠 3,500여 개의 표현을 제시했습니다.

2. 눈에 쏙 들어오는 그림으로 기본 어휘 다지기!

500여 컷 이상의 일러스트와 함께 기본 어휘를 쉽게 익힐 수 있습니다. 자기소개, 직장 생활 등 일상생활에 필요한 기본 단어부터 취미, 감정 등 주제별 주요 단어, 동작 관련 어휘에 이르기까지 꼭 알아야 할 다양한 주제의 필수 어휘를 생생한 그림과 함께 담았습니다.

3. 바로 찾아 바로 말할 수 있는 한글 발음 표기!

기초가 부족한 초보 학습자가 러시아어를 읽을 수 있는 가장 쉬운 방법은 바로 한글 발음을 보고 읽는 것입니다. 러시아어 발음이 우리말과 일대일로 대응하진 않지만, 학습에 편의를 드리고자 러시아에서 사용하는 표준 발음과 가까운 소리로 한글 발음을 표기하였습니다. 초보자도 언제 어디서나 필요한 표현을 바로 찾아 다양한 문장을 구사할 수 있습니다. 각 표현의 하단에는 사전 없이 바로 이해할 수 있도록 참고 어휘를 정리해 뒀습니다.

4. 꼭! 짚고 가기 & 여기서 잠깐!

수년간 현지에서 실제 생활한 경험과 정확한 자료 조사를 바탕으로 사회, 문화, 교육 전반에 걸친 다양한 러시아 관련 정보를 알차게 담았습니다. 우리와 다른 그들의 문화를 접하며 더욱 재미있게 배울 수 있습니다.

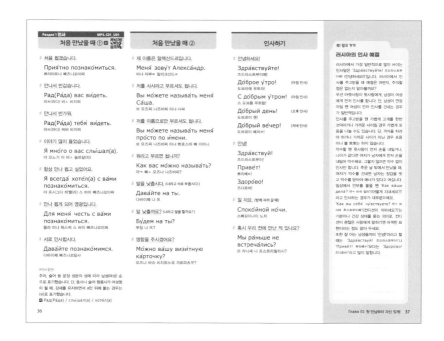

5. 말하기 집중 훈련 유튜브 영상 & MP3!

이 책에는 러시아어 알파벳부터 기본 단어, 본문의 회화 표현까지 러시아 원어민의 정확한 발음으로 녹음한 MP3 파일과 본문 영상을 제공합니다.

Раздел마다 QR코드를 스캔하여 영상 자료를 쉽게 찾아볼 수 있습니다. 자주 듣고 큰 소리로 따라 말하며 학습 효과를 높여 보세요.

유튜브에서
〈레전드 러시아어 회화사전〉을
검색하세요.

MP3

blog.naver.com/**languagebook**

차례 **Содержание** 사지르자니예

기초 다지기

Глава 01 첫 만남부터 자신 있게!

Раздел 6 반려동물

Раздел 7 식물 가꾸기

Глава 06 어디에서든 문제없어!

Раздел 1 음식점

Раздел 2 쇼핑

Раздел 3 병원 & 약국

Глава 12 디지털 시대엔 필수!

러시아에 관하여

✓ 국가명 러시아 연방 (Росси́йская Федера́ция 라시이스까야 피지라쯔야)

✓ 위치 유럽 동부 및 아시아 중·북부

✓ 수도 모스크바 (Москва́ 마스크바)

✓ 인구 1억 4,320만 명 ('23/IMF)

✓ 민족 러시아인(80%), 타타르인(4%), 우크라이나인(2%) 및 140여 소수민족(8.41%)

✓ 면적 1,709만 ㎢

✓ 종교 러시아정교, 이슬람교, 유대교, 가톨릭교 등

✓ 정치 대통령 중심제

✓ 언어 러시아어 (Русский 루스끼)

✓ 화폐 루블 (RUB)

✓ 1인당 GDP 1만 3,005달러 ('23/IMF)

✓ 시차 한국보다 6시간 늦음 (모스크바 기준)

✓ 국가번호 7

*출처: www.mofa.go.kr

기초 다지기

러시아어 알파벳
발음 규칙
인칭 대명사

러시아어 알파벳 Русский алфавит 루스끼 알파비트

러시아어 알파벳은 자음 21개, 모음 10개, 음가가 없는 부호 2개로 총 33자입니다.

tip. 러시아어의 정식 표기에는 강세 표시가 없습니다. 그러나 강세에 따라 모음 발음이 달라지기 때문에 이 책에는 초급 학습자를 위해 강세 표시를 하였습니다. (단, 제목에는 정식 표기법으로 강세 표기를 생략합니다.) 러시아에서도 어린이 책이나 외국인을 위한 초·중급 교재까지는 강세 표시가 있습니다.

A / a	Б / б	B / в	Г / г	Д / д
아	베	붸	게	데
а́дрес 아드리ㅅ 주소	**ба́бушка** 바부쉬까 할머니	**вода́** 바다 물	**гора́** 가라 산	**дом** 돔 집
E / e	Ё / ё	Ж / ж	З / з	И / и
예	요	줴	제	이
есть 예스찌 먹다	**ёж** 요쉬 고슴도치	**журна́л** 주르날 잡지	**зонт** 존ㅌ 우산	**игру́шка** 이그루쉬까 장난감
Й / й	K / к	Л / л	M / м	H / н
이 끄라ㅌ까예	까	엘	엠	엔
йо́гурт 요구르ㅌ 요구르트	**кот** 꼬ㅌ 고양이	**ла́мпа** 람빠 전등, 램프	**ма́ма** 마마 엄마	**нос** 노ㅅ 코
O / о	П / п	P / р	C / с	T / т
오	뻬	에르	에ㅆ	떼
о́блако 오블라까 구름	**парк** 빠르ㅋ 공원	**ры́ба** 르바 물고기, 생선	**слон** 슬론 코끼리	**торт** 또르ㅌ 케이크

У / у	Ф / ф	Х / х	Ц / ц	Ч / ч
우	에ㅍ	하	쩨	체
у́тка	фо́то	хлеб	цена́	чай
우트까	포따	흘례ㅍ	쯔나	차이
오리	사진	빵	가격, 값	차
Ш / ш	Щ / щ	ъ	ы	ь
샤	쌰	뜨뵤르드이 즈나ㅋ	의	먀흐끼 즈나ㅋ
ша́пка	щётка	объявле́ние	сыр	мать
샤프까	쑈트까	아브이블례니예	스르	마찌
모자	솔	광고, 공고	치즈	어머니
Э / э	Ю / ю	Я / я		
에	유	야		
экра́н	ю́бка	я́блоко		
에크란	유프까	야블라까		
화면	치마	사과		

(1) 모음 Гласные 글라스느예

러시아어 모음은 총 10개이며 경자음 표시모음과 연자음 표시모음이 있습니다. 경자음 표시모음은 이 모음 앞에 오는 자음을 경자음으로, 연자음 표시모음은 앞에 오는 자음을 연자음으로 발음한다는 의미를 표시합니다.

'경자음'은 혀 가운데 부분을 입천장(경구개) 쪽으로 올리지 않고 소리내는 자음인 반면, '연자음'은 기본적인 조음과 함께 혀 가운데 부분을 입천장 쪽으로 높이 올려 소리내는 자음입니다.

〈모음 조음위치 표〉

경자음 표시모음	А / а 아	О / о 오	У / у 우	Э / э 에	*ы 의
연자음 표시모음	Я / я 야	Ё / ё 요	Ю / ю 유	Е / е 예	И / и 이

* 모음 ы는 우리말 [의]와 유사하지만, 실제는 단모음으로 발음해 이 책에는 [으]로 표기합니다.

(2) 자음 Согласные 사글라스느예

러시아어 자음은 21개입니다. 성대의 진동 없이 내는 무성 자음과 성대를 울려 소리내는 유성 자음이 있습니다.

〈자음 조음위치 표〉

유성 자음	б [ㅂ]	в [ㅂ]	г [ㄱ]		д [ㄷ]	з [ㅈ]		ж [ㅈ]			л [ㄹ]	м [ㅁ]	н [ㄴ]	р [ㄹ]	й [이]
무성 자음	п [ㅃ]	ф [ㅍ]	к [ㄲ]	х [ㅎ]	т [ㄸ]	с [ㅅ]	ц [ㅉ]	ш [쉬]	ч [ㅊ]	щ [쒸]					

---

❶ 입술소리: 두 입술을 붙였다 떼고 내는 소리

• П / п 뻬

무성음이며 [ㅃ]과 비슷한 발음입니다. 단어 맨 끝이나 뒤에 다른 자음이 있을 때는 [ㅍ]에 가까운 소리입니다.

- [ㅃ] парк 빠르ㅋ 공원
- [ㅍ] суп 수ㅍ 수프, 국 / аптéка 아프쩨까 약국

• Б / б 베

유성음이며 [ㅂ]과 비슷한 발음입니다.

- [ㅂ] брат 브라ㅌ 형제 / бáбушка 바부쉬까 할머니

• М / м 엠

유성음이며 [ㅁ]과 비슷한 발음입니다.

- [ㅁ] мóре 모례 바다 / мáма 마마 엄마

❷ 이입술소리: 아랫입술을 윗니 끝에 대고 바람을 통과시키면서 내는 소리

- # Ф / ф 에프

  무성음이며 [ㅍ]과 비슷한 발음입니다.

  - [ㅍ] **фóто** 포따 사진 / **фóрма** 포르마 유니폼

- # В / в 붸

  유성음이며 [ㅂ]과 비슷한 발음입니다.

  - [ㅂ] **водá** 바다 물 / **вáза** 바자 꽃병

❸ 잇소리: 혀끝과 윗니 뒤쪽에서 내는 소리

- # Т / т 떼

  무성음이며 [ㄸ]과 비슷한 발음입니다. 단어 맨 끝이나 뒤에 다른 자음이 있을 때는
  [ㅌ]에 가까운 발음입니다. 혀끝을 윗니 뒤쪽에 붙였다가 떨어뜨리면서 소리를 냅니다.

  - [ㄸ] **там** 땀 저기에
  - [ㅌ] **рот** 로트 입 / **странá** 스트라나 나라, 국가

- # Д / д 데

  유성음이며 [ㄷ]과 비슷한 발음입니다. 혀끝을 윗니 뒤쪽에 붙였다가 떨어뜨리면서 소리를 냅니다.

  - [ㄷ] **дом** 돔 집 / **дáта** 다따 날짜, 연월일

- # С / с 에쓰

  무성음이며 [ㅅ]과 비슷한 발음입니다. 혀끝을 윗니 뒤쪽에 붙여 그 사이에 생긴 좁은 틈을 통해
  바람을 통과시키면서 내는 소리입니다.

  - [ㅅ] **слон** 슬론 코끼리 / **сáхар** 사하르 설탕

- ## З / з 제

유성음이며 [ㅈ]과 비슷한 발음입니다. 혀끝을 윗니 뒤쪽에 붙여 그 사이에 생긴 좁은 틈을 통해 바람을 통과시키면서 내는 소리입니다.

- [ㅈ] зонт 존ㅌ 우산 / зуб 주ㅍ 이

- ## Н / н 엔

유성음이며 [ㄴ]과 비슷한 발음입니다. 혀끝을 윗니 뒤쪽에 붙여 소리를 냅니다.

- [ㄴ] нос 노ㅅ 코 / нога 나가 다리; 발

- ## Л / л 엘

유성음이며 [ㄹ]과 비슷한 발음입니다. 혀끝을 윗니 뒤쪽에 붙여 소리를 냅니다.

- [ㄹ] ло́жка 로쉬까 숟가락 / лимо́н 리몬 레몬

❹ **잇몸소리**: 혀끝을 윗잇몸에 대고 내는 소리

- ## Р / р 에ㄹ

유성음이며 [ㄹ]과 비슷한 발음입니다. 혀끝을 윗잇몸에 대고 여러 번 진동시켜 굴리는 소리를 냅니다.

- [ㄹ] ры́ба 르바 물고기, 생선 / ро́за 로자 장미

- ## Ш / ш 샤

무성음이며 [쉬]와 비슷한 발음입니다. 혀를 숟가락 모양으로 하고 혀끝을 윗잇몸에 가까이 대고 그 사이에 생긴 좁은 틈을 통해 공기를 내보내며 소리를 냅니다.

- [쉬] ша́пка 샤프까 모자 / шко́ла 쉬꼴라 학교

- **Ж / ж** 줴

  유성음이며 [ㅈ]과 비슷한 발음입니다. 혀를 숟가락 모양으로 하고 혀끝을 윗잇몸에 가까이 대어 그 사이에 생긴 좁은 틈을 통해 공기를 내보내며 소리를 냅니다.

  - [ㅈ] **жена́** 즈나 아내 / **жить** 즈찌 살다

- **Ц / ц** 쩨

  무성음이며 [ㅉ]과 비슷한 발음입니다. 혀끝을 윗잇몸에 붙였다 떼면서 마찰과 파열을 일으켜 내는 소리입니다.

  - [ㅉ] **цвето́к** 쯔비또ㅋ 꽃 / **цена́** 쯔나 가격, 값

❺ **센입천장소리**: 혀의 앞부분을 센 입천장에 붙였다가 떼면서 내는 소리

- **Ч / ч** 체

  무성음이며 [ㅊ]와 비슷한 발음입니다.

  - [ㅊ] **чай** 차이 차 / **ча́шка** 차쉬까 찻잔, 공기

- **Щ / щ** 쌰

  무성음이며 [쒸]와 비슷한 발음입니다.

  - [쒸] **щётка** 쑈트까 솔 / **щека́** 쒸까 볼, 뺨

- **Й / й** 짧은 이 (**и кра́ткое** 이 끄라트까예)

  유성음이며 й는 항상 모음과 결합하는 반자음입니다. 모음 앞에서 이중 모음을 형성해 йа [야], йо [요], йу [유], йэ [예]가 되며, 모음 뒤에 있을 때 [이]로 표기합니다.

  - [요] **йо́гурт** 요구르ㅌ 요구르트
  - [이] **май** 마이 5월

❻ **여린입천장소리**: 혀의 뿌리 부분을 여린 입천장에 대었다가 떼면서 내는 소리

• **К / к** 까

무성음이며 [ㄲ]와 비슷한 발음입니다. 단어 맨 끝이나 뒤에 다른 자음이 있을 때는
[ㅋ]으로 소리납니다.

- [ㄲ] **кот** 꼬ㅌ 고양이
- [ㅋ] **сок** 소ㅋ 주스, 음료 / **окно́** 아크노 창문

• **Г / г** 게

유성음이며 [ㄱ]와 비슷한 발음입니다.

- [ㄱ] **го́род** 고라ㅌ 도시 / **голова́** 갈라바 머리

• **Х / х** 하

무성음이며 [ㅎ]와 비슷하지만 더 강하게 발음합니다.

- [ㅎ] **хо́лодно** 홀라드나 춥다 / **хлеб** 흘레ㅍ 빵

(3) 경음 부호 **ъ** (твёрдый знак 뜨뵤르드이 즈나ㅋ)

일종의 부호로 무음입니다. 한 단어 내에서 자음 뒤에 я, ё, ю, е(연자음 표시모음)이 오면 그 사
이에 ъ를 써서, 연음 없이 각각 떼어 읽습니다. 연자음 표시모음 앞에 있는 자음이 연자음화가
되지 않도록 하기 위함입니다.

- **объявле́ние** 아브이블례니예 광고, 공고 / **съесть** 스예스찌 먹다

(4) 연음 부호 **ь** (мя́гкий знак 먀흐끼 즈나ㅋ)

일종의 부호로 무음입니다. 한 단어 내에서 자음 뒤에 ь가 오면, 그 자음을 연자음화하여 혀의
가운데 부분을 입천장 쪽으로 올려 발음합니다. 짧게 내는 [이]와 비슷해 이 책에서는 한글 발음
을 대부분 [이]로 표기합니다. 단, 자음 뒤에 오는 일부 경우는 표기하지 않았습니다.

- **мать** 마찌 어머니 / **семья́** 시미야 가족 / **день** 젠 낮, 하루

발음 규칙

(1) 모음의 발음

❶ 강세 있는 모음

음절이 두 개 이상인 단어의 경우, 한 음절에 강세가 생깁니다. 강세는 모음에 있으며, 원래의
음을 유지하면서 강세가 없는 모음보다 상대적으로 더 길게 발음합니다.

❷ 모음 약화

강세가 없는 모음 a, я, o, e를 짧게 발음하면, 소리가 약화되어 철자 원래의 소리와 달라집니다.

✓ a, o의 약화

강세 없는 a, o가 단어의 첫 글자 또는 강세 바로 앞의 음절에 올 때는 [아]와 [어]의 중간 소리
[a], 다른 위치에서 강세가 없으면 더 약화되어 [어]와 [으]의 중간소리 [ə]가 됩니다. 이 책에서는
강세 없는 a, o도 편의상 [아]로 한글 발음을 표시합니다.

- [아, a] aкýла [aкýлə] 아꿀라 상어 / нога́ [нага́] 나가 다리; 발
- [아, ə] о́блако [о́блəкə] 오블라까 구름 / молоко́ [мəлако́] 말라꼬 우유

✓ e, я의 약화

기본적으로 강세 없는 e, я는 [이]로 발음됩니다. 단, 단어의 첫 글자 e, я에 강세가 없으면 [йи]
(국제 발음 기호 [ji], 편의상 [이])로 소리납니다. 강세 없는 끝 글자 e는 문법에 따라 발음이 달
라질 수 있지만 동일하게 [예]로, 강세 없는 끝 글자 я는 [야]와 [여]의 중간 소리(편의상 [야])로
표기합니다.

- [이] метро́ [митро́] 미트로 지하철
- [이] яйцо́ [йийцо́] 이이쪼 달걀 / за́нято [за́нитə] 자니따 비어 있지 않다
- [예] мо́ре 모례 바다
- [야] вре́мя 브례먀 시간

✓ 강세 없는 ча, ща

강세 없는 ча, ща는 각각 [치], [쒸]로 발음됩니다.

- [치] часы́ [чисы́] 치스 시계
- [쒸] пло́щадь [пло́щить] 쁠로쒸찌 광장

(2) 자음의 발음

러시아어 단어는 경우에 따라 유성 자음이 무성음화, 무성 자음이 유성음화됩니다.
이때 유성 자음과 무성 자음은 б [ㅂ] ↔ п [ㅃ], в [ㅂ] ↔ ф [ㅍ], д [ㄷ] ↔ т [ㄸ],
г [ㄱ] ↔ к [ㄲ], з [ㅈ] ↔ с [ㅅ], ж [ㅈ] ↔ ш [쉬]로 호응됩니다. (자음 조음위치표 참조)

❶ 무성음화

✓ 유성 자음이 단어 끝 철자인 경우

- хлеб → [хлеп] 흘례ㅍ 빵   tip. 단어 끝에 [п ㅃ]를 ㅍ로 표기합니다.
- рука́в → [рука́ф] 루까ㅍ 소매   tip. 이입술 소리인 [ф ㅍ]입니다.
- го́род → [го́рэт] 고라ㅌ 도시   tip. 단어 끝에 [т ㄸ]를 [ㅌ]로 표기합니다.
- друг → [друк] 드루ㅋ 친구   tip. 단어 끝에 [к ㄲ]를 [ㅋ]로 표기합니다.
- глаз → [глас] 글라ㅅ 눈
- нож → [нош] 노쉬 칼

✓ 단어끝 유성 자음에 연음 부호가 붙어도 무성음화되는 경우

- дь → [ть]   пло́щадь 쁠로쒸찌 광장
- вь → [фь]   любо́вь 류보피 사랑

✓ 유성 자음이 무성 자음 앞에 오는 경우

- вт → [фт]   за́втра 자프트라 내일
- вч → [фч]   вчера́ 프치라 어제
- вк → [фк]   остано́вка 아스따노프까 버스 정류장
- бк → [пк]   ю́бка 유프까 치마
- жк → [шк]   ло́жка 로쉬까 숟가락

❷ 유성음화

✓ 무성 자음이 л, м, н, р를 제외한 유성 자음 앞에 오는 경우

- кз → [гз]   экза́мен 에그자민 시험
- сд → [зд]   сда́ча 즈다차 거스름돈

✓ 유성 자음 в는 예외로 앞에 오는 무성 자음을 유성음화하지 않음

- свет 스볘트 빛
- кварти́ра 끄바르찌라 아파트

③ 경자음

ж, ш, ц는 항상 경자음입니다. 뒤에 연자음 표시모음 е, и가 와서 же, ше, це, жи, ши, ци가 되더라도 각각 경자음 표시모음 жэ, шэ, цэ, жы, шы, цы으로 발음합니다. 그리고 뒤에 강세 없는 е가 오면 ы [으]로 발음합니다.

- жи → [жы]   **жить** 즈찌 살다, 거주하다, 생활하다
- ши → [шы]   **маши́на** 마쉬나 자동차
- це → [цэ]   **центр** 쩬트ㄹ 중앙
- ше → [шэ]   **шесть** 셰스찌 6, 여섯
- же → [жы]   **жена́** 즈나 아내

> **tip.** ть의 발음 표기는 편의상 [찌]로 표기합니다.

④ 연자음

연자음이란 호응하는 경자음에서 혀의 가운데 부분을 입천장 쪽으로 올리며 구개음 [이]를 같이 내는 듯한 소리를 내는 자음입니다. 자음이 연자음 표시모음인 я, ё, ю, е, и이나 연음 부호 ь 앞에 올 때 연자음이 됩니다.

> **tip.** 자음 т와 д가 연자음일 때 한글 발음 표기는 다음과 같습니다.
> - тя [쨔], тё [쬬], тю [쮸], те [쩨], ти [찌], ть [찌]
> - дя [쟈], дё [죠], дю [쥬], де [제], ди [지], дь [지]

⑤ 묵음

한 단어 내에서 자음이 3개 이상 연속할 때, 그중 하나는 묵음이 되기도 합니다.

- вств → [ств]   **здра́вствуйте** 즈드라스트부이쩨 안녕하세요
- лнц → [нц]   **со́лнце** 손쩨 해, 태양

인칭 대명사

모든 명사들이 자신의 성을 가지고 있어 그 성에 따라 3인칭 단수 인칭 대명사가 정해집니다. 즉, 남성형 он 혹은 여성형 она́는 사람뿐만 아니라 사물을 나타내는 명사에도 사용될 수 있습니다. 또한 러시아어 명사는 6가지 격에 따라 변화되는데 인칭 대명사도 6가지 격 형태를 갖습니다.

인칭	단수	복수
1인칭	я 나는	мы 우리는
2인칭	ты 너는	вы 너희들은, 당신은(존칭), 당신들은
3인칭	он 그는, 그것은(남성) она́ 그녀는, 그것은(여성) оно́ 그것은(중성)	они́ 그들은, 그것들은

Глава 01

첫 만남부터 자신 있게!

Глава 01

Представление 쁘리쯔따블례니예 소개

и́мя 이먀 n.n. 이름	фами́лия 파밀리야 n.f. (이름) 성 де́вичья фами́лия 제비치야 파밀리야 (결혼 전) 여자의 성	о́тчество 오치스트바 n.n. 부칭
	непо́лное и́мя 니뽈나예 이먀 애칭, 줄인 이름	визи́тная ка́рточка 비지트나야 까르따츠까 명함
пол 뽈 n.m. 성별	мужчи́на 무쒸나 n.m. 남자, 남성	же́нщина 젠쒸나 n.f. 여자, 여성
	мужско́й (-а́я, -о́е, -и́е) 무쒸스꼬이 a. 남성의	же́нский (-ая, -ое, -ие) 젠스끼 a. 여성의
во́зраст 보즈라스ㅌ n.m. 나이	день рожде́ния 젠 라즈졔니야 생일	страна́ 스트라나 n.f. 나라, 국가
язы́к 이즈ㅋ n.m. 언어	рели́гия 릴리기야 n.f. 종교	профе́ссия 쁘라폐시야 n.f. 직업
а́дрес 아드리ㅅ n.m. 주소	приве́тствие 쁘리볘쯔트비예 n.n. 인사(만날 때)	проща́ние 쁘라쌰니예 n.n. 작별 인사

День 젠 하루

день 젠 n.m. 하루, 일(日); 　　낮, 오후 	у́тро 우트라 n.n. 아침 	рассве́т 라스베트 n.m. 새벽
	встава́ть - встать 프스따바찌－프스따찌 v. (잠자리에서) 일어나다, 　　일어서다 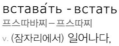	за́втрак 자프트라ㅋ n.m. 아침 식사
	по́лдень 뽈진 n.m. 정오(낮 12시) 	обе́д 아볘트 n.m. 점심 식사
ночь 노ㅊ n.f. 밤 	ве́чер 볘치ㄹ n.m. 저녁 	у́жин 우즌 n.m. 저녁 식사
	по́лночь 뽈나ㅊ n.f. 자정(밤 12시) 	сон 손 n.m. 잠; 꿈
	спать 스빠찌 v. 자다 	ложи́ться спать 라즈짜 스빠찌 잠자리에 들다

Дата 다따 날짜

да́та 다따 n.f. 날짜, 연월일 число́ 치슬로 n.n. 날짜, 일자	год 고트 n.m. 년(年); 1년간	ме́сяц 메시쯔 n.m. 월(月), 한 달
неде́ля 니젤랴 n.f. 주, 1주	день неде́ли 젠 니젤리 요일	календа́рь 깔린다르 n.m. 달력

вто́рник 프또르니크 n.m. 화요일

среда́ 스리다 n.f. 수요일

четве́рг 치트베르크 n.m. 목요일

пя́тница 빠트니짜 n.f. 금요일

суббо́та 수보따 n.f. 토요일

понеде́льник 빠니젤리니크 n.m. 월요일

воскресе́нье 바스크리세니예 n.n. 일요일

позавчера́ 빠자프치라 ad. 그저께

вчера́ 프치라 n.n., ad. 어제

сего́дня 시보드냐 n.n., ad. 오늘

за́втра 자프트라 n.n., ad. 내일

послеза́втра 뽀슬리자프트라 n.n., ad. 모레

Приветствие 쁘리볘쯔트비예 인사

Приветствие 쁘리볘쯔트비예 인사

Приветствие 쁘리볘쯔트비예 인사

Приветствие 쁘리볘쯔트비예 인사

Здра́вствуйте!
즈드라스트부이쩨!
안녕하세요!

Приве́т! 쁘리볘트!
안녕!

До́брое у́тро!
도브라예 우트라!
안녕하세요! (아침 인사)

До́брый день!
도브르이 젠!
안녕하세요! (오후 인사)

До́брый ве́чер!
도브르이 볘치르!
안녕하세요! (저녁 인사)

(Большо́е) спаси́бо.
(발쇼예) 스빠시바
(대단히) 고맙습니다.

Извини́те. 이즈비니쩨
실례합니다. (죄송합니다.)

Как (ва́ши) дела́?
까크 (바쉬) 질라?
어떻게 지내세요?

Рад вас ви́деть.
라트 바스 비지찌
만나서 반갑습니다.
(남성이 말할 때)

Рад тебя́ ви́деть.
라트 찌뱌 비지찌
만나서 반가워.
(남성이 말할 때)

До свида́ния!
다 스비다니야!
안녕히 가세요! /
안녕히 계세요!

До за́втра!
다 자프트라!
내일 봐요!

Пожа́луйста.
빠잘루스따
천만에요.

Ничего́. 니치보
괜찮아요.

Я винова́т.
야 비나바트
제 잘못이에요.
(남성이 말할 때)

Хорошо́. 하라쇼
잘 지내요. (좋아요.)

Ра́да вас ви́деть.
라다 바스 비지찌
만나서 반갑습니다.
(여성이 말할 때)

Ра́да тебя́ ви́деть.
라다 찌뱌 비지찌
만나서 반가워.
(여성이 말할 때)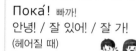

Пока́! 빠까!
안녕! / 잘 있어! / 잘 가!
(헤어질 때)

Всего́ до́брого!
프시보 도브라바!
잘 지내세요!

Не сто́ит. 니 스또이트
별 말씀을요.

Прости́те. 쁘라스찌쩨
용서해 주세요.

Я винова́та.
야 비나바따
제 잘못이에요.
(여성이 말할 때)

처음 만났을 때 ①

처음 만났을 때 ②

처음 뵙겠습니다.

Прия́тно познако́миться.
쁘리야트나 빠즈나꼬미짜

만나서 반갑습니다.

Рад(Ра́да) вас ви́деть.
라트(라다) 바ㅅ 비지찌

만나서 반가워.

Рад(Ра́да) тебя́ ви́деть.
라트(라다) 찌뱌 비지찌

이야기 많이 들었습니다.

Я мно́го о вас слы́шал(а).
야 므노가 아 바ㅅ 슬르샬(라)

항상 만나 뵙고 싶었어요.

Я всегда́ хоте́л(а) с ва́ми
познако́миться.
야 프시그다 하쩰(라) 스 바미 빠즈나꼬미짜

만나 뵙게 되어 영광입니다.

Для меня́ честь с ва́ми
познако́миться.
들랴 미냐 체스찌 스 바미 빠즈나꼬미짜

서로 인사합시다.

Дава́йте познако́мимся.
다바이쩨 빠즈나꼬밈샤

여기서 잠깐!
주어, 술어 등 문장 성분의 성에 따라 남성(여성) 순
으로 표기했습니다. 단, 동사나 술어 형용사가 여성형
이 될 때, 강세를 유지하면서 а만 뒤에 붙는 경우는
(а)로 표기했습니다.
예 Рад(Ра́да) / слы́шал(а) / хоте́л(а)

제 이름은 알렉산드르입니다.

Меня́ зову́т Алекса́ндр.
미냐 자부ㅌ 알리크산드ㄹ

저를 사샤라고 부르셔도 됩니다.

Вы мо́жете называ́ть меня́
Са́ша.
브 모즈찌 나즈바찌 미냐 사쌰

저를 이름으로만 부르셔도 됩니다.

Вы мо́жете называ́ть меня́
про́сто по и́мени.
브 모즈찌 나즈바찌 미냐 쁘로스따 빠 이미니

뭐라고 부르면 됩니까?

Как вас мо́жно называ́ть?
까ㅋ 빠ㅅ 모즈나 나즈바찌?

말을 낮춥시다. (너라고 서로 부릅시다.)

Дава́йте на ты.
다바이쩨 나 뜨

말 낮출까요? (너라고 말을 할까요?)

Бу́дем на ты?
부짐 나 뜨?

명함을 주시겠어요?

Мо́жно ва́шу визи́тную
ка́рточку?
모즈나 바슈 비지트누유 까르따츠꾸?

36

인사하기

안녕하세요!

Здра́вствуйте!
즈드라스트부이쩨!

До́брое у́тро!　　　(아침 인사)
도브라예 우트라!

С до́брым у́тром!　　(아침 인사)
스 도브름 우트람!

До́брый день!　　　(오후 인사)
도브르이 젠!

До́брый ве́чер!　　　(저녁 인사)
도브르이 베치르!

안녕!

Здра́вствуй!
즈드라스트부이!

Приве́т!
쁘리볘트!

Здоро́во!
즈다로바!

잘 자요. (밤에 자러 갈 때)

Споко́йной но́чи.
스빠꼬이나이 노치

혹시 우리 전에 만난 적 있나요?

Мы ра́ньше не
встреча́лись?
므 라니셰 니 프스트리찰리시?

꼭! 짚고 가기

러시아의 인사 예절

러시아에서 가장 일반적으로 많이 쓰이는 인사말은 'Здра́вствуйте! 즈드라스트부 이쩨! (안녕하세요!)'입니다. 러시아에서 인사를 주고받을 때 예절은 어떤지, 주의할 점은 없는지 알아볼까요?

우선 아랫사람이 윗사람에게, 남성이 여성에게 먼저 인사를 합니다. 단, 남성이 연장자일 땐 여성이 먼저 인사를 건네는 경우가 일반적입니다.

인사를 주고받을 땐 가볍게 고개를 한번 끄덕이거나 가까운 사이일 경우 가볍게 포옹을 나눌 수도 있습니다. 단, 격식을 차려야 하거나 가까운 사이가 아닌 경우 포옹이나 볼 뽀뽀는 하지 않습니다.

악수할 땐 윗사람이 먼저 손을 내밀거나, 나이가 같다면 여자가 남자에게 먼저 손을 내밀어 악수해요. 그렇지 않으면 악수 없이 인사만 합니다. 추운 날 밖에서 만났을 때, 여자가 악수를 건네면 남자는 장갑을 벗고 악수를 받아야 매너가 있다고 여깁니다.

일상에서 안부를 물을 땐 'Как ва́ши дела́? 까ㅋ 바쉬 질라?(어떻게 지내세요?)'라고 인사하는 경우가 대부분이에요.

'Как вы себя́ чу́вствуете? 까ㅋ 브 시뱌 추스트부이쩨?(컨디션이 어때요?)'는 기분이나 건강 상태를 묻는 의미로, 컨디션이 괜찮은 사람에게 말하기엔 어색한 표현이라는 점도 알아 두세요.

또한 잘 아는 남성들끼리 '안녕!'이라고 할 때는 'Здра́вствуй! 즈드라스트부이!'나 'Приве́т! 쁘리볘트!'보다는 'Здоро́во! 즈다로바!'라고 많이 말합니다.

오랜만에 만났을 때 ①

오랜만이네!

Давно́ не ви́делись!
다브노 니 비질리시!

Ско́лько лет, ско́лько зим!
스꼴까 례ㅌ, 스꼴까 짐!
(그동안 많은 여름과 겨울이 지나갔다!)

Сто лет не ви́делись!
스또 례ㅌ 니 비질리시!
(100년 동안 서로 보지 못했다!)

이게 누구니!

Кого́ я ви́жу!
까보 야 비주!

그동안 어디 있었던 거니?

Где ты пропада́л(а) всё
э́то вре́мя?
그제 뜨 쁘라빠달(라) 프쇼 에따 브례먀?

그동안 어떻게 지냈어?

Как ты пожива́л(а) всё э́то
вре́мя?
까ㅋ 뜨 빠즈발(라) 프쇼 에따 브례먀?

그동안 어떻게 지내셨어요?

Как вы пожива́ли всё э́то
вре́мя?
까ㅋ 브 빠즈발리 프쇼 에따 브례먀?

정말 만나기 힘드네.

С тобо́й ника́к не
встре́тишься.
스 다뽀이 니까ㅋ 니 프스트례찌쉬샤

오랜만에 만났을 때 ②

언제 마지막으로 본 거지?

Когда́ мы ви́делись в
после́дний раз?
까그다 므 비질리시 프 빠슬례드니 라스?

하나도 안 변하셨어요.

Вы совсе́м не измени́лись.
브 사프셈 니 이즈미닐리시

더 좋아 보이네. 못 알아볼 뻔했어.

Ты вы́глядешь ещё лу́чше.
Я чуть тебя́ не узна́л(а).
뜨 브글리지쉬 이쑈 루츠셰.
야 추찌 찌뱌 니 우즈날(라)

세상 참 좁네요!

Мир те́сен!
미ㄹ 쪠신!

세월 참 빠르네!

Как бы́стро лети́т вре́мя!
까ㅋ 브스트라 리찌ㅌ 브례먀!

여기 웬일이야? (우연히 만났을 때)

Каки́ми судьба́ми?
까끼미 수지바미?

너에게 연락 닿기가 힘드네.

До тебя́ тру́дно
дозвони́ться.
다 찌뱌 뜨루드나 다즈바니짜

До тебя́ не дозвони́шься.
다 찌뱌 니 다즈바니쉬샤

38

안부를 묻는 인사

\# 어떻게 지내니?

Как дела́?
까ㅋ 질라?

Как твои́ дела́?
까ㅋ 뜨바이 질라?

Как у тебя́ дела́?
까ㅋ 우 찌뱌 질라?

\# 어떻게 지내세요?

Как ва́ши дела́?
까ㅋ 바쉬 질라?

Как у вас дела́?
까ㅋ 우 바ㅅ 질라?

\# 가족들은 어때요?

Как ва́ша семья́?
까ㅋ 바샤 시미야?

\# 컨디션은 어때?

Как ты себя́ чу́вствуешь?
까ㅋ 뜨 시뱌 추스트부이쉬?

\# 뭐 새로운 거 있나요?

Что но́вого?
쉬또 노바바?

\# 무슨 일 있는 거예요?

Что-нибудь случи́лось?
쉬또니부찌 슬루칠라시?

안부 인사에 대한 대답

잘 지냅니다.

Хорошо́.
하라쇼

괜찮게 지내요.

Норма́льно.
나르말리나

Ничего́.
니치보

모든 게 잘되고 있어요.

Всё в поря́дке.
프쇼 프 빠랴트꼐

평상시처럼 같아요.

Как обы́чно.
까ㅋ 아브츠나

모든 게 똑같아요.

Всё так же.
프쇼 따ㅋ 제

새로운 게 아무것도 없어요.

Ничего́ но́вого.
니치보 노바바

그럭저럭 지내요.

Так себе́.
따ㅋ 시볘

별로네요.

Не о́чень.
니 오친

헤어질 때 인사 ①

안녕히 가세요. / 안녕히 계세요.

До свида́ния.
다 스비다니야

Проща́йте! (기약 없이 헤어질 때)
쁘라샤이쩨!

안녕! / 잘 가! / 잘 있어!

Пока́!
빠까!

Дава́й!
다바이!

Проща́й! (기약 없이 헤어질 때)
쁘라샤이!

다음에 만나요!

До встре́чи!
다 프스트례치!

조만간 다시 만나요!

До ско́рой встре́чи!
다 스꼬라이 프스트례치!

내일 봐요!

До за́втра!
다 자프트라!

잘 지내세요!

Счастли́во!
쒸슬리바!

Всего́ хоро́шего!
프시보 하로쉬바!
(모든 좋은 것을 바랍니다!)

헤어질 때 인사 ②

\# 좋은 하루 되세요!

Хоро́шего дня!
하로쉬바 드냐!

До́брого дня!
도브라바 드냐!

\# 또 오세요.

Приходи́те ещё раз.
쁘리하지쩨 이쑈 라ㅅ

\# 친구들에게 안부 전해 줘!

Передава́й приве́т друзья́м!
삐리다바이 쁘리베ㅌ 드루지얌!

Приве́т друзья́м!
쁘리베ㅌ 드루지얌!

\# 부모님께 안부를 전해 주세요!

Передава́йте приве́т роди́телям!
삐리다바이쩨 쁘리베ㅌ 라지찔람!

\# 즐거운 여행 되세요!

Счастли́вого пути́!
쒸슬리바바 뿌찌!

До́брого пути́!
도브라바 뿌찌!

\# 도착하는 대로 전화해 줘.

Позвони́, как дое́дешь.
빠즈바니, 까ㅋ 다예지쉬

어서 오십시오.

Добро́ пожа́ловать.
다브로 빠잘라바찌

모스크바에 오신 것을 환영합니다.

Приве́тствуем вас в Москве́.
쁘리볘쯔트부임 바ㅅ 브 마스크볘

네 집처럼 생각하고 편하게 있어.

Чу́вствуй себя́ как до́ма.
추스트부이 시뱌 까ㅋ 도마

자기 집처럼 편하게 계세요.

Чу́вствуйте себя́ как до́ма.
추스트부이쪠 시뱌 까ㅋ 도마

우리 집이 마음에 들기 바랍니다.

Наде́юсь, вам у нас понра́вится.
나졔유시, 밤 우 나ㅅ 빠느라비짜

당신과 일하게 되어 반갑습니다.

Рад(Ра́да) с ва́ми рабо́тать.
라ㅌ(라다) 스 바미 라보따찌

이야기 좀 했으면 해요.

Я бы хоте́л(а) с ва́ми поговори́ть.
야 브 하쪨(라) 스 바미 빠가바리찌

저에게 잠깐 시간 좀 내줄 수 있어요?

Вы мо́жете удели́ть мне немно́го вре́мени?
브 모즈쩨 우질리찌 므녜 님노가 브례미니?

이야기할 시간 돼요?

У вас есть вре́мя, что́бы поговори́ть со мно́й?
우 바ㅅ 예스찌 브례먀, 쉬또브 빠가바리찌 사 므노이?

너에게 이야기할 게 있어.

Мне ну́жно тебе́ ко́е-что рассказа́ть.
므녜 누즈나 찌볘 꼬이쉬또 라스까자찌

잠깐 이야기해도 돼?

Мо́жно тебя́ на па́ру слов?
모즈노 찌뱌 나 빠루 슬로ㅍ?

이야기 좀 할 수 있을까요?

Мо́жно с ва́ми поговори́ть?
모즈나 스 바미 빠가바리찌?

말씀 중에 죄송합니다만.

Извини́те, что я вас прерыва́ю.
이즈비니쩨, 쉬또 야 바ㅅ 쁘리르바유

상대방에 대해 묻기 ▶

이름이 뭐니?

Как тебя́ зову́т?
까ㅋ 찌뱌 자부ㅌ?

이름이 뭐예요?

Как вас зову́т?
까ㅋ 바스 자부ㅌ?

성씨가 어떻게 되세요?

Как ва́ша фами́лия?
까ㅋ 바샤 파밀리야?

직업이 뭐예요?

Кто вы по профе́ссии?
끄또 브 빠 쁘라폐시이?

무슨 일을 하세요?

Кем вы рабо́таете?
꼠 브 라보따이쩨?

무엇을 하시나요?
학생이세요 아니면 직장인이세요?

Чем вы занима́етесь?
У́читесь и́ли рабо́таете?
쳄 브 자니마이찌시?
우치찌시 일리 라보따이쩨?

어디서 왔어요?

Отку́да вы прие́хали?
아트꾸다 브 쁘리예할리?

어느 나라에서 왔어요?

Из како́й вы страны́?
이스 까꼬이 브 스트라느?

꼭! 짚고 가기

사랑스럽게 애칭으로!

러시아 이름은 대부분 짧게 애칭으로 부르는 형태가 있어요. 친구들끼리, 가족들끼리 또는 편한 사이에서 보통 애칭으로 불러요. 한 이름의 애칭이 2개 이상 있을 수도 있어요. 또한 명사를 지소형으로 만드는 접미사들이 있는데, '지소형 접미사'란 명사의 뒤에 붙어 명사 본래의 뜻에 '작은', '사랑스러운', '귀여운'이라는 의미를 더하는 접미사를 뜻해요.

예시를 한번 살펴 볼까요?
여자 이름 Татья́на 따찌야나는 편한 사이에서 짧게 부르면 Та́ня 따냐라고 해요. Та́ня 따냐에 애칭 접미사를 더해서 Таню́та 따뉴따, Таню́ша 따뉴샤라는 애칭이 됩니다.
더 많은 애정을 표현하고 싶으면, 특히 어린아이를 부를 때 지소형 접미사와 결합해 Татья́ночка 따찌야나츠까, Та́нечка 따니츠까, Таню́точка 따뉴따츠까, Таню́шенька 따뉴쉬니까라고 부를 수 있어요.
남자 이름 Алексе́й 알리크세이는 애칭으로 Алёша 알료샤, Лёша 료샤라고 부르고, Алёшенька 알료쉬니까, Лёшенька 료쉬니까, Алёшечка 알료쉬츠까처럼 지소형으로 부를 수 있어요.

신상 정보

저는 한국 사람입니다.

Я коре́ец(корея́нка).
야 까례이쯔(까리얀까)

저는 미혼입니다.

Я не жена́т(за́мужем).
야 니 즈나ㅌ(자무젬)

저는 결혼했어요.

Я жена́т(за́мужем).
야 즈나ㅌ(자무젬)

저는 가정이 있어요.

У меня́ есть семья́.
우 미냐 예스찌 시미야

저는 자식들이 있어요.

У меня́ есть де́ти.
우 미냐 예스찌 제찌

저는 부모님과 함께 살고 있어요.

Я живу́ вме́сте с роди́телями.
야 즈부 브몌스쩨 스 라지쩰랴미

저는 25살입니다.

Мне два́дцать пять лет.
므녜 드바짜찌 빠찌 례ㅌ

저는 대학 1학년생입니다.

Я учу́сь на пе́рвом ку́рсе.
야 우추시 나 뼤르밤 꾸르세

자기소개

제 소개를 하겠습니다.

Разреши́те предста́виться.
라즈리쉬쩨 쁘리즈따비짜

저는 김 알렉세이라고 합니다.

Меня́ зову́т Ким Алексе́й.
미냐 자부ㅌ 김 알리크세이

저의 성은 김입니다.

Моя́ фами́лия Ким.
마야 파밀리야 김

저는 한국에서 왔어요.

Я прие́хал(а) из Коре́и.
야 쁘리예할(라) 이스 까례이

Я из Ю́жной Коре́и.
야 이즈 유즈나이 까례이

저는 사업차 러시아에 왔습니다.

Я прие́хал(а) по би́знесу.
야 쁘리예할(라) 빠 비즈니수

저는 관광차 왔습니다.

Я прие́хал(а) как тури́ст.
야 쁘리예할(라) 까ㅋ 뚜리스ㅌ

저는 공부하러 왔습니다.

Я прие́хал(а) на учёбу.
야 쁘리예할(라) 나 우쵸부

소개하기

자기소개를 해 주세요.

Предста́вьтесь,
пожа́луйста.
쁘리쯔따피찌시, 빠잘루스따

제 동료를 소개해 드리겠습니다.

Разреши́те предста́вить
моего́ колле́гу. (동료가 남성일 때)
라즈리쉬쩨 쁘리쯔따비찌 마이보 깔례구

Разреши́те предста́вить
мою́ колле́гу. (동료가 여성일 때)
라즈리쉬쩨 쁘리쯔따비찌 마유 깔례구

그는 알렉세이라고 합니다.

Его́ зову́т Алексе́й.
이보 자부ㅌ 알리크세이

(제가 소개하는 사람을) 잘 부탁드립니다.

Прошу́ люби́ть и
жа́ловать.
쁘라슈 류비찌 이 잘라바찌

인사하세요. 이분은 제 친구예요.

Познако́мьтесь.
Э́то мой друг. (친구가 남성일 때)
빠즈나꼼찌시. 에따 모이 드루ㅋ

Познако́мьтесь.
Э́то моя́ подру́га. (친구가 여성일 때)
빠즈나꼼찌시. 에따 모야 빠드루가

꼭! 짚고 가기

애칭 ①

남자 이름	애칭
Алекса́ндр 알리크산드ㄹ	Са́ша 사샤
Алексе́й 알리크세이	Алёша 알료샤
Андре́й 안드레이	Андрю́ша 안드류샤
Ви́ктор 비크따ㄹ	Ви́тя 비쨔
Влади́мир 블라지미ㄹ	Воло́дя 발로쟈
Дани́л 다닐	Да́ня 다냐
Дми́трий 드미트리	Ди́ма 디마
Евге́ний 이브게니	Же́ня 제냐
Ива́н 이반	Ва́ня 바냐
Константи́н 깐스딴찐	Ко́стя 꼬스쨔
Михаи́л 미하일	Ми́ша 미샤
Па́вел 빠빌	Па́ша 빠샤
Серге́й 시르게이	Серёжа 시료자
Ю́рий 유리	Ю́ра 유라

여자 이름	애칭
А́нна 안나	А́ня 아냐
Вале́рия 발레리야	Ле́ра 례라
Да́рья 다리야	Да́ша 다샤
Екатери́на 이까쩨리나	Ка́тя 까쨔
Еле́на 일레나	Ле́на 례나
Ири́на 이리나	И́ра 이라
Любо́вь 류보피	Лю́ба 류바
Людми́ла 류드밀라	Лю́да 류다
Мари́я 마리야	Ма́ша 마샤
Ната́лья 나딸리야	Ната́ша 나따샤
Оле́ся 알례샤	Ле́ся 례샤
О́льга 올가	О́ля 올랴
Светла́на 스비틀라나	Све́та 스볘따
Со́фья 소피야	Со́ня 소냐
Татья́на 따찌야나	Та́ня 따냐
Ю́лия 율리야	Ю́ля 율랴

감사 ①

감사 ②

감사합니다.

Спаси́бо.
스빠시바

대단히 감사합니다.

Большо́е спаси́бо.
발쇼예 스빠시바

감사드립니다.

Благодарю́ вас.
블라가다류 바ㅅ

당신에게 매우 감사하고 있습니다.

Я о́чень
благода́рен(благода́рна)
вам.
야 오친 블라가다린(블라가다르나) 밤

고맙다는 말을 전하고 싶습니다.

Я хоте́л(а) бы вы́разить
свою́ благода́рность.
야 하쪨(라) 브 브라지찌 스바유
블라가다르나스찌

여러 가지로 감사합니다.

Спаси́бо за всё.
스빠시바 자 프쇼

모두에게 감사합니다.

Спаси́бо всем.
스빠시바 프셈

도와주셔서 감사합니다.

Спаси́бо за по́мощь.
스빠시바 자 뽀마쒸

정보 주셔서 감사합니다.

Спаси́бо за информа́цию.
스빠시바 자 인파르마쯔유

와 주셔서 감사합니다.

Спаси́бо за то, что вы
пришли́.
스빠시바 자 또, 쉬또 브 쁘리쉴리

선물 감사합니다.

Спаси́бо за пода́рок.
스빠시바 자 빠다라ㅋ

경청해 주셔서 감사합니다.

Спаси́бо за внима́ние.
스빠시바 자 브니마니예

축하해 주셔서 감사합니다.

Спаси́бо за поздравле́ние.
스빠시바 자 빠즈드라블례니예

저를 위해 해 주신 모든 것에
감사드립니다.

Благодарю́ за всё, что вы
сде́лали для меня́.
블라가다류 자 프쇼, 쉬또 브 즈젤랄리 들랴
미냐

감사에 대한 대답

천만에요.

Пожа́луйста.
빠잘루스따

별말씀을요.

Не сто́ит.
니 스또이트

Не сто́ит благода́рности.
니 스또이트 블라가다르나스찌

Не́ за что.
녜 자 쉬또

별말씀을요. 대단한 일도 아닌데요!
(별말씀을요. 너무나 사소한 일이에요!)

Ну что вы. Каки́е ме́лочи!
누 쉬또 브. 까끼예 멜라치!

당신에게 도움이 될 수 있어서 언제나 기뻐요.

Я всегда́ рад(ра́да) вам помо́чь.
야 프시그다 라트(라다) 밤 빠모츠

언제나 저에게 도움을 요청하셔도 됩니다.

Мо́жете всегда́ обраща́ться ко мне за по́мощью.
모즈쩨 프시그다 아브라쌰짜 까 므녜 자 뽀마쒸유

오히려 제가 감사드려야죠.

Это я до́лжен(должна́) вас поблагодари́ть.
에따 야 돌즌(달즈나) 바ㅅ 빠블라가다리찌

꼭! 짚고 가기

애칭②

러시아에는 남녀 공용으로 쓸 수 있는 이름들이 있어요.
인기 있는 남자 이름 중 Са́ша 사샤는 Алекса́ндр 알리크산드ㄹ의 애칭이에요. 한국 사람들이 Са́ша 사샤라는 이름을 들으면 보통 여자 이름으로 생각하는데, 사실은 남녀가 같이 쓸 수 있는 이름이지요. 전체 이름은 어미만 차이 나고 애칭은 공용으로 쓰는 이름도 있고, 다르게 쓰는 이름도 있어요. 남자는 Алекса́ндр 알리크산드ㄹ이고 여자는 Алекса́ндра 알리크산드라라고 해요.
남녀 공용으로 자주 쓰이는 이름들을 알아볼까요?

	남자	여자
이름	Евге́ний 이브게니	Евге́ния 이브게니야
애칭	Же́ня 제냐	
	Ю́лий 율리	Ю́лия 율리야
	Ю́ля 율랴	
	Валенти́н 발린찐	Валенти́на 발린찌나
	Ва́ля 발랴	
	Русла́н 루슬란	Русла́на 루슬라나
	Русла́нка 루슬란까	
	Владисла́в 블라지슬라ㅍ	Владисла́ва 블라지슬라바
	Влад 블라트	Вла́да 블라다
	Ви́ктор 비크따ㄹ	Викто́рия 비크또리야
	Ви́тя 비쨔	Ви́ка 비까
	Вале́рий 발레리	Вале́рия 발레리야
	Вале́ра 발례라	Ле́ра 례라

사과

잘못 & 실수 ①

죄송합니다.

Извини́те.
이즈비니쩨

제 잘못이에요.

Э́то я винова́т(а).
에따 야 비나바ㅌ(비나바따)

용서해 주세요.

Прости́те.
쁘라스찌쩨

이건 다 제 탓이에요.

Э́то всё из-за меня́.
에따 프쇼 이자 미냐

사과드립니다.

Приношу́ свои́ извине́ния.
쁘리나슈 스바이 이즈비녜니야

Прими́те мои́ извине́ния.
쁘리미쩨 마이 이즈비녜니야

제 실수예요.

Э́то моя́ оши́бка.
에따 마야 아쉬프까

늦어서 죄송합니다.

Извини́те за опозда́ние.
이즈비니쩨 자 아빠즈다니예

고의가 아니었어요.

Я не наро́чно.
야 니 나로쉬나

Я не специа́льно.
야 니 스뻬쯔알리나

말씀 중에 죄송합니다.

Извини́те за то, что я вас перебива́ю.
이즈비니쩨 자 또, 쉬또 야 바ㅅ 삐리비바유

당신을 기분 상하게 할 생각이 아니었어요.

Я не хоте́л(а) вас оби́деть.
야 니 하쩰(라) 바ㅅ 아비지찌

폐를 끼쳐 죄송합니다.

Извини́те за беспоко́йство.
이즈비니쩨 자 비스빠꼬이스트바

제가 실수한 것을 인정합니다.

Я признаю́ свою́ оши́бку.
야 쁘리즈나유 스바유 아쉬프꾸

늦은 시간에 연락드려서 죄송합니다.

Извини́те, что звоню́ так по́здно.
이즈비니쩨, 쉬또 즈바뉴 따ㅋ 뽀즈나

저는 잘하려고 했을 뿐이에요.

Я хоте́л(а) то́лько как лу́чше.
야 하쩰(라) 똘까 까ㅋ 루츠셰

잘못 & 실수 ②

죄송해요, 어쩔 수 없었어요.

Извини́те, но не́ было друго́го вы́хода.
이즈비니쪠, 노 녜 블라 드루고바 브하다

미안해요, 깜빡 잊었어요.

Извини́те, но я совсе́м забы́л(а).
이즈비니쪠, 노 야 사프셈 자블(라)

제가 다 망쳤어요.

Э́то я всё испо́ртил(а).
에따 야 프쇼 이스뽀르찔(라)

이런 결과는 예상조차 못했어요.

Я да́же не ожида́л(а) тако́го результа́та.
야 다제 니 아즈달(라) 따꼬바 리줄따따

모든 것을 바로잡고자 노력할게요.

Я постара́юсь всё испра́вить.
야 빠스따라유시 프쇼 이스프라비찌

이런 일은 다시 없을 겁니다.

Тако́го бо́льше не случи́тся никогда́.
따꼬바 볼셰 니 슬루치짜 니까그다

또다시 이런 실수는 없을 겁니다.

Бо́льше тако́й оши́бки не бу́дет.
볼셰 따꼬이 아쉬프끼 니 부지ㅌ

꼭! 짚고 가기

어느 도시 시민입니까?

러시아는 도시마다 그 도시의 시민을 일컫는 용어가 있어요. 예를 들어 모스크바 시민은 남성이면 москви́ч 마스크비ㅊ, 여성이면 москви́чка 마스크비츠까라고 해요. 상트페테르부르크 시민은 남성이면 петербу́ржец 비찌르부르즈ㅉ, 여성이면 петербу́рженка 삐찌르부르즌까라고 하지요. 그렇다면 러시아의 여러 도시의 시민을 가리키는 말을 살펴볼까요?

- **블라디보스토크**(Владивосто́к 블라지바스또ㅋ) **시민**
  владивосто́кец 블라지바스또끼ㅉ n.m. /
  владивостокча́нка 블라지바스따크찬까 n.f. /
  владивосто́кцы 블라지바스또크쯔 n.pl.

- **이르쿠츠크**(Ирку́тск 이르꾸쯔ㅋ) **시민**
  иркутя́нин 이르꾸쨔닌 n.m. /
  иркутя́нка 이르꾸쨘까 n.f. /
  иркутя́не 이르꾸쨔녜 n.pl.

- **옴스크**(Омск 옴스ㅋ) **시민**
  оми́ч 아미ㅊ n.m. /
  оми́чка 아미츠까 n.f. /
  омичи́ 아미치 n.pl.

잘 모를 때, 남성은 жи́тель 즈찔, 여성은 жи́тельница 즈찔리니짜, 복수형은 жи́тели 즈찔리 뒤에 도시명을 생격으로 말하면 돼요.

사과에 대한 대답

괜찮습니다.

Ничего́.
니치보

Ничего́ стра́шного.
니치보 스트라쉬나바

Всё норма́льно.
프쇼 나르말리나

걱정하지 마세요.

Не беспоко́йтесь.
니 비스빠꼬이찌시

Не волну́йтесь.
니 발르누이찌시

이미 다 잊었어.

Я уже́ всё забы́л(а).
야 우제 프쇼 자블(라)

알았어. 너를 용서할게.

**Ла́дно. Я тебе́ всё
проща́ю.**
라드나. 야 찌베 프쇼 쁘라쌰유

당신의 사과를 받아들입니다.

**Я принима́ю ва́ши
извине́ния.**
야 쁘리니마유 바쉬 이즈비녜니야

저야말로 당신에게 사과를 드려야죠.

**Э́то я до́лжен(должна́)
извини́ться пе́ред ва́ми.**
에따 야 돌즌(달즈나) 이즈비니짜 뻬리드 바미

뭐라고 했어?

Что ты сказа́л(а)?
쉬또 뜨 스까잘(라)?

뭐라고 했어요?

Что вы сказа́ли?
쉬또 브 스까잘리?

죄송해요. 잘 안 들려요.

Извини́те. Мне не слы́шно.
이즈비니쩨. 므녜 니 슬르쉬나

죄송해요. 잘 못 들었어요.

**Извини́те.
Я не расслы́шал(а).**
이즈비니쩨. 야 니 라슬르샬(라)

말이 너무 빨라요.

**Вы говори́те о́чень
бы́стро.**
브 가바리쩨 오친 브스트라

죄송해요. 뭐라고 하셨는지 알아듣지
못했어요.

**Извини́те.
Я не по́нял(поняла́), что
вы сказа́ли.**
이즈비니쩨. 야 니 뽀닐(빠닐라), 쉬또 브
스까잘리

당신이 무슨 말을 하는지 잘 모르겠어요.

**Я не зна́ю, о чём вы
говори́те.**
야 니 즈나유, 아 쵬 브 가바리쩨

잘 알아듣지 못했을 때 ②

한번 더 말해 주세요.

Повтори́те, пожа́луйста,
ещё раз.
빠프따리쩨, 빠잘루스따, 이쑈 라ㅅ

조금 더 천천히 말해 주세요.

Говори́те, пожа́луйста,
ме́дленнее.
가바리쩨, 빠잘루스따, 몌들리녜예

조금 더 크게 말해 주세요.

Говори́те, пожа́луйста,
гро́мче.
가바리쩨, 빠잘루스따, 그롬체

조금 더 구체적으로 얘기해 주세요.

Расскажи́те поподро́бнее.
라스까즈쩨 빠빠드로브녜예

다시 한번 설명해 주세요.

Объясни́те, пожа́луйста,
ещё раз.
아브이스니쩨, 빠잘루스따, 이쑈 라ㅅ

명확하게 좀 말해 주세요.

Говори́те, пожа́луйста,
вня́тно.
가바리쩨, 빠잘루스따, 브냐트나

쉬운 말로 좀 말해 주세요.

Говори́те, пожа́луйста,
просты́ми слова́ми.
가바리쩨, 빠잘루스따, 쁘라스뜨미 슬라바미

꼭! 짚고 가기

도시에도 애칭이 있어요!

이름을 편하게 부르는 애칭이 있는 것처럼 도시도 비공식 명칭(애칭)이 있어요.
러시아의 수도 모스크바는 예전에 비공식으로 'Белока́менная 빌라까민나야(흰 벽돌로 만든)'라고 불렸고, 이 명칭은 문학이나 시에서 볼 수 있어요. 옛날에는 '성(Кремль 끄롐를)'과 건물들이 흰 벽돌로 만든 데서 유래했어요.
또 'Златогла́вая 즐라따글라바야(황금빛 둠의)'라는 이름도 있는데, 높은 건물들이 없던 시절 모스크바를 바라보면 성당이나 교회 지붕 위에 황금빛 둠이 눈에 띄었기 때문이라고 해요. 18세기 초반부터는 'Первопристо́льная 뻬르바프리스똘리나야(첫 수도인)'라고 불리기도 하는데, 수도가 상트페테르부르크로 옮겨졌을 때 모스크바가 먼저 수도였다라는 것을 강조하기 위한 미칭이라고 해요.
상트페테르부르크는 'Го́род на Неве́ 고라ㅌ 나 니볘(네바강 위의 도시)', 예전에 제2의 수도였으며 러시아 북부에 위치했다는 이유로 'Се́верная столи́ца 세비르나야 스딸리짜(북부의 수도)', 도시에 강이나 운하가 많아서 'Се́верная Вене́ция 세비르나야 비녜쯔야(북부의 베네치아)'라고 불리기도 합니다.
블라디보스토크(Владивосто́к 블라지바스또ㅋ)는 Вла́дик 블라지ㅋ, 이르쿠츠크(Ирку́тск 이르꾸쯔ㅋ)는 Ирк 이르ㅋ, 유즈노 사할린스크(Ю́жно-Сахали́нск 유즈나사할린스ㅋ)는 Ю́жный 유즈느이 또는 Южа́к 유자ㅋ라고도 불립니다.

실례 & 양해

실례지만, 지나가도 될까요?

Извини́те, мо́жно пройти́?
이즈비니쩨, 모즈나 쁘라이찌?

실례지만, 지나가겠습니다.

Извини́те, разреши́те пройти́.
이즈비니쩨, 라즈리쉬쩨 쁘라이찌

실례지만, 곧 돌아오겠습니다.

Извини́те, я верну́сь че́рез мину́ту.
이즈비니쩨, 야 비르누시 체리즈 미누뚜

실례지만, 이만 가 봐야겠어요.

Извини́те, мне уже ну́жно уходи́ть.
이즈비니쩨, 므녜 우제 누즈나 우하지찌

죄송하지만, 조금 늦겠습니다.

Извини́те, я опозда́ю на немно́го.
이즈비니쩨, 야 아빠즈다유 나 님노가

죄송하지만, 제시간에 도착하지 못할 겁니다.

Извини́те, я не смогу́ прийти́ во́время.
이즈비니쩨, 야 니 스마구 쁘리이찌 보브리먀

죄송하지만, 미팅에 못 올 겁니다.

Извини́те, я не смогу́ прийти́ на встре́чу.
이즈비니쩨, 야 니 스마구 쁘리이찌 나 프스트례추

긍정 대답

좋아요.

Хорошо́.
하라쇼

Отли́чно.
아틀리츠나

알았어.

Ла́дно.
라드나

문제없어요.

Без пробле́м.
볘스 쁘라블렘

기꺼이 하죠.

С удово́льствием.
스 우다볼리스트비옘

그렇게 할게요.

Я так и сде́лаю.
야 따크 이 즈젤라유

저를 신뢰하셔도 됩니다.

Мо́жете положи́ться на меня́.
모즈쩨 빨라즈짜 나 미냐

동의합니다.

Я согла́сен(согла́сна).
야 사글라신(사글라스나)

훌륭한 생각이다!

Отли́чная иде́я!
아틀리츠나야 이제야!

52

부정 대답

물론 아니죠.

Коне́чно же, нет.
까녜쉬나 제, 녜트

전혀 모르겠어요.

Я совсе́м не зна́ю.
야 사프셈 니 즈나유

잘 모르겠네요.

Я не уве́рен(а).
야 니 우볘린(우볘리나)

옳지 않아요.

Неве́рно.
니볘르나

Непра́вильно.
니프라빌리나

아무것도 할 수 없네요.

Ничего́ сде́лать
невозмо́жно.
니치보 즈젤라찌 니바즈모즈나

Ничего́ сде́лать нельзя́.
니치보 즈젤라찌 닐쟈

어떻게 할 수 없네요.

Ниче́м не помо́жешь.
니쳄 니 빠모즈쉬

아무런 방법이 없네요.

Нет никако́го спо́соба.
녜트 니까꼬바 스뽀사바

거절

싫어.

Не хочу́.
니 하추

안 돼요.

Нельзя́.
닐쟈

Нет и всё.
녜트 이 프쇼

안 하겠습니다.

Я не бу́ду э́то де́лать.
야 니 부두 에따 젤라찌

죄송하지만, 전 못하겠어요.

Извини́те, я не могу́.
이즈비니쩨, 야 니 마구

죄송하지만, 제 힘으로 안될 것 같네요.

Извини́те, э́то не в мои́х
си́лах.
이즈비니쩨, 에따 니 브 마이ㅎ 실라ㅎ

저는 당신을 도울 수 없어서 유감입니다.

Мне жаль, что я не могу́
вам помо́чь.
므녜 잘, 쉬또 야 니 마구 밤 빠모ㅊ

당신이 저한테 아무리 부탁해도
저는 안 할 겁니다.

Как бы вы ни проси́ли,
я не бу́ду э́то де́лать.
까ㅋ 브 브 니 쁘라실리, 야 니 부두 에따 젤라찌

반대

맞장구칠 때

반대

반대합니다.

Я про́тив.
야 쁘로찌ㅍ

Я возража́ю.
야 바즈라자유

전 그런 결정에 반대합니다.

Я про́тив тако́го реше́ния.
야 쁘로찌ㅍ 따꼬바 리셰니야

저는 동의하지 않아요.

Я не согла́сен(согла́сна).
야 니 사글라신(사글라스나)

저는 당신의 의견에 동의하지 않아요.

Я не согла́сен(согла́сна) с ва́шим мне́нием.
야 니 사글라신(사글라스나) 스 바쉼 므녜니옘

저는 동의할 수 없어요.

Я не могу́ согласи́ться.
야 니 마구 사글라시짜

그건 절대 안 됩니다.
(그것에 대해 얘기조차 나오면 안 됩니다.)

Об э́том не мо́жет быть и ре́чи.
아브 에땀 니 모즈ㅌ 쁘찌 이 례치

당신이 잘못 생각하시는 거예요.

Вы ошиба́етесь.
브 아쉬바이찌시

맞장구칠 때

저도 그렇게 생각해요.

Я то́же так ду́маю.
야 또제 따ㅋ 두마유

Я то́же так счита́ю.
야 또제 따ㅋ 쒸따유

Ты чита́ешь мои́ мы́сли.
뜨 치따이쉬 마이 므슬리
(네가 내 생각을 읽는구나.)

맞아요.

Пра́вильно.
쁘라빌리나

Ве́рно.
볘르나

완전히 옳아요.

Соверше́нно ве́рно.
사비르셰나 볘르나

Абсолю́тно ве́рно.
아프살류트나 볘르나

정확해요.

То́чно.
또츠나

당신의 말에 동의해요.

Я с ва́ми согла́сен(согла́сна).
야 스 바미 사글라신(사글라스나)

네 말이 맞다.

Ты прав(права́).
뜨 쁘라ㅍ(쁘라바)

맞장구치지 않을 때

과연 정말일까? (의혹)

Неуже́ли?
니우젤리?

그럴 리가요!

Не мо́жет быть!
니 모즈ㅌ 브찌!

난 네 말을 믿을 수 없어.

Я тебе́ не ве́рю.
야 찌볘 니 볘류

전 당신의 말을 믿을 수 없어요.

Я вам не ве́рю.
야 밤 니 볘류

무슨 소릴 하는 거야?

Да что ты тако́е говори́шь?
다 쉬또 뜨 따꼬예 가바리쉬?

아니요, 그게 그렇지 않아요.

Нет, э́то не так.
녜ㅌ, 에따 니 따ㅋ

저는 그렇게 생각하지 않아요.

Я так не ду́маю.
야 따ㅋ 니 두마유

저는 반대로 생각해요.

Я ду́маю наоборо́т.
야 두마유 나아바로ㅌ

기타 대답 ①

아마도.

Наве́рно.
나볘르나

Мо́жет быть.
모즈ㅌ 브찌

그럴 줄 알았어요.

Я так и зна́л(а).
야 따ㅋ 이 즈날(라)

Я так и ду́мал(а).
야 따ㅋ 이 두말(라)

경우에 따라 다르지.

Зави́сит от ситуа́ции.
자비시ㅌ 아트 시뚜아쯔이

그때그때 다르지.

Всегда́ по-ра́зному.
프시그다 빠라즈나무

사람마다 다르지.

У всех по-ра́зному.
우 프세ㅎ 빠라즈나무

이해됐지?

Поня́тно?
빠냐트나?

Я́сно?
야스나?

다 이해했지?

Всё по́нял(поняла́)?
프쇼 뽀닐(빠닐라)?

기타 대답 ②

어떻게 아는 거야?

Отку́да ты зна́ешь?
아트꾸다 뜨 즈나이쉬?

정확히 기억이 나지 않아요.

То́чно не по́мню.
또츠나 니 뽐뉴

기억이 잘 나지 않아요.

Не могу́ вспо́мнить.
니 마구 프스뽐니찌

잠시 생각할 시간을 주세요.

Да́йте мне поду́мать.
다이쩨 므녜 빠두마찌

농담하지 마!

Брось шути́ть!
브로시 슈찌찌!

미안. 농담이야.

Извини́. Я пошути́л(а).
이즈비니. 야 빠슈찔(라)

난 그것에 대해 이미 들었어.

Я уже́ об э́том слы́шал(а).
야 우제 아브 에땀 슬라샬(라)

처음 듣는 거야.

В пе́рвый раз слы́шу.
프 뻬르브이 라스 슬르슈

주의 ①

위험해요!

Опа́сно!
아빠스나!

조심해요!

Осторо́жно!
아스따로즈나!

조심하세요!

Бу́дьте осторо́жны!
부쩨 아스따로즈느!

잘 봐!

Смотри́ в о́ба!
스마트리 브 오바!

차 조심해요!

Осторо́жно! Маши́на!
아스따로즈나! 마쉬나!

예의 바르게 행동해.

Веди́ себя́ прили́чно.
비지 시뱌 쁘릴리츠나

Веди́ себя́ ве́жливо.
비지 시뱌 베즐리바

무례하게 굴지 마!

Не груби́!
니 그루비!

말 조심해.

Следи́ за свое́й ре́чью.
슬리지 자 스바예이 레치유

56

불 끄는 거 잊지 마.

Не забу́дь вы́ключить свет.

니 자부찌 브클류치찌 스볘ㅌ

늦잠 자지 않도록 조심해!

Смотри́ не проспи́!

스마트리 니 쁘라스삐!

미끄러워! 넘어지지 않도록 조심해!

Ско́льзко! Смотри́ не упади́!

스꼴리스까! 스마트리 니 우빠지!

늦게까지 돌아다니지 마!

Не ходи́ допоздна́!

니 하지 다빠즈나!

시끄럽게 하지 마.

Не шуми́.

니 슈미

장난치지 마.

Не балу́йся.

니 발루이샤

신분증 가져가는 거 잊지 마.

Не забу́дь взять докуме́нты.

니 자부찌 브쟈찌 다꾸몐뜨

부를 때 들어오세요.

Входи́те, когда́ вас позову́т.

프하지쩨, 까그다 바스 바자부ㅌ

출신지 테스트

러시아 어린이들이 욕심쟁이를 놀리는 표현 중 'Жа́дина-говя́дина 자지나가뱌지나!(욕심쟁이 소고기다!)'가 있어요. 재미있는 사실은 이 표현이 지역마다 조금씩 달라서, 러시아 사람들 사이에선 이 놀이를 어떻게 말하는지에 따라 어느 지역 출신인지 알 수 있다는 거예요.

· **모스크바 출신**

Жа́дина-говя́дина, туре́цкий бараба́н. Кто на нём игра́ет? (이름) тарака́н. 자지나가뱌지나, 뚜례쯔끼 바라반. 끄또 나 뇸 이그라이ㅌ? ~따라깐
욕심쟁이 소고기다, 터키 북이다. 누가 그 북을 치냐? (이름) 바퀴벌레다.

· **상트페테르부르크 출신**

Жа́дина-говя́дина, пуста́я шокола́дина. 자지나가뱌지나, 뿌스따야 샤깔라지나
욕심쟁이 소고기다, 빈 초콜릿이다.

· **기타 지역**

Жа́дина-говя́дина, солёный огуре́ц. На полу́ валя́ется, никто́ его́ не ест. 자지나가뱌지나, 살료느이 아구례ㅉ. 나 빨루 발랴이짜, 니크또 이보 니 예스ㅌ
욕심쟁이 소고기다, 절인 오이다. 방바닥에 굴리고 아무도 그것을 먹지 않는다.

충고 ①

이번에는 할 수 있는 만큼 열심히 해 봐.

Постара́йся как мо́жешь на э́тот раз.
빠스따라이샤 까ㅋ 모즈쉬 나 에따ㅌ 라ㅅ

나의 충고대로 하는 게 좋을 거야.

Лу́чше бы тебе́ послу́шаться моего́ сове́та.
루츠셰 브 찌뼤 빠슬루샤짜 마이보 사볘따

다른 사람의 말은 듣지 마. 네 생각대로 해.

Не слу́шай никого́. Де́лай по-сво́ему.
니 슬루샤이 니까보. 젤라이 빠스보이무

결정하기 전에 잘 생각해 봐.

Хорошо́ поду́май, пе́ред тем как приня́ть реше́ние.
하라쇼 빠두마이, 뼤리ㅌ 쩸 까ㅋ 브리냐찌 리셰니예

결정하는 걸 서두르지 마.

Не торопи́сь с реше́нием.
니 따라삐시 스 리셰니옘

모든 걸 잘 고려해 봐.

Всё хороше́нько взвесь.
프쇼 하라셰니까 브즈볘시

그것에 시간 낭비하지 마.

Не трать на э́то вре́мя.
니 뜨라찌 나 에따 브레먀

충고 ②

다음번에 나와 꼭 상의해.

В сле́дующий раз обяза́тельно посове́туйся со мной.
프 슬례두쒸 라ㅅ 아비자찔리나 빠사볘뚜이샤 사 므노이

필요할 때 나에게 충고를 요청해.

Обраща́йся ко мне за сове́том, когда́ бу́дет ну́жно.
아브라쌰이샤 까 므녜 자 사볘땀, 까그다 부지ㅌ 누즈나

열심히 하면 다 잘될 거야.

Бу́дешь стара́ться, всё полу́чится.
부지쉬 스따라짜, 프쇼 빨루치짜

시간 지나면 다 해결될 거야.

Со вре́менем всё разреши́тся.
사 브레미님 프쇼 라즈리쉬짜

너무 기대하지 마.

Сли́шком не наде́йся.
슬리쉬깜 니 나졔이샤

적당히 일해. 휴식도 필요한 거야.

Рабо́тай в ме́ру. О́тдых то́же ну́жен.
라보따이 브 메루. 오드ㅎ 또제 누즌

존경

우리 모두 다 당신을 존경합니다.

Мы все вас о́чень
уважа́ем.

므 프세 바스 오친 우바자임

모두 다 그(그녀)를 정중히 대합니다.

Все отно́сятся к нему́(ней)
с уваже́нием.

프세 아트노샤짜 끄 니무(녜이) 스 우바제니엠

우린 당신의 의견을 존경해요.

Мы уважа́ем ва́ше мне́ние.

므 우바자임 바셰 므녜니예

모두 다 그녀처럼 되고 싶어해요.

Все хотя́т быть как она́.

프세 하쨔트 브찌 까크 아나

난 그를 본보기로 삼는다.

Я беру́ с него́ приме́р.

야 비루 스 니보 쁘리몌르

전 그를 존경하고 닮고 싶어요.

Я его́ уважа́ю и хочу́ быть
похо́жим(похо́жей) на
него́.

야 이보 우바자유 이 하추 브찌
빠호즘(빠호제이) 나 니보

그가 우리 회사에서 가장 존경스러운 직원이다.

Он са́мый уважа́емый
рабо́тник в на́шей фи́рме.

온 사므이 우바자이므이 라보트니크 브 나셰이
피르몌

칭찬

잘했어요!

Молоде́ц!   (한 명에게)

말라졔쯔!

Умница!   (한 명에게)

움니짜!

Молодцы́!   (여러 명에게)

말라쯔!

Умницы!   (여러 명에게)

움니쯔!

매우 좋아요!

О́чень хорошо́!

오친 하라쇼!

훌륭해요!

Прекра́сно!

쁘리크라스나!

Превосхо́дно!

쁘리바스호드나!

넌 손재주가 좋다. (넌 황금 손이다.)

У тебя́ золоты́е ру́ки.

우 찌뱌 잘라뜨예 루끼

당신의 능력을 높이 평가합니다.

Я о́чень ценю́ ва́ши
спосо́бности.

야 오친 쯔뉴 바쉬 스빠소브나스찌

어떻게 넌 모든 걸 다 잘하는 거니?

Как у тебя́ всё
получа́ется?

까크 우 찌뱌 프쇼 빨루차이짜?

격려 ①

포기하지 마.

Не сдава́йся.
니 즈다바이샤

다 잘될 거야.

Всё бу́дет хорошо́.
프쇼 부지ㅌ 하라쇼

Всё полу́чится.
프쇼 빨루치짜

다 잘 풀릴 거야.

Всё нала́дится.
프쇼 날라지짜

Всё образу́ется.
프쇼 아브라주이짜

Всё испра́вится.
프쇼 이스프라비짜

다 지나갈 거야.

Всё пройдёт.
프쇼 쁘라이죠ㅌ

다 제자리로 돌아갈 거야.

Всё вста́нет на свои́ места́.
프쇼 프스따니ㅌ 나 스바이 미스따

네가 원하는 대로 될 거야.

Всё бу́дет так, как ты хо́чешь.
프쇼 부지ㅌ 따ㅋ, 까ㅋ 뜨 호치쉬

격려 ②

넌 네 목표를 달성할 거야!

Ты добьёшься своего́!
뜨 다비요쉬샤 스바이보!

자신을 믿어!

Верь в себя́!
베리 프 시뱌!

난 너의 힘을 믿어.

Я ве́рю в твои́ си́лы.
야 베류 프 뜨바이 실르

좋은 일만 믿어!

Верь в лу́чшее!
베리 브 루츠셰예

긍정적으로 받아들여.

Смотри́ на всё позити́вно.
스마트리 나 프쇼 빠지찌브나

너도 언젠가 좋은 일이 있을 것이다.
(너의 거리에도 축제가 있을 것이다.)

И на твое́й у́лице бу́дет пра́здник.
이 나 뜨바예이 울리쩨 부지ㅌ 쁘라즈니ㅋ

누구나 실수를 할 수 있어.

Ка́ждый мо́жет ошиби́ться.
까즈드이 모즈ㅌ 아쉬비짜

실수를 통해 배우는 거야.

На оши́бках у́чатся.
나 아쉬프까ㅎ 우차짜

60

부탁

좀 도와주세요.

Помоги́те, пожа́луйста.

빠마기쩨, 빠잘루스따

문을 좀 잡아 주세요.

**Бу́дьте добры́,
придержи́те дверь.**

부쩨 다브르, 쁘리지르즈쩨 드베ㄹ

도와 달라고 부탁드려도 될까요?

**Мо́жно вас попроси́ть
помо́чь?**

모즈나 바ㅅ 빠프라시찌 빠모ᄎ?

도와주시면 감사하겠습니다.

**Бу́ду вам о́чень
благода́рен(благода́рна),
е́сли вы помо́жете.**

부두 밤 오친 블라가다린(블라가다르나), 예슬리
브 빠모즈쩨

선반에서 가방 내리는 것 좀 도와주세요.

**Помоги́те, пожа́луйста,
снять су́мку с по́лки.**

빠마기쩨, 빠잘루스따, 스냐찌 숨꾸 스 뽈끼

네 전화기 좀 써도 될까?

**Мо́жно позвони́ть с твоего́
телефо́на?**

모즈나 빠즈바니찌 스 뜨바이보 찔리포나?

도움

도와드릴까요?

Вам помо́чь?
밤 빠모ㅊ?

제가 도와드릴게요.

Дава́йте я вам помогу́.
다바이쩨 야 밤 빠마구

가방을 들어 드릴까요?

Вам помо́чь донести́ су́мку?
밤 빠모ㅊ 다니스찌 숨꾸?

원하시면 제가 도와드리겠습니다.

Е́сли вы хоти́те, я могу́ вам помо́чь.
예슬리 브 하찌쩨, 야 마구 밤 빠모ㅊ

필요하실 때 저한테 도움을 요청하세요.

Обраща́йтесь за по́мощью, когда́ вам пона́добится.
아브라샤이찌시 자 뽀마쒸유, 까그다 밤 빠나다비짜

도와드리는 것이 기쁩니다.

Я бу́ду рад(ра́да) вам помо́чь.
야 부두 라ㅌ(라다) 밤 빠모ㅊ

너를 언제나 도와줄 수 있어.

Я всегда́ гото́в(а) тебе́ помо́чь.
야 프시그다 가또ㅍ(가또바) 찌볘 빠모ㅊ

재촉 ①

빨리! 빨리!

Бы́стро! Бы́стро!
브스트라! 브스트라!

서둘러!

Поторопи́сь!
빠따라삐시!

Дава́й быстре́е!
다바이 브스트례예!

서두르세요!

Поторопи́тесь!
빠따라삐찌시!

꾸물대지 마.

Не ме́шкай.
니 몌쉬까이

Не копоши́сь.
니 까빠쉬시

Хва́тит копоши́ться.
흐바찌ㅌ 까빠쉬짜

왜 이렇게 거북처럼 느린 거야?

Ну что ты как черепа́ха?
누 쉬또 뜨 까ㅋ 치리빠하?

아직 준비 안 됐어?

Ты ещё не гото́в(а)?
뜨 이쑈 니 가또ㅍ(가또바)?

Ты ещё не собра́лся(собрала́сь)?
뜨 이쑈 니 사브랄샤(사브랄라시)?

재촉 ②

우린 이제 시간 없어.

У нас уже нет вре́мени.
우 나ㅅ 우제 녜ㅌ 브례미니

너 지금 안 나오면 우리는 지각이다.

Éсли ты сейча́с не
вы́йдешь, мы опозда́ем.
예슬리 뜨 시차ㅅ 니 브이지쉬, 므 아빠즈다임

더 이상 못 기다리겠어.

Мне надое́ло ждать.
므녜 나다옐라 즈다찌

지각하고 싶은 거니?

Ты что, хо́чешь опозда́ть?
뜨 쉬또, 호치쉬 아빠즈다찌?

그는 느려 터졌어요.

Он медли́тельный до
невозмо́жности.
온 미들리찔리느이 다 니바즈모즈나스찌

Он ужа́сно медли́тельный.
온 우자스나 미들리찔리느이

기간 내에 마무리하도록 해.

Постара́йся всё зако́нчить
в срок.
빠스따라이샤 프쇼 자꼰치찌 프 스로ㅋ

여기서 잠깐!
모든 일을 느리게 하는 사람을 'копу́ша 까뿌샤'라고
해요.

이름 말하기

러시아 사람들의 공식 이름은 성, 이름,
부칭으로 구성됩니다. 상황에 따라 처음
만났을 때는 '성+이름+부칭', '이름+부
칭', '이름'만 쓰거나 이름의 짧은 형태인
'애칭'으로 자신을 소개할 수 있어요.
공식 석상이라면 보통 '성+이름+부칭'을,
말을 건넬 땐 '이름+부칭'을 쓰며, 비공식
적인 자리라면 '이름'으로만 서로를 호칭해
요. 아이들이나 젊은이들은 부칭 없이 이
름 또는 애칭으로 자신을 소개해요. 편한
사이에서 존경을 표시하기 위해, 이름 없
이 부칭만 호칭으로 쓰는 경우도 있답니다.
'~씨', '~선생'과 같은 존경의 의미를 담
은 경칭으로 성 또는 이름 앞에 남자는
господи́н 가스빠진, 여자는 госпожа́
가스빠자를 붙여 부르는 방법도 있어요.
반면, 한국과 다르게 직업이나 직위를 나
타내는 'дире́ктор 지례크따ㄹ (사장님)',
'профе́ссор 쁘라폐사ㄹ (교수님)',
'учи́тель 우치찔 (선생님)'과 같은 단어를
호칭으로 사용하면 무례하게 여기므로 주
의해야 해요.

긍정적 추측

모든 게 충분히 가능해요.

Всё вполне́ возмо́жно.
프쇼 프빨르녜 바즈모즈나

잘 될 줄 알았어요.

Я зна́л(а), что всё полу́чится.
야 즈날(라), 쉬또 프쇼 빨루치짜

모든 게 잘될 거라고 예상하고 있어요.

Предполага́ю, что всё бу́дет отли́чно.
쁘리트빨라가유, 쉬또 프쇼 부지ㅌ 아틀리츠나

좋은 결과를 기대하고 있어요.

Наде́юсь на хоро́шие результа́ты.
나제유시 나 하로쉬예 리줄따뜨

성공적인 결과를 기대합시다.

Дава́йте наде́яться на успе́шный результа́т.
다바이쩨 나제이짜 나 우스뼤쉬느이 리줄따ㅌ

내 기대에 어긋나지 않았어요.

Мои́ ожида́ния оправда́лись.
마이 아즈다니야 아프라브달리시

부정적 추측

잘 안될 거라는 확신이 있어요.

Уве́рен(а), что не полу́чится.
우볘린(우볘리나), 쉬또 니 빨루치짜

거의 불가능해요.

Почти́ невозмо́жно.
빠치찌 니바즈모즈나

Практи́чески невозмо́жно.
쁘라크찌치스끼 니바즈모즈나

상상조차 힘들어요.

Да́же предста́вить тру́дно.
다제 쁘리쯔다비찌 뜨루드나

기대조차 안 해도 돼요.

Да́же мо́жно не наде́яться.
다제 모즈나 니 나제이짜

그런 건 시작 안 하는 게 나아요.

Тако́е лу́чше и не начина́ть.
따꼬예 루츠셰 이 니 나치나찌

가능성이 매우 적어요.

Вероя́тность о́чень мала́.
비라야트나스찌 오친 말라

우리가 시간만 낭비할 것 같아요.

Ду́маю, мы то́лько вре́мя потеря́ем.
두마유, 므 똘까 브례먀 빠찌랴임

동정 ①

안됐네요!

О́чень жаль!
오친 잘!

Жа́лко!
잘까!

Как жа́лко!
까ㅋ 잘까!

Кака́я доса́да!
까까야 다사다!

유감이다.

Я тебе́ сочу́вствую.
야 찌볘 사추스트부유

유감입니다.

Я вам сочу́вствую.
야 밤 사추스트부유

너무 실망하지 마.

Си́льно не расстра́ивайся.
실리나 니 라스트라이바이샤

난 너를 이해한다.

Я тебя́ понима́ю.
야 찌뱌 빠니마유

너는 모든 걸 바르게 했어.

Ты пра́вильно всё сде́лал(а).
뜨 쁘라빌리나 프쑈 즈제랄(라)

네 잘못이 아니야.

Э́то не твоя́ вина́.
에따 니 뜨바야 비나

부칭 만드는 방법

부칭은 아버지 이름에 남자 부칭 접미사 -ович, -евич, -ич, 여자 부칭 접미사 -овна, -евна, -ична, -инична를 붙여 만들어요. 옛날에는 '~의 아들', '~의 딸'이라는 뜻으로 쓰였다가, 표트르 1세 시대부터 부칭 용법으로 쓰이기 시작했어요. 부칭은 상대방에 대한 존경의 표시입니다. 부칭에 대한 표를 살펴보세요.

아버지 이름	남자 부칭
Ива́н 이반	Ива́нович 이바나비ㅊ (= Ива́ныч 이바느ㅊ (회화))
	여자 부칭
	Ива́новна 이바나브나
Алекса́ндр 알리크산드르	Алекса́ндрович 알리크산드라비ㅊ
	Алекса́ндровна 알리크산드라브나
Пётр 뾰트르	Петро́вич 뻬트로비ㅊ
	Петро́вна 뻬트로브나
Алексе́й 알리크세이	Алексе́евич 알리크세이비ㅊ
	Алексе́евна 알리크세이브나 (= Алексе́вна 알리크세브나(회화))
И́горь 이가리	И́горевич 이가리비ㅊ
	И́горевна 이가리브나
Ю́рий 유리	Ю́рьевич 유리비ㅊ
	Ю́рьевна 유리브나
Евге́ний 이브게니	Евге́ньевич 이브게니비ㅊ
	Евге́ньевна 이브게니브나
Илья́ 일리야	Ильи́ч 일리ㅊ
	Ильи́нична 일리니쉬나
Ники́та 니끼따	Ники́тич 니끼찌ㅊ
	Ники́тична 니끼찌쉬나

자책하지 마.

Не вини́ себя́.
니 비니 시뱌

나는 너를 진심으로 동정한다.

Я тебя́ и́скренне жале́ю.
야 찌뱌 이스크리녜 잘례유

나는 네가 불쌍해.

Мне тебя́ жаль.
므녜 찌뱌 잘

너무 심각하게 받아들이지 마.

Не принима́й бли́зко к се́рдцу.
니 쁘리니마이 블리스까 크 세르쭈

네 입장에선 나도 그렇게 했을 거야.

Я бы то́же на твоём ме́сте так поступи́л(а).
야 브 또제 나 뜨바욤 몌스쩨 따ㅋ 빠스뚜삘(라)

너는 다른 방법이 없었어.

У тебя́ не́ было друго́го вы́хода.
우 찌뱌 녜 블라 드루고바 브하다

네가 얼마나 힘들었는지 나는 알고 있어.

Я зна́ю, как тебе́ бы́ло тру́дно.
야 즈나유, 까ㅋ 찌볘 블라 뜨루드나

어떻게 그런 걸 할 수 있었던 거니?

Как тако́е мо́жно бы́ло сде́лать?
까ㅋ 따꼬예 모즈나 블라 즈젤라찌?

도대체 그렇게 할 수 있는 거야?

Ра́зве так мо́жно?
라즈볘 따ㅋ 모즈나?

도대체 그렇게 행동해도 되니?

Ра́зве мо́жно так себя́ вести́?
라즈볘 모즈나 따ㅋ 시뱌 비스찌?

무슨 짓이니?

Что за дела́?
쉬또 자 질라?

무슨 짓을 한 거니?

Что ты наде́лал(а)?
쉬또 뜨 나젤랄(라)?

부끄럽지도 않아요?

Как ва́м не сты́дно?
까ㅋ 밤 니 스뜨드나?

모든 게 너 때문이야.

Э́то всё из-за тебя́.
에따 프쇼 이자 찌뱌

그런 건 참을 수 없네요.

Тако́е невозмо́жно терпе́ть.
따꼬예 니바즈모즈나 찌르뼤찌

비난 ②

또다시 그런 건 없기로 하자.

Что́бы бо́льше тако́го не́ было.

쉬또브 볼셰 따꼬바 녜 블라

다음번에는 그런 걸 봐주지 않을 거야.

В сле́дующий раз тебе́ э́то так не сойдёт.

프 슬례두쉬 라ㅅ 찌볘 에따 따ㅋ 니 사이죠ㅌ

처음이자 마지막이다!

В пе́рвый и в после́дний раз!

프 뻬르브이 이 프 빠슬레드니 라ㅅ!

어리석은 짓 그만!

Не валя́й дурака́!

니 발랴이 두라까!

너 완전히 미친 거니?

Ты что, совсе́м с ума́ сошёл(сошла́)?

뜨 쉬또, 사프셈 스 우마 사숄(사쉴라)?

Ты что, совсе́м спя́тил(а)?

뜨 쉬또, 사프셈 스빠찔(라)?

그런 건 하면 안 되는 걸 이해 못 하니?

Ты что, не понима́ешь, что так нельзя́?

뜨 쉬또, 니 빠니마이쉬, 쉬또 따ㅋ 닐쟈?

꼭! 짚고 가기

별자리

러시아 사람들은 12개 별자리로 성격을 예 상하거나 운세를 점치는 데 관심이 많습 니다.

별자리가 궁금할 때는, 'Како́й у вас знак зодиа́ка? 까꼬이 우 바ㅅ 즈나ㅋ 자 지아까?(당신 별자리가 뭔가요?)'라고 물어 보세요.

별자리를 러시아어로 어떻게 말하는지 알 아볼까요?

- О́вен 오빈 양자리
  = Ове́н 아벤
- Теле́ц 찔레ㅉ 황소자리
- Близнецы́ 블리즈니쯰 쌍둥이자리
- Рак 라ㅋ 게자리
- Лев 레ㅍ 사자자리
- Де́ва 제바 처녀자리
- Весы́ 비스 천칭자리
- Скорпио́н 스까르삐온 전갈자리
- Стреле́ц 스트릴레ㅉ 사수자리
- Козеро́г 까지로ㅋ 염소자리
- Водоле́й 바달레이 물병자리
- Ры́бы 르브 물고기자리

Глава 02

너의 속마음이 궁금해!

Глава 02

Чувства 추스트바 감정

MP3. Word_C02_1

хоро́ший (-ая, -ое, -ие) 하로쉬 a. 좋은 	сча́стье 샤스찌예 n.n. 행복 	счастли́вый (-ая, -ое, -ые) 쒸슬리브이 a. 행복한
	ра́дость 라다스찌 n.f. 기쁨 	ра́достный (-ая, -ое, -ые) 라다스느이 a. 기쁜
	интере́с 인찌례ㅅ n.m. 흥미, 관심 	интере́сный (-ая, -ое, -ые) 인찌례스느이 a. 흥미로운, 재미있는
	весёлый (-ая, -ое, -ые) 비숄르이 a. 유쾌한, 명랑한 	ве́село 볘실라 ad. 즐겁게, 즐겁다; 흥겹게, 흥겹다
плохо́й (-а́я, -о́е, -и́е) 쁠라호이 a. 나쁜 	грусть 그루스찌 n.f. 슬픔 	гру́стный (-ая, -ое, -ые) 그루스느이 a. 슬픈, 우울한 гру́стно 그루스나 ad. 슬프게, 슬프다
	злой (-ая, -ое, -ые) 즐로이 a. 화난, 성난 	зли́ться - разозли́ться 즐리짜–라자즐리짜 v. 화내다, 성내다
	разочаро́ванный (-ая, -ое, -ые) 라자치로바느이 a. 실망한 	ску́чный (-ая, -ое, -ые) 스꾸쉬느이 a. 심심한, 지루한

70

Характер 하라크찌ㄹ 성격

до́брый
(-ая, -ое, -ые) 도브르이
a. 친절한, 착한, 호의적인; 좋은

че́стный
(-ая, -ое, -ые) 체스느이
a. 정직한, 솔직한

позити́вный
(-ая, -ое, -ые) 빠지찌브느이
a. 긍정적인

акти́вный
(-ая, -ое, -ые) 아크찌브느이
a. 적극적인

работя́щий
(-ая, -ее, -ие) 라바쨔쒸
a. 근면한, 일 잘하는

пасси́вный
(-ая, -ое, -ые) 빠시브느이
a. 소극적인

ро́бкий
(-ая, -ое, -ие) 로프끼
a. 소심한

негати́вный
(-ая, -ое, -ые) 니가찌브르느이
a. 부정적인

стесня́ться - постесня́ться
스찌스냐짜 – 빠스찌스냐짜
v. 부끄러워하다; 사양하다

стесни́тельный
(-ая, -ое, -ые) 스찌스니찔리느이
a. 내성적인, 너무 사양하는

споко́йный
(-ая, -ое, -ые) 스빠꼬이느이
a. 차분한

ти́хий (-ая, -ое, -ие)
찌히
a. 조용한

молчали́вый
(-ая, -ое, -ые) 말칠리브이
a. 과묵한, 말수가 적은

жа́дный
(-ая, -ое, -ые) 자드느이
a. 탐욕스러운, 욕심이 많은

го́рдый
(-ая, -ое, -ые) 고르드이
a. 오만한, 거만한

лени́вый
(-ая, -ое, -ые) 리니브이
a. 게으른

기쁨 ①

기쁨 ②

\# 저는 너무 기쁩니다.

Я о́чень рад(ра́да).
야 오친 라트(라다).

\# 저는 기뻐서 제정신이 아니에요.

Я вне себя́ от ра́дости.
야 브네 시뱌 아트 라다스찌

\# 전 오늘 기분이 좋아요.

Я сего́дня в хоро́шем настрое́нии.
야 시보드냐 프 하로솀 나스트라예니이

\# 저는 들뜬 기분이에요.

Я в припо́днятом настрое́нии.
야 프 쁘리뽀드니땀 나스트라예니이

\# 내 생애 최고의 날이에요.

Э́то са́мый лу́чший день в мое́й жи́зни.
에따 사므이 루츠쉬 젠 브 마에이 즈즈니

\# 그가 너무 기뻐서 입이 귀에 걸렸어요.

У него́ от ра́дости рот до уше́й.
우 니보 아트 라다스찌 로트 다 우셰이

\# 저는 인생을 즐기려고 노력해요.

Я стара́юсь ра́доваться жи́зни.
야 스따라유시 라다바짜 즈즈니

\# 저는 당신이 모든 게 잘되어서 기쁩니다.

Мне ра́достно, что у вас всё получи́лось.
므녜 라다스나, 쉬또 우 바스 프쇼 빨루칠라시

\# 나는 네가 잘돼서 기뻐.

Я о́чень рад(ра́да) за тебя́.
야 오친 라트(라다) 자 찌뱌

\# 제가 얼마나 기쁜지 말로 표현할 수 없어요.

Я не могу́ вы́разить слова́ми, наско́лько я рад(ра́да).
야 니 마구 브라지찌 슬라바미, 나스꼴까 야 라트(라다)

\# 전 너무 기뻐서 아무 말도 못 해요.

Я от ра́дости ничего́ не могу́ сказа́ть.
야 아트 라다스찌 니치보 니 마구 스까자찌

\# 당신이 저에게 그런 기회를 주셔서 너무 기쁩니다.

Я так рад(ра́да), что вы да́ли мне таку́ю возмо́жность.
야 따ㅋ 라트(라다), 쉬또 브 달리 므녜 따꾸유 바즈모즈나스찌

행복 ①

저는 너무 행복해요.

Я о́чень сча́стлив(а).
야 오친 쌰슬리ㅍ(쌰슬리바)

Я от сча́стья на седьмо́м
не́бе.
야 아트 쌰스찌야 나 시지몸 녜베

(행복해서 7번째 하늘에 있어요.)

저는 행복해서 제정신이 아니에요.

Я вне себя́ от сча́стья.
야 브녜 시뱌 아트 쌰스찌야

제가 얼마나 행복한지 당신은 상상할 수
없어요.

Вы не мо́жете
предста́вить, как я
сча́стлив(а).
브 니 모즈쩨 쁘리쯔따비찌, 까ㅋ 야 쌰슬리ㅍ
(쌰슬리바)

이것은 내 생애 가장 행복한 순간이다.

Э́то са́мый счастли́вый
моме́нт в мое́й жи́зни.
에따 사므이 쒸슬리브이 마멘ㅌ 브 마예이
즈즈니

저는 행복해서 뛰고 싶어요.

Мне хо́чется пры́гать от
сча́стья.
므녜 호치짜 쁘라가찌 아트 쌰스찌야

여기서 잠깐!
'7번째 하늘에 있다'라는 것은 그리스 철학자 아리스
토텔레스의 하늘이 7개 층으로 구성되어 있다는 옛
이론에서 나온 표현이에요.

행복 ②

모든 게 잘 끝났으니 얼마나 큰
행복인가요!

Како́е сча́стье, что
всё благополу́чно
зако́нчилось!
까꼬예 쌰스찌예, 쉬또 프쑈 블라가빨루츠나
자꼰칠라시!

우리는 당신을 만나게 되어 너무
행복해요.

Мы о́чень сча́стливы
ви́деть вас.
므 오친 쌰스리브 비지찌 바스

너 얼굴이 행복해 보여.

У тебя́ счастли́вое лицо́.
우 찌뱌 쒸슬리바예 리쪼

너는 행복으로 얼굴이 빛이 나.

У тебя́ лицо́ сия́ет от
сча́стья.
우 찌뱌 리쪼 시야이ㅌ 아트 쌰스찌야

그녀가 너무 행복한 게 그녀 얼굴에
보입니다.

По её лицу́ ви́дно, что
она́ о́чень сча́стлива.
빠 이요 리쭈 비드나, 쉬또 아나 오친 쌰슬리바

너에게도 행복이 올 거야.

И тебе́ сча́стье
улыбнётся.
이 찌볘 쌰스찌예 울르브뇨짜

재미있다

재미있어요.

Интере́сно.
인찌례스나

아주 재미있었어요.

Бы́ло о́чень интере́сно.
블라 오친 인찌례스나

아주 즐거웠어요.

Бы́ло о́чень ве́село.
블라 오친 베실라

우리는 좋은 시간을 보냈어요.

Мы хорошо́ провели́ вре́мя.
므 하라쇼 쁘라빌리 브례먀

여러분과 너무 즐거웠어요.

С ва́ми бы́ло о́чень ве́село.
스 바미 블라 오친 베실라

그(그녀)와 지루할 수가 없어요.

С ним(ней) не соску́чишься.
스 님(네이) 니 사스꾸치쉬샤

거기에는 재미있는 게 많아요.

Там мно́го чего́ интере́сного.
땀 므노가 치보 인찌례스나바

웃기다

웃겨요.

Смешно́.
스미쉬노

정말 웃기다!

Вот умо́ра!
보ㅌ 우모라!

농담이다.

Э́то шу́тка.
에따 슈트까

배꼽 빠지는 줄 알았어요.
(웃겨서 배꼽 풀리는 줄 알았어요.)

От сме́ха чуть пупо́к не развяза́лся.
아트 스메하 추찌 뿌뽀ㅋ 니 라즈비잘샤

너무 웃어서 배가 아파요.

От сме́ха живо́т боли́т.
아트 스메하 즈보ㅌ 발리ㅌ

저는 너무 웃어서 지금 팡 터질 것 같아요.

Я сейча́с ло́пну от сме́ха.
야 시차ㅅ 로프누 아트 스메하

너는 허파에 바람이 들었니?
(너는 웃음이 입에 들어갔니?)

Тебе́ смеши́нка в рот попа́ла?
찌볘 스미쉰까 브 로ㅌ 빠빨라?

74

안심하다

걱정 안 하셔도 돼요.

Мо́жете не волнова́ться.
모즈쩨 니 발르나바짜

마음이 놓이네요.

На душе́ ста́ло ле́гче.
나 두셰 스딸라 례흐체

Как ка́мень с души́ упа́л.
까ㅋ 까민 스 두쉬 우빨

안절부절못해요.

Ме́ста себе́ не могу́ найти́.
메스따 시볘 니 마구 나이찌

네가 있으면 난 걱정할 게 없어.

С тобо́й мне не́ о чем волнова́ться.
스 따보이 므녜 녜 아 쳄 발르나바짜

네가 나를 안심시켰어.

Ты меня́ успоко́ил(а).
뜨 미냐 우스빠꼬일(라)

이제는 편히 잘 수 있어요.

Тепе́рь мо́жно спать споко́йно.
찌뼤리 모즈나 스빠찌 스빠꼬이나

만족하다 & 충분하다

저는 모든 게 만족스러워요.

Я всем дово́лен(дово́льна).
야 프솀 다볼린(다볼리나)

제가 가지고 있는 것에 만족스러워요.

Я дово́лен(дово́льна) тем, что у меня́ есть.
야 다볼린(다볼리나) 쪰, 쉬또 우 미냐 예스찌

저는 모든 게 충분해요.

Мне всего́ доста́точно.
므녜 프시보 다스따따츠나

저는 이만큼이면 충분해요.

Мне сто́лько хва́тит.
므녜 스똘까 흐바찌ㅌ

저는 더 이상 필요 없어요.

Мне бо́льше не на́до.
므녜 볼셰 니 나다

불평할 게 없어요.

Жа́ловаться не́ на что.
잘라바짜 녜 나 쉬따

모든 것이 마음에 들어요.

Всё нра́вится.
프쇼 느라비짜

더 좋을 수가 없어요.

Лу́чше не быва́ет.
루츠셰 니 브바이ㅌ

슬픔

귀찮음 & 싫증

슬퍼요.

Гру́стно.
그루스나

저는 이유 없이 슬퍼요.

Мне гру́стно без причи́ны.
므녜 그루스나 베ㅅ 쁘리치느

저는 울고 싶어요.

Мне хо́чется пла́кать.
므녜 호치짜 쁠라까찌

저는 눈물이 저절로 나요.

У меня́ слёзы са́ми
навора́чиваются на глаза́.
우 미냐 슬료즈 사미 나바라치바유짜 나 글라자

그녀는 사소한 일에도 울어요.

Она́ пла́чет по пустяка́м.
아나 쁠라치ㄸ 빠 뿌스찌깜

그는 나를 눈물 흘리게 했어요.

Он довёл меня́ до слёз.
온 다뵬 미냐 다 슬료ㅅ

그녀는 울고불고하며 진정할 수 없었다.

Она́ пла́кала навзры́д и
не могла́ успоко́иться.
아나 쁠라깔라 나브즈르ㄸ 이 니 마글라
우스빠꼬이짜

귀찮아요.

Неохо́та.
니아호따

아무것도 하기 귀찮아요.

Ничего́ неохо́та де́лать.
니지보 니아호따 젤라찌

가야 하지만, 완전 귀찮아요.

На́до идти́, но вообще́
неохо́та.
나다 이찌, 노 바아프쎼 니아호따

싫증 났어요.

Надое́ло.
나다옐라

모든 게 진짜 싫증 났어요!

Как мне всё надое́ло!
까ㅋ 므녜 프쇼 나다옐라!

귀찮게 하지 마!

Не надоеда́й!
니 나다이다이!

왜 그렇게 게으르니?

Ты что тако́й(така́я)
лени́вый(лени́вая)?
뜨 쉬또 따꼬이(따까야) 리니브이(리니바야)?

난 상관없어.

Мне всё равно́.
므녜 프쇼 라브노

지루함 ①

\# 재미없어.

Неинтере́сно.
니인찌례스나

\# 지루해.

Ску́чно.
스꾸쉬나

\# 정말 지루해!

Ну и скукоти́ща!
누 이 스꾸까찌쌰!

\# 지루해서 죽을 뻔했어요.

Чуть не у́мер(умерла́) от ску́ки.
추찌 니 우미르(우미를라) 아트 스꾸끼

\# 지루해서 돌아 버릴 것 같아요.

Сейча́с с ума́ сойду́ со ску́ки.
시차ㅅ 스 우마 사이두 사 스꾸끼

Сейча́с заво́ю со ску́ки.
시차ㅅ 자보유 사 스꾸끼
(지루해서 늑대처럼 울 거 같아요.)

\# 겨우 끝까지 앉아 있었어요.

Е́ле досиде́л(а) до конца́.
옐례 다시젤(라) 다 깐짜

\# 자 버릴 뻔했어요.

Чуть не усну́л(а).
추찌 니 우스눌(라)

지루함 ②

\# 텔레비전에서 재미있는 게 아무것도 없네.

По телеви́зору ничего́ интере́сного.
빠 찔리비자루 니치보 인찌례스나바

\# 할 게 없어서 소파에서 뒹굴거리며 하루를 보냈다.

От не́чего де́лать проваля́лся(проваля́лась) весь день на дива́не.
아트 녜치바 젤라찌 쁘라발랼샤
(쁘라발랼라시) 볘시 젠 나 지바녜

\# 하루 종일 할 게 없네요.

Весь день не́чего де́лать.
볘시 젠 녜치바 젤라찌

\# 하루 종일 지루해서 죽을 지경이었어요.

Весь день страда́л(а) от ску́ки.
볘시 젠 스트라달(라) 아트 스꾸끼

\# 집에 있는 게 심심하네.

Мне ску́чно сиде́ть до́ма.
므녜 스꾸쉬나 시제찌 도마

\# 이 일은 이제 관심이 없어요.

Меня́ бо́льше э́то де́ло не интересу́ет.
미냐 볼셰 에따 젤라 니 인찌리수이ㅌ

화내다 ①

꺼져!

Отста́нь!
아쯔따니!

입 다물어!

Закро́й рот!
자크로이 로ㅌ!

닥쳐!

Заткни́сь!
자트크니시!

참을 만큼 참았어요.

Моё терпе́ние уже́ ло́пнуло.
마요 찌르뻬니예 우제 로프눌라

날 바보 취급하지 마!

Не де́лай из меня́ дурака́(ду́ру)!
니 젤라이 이즈 미냐 두라까(두루)!

날 뭘로 보는 거니?

Ты за кого́ меня́ принима́ешь?
뜨 자 까보 미냐 쁘리니마이쉬?

당신이 모든 것을 책임질 거예요.

Вы за всё отве́тите.
브 자 프쇼 아트베찌쩨

네가 알 바 아니다.

Э́то не твоё де́ло.
에따 니 뜨바요 젤라

화내다 ②

화가 나서 몸이 떨린다.

Меня́ от зло́сти трясёт.
미냐 아트 즐로스찌 뜨리쑈ㅌ

화가 나서 혈압이 올라간다.

У меня́ от зло́сти давле́ние.
우 미냐 아트 즐로스찌 다블례니예

그녀가 화나면, 안 건드리는 게 낫겠어요.

Когда́ она́ зла́я, лу́чше её не дёргать.
까그다 아나 즐라야, 루츠셰 이요 니 죠르가찌

나는 분노를 겨우 참아 냈어요.

Я е́ле сдержа́л(а) гнев.
야 옐례 즈제르잘(라) 그녜ㅍ

그녀는 화나면 완전히 달라져요.

Она́ совсе́м друга́я, когда́ зла́я.
아나 사프셈 드루가야, 까그다 즐라야

그녀가 홧김에 하면 안 될 말을 말해 버렸어요.

Она́ со зло́сти наговори́ла ли́шнего.
아나 사 즐로스찌 나가바릴라 리쉬니바

여기서 잠깐!
'불난 집에 부채질하다'를 러시아어로
'подлива́ть ма́сла в ого́нь 바들리바찌 마슬라 브
아고니(불에 기름을 붓다)'라고 해요.

짜증 나다 ①

짜증 나.

Бе́сит.

베시ㅌ

모든 게 정말 짜증 나요!

Как меня́ всё бе́сит!

까ㅋ 미냐 프쇼 베시ㅌ!

나 건드리지 마.

Не дёргай меня́.

니 죠르가이 미냐

이유 없이 모든 게 짜증이 나요.

Всё бе́сит без причи́ны.

프쇼 베시ㅌ 베ㅅ 쁘리치느

나는 네가 짜증 나.

Ты меня́ бе́сишь.

뜨 미냐 베시쉬

짜증 나게 하지 마.

Не беси́ меня́.

니 비시 미냐

짜증 내지 마!

Не беси́сь!

니 비시시!

지금 뚜껑 열리겠다.

У меня́ сейча́с кры́шу сорвёт.

우 미냐 시차ㅅ 끄르슈 사르뵤ㅌ

짜증 나다 ②

오늘은 모든 게 신경질 나게 하네.

Сего́дня меня́ всё раздража́ет.

시보드냐 미냐 프쇼 라즈드라자이ㅌ

내 신경 건드리지 마.

Не нерви́руй меня́.

니 니르비루이 미냐

Не де́йствуй мне на не́рвы.

니 제이스트부이 므녜 나 녜르브

Не игра́й на не́рвах.

니 이그라이 나 녜르바ㅎ

그런 날씨가 짜증 나게 하네.

Меня́ бе́сит така́я пого́да.

미냐 베시ㅌ 따까야 빠고다

그녀는 오늘 기분이 별로다.

Она́ сего́дня не в ду́хе.

아나 시보드냐 니 브 두헤

그녀는 성깔이 있어요.

У неё раздражи́тельный хара́ктер.

우 니요 라즈드라즈찔리느이 하라크쪠ㄹ

신경질 그만 내.

Хва́тит психова́ть.

흐바찌ㅌ 쁘시하바찌

무관심

너한테 신경 쓸 여유가 없어.

Мне не до тебя́.

므녜 니 다 찌뱌

나는 네 문제에 전혀 관심이 없어.

Меня́ совсе́м не интересу́ют твои́ пробле́мы.

미냐 사프셈 니 인찌리수유ㅌ 뜨바이 쁘라블례므

나는 남의 일에 관심 갖기 싫어.

Я не хочу́ интересова́ться дела́ми други́х.

야 니 하추 인찌리사바짜 질라미 드루기ㅎ

남의 일에 참견하지 마.

Не лезь не в свои́ дела́.

니 례시 니 프 스바이 질라

Не суй нос не в свои́ дела́.

니 수이 노ㅅ 니 프 스바이 질라

네가 신경 쓸 일이 아니다.

Э́то тебя́ не каса́ется.

에따 찌뱌 니 까사이짜

Э́то не твоё де́ло.

에따 니 뜨바요 젤라

나는 그것에 관심이 없어요.

Мне э́то безразли́чно.

므녜 에따 비즈라즐리츠나

Я к э́тому равноду́шен(равноду́шна).

야 크 에따무 라브나두쉔(라브나두쉬나)

무서움

무서워요.

Стра́шно.

스트라쉬나

저는 무서워요.

Мне стра́шно.

므녜 스트라쉬나

너는 안 무섭니?

Тебе́ не стра́шно?

찌볘 니 스트라쉬나?

저는 겁나요.

Я бою́сь.

야 바유시

저는 어둠을 무서워해요.

Я бою́сь темноты́.

야 바유시 찜나뜨

난 네가 안 무서워.

Я тебя́ не бою́сь.

야 찌뱌 니 바유시

소름 끼쳐요.

Мура́шки по ко́же.

무라쉬끼 빠 꼬제

머리카락이 곤두섰어요.

Во́лосы ды́бом вста́ли.

볼라스 드밤 프스딸리

긴장

저는 많이 긴장하고 있어요.

Я так волну́юсь.
야 따ㅋ 발르누유시

긴장해서 다 잊어버렸어요.

Всё забы́л(а) от волне́ния.
프쇼 자블(라) 아트 발르녜니야

긴장해서 목소리가 떨리고 있어요.

Го́лос дрожи́т от волне́ния.
골라ㅅ 드라즈ㅌ 아트 발르녜니야

긴장해서 말을 더듬거려요.

Заика́юсь от волне́ния.
자이까유시 아트 발르녜니야

긴장해서 손이 떨리고 있어요.

Ру́ки трясу́тся от волне́ния.
루끼 뜨리수짜 아트 발르녜니야

긴장해서 목이 말랐어요.

В го́рле пересо́хло от волне́ния.
브 고를례 삐리소흘라 아트 발르녜니야

긴장해서 손에 땀이 났어요.

Ладо́ни вспоте́ли от волне́ния.
라도니 프스빠쩰리 아트 발르녜니야

긴장 풀어, 넌 잘할 수 있어.

Рассла́бься, у тебя́ всё полу́чится.
라슬라피샤, 우 찌뱌 프쇼 빨루치짜

아쉬움 & 후회

아쉽네요!

Как жаль!
까ㅋ 잘!

О́чень жаль!
오친 잘!

아쉽지만, 전 이제 떠나야 해요.

О́чень жаль, но мне пора́ уходи́ть.
오친 잘, 노 므녜 빠라 우하지찌

저는 아무것도 후회하지 않아요.

Я ни о чём не жале́ю.
야 니 아 촘 니 잘례유

후회할 것 없어요.

Не́чего жале́ть.
네치바 잘례찌

나중에 후회하지 마.

Смотри́ пото́м не жале́й.
스마트리 빠똠 니 잘례이

하고 싶은 대로 해, 하지만 나중에 후회하지 말고.

Де́лай как хо́чешь, но пото́м не жале́й.
젤라이 까ㅋ 호치쉬, 노 빠똠 니 잘례이

네 말 들을걸.

На́до бы́ло тебя́ послу́шать.
나다 블라 찌뱌 빠슬루샤찌

억울함 ①

저는 억울해요.

Мне оби́дно.
므녜 아비드나

그건 불공평해요.

Э́то несправедли́во.
에따 니스프라비들리바

Э́то нече́стно.
에따 니체스나

누구도 억울하지 않게 해 줘.

**Сде́лай так, что́бы никому́
не́ было оби́дно.**
즈젤라이 따ㅋ, 쉬또브 니까무 녜 블라 아비드나

이 문제가 불공평하게 처리되었어요.

**Э́та пробле́ма была́
несправедли́во решена́.**
에따 쁘라블례마 블라 니스프라비들리바 리쉬나

저는 분개해요.

Я возмущён(возмущена́).
야 바즈무쑌(바즈무쒸나)

저는 그대로 두지 않겠어요.

Я э́того так не оста́влю.
야 에따바 따ㅋ 니 아스따블류

저는 억울한 건 못 참아요.

**Я не выношу́
несправедли́вости.**
야 니 브나슈 니스프라비들리바스찌

억울함 ②

눈물 날 정도로 억울해요.

Мне оби́дно до слёз.
므녜 아비드나 다 슬료ㅅ

모든 게 내 편이 아니었어.

**Всё бы́ло не на мое́й
стороне́.**
프쇼 블라 니 나 마예이 스따라녜

Всё бы́ло про́тив меня́.
프쇼 블라 쁘로찌ㅍ 미냐

굉장히 섭섭하네요.

Мне о́чень доса́дно.
므녜 오친 다사드나

Как доса́дно!
까ㅋ 다사드나!

과거에 있었던 억울한 일을 잊을 수
없네요.

**Я не могу́ забы́ть ста́рые
оби́ды.**
야 니 마구 자브찌 스따르예 아비드

나는 너무 억울해서, 더 이상 이 모든
것을 참을 수 없어요.

**Мне так оби́дно, что я
не могу́ бо́льше терпе́ть
всего́ э́того.**
므녜 따ㅋ 아비드나, 쉬또 야 니 마구 볼셰
찌르뻬찌 프시보 에따바

불평 ①

\# 너는 뭐가 불만이니?

Чем ты недово́лен(недово́льна)?
쳄 뜨 니다볼린(니다볼리나)?

\# 너는 무엇이 마음에 안 드니?

Что тебе́ не нра́вится?
쉬또 찌볘 니 느라비짜?

\# 불평 그만해.

Хва́тит жа́ловаться.
흐바찌ㅌ 잘라바짜

\# 투덜대지 마.

Переста́нь ныть.
삐리스따니 느찌

Хва́тит хны́кать.
흐바찌ㅌ 흐느까찌

\# 그녀는 늘 불만이 있어요.

Она́ ве́чно всем недово́льна.
아나 볘츠나 프셈 니다볼리나

\# 그녀는 늘 모든 것에 대해 불평해요.

Она́ ве́чно на всё жа́луется.
아나 볘츠나 나 프쇼 잘루이짜

\# 네 마음에 쏙 들기 힘드네.

Тебе́ тру́дно угоди́ть.
찌볘 뜨루드나 우가지찌

불평 ②

\# 트집 잡는 거 그만해.

Хва́тит придира́ться к мелоча́м.
흐바찌ㅌ 쁘리지라짜 크 밀라참

\# 모두가 그에 대해 불평해요.

На него́ все жа́луются.
나 니보 프세 잘루유짜

\# 나는 더 이상 네 불만을 들어 줄 수 없어.

Я бо́льше не могу́ выслу́шивать твои́ недово́льства.
야 볼셰 니 마구 브슬루쉬바찌 뜨바이 니다볼스트바

\# 언제 불평을 그칠 거니?

Когда́ ты переста́нешь жа́ловаться?
까그다 뜨 삐리스따니쉬 잘라바짜?

\# 네 투덜거리는 소리 이제 질색이야.

Мне надое́ло твоё нытьё.
므녜 나다옐라 뜨바요 느찌요

\# 나는 네 투덜거리는 소리 때문에 스트레스를 받아.

У меня́ от твоего́ нытья́ стресс.
우 미냐 아트 뜨바이보 느찌야 스트레ㅅ

여기서 잠깐!
'늘 불평하여 찡찡거리는 사람'을 'нытик 느찌ㅋ'
라고 해요.

부끄러움 & 창피

저는 너무 부끄러워요.

Мне так сты́дно.
므녜 따ㅋ 스뜨드나

무슨 망신이니?

Что за позо́рище!
쉬또 자 빠조리쎼!

창피해서 얼굴이 붉어졌어요.

Весь(Вся) покрасне́л(а) от стыда́.
볘시(프샤) 빠크라스녤(라) 아트 스뜨다

너무 창피해서 얼굴을 들 수 없어요.

Не могу́ го́лову подня́ть от стыда́.
니 마구 골라부 빠드냐찌 아트 스뜨다

나는 너 때문에 창피하다.

Мне сты́дно за тебя́.
므녜 스뜨다나 자 찌뱌

나를 망신시키지 마.

Не позо́рь меня́.
니 빠조리 미냐

창피해서 땅 파고 들어가고 싶어요.

Гото́в(а) сквозь зе́млю провали́ться от стыда́.
가또ㅍ(가또바) 스크보지 제믈류 쁘라발리짜 아트 스뜨다

놀람

설마!

Да ну!
다 누!

Да прям!
다 쁘럄!

그럴 리가요!

Не мо́жет быть!
니 모즈ㅌ 브찌!

Да ты что!
다 뜨 쉬또!

진심이야?

Пра́вда?
쁘라브다?

Серьёзно?
시리요즈나?

하느님 맙소사!

Бо́же мой!
보제 모이!

О го́споди!
오 고스빠지!

어머나!

Ой, ма́мочки!
오이, 마마츠끼!

너무 놀라서 뒤로 넘어지겠다!
(나 좀 잡아 주세요!)

Держи́те меня́!
지르즈졔 미냐!

84

미움 ①

난 네가 미워!

Я тебя́ ненави́жу!
야 찌뱌 니나비주!

내가 너를 얼마나 미워하는지 네가 알았으면 해!

Éсли бы ты зна́л(а), как я тебя́ ненави́жу!
예슬리 브 뜨 즈날(라), 까ㅋ 야 찌뱌 니나비주!

우리는 서로를 미워하죠.

Мы ненави́дим друг дру́га.
므 니나비짐 드루ㅋ 드루가

너하고 같은 장소에도 있기 싫어.

Я не могу́ находи́ться с тобо́й в одно́м ме́сте.
야 니 마구 나하지짜 스 따보이 브 아드놈 몌스쩨

뭐 때문에 저를 미워하세요?

За что вы меня́ ненави́дите?
자 쉬또 브 미냐 니나비지쩨?

네 얼굴도 보기 싫어.

Я не хочу́ ви́деть да́же твоего́ лица́.
야 니 하추 비지찌 다제 뜨바이보 리짜

저는 그에게 미움을 품고 있어요.

У меня́ не́нависть к нему́.
우 미냐 녜나비스찌 크 니무

미움 ②

그렇게 행동하면, 모두에게 미움을 받을 거야.

Бу́дешь так себя́ вести́, все тебя́ возненави́дят.
부지쉬 따ㅋ 시뱌 비스찌, 프세 찌뱌 바즈니나비쟈ㅌ

그런 행동 때문에 너를 미워할 수밖에 없어.

За тако́е поведе́ние тебя́ невозмо́жно не ненави́деть.
자 따꼬예 빠비졔니예 찌뱌 니바즈모즈나 니 니나비지찌

그녀는 저를 미워한다는 걸 숨기지 않아요.

Она́ не скрыва́ет свое́й не́нависти ко мне.
아나 니 스크르바이ㅌ 스바예이 녜나비스찌 까 므녜

그들은 서로를 견딜 수 없어요.

Они́ не выно́сят друг дру́га.
아니 니 브노샤ㅌ 드루ㅋ 드루가

내 앞에서 그의 이름조차 말하지 마세요.

Не говори́те при мне да́же его́ и́мени.
니 가바리쩨 쁘리 므녜 다제 이보 이미니

좋아하다

저는 마음에 들어요.

Мне нра́вится.
므녜 느라비짜

이것이 바로 제게 필요한 거예요.

Э́то то, что мне на́до.
에따 또, 쉬또 므녜 나다

전 바로 이걸 원했어요.

Я и́менно э́то хоте́л(а).
야 이미나 에따 하쪨(라)

저는 바닷가 휴식을 엄청 좋아해요.

Я обожа́ю о́тдых на мо́ре.
야 아바자유 오드ㅎ 나 모례

저는 영화 보는 것을 더 좋아해요.

Мне бо́льше нра́вится смотре́ть фи́льмы.
므녜 볼셰 느라비짜 스마트례찌 필리므

저는 과일을 선호해요.

Я предпочита́ю фру́кты.
야 쁘리트빠치따유 프루크뜨

이 색깔은 내 취향이다.

Мне по вку́су э́тот цвет.
므녜 빠 프꾸수 에따트 쯔볘트

이게 저랑 딱 맞는 거예요.

Э́то как раз для меня́.
에따 까크 라스 들랴 미냐

실망하다

저는 너무 실망했어요.

Я о́чень разочаро́ван(а).
야 오친 라자치로반(라자치로바나)

너는 나를 실망시켰어.

Ты меня́ разочарова́л(а).
뜨 미냐 라자치라발(라)

나는 너한테 실망했어.

Я разочарова́лся (разочарова́лась) в тебе́.
야 라자치라발샤(라자치라발라시) 프 찌볘

완전 실망이네요!

Одно́ сплошно́е разочарова́ние!
아드노 스플라쉬노예 라자치라바니예!

저는 더 좋은 결과를 기대했는데, 반대로 되어 버렸어요.

Я наде́ялся(наде́ялась) на лу́чшее, а вы́шло наоборо́т.
아 나졔일샤(나졔일라시) 나 루츠셰예, 아 브쉴라 나아바로트

너는 나의 기대를 충족시키지 못했어.

Ты не оправда́л(а) мои́х ожида́ний.
뜨 니 아프라브달(라) 마이ㅎ 아즈다니

이번에는 실망시키지 않겠습니다.

В э́тот раз я вас не разочару́ю.
브 에따트 라스 야 바ㅅ 니 라자치루유

싫어하다

저는 지적받는 건 좋아하지 않아요.

Я не люблю́, когда́ мне
де́лают замеча́ния.
야 니 류블류, 까그다 므녜 졜라유ㅌ 자미차니야

저는 이거 정말 마음에 안 들어요.

Мне э́то совсе́м не
нра́вится.
므녜 에따 사프셈 니 느라비짜

이건 분명히 저하고 안 맞아요.

Э́то то́чно не для меня́.
에따 또츠나 니 들랴 미냐

이건 제 취향에 안 맞아요.

Э́то мне не по вку́су.
에따 므녜 니 빠 프꾸수

이건 분명히 제 취향이 아니에요.

Э́то то́чно не на мой вкус.
에따 또츠나 니 나 모이 프꾸ㅅ

저는 비 오는 날씨에 산책하는 건
싫어요.

Я ненави́жу гуля́ть в
дождли́вую пого́ду.
야 니나비주 굴랴찌 브 다즈들리부유 빠고두

그런 거 좋아하는 사람이 누가 있을까?

Кому́ же тако́е
понра́вится?
까무 제 따꼬예 빠느라비짜?

꼭! 짚고 가기

마음 관련 숙어

- душа́ в ду́шу 두샤 브 두슈
  사이좋게
- ни гроша́ за душо́й
  니 그라샤 자 두쇼이
  한 푼도 없다
- ни души́ 니 두쉬
  단 한 명도 없다
- душа́ в пя́тки ушла́
  두샤 프 빠트끼 우쉴라
  간이 떨어졌다
- душа́ боли́т 두샤 발리ㅌ
  마음이 아프다
- души́ не ча́ять 두쉬 니 차이찌
  넋이 빠져서 사랑하다
- до глубины́ души́ 다 글루비느 두쉬
  마음속까지, 매우
- от все́й души́ 아ㅌ 프세이 두쉬
  마음속부터, 매우
- криви́ть душо́й 끄리비찌 두쇼이
  솔직하지 않게 행동하다, 거짓말하다
- брать за ду́шу 브라찌 자 두슈
  마음을 건드리다
- загля́дывать в чужу́ю ду́шу
  자글랴드바찌 프 추주유 두슈
  남의 속마음을 들여다보다
- накипе́ть на душе́ 나끼뻬찌 나 두셰
  마음에 쌓이다
- поговори́ть по душа́м
  빠가바리찌 빠 두샴
  속마음을 털어놓고 대화하다

낙천적이다

그는 아주 긍정적인 사람이에요.

Он о́чень позити́вный человек.

온 오친 빠지찌브느이 칠라베ㅋ

그는 모든 일에 낙천적이에요.

Он оптими́ст во все́х дела́х.

온 아프찌미스ㅌ 바 프세ㅎ 질라ㅎ

그녀는 결코 낙심하지 않아요.

Она́ никогда́ не уныва́ет.

아나 니까그다 니 우느바이ㅌ

저는 긍정적이려고 노력해요.

Я стара́юсь быть на позити́ве.

야 스따라유시 브찌 나 빠지찌베

저는 모든 것에 긍정적인 점을 찾으려고 해요.

Я стара́юсь находи́ть во всём положи́тельные сто́роны.

야 스따라유시 나하지찌 바 프솜 빨라즈찔리느예 스또라느

그가 있으면 항상 기분이 좋아져요.

С ним всегда́ стано́вится ра́достно.

스 님 프시그다 스따노비짜 라다스나

비관적이다

그는 비관적이에요.

Он пессими́ст.

온 삐시미스ㅌ

넌 항상 모든 것에 부정적인 태도를 갖는다.

Ты всегда́ негати́вно отно́сишься ко всему́.

뜨 프시그다 니가찌브나 아트노시쉬샤 까 프시무

그녀는 항상 비관적인 인생관을 가지고 있어요.

У неё всегда́ негати́вный взгляд на жизнь.

우 니요 프시그다 니가찌브느이 브즈글랴ㅌ 나 즈즈니

그녀는 자주 우울증에 빠져요.

Она́ ча́сто впада́ет в депре́ссию.

아나 차스따 프빠다이ㅌ 브 지프레시유

그는 하루 종일 모든 것에 대해 불평해요.

Он це́лый день на всё жа́луется.

온 쩰르이 젠 나 프쇼 잘루이짜

그가 또다시 인생에 대해 불평해요.

Опя́ть он жа́луется на жизнь.

아뺘찌 온 잘루이짜 나 즈즈니

착하다

그녀는 착하고 상냥해요.

Она́ хоро́шая и до́брая.
아나 하로샤야 이 도브라야

착한 척하지 마.
(천사인 척하지 마.)

Не строй из себя́ а́нгела.
니 스트로이 이스 시뱌 안길라

그녀는 말투가 거칠지만 실제로는
상냥해요.

У неё гру́бая речь, но на
са́мом де́ле она́ до́брая.
우 니요 그루바야 례ㅊ, 노 나 사맘 젤례 아나
도브라야

그의 태도를 보면 그가 착한 사람이라고
말할 수 없어요.

По его́ поведе́нию не
ска́жешь, что он до́брый
челове́к.
빠 이보 빠비제니유 니 스까즈쉬, 쉬또 온
드브르이 칠라볘ㅋ

그는 파리 한 마리도 해치지 못할 거야.

Он и му́хи не оби́дит.
온 이 무히 니 아비지ㅌ

외향적이다

그는 사교성이 아주 좋아요.

Он о́чень общи́тельный.
온 오친 아프쒸찔리느이

그는 매우 사교적이에요.

Он о́чень
коммуника́бельный.
온 오친 까무니까빌리느이

Он о́чень компане́йский.
온 오친 깜빠녜이스끼

그의 주변에 항상 친구가 많아요.

Вокру́г него́ всегда́ мно́го
друзе́й.
바크루ㅋ 니보 프시그다 므노가 드루졔이

그녀는 아주 활동적이고 한자리에 있지
않아요.

Она́ о́чень акти́вная и не
сиди́т на ме́сте.
아나 오친 아크찌브나야 이 니 시지ㅌ 나 몌스쩨

그녀는 항상 어디에서도 친구들이
생겨요.

У неё всегда́ и везде́
появля́ются друзья́.
우 니요 프시그다 이 비즈제 빠이블랴유짜
드루지야

그는 쉽게 먼저 대화를 시작해요.

Ему́ легко́ пе́рвым
завести́ разгово́р.
이무 리흐꼬 뼤르븜 자비스찌 라즈가보ㄹ

내향적이다

그는 너무 내성적이에요.

Он о́чень необщи́тельный.

온 오친 니아프쒸찔리느이

그는 내성적인 성격이에요.

У него́ за́мкнутый
хара́ктер.

우 니보 잠크누뜨이 하라크찌르

그는 사람들과 어울리는 걸 어려워해요.

Он стесня́ется обща́ться с
людьми́.

온 스찌스냐이짜 아프쌰짜 스 류지미

그녀의 말수가 너무 적어요.

Она́ о́чень молчали́вая.

아나 오친 말칠리바야

그녀는 초면에 말을 적게 해요.

При пе́рвой встре́че она́
ма́ло говори́т.

쁘리 뻬르바이 프스트레체 아나 말라 가바리트

그녀는 먼저 대화 시작하는 걸 좋아하지
않아요.

Она́ не лю́бит пе́рвой
вступа́ть в разгово́р.

아나 니 류비트 뻬르바이 프스뚜빠찌 브
라즈가보르

그녀를 대화에 끌어들이기 힘들어요.

Её тру́дно разговори́ть.

이요 뜨루드나 라즈가바리찌

순진하다

그녀는 너무 순진해요.

Она́ о́чень простоду́шная.

아나 오친 쁘라스따두쉬나야

Она́ о́чень дове́рчивая.

아나 오친 다베르치바야

(그녀는 너무 잘 믿어요.)

어떻게 그를 믿을 수 있었지?
너는 지나치게 순진해.

Как мо́жно бы́ло ему́
пове́рить? Ты сли́шком
дове́рчив(а).

까크 모즈나 블라 이무 빠베리찌? 뜨 슬리쉬깜
다베르치프(다베르치바)

그는 사람을 쉽게 믿어요.

Он легко́ всем доверя́ет.

온 리흐꼬 프셈 다비랴이트

그런 순진한 눈으로 나를 보지 마.

Не смотри́ на меня́
таки́ми наи́вными
глаза́ми.

니 스마트리 나 미냐 따끼미 나이브느미
글라자미

모두가 너의 순진함을 이용해요.

Все по́льзуются твое́й
наи́вностью.

프세 뽈주유짜 뜨바예이 나이브나스찌유

우유부단하다

넌 지나치게 우유부단해.

Ты сли́шком нереши́телен (нереши́тельна).
뜨 슬리쉬깜 니리쉬찔린(니리쉬찔리나)

너는 우유부단한 성격이다.

У тебя́ нереши́тельный хара́ктер.
우 찌뱌 니리쉬찔리느이 하라크찌르

그녀는 성격이 소심해요.

У неё ро́бкий хара́ктер.
우 니요 로프끼 하라크찌르

이 문제에 대해서 넌 좀 단호해야 해.

Тебе́ ну́жно быть реши́тельней по э́тому вопро́су.
찌볘 누즈나 브찌 리쉬찔리녜이 빠 에따무 바프로수

이 일은 네가 주도권을 가져라.

Возьми́ де́ло в свои́ ру́ки.
바지미 젤라 프 스바이 루끼

저는 항상 알아서 결정하는 게 힘들어요.

Мне всегда́ тру́дно самому́(само́й) принима́ть реше́ния.
므녜 프시그다 뜨루드나 사마무(사모이) 쁘리니마찌 리셰니야

이기적이다

넌 이기적인 사람이야.

Ты эгои́ст(эгои́стка).
뜨 에가이스트(에가이스트까)

그렇게 이기적으로 굴지 마.

Не будь эгои́стом(эгои́сткой).
니 부찌 에가이스땀(에가이스트까이)

그는 오로지 자신만 생각하고 있어요.

Он ду́мает то́лько о себе́.
온 두마이트 똘까 아 시볘

그녀는 오로지 자신의 행복만 생각해요.

Она́ ду́мает то́лько о своём бла́ге.
아나 두마이트 똘까 아 스바욤 블라계

그녀는 다른 사람들이 어떻게 될 것인지 신경쓰지 않아요.

Ей всё равно́, что бу́дет с други́ми.
예이 프쇼 라브노, 쉬또 부지트 스 드루기미

너는 나에게 아무런 신경을 쓰지 않아.
(너는 나한테 침이나 뱉겠지.)

Тебе́ наплева́ть на меня́.
찌볘 나플리바찌 나 미냐

그는 너에게 아무런 신경을 쓰지 않아.
(그가 너한테 재채기나 했겠지.)

Чиха́л он на тебя́.
치할 온 나 찌뱌

Глава 03

실물이 듣던 그대로네!

Глава 03

Тело 쩰라 신체

те́ло 쩰라
n.n. 신체

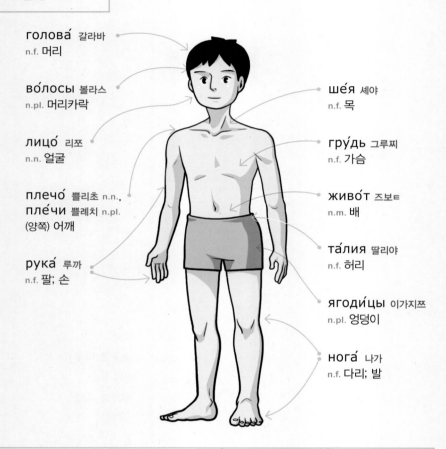

голова́ 갈라바
n.f. 머리

во́лосы 볼라스
n.pl. 머리카락

лицо́ 리쪼
n.n. 얼굴

плечо́ 쁠리초 n.n.,
пле́чи 쁠례치 n.pl.
(양쪽) 어깨

рука́ 루까
n.f. 팔; 손

ше́я 셰야
n.f. 목

гру́дь 그루찌
n.f. 가슴

живо́т 즈보트
n.m. 배

та́лия 딸리야
n.f. 허리

ягоди́цы 이가지쯔
n.pl. 엉덩이

нога́ 나가
n.f. 다리; 발

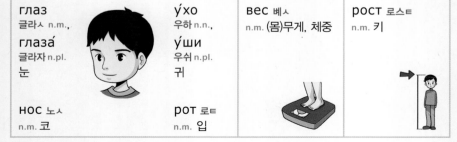

глаз
글라ㅅ n.m.,
глаза́
글라자 n.pl.
눈

нос 노ㅅ
n.m. 코

у́хо
우하 n.n.,
у́ши
우쉬 n.pl.
귀

рот 로트
n.m. 입

вес 볘ㅅ
n.m. (몸)무게, 체중

рост 로스트
n.m. 키

94

Одежда 아졔즈다 옷

оде́жда 아졔즈다 n.f. 옷, 의복 	**футбо́лка** 푸드볼까 n.f. 티셔츠 	**руба́шка** 루바쉬까 n.f. 셔츠, 와이셔츠; 루바시카 (러시아식 상의)
	жаке́т 자꼐ㅌ n.m. 재킷 	**костю́м** 까스쯈 n.m. 양복(한 벌), 정장
	брю́ки 브류끼 n.pl. 바지 	**джи́нсы** 진스 n.pl. 청바지
	пуло́вер 뿔로비ㄹ n.m. (깃이 없는 풀오버) 스웨터 	**пухови́к** 뿌하비ㅋ n.m. 패딩
	шу́ба 슈바 n.f. 모피코트, 털 코트 	**сарафа́н** 사라판 n.m. 사라판(러시아 여성 전통 의상); 멜빵 원피스
одева́ться - **оде́ться** 아지바짜-아졔짜 v. 옷을 입다 **раздева́ться -** **разде́ться** 라즈지바짜-라즈졔짜 v. 옷을 벗다 	**ю́бка** 유프까 n.f. 치마 	**пла́тье** 쁠라찌예 n.n. 원피스, 드레스
	трусы́ 뜨루스 n.pl. 팬티 	**шарф** 샤르ㅍ n.m. 목도리
	ночно́е бельё 나츠노예 빌리요 잠옷 	**спорти́вный костю́м** 스빠르찌브느이 까스쯈 운동복

신체 특징

체중

\# 그는 어깨가 넓어요.

У него́ широ́кие пле́чи.
우 니보 쉬로끼예 쁠례치

\# 그는 뼈대가 굵어요.

Он ширококо́стный.
온 쉬로꼬꼬스느이

\# 그녀는 키가 작지만, 비율이 좋아요.

Она́ ма́ленького ро́ста, но с хоро́шими пропо́рциями.
아나 말린까바 로스따, 노 스 하로쉬미 쁘라뽀르쯔야미

\# 그녀는 몸매가 예뻐요.

У неё краси́вая фигу́ра.
우 니요 끄라시바야 피구라

\# 그녀는 팔다리가 길어요.

У неё дли́нные ру́ки и но́ги.
우 니요 들리느예 루끼 이 노기

\# 저는 평발이에요.

У меня́ плоскосто́пие.
우 미냐 쁠라스까스또삐예

\# 저는 왼손잡이예요.

Я левша́.
야 리프샤

\# 저는 오른손잡이예요.

Я правша́.
야 쁘라프샤

\# 당신은 체중이 어떻게 돼요?

Како́й у вас вес?
까꼬이 우 바ᄉ 베ᄉ

\# 저는 체중이 늘었어요.

Я попра́вился(попра́вилась).
야 빠프라빌샤(빠프라빌라시)

\# 저는 살이 쪘어요.

Я пополне́л(а).
야 빠빨르넬(라)

Я потолсте́л(а).
야 빠딸스쪨(라)

\# 저는 살이 빠졌어요.

Я похуде́л(а).
야 빠후젤(라)

\# 살을 좀 빼야 해요.

Ну́жно немно́го похуде́ть.
누즈나 님노가 빠후제찌

\# 저는 다이어트 중이에요.

Я сижу́ на дие́те.
야 시주 나 지에쩨

\# 너는 너의 키에 정상 체중이다.

У тебя́ норма́льный вес для твоего́ ро́ста.
우 찌뱌 나르말르느이 베ᄉ 들랴 뜨바이보 로스따

96

체격 & 기타

그는 체격이 좋아요.

У него́ хоро́шее
телосложе́ние.
우 니보 하로셰예 찔라슬라제니예

그는 튼튼한 체격이에요.

Он кре́пкого
телосложе́ния.
온 끄레프까바 찔라슬라제니야

그는 약한 체격이에요.

Он сла́бого телосложе́ния.
온 슬라바바 찔라슬라제니야

그녀는 체격이 가냘파요.

У неё хру́пкое
телосложе́ние.
우 니요 흐루프까예 찔라슬라제니예

그는 힘이 세고 건장해요.

Он си́льный и здоро́вый.
온 실리느이 이 즈다로브이

너에게 건강한 기운이 보인다.

От тебя́ здоро́вьем ве́ет.
아트 찌뱌 즈다로비옘 베이트

너는 근력을 키워야 해.

Тебе́ ну́жно подтяну́ть
мы́шцы.
찌볘 누즈나 빠찌누찌 므쉬쯔

모습 & 얼굴

그는 나이보다 어려 보여요.

Он вы́глядит моло́же
свои́х лет.
온 브글리지트 말로제 스바이흐 례트

그녀는 나이보다 들어 보여요.

Она́ вы́глядит ста́рше
свои́х лет.
아나 브글리지트 스따르셰 스바이흐 례트

그녀는 이마가 넓어요.

У неё высо́кий лоб.
우 니요 브소끼 로ㅍ

그는 광대뼈가 커요.

У него́ больши́е ску́лы.
우 니보 발쉬예 스꿀르

그녀는 보조개가 있어요.

У неё я́мочки.
우 니요 야마츠끼

그는 턱 보조개가 있어요.

У него́ я́мочка на
подборо́дке.
우 니보 야마츠까 나 빠드바로트꼐

그녀는 미소가 예뻐요.

У неё краси́вая улы́бка.
우 니요 끄라시바야 울르프까

그는 항상 인상을 쓰고 있어요.

Он всегда́ хму́рится.
온 프시그다 흐무리짜

Глава 03 실물이 듣던 그대로네! **97**

저는 얼굴이 동그래요.

У меня́ кру́глое лицо́.

우 미냐 끄루글라예 리쪼

너는 얼굴이 달걀형이다.

У тебя́ ова́льное лицо́.

우 찌뱌 아발리나예 리쪼

그가 얼굴이 사각형이에요.

У него́ квадра́тное лицо́.

우 니보 끄바드라트나예 리쪼

그녀는 볼살이 통통해요.

У неё пу́хлые щёки.

우 니요 뿌흘르예 쑈끼

그녀는 볼이 쏙 들어갔어요.

У неё втя́нутые щёки.

우 니요 프쨔누뜨예 쑈끼

저는 사각턱이에요.

У меня́ квадра́тная
че́люсть.

우 미냐 끄바드라트나야 첼류스찌

너 얼굴이 길고 말랐다.

У тебя́ дли́нное худо́е
лицо́.

우 찌뱌 들리나예 후도예 리쪼

저는 어렸을 때부터 피부가
거무스름해요.

У меня́ с де́тства сму́глая
ко́жа.

우 미냐 스 졔쯔트바 스무글라야 꼬자

너는 햇빛에 피부가 많이 탔어.

Ты си́льно загоре́л(а) на
со́лнце.

뜨 실리나 자가렐(라) 나 손쩨

너 피부가 창백하다.

У тебя́ бле́дная ко́жа.

우 찌뱌 블례드나야 꼬자

그는 피부가 꺼칠꺼칠해요.

У него́ шерша́вая ко́жа.

우 니보 쉬르샤바야 꼬자

저는 피부가 민감해요.

У меня́ чувстви́тельная
ко́жа.

우 미냐 추스트비찔리나야 꼬자

너 도자기처럼 피부가 매끈해.

У тебя́ гла́дкая ко́жа, как
фарфо́р.

우 찌뱌 글라트까야 꼬자, 까ㅋ 파르포르

그녀는 매일 피부 관리를 잘 해요.

Она́ уха́живает за ко́жей
ка́ждый день.

아나 우하지바이ㅌ 자 꼬제이 까즈드이 젠

피부 ②

저는 여드름이 났어요.

У меня́ вы́скочил прыщ.
우 미냐 브스까칠 쁘르쉬

저는 주근깨가 있어요.

У меня́ весну́шки.
우 미냐 비스누쉬끼

저는 코에 블랙헤드가 있어요.

У меня́ чёрные то́чки на носу́.
우 미냐 쵸르느예 또츠끼 나 나수

여드름 짜지 마.

Не выда́вливай прыщи́.
니 브다블리바이 쁘르쉬

저는 얼굴이 텄어요.

У меня́ обве́трилась ко́жа.
우 미냐 아브베트릴라시 꼬자

저는 피부에 각질이 벗겨져요.

У меня́ шелуши́тся ко́жа.
우 미냐 쉴루쉬짜 꼬자

저는 눈가에 잔주름이 있어요.

У меня́ морщи́нки вокру́г глаз.
우 미냐 마르쒼끼 바크루ㅋ 글라ㅅ

저는 얼굴에 점을 빼고 싶어요.

Я хочу́ удали́ть ро́динку на лице́.
야 하추 우달리찌 로진꾸 나 리쩨

구릿빛 피부

날씨가 추운 나라인 만큼, 러시아 사람들은 따뜻한 날씨와 햇빛을 좋아합니다. 날씨가 좋은 날이면 밖에 산책하러 나가기를 좋아하고, 햇빛을 쬐어 생긴 주근깨도 밉다고 생각하지 않는 편이에요.

그중에서도 따뜻한 해변에서 태닝을 하고 구릿빛 피부 만들기를 선호하는데요, 여름에는 바닷가에 가면 남녀노소 몇 시간씩이나 햇빛 아래 누워 있는 사람들을 볼 수 있습니다. 여름에 희고 창백한 피부로 다니면 환자처럼 보인다며 창피해하는 사람이 있을 정도입니다.

바닷가에 못 가면, 별장에서 수영복 차림으로 앞마당을 거닐거나 교외에 나가 들판에 돗자리를 깔고 일광욕하는 사람도 많습니다. 도심의 강변이나 공원에서도 일광욕을 즐기는 시민들을 쉽게 볼 수 있습니다.

러시아의 부모들 역시 피부가 가무잡잡한 아이일수록 잔병치레가 적으며 겨울에 감기도 잘 안 걸린다고 믿는답니다. 영아에게 창문을 통해 하루에 몇 분씩 일광욕을 시키기도 해요.

눈 ①

그녀는 크고 파란 눈을 가졌어요.

У неё больши́е голубы́е глаза́.

우 니요 발쒸예 갈루브예 글라자

그는 또렷한 눈을 가졌어요.

У него́ вырази́тельные глаза́.

우 니보 브라지찔리느예 글라자

그녀는 눈이 두드러져요.

У неё глаза́ навы́кат.

우 니요 글라자 나브까ㅌ

그녀는 착한 눈을 가졌어요.

У неё до́брые глаза́.

우 니요 도브르예 글라자

너는 눈이 웃고 있어.

У тебя́ смею́щиеся глаза́.

우 찌뱌 스미유쒸이샤 글라자

나는 눈이 가까이 몰려 있어요.

У меня́ глаза́ бли́зко поса́жены.

우 미냐 글라자 블리스까 빠사즈느

그녀는 길고 짙은 속눈썹을 가졌어요.

У неё дли́нные густы́е ресни́цы.

우 니요 들리느예 구스뜨예 리스니쯔

눈 ②

눈이 부었어요.

Глаза́ опу́хли.

글라자 아뿌흘리

저는 눈에 티끌이 들어갔어요.

Мне в глаз попа́ла сори́нка.

므녜 브 글라ㅅ 빠빨라 사린까

저는 눈에 눈물이 나요.

У меня́ глаза́ слезя́тся.

우 미냐 글라자 슬리쟈짜

저는 눈 한쪽이 떨려요.

У меня́ глаз дёргается.

우 미냐 글라ㅅ 죠르가이짜

그녀는 다크서클이 있어요.

У неё тёмные круги́ под глаза́ми.

우 니요 쫌느예 끄루기 빠ㄷ 글라자미

피곤해서 눈이 쑥 들어갔어요.

Глаза́ провали́лись от уста́лости.

글라자 쁘라발릴리시 아트 우스딸라스찌

나한테 윙크하지 마.

Не подми́гивай мне.

니 빠드미기바이 므녜

시력

저는 시력이 좋아요.

У меня́ хоро́шее зре́ние.
우 미냐 하로쎼예 즈례니예

저는 시력이 나빠요.

У меня́ плохо́е зре́ние.
우 미냐 쁠라호예 즈례니예

저는 시력이 약해요.

У меня́ сла́бое зре́ние.
우 미냐 슬라바예 즈례니예

당신은 시력이 어떻게 되세요?

Како́е у вас зре́ние?
까꼬예 우 바ㅅ 즈례니예?

저는 시력이 1.0이에요.

У меня́ зре́ние +1(плюс оди́н).
우 미냐 즈례니예 쁠류ㅅ 아진

저는 근시예요.

У меня́ близору́кость.
우 미냐 블리자루까스찌

저는 원시예요.

У меня́ дальнозо́ркость.
우 미냐 달리나조르까스찌

저는 나이가 들면서 시력이 나빠졌어요.

У меня́ с года́ми испо́ртилось зре́ние.
우 미냐 스 가다미 이스뽀르찔라시 즈례니예

꼭! 짚고 가기

눈을 나타내는 표현

러시아 사람들은 어떤 눈이 예쁘다고 생각할까요? 바로 아몬드 형태에 가까운 눈이에요. 눈이 크면서 눈꼬리가 살짝 위로 올라간 모양이라고 볼 수 있어요.
그래서 이런 눈을 'миндалеви́дные глаза́ 민달리비드느예 글라자(아몬드 형태의 눈)'이라고 하지요. 눈의 모양과 색을 나타내는 여러 가지 표현을 알아볼까요?

① 모양
· больши́е глаза́ 발쉬예 글라자
  큰 눈
· кру́глые глаза́ 끄루글르예 글라자
  둥근 눈
· раско́сые глаза́ 라스꼬스예 글라자
  눈꼬리가 올라간 눈
· у́зкие глаза́ 우스끼예 글라자
  가느다란 눈
· глубо́кие глаза́ 글루보끼예 글라자
  움푹한 눈

② 색
· чёрные глаза́ 쵸르느예 글라자
  검정 눈
· ка́рие глаза́ 까리예 글라자
  갈색 눈
· голубы́е глаза́ 갈루브예 글라자
  파란 눈
· си́ние глаза́ 시니예 글라자
  짙은 파란 눈
· се́рые глаза́ 세르예 글라자
  회색 눈
· зелёные глаза́ 질료느예 글라자
  초록 눈

코

그녀는 곧은 코를 가졌어요.

У неё прямо́й нос.
우 니요 쁘리모이 노ㅅ

그는 코가 비뚤어졌어요.

У него́ криво́й нос.
우 니보 끄리보이 노ㅅ

나는 코가 길어요.

У меня́ дли́нный нос.
우 미냐 들리느이 노ㅅ

너는 납작코구나.

У тебя́ пло́ский нос.
우 찌뱌 쁠로스끼 노ㅅ

나는 매부리코예요.

У меня́ орли́ный нос.
우 미냐 아를리느이 노ㅅ

У меня́ нос с горби́нкой.
우 미냐 노ㅅ 스 가르빈까이

그녀는 들창코예요.

У неё курно́сый нос.
우 니요 꾸르노스이 노ㅅ

추워서 코가 빨개졌어요.

От хо́лода нос покрасне́л.
아트 홀라다 노ㅅ 빠크라스넬

그녀는 콧대가 높아요.

У неё высо́кая
перено́сица.
우 니요 브소까야 삐리노시짜

코 관련 증상

코가 막혔어요.

Нос заложи́ло.
노ㅅ 잘라즐라

Нос зало́жен.
노ㅅ 잘로즌

저는 코감기에 걸렸어요.

У меня́ на́сморк.
우 미냐 나스마르ㅋ

코에서 피가 나요.

Из но́са кровь идёт.
이즈 노사 끄로피 이죠ㅌ

코 훌쩍이지 마.

Не шмы́гай но́сом.
니 쉬므가이 노삼

코로 숨을 쉬어라.

Дыши́ че́рез нос.
드쉬 체리ㅈ 노ㅅ

코를 닦아라.

Вы́три нос.
브트리 노ㅅ

코를 후비지 마.

Не ковыря́й в носу́.
니 까브랴이 브 나수

코 풀어.

Вы́сморкайся.
브스마르까이샤

귀

그는 귀가 커요.

У него́ больши́е у́ши.
우 니보 발쉬예 우쉬

그는 돌출귀예요.

У него́ оттопы́ренные у́ши.
우 니보 아따쁘리느예 우쉬

У него́ у́ши торча́т.
우 니보 우쉬 따르차ㅌ

У него́ лопоу́хость.
우 니보 라빠우하스찌

그녀는 귓불이 커요.

У неё больши́е мо́чки.
우 니요 발쉬예 모츠끼

저는 귀를 뚫고 싶어요.

Я хочу́ проколо́ть у́ши.
야 하추 쁘라깔로찌 우쉬

저 귀에 물이 들어갔어요.

Мне вода́ в у́хо попа́ла.
므녜 바다 브 우하 빠빨라

저는 귀에 고름이 나요.

У меня́ у́ши гноя́тся.
우 미냐 우쉬 그나야짜

소리 지르지 마! 귀가 아파.

Не ори́! У́ши боля́т.
니 아리! 우쉬 발랴ㅌ

꼭! 짚고 가기

코와 관련된 재미있는 표현

'마음에 새겨 두다'라는 뜻으로 쓰이는 숙어 'заруби́ть на носу́ 자루비찌 나 나수'의 유래를 알고 있나요?

옛날에 읽고 쓰지 못하는 사람들이 많았을 때, 상인들은 거래하면서 수량을 표기해야 하는 경우 нос 노ㅅ라는 작은 판 위에 표시를 찍거나 새겨 기록을 남겼다고 해요. 이에 따라 숙어 заруби́ть на носу́는 글자 그대로 '판 위에 찍어 표시를 남긴다'는 의미를 가지게 되었습니다.

그런데 нос라는 단어는 '코'를 나타내기도 하여, 러시아어를 배우는 사람들은 заруби́ть на носу́를 직역하여 '코 위에 도끼로 찍다'로 해석하는데, 숙어의 유래를 떠올려 보세요.

코와 관련된 러시아어 숙어를 더 살펴볼게요.

- **пе́ред но́сом** 뼤리ㅌ 노삼
  코앞에, 바로 앞에(공간적)
- **на носу́** 나 나수
  코앞에, 바로 앞에(시간적)
- **клева́ть но́сом** 끌리바찌 노삼
  코로 쪼다
  → 꾸벅꾸벅 졸다(뜻)
- **сова́ть нос в чужи́е дела́**
  사바찌 노ㅅ 프 추즈예 질라
  남의 일에 코를 쑤셔 넣다
  → 주제넘게 남의 일에 간섭하다(뜻)

입 & 입술

그는 입이 커요.

У него́ большо́й рот.

우 니보 발쇼이 로트

그녀는 입술이 두툼해요.

У неё пу́хлые гу́бы.

우 니요 뿌흘르예 구브

그는 입술이 얇아요.

У него́ то́нкие гу́бы.

우 니보 똔끼예 구브

저는 입술이 텄어요.

У меня́ гу́бы обве́трились.

우 미냐 구브 아브베트릴리시

저는 입술이 갈라졌어요.

У меня́ гу́бы
потре́скались.

우 미냐 구브 빠트례스깔리시

저는 입술에 물집이 생겼어요.

У меня́ на губе́ ге́рпес.

우 미냐 나 구베 계르뻬스

그녀는 삐쳐서 입이 나왔어요.

Она́ оби́делась и наду́ла
гу́бы.

아나 아비질라시 이 나둘라 구브

그녀는 입술을 깨무는 습관이 있어요.

У неё привы́чка куса́ть
гу́бы.

우 니요 쁘리브츠까 꾸사찌 구브

입 관련 동작

입을 크게 벌리세요.

Откро́йте широко́ рот.

아트크로이쩨 쉬라꼬 로트

입을 다무세요.

Закро́йте рот.

자크로이쩨 로트

그는 밤에 이를 갈아요.

Он скрипи́т зуба́ми но́чью.

온 스크리삐트 주바미 노치유

추워서 이가 덜덜 떨려요.

Зу́бы стуча́т от хо́лода.

주브 수뚜차트 아트 홀라다

혀를 내밀어 주세요.

Вы́тащите язы́к.

브따쒸쩨 이즈크

메롱하지 마.

Не пока́зывай язы́к.

니 빠까즈바이 이즈크

침 뱉지 마.

Не плю́йся.

니 쁠류이샤

나는 입을 벌리고 자는 버릇이 있다.

У меня́ привы́чка спать с
откры́тым ртом.

우 미냐 쁘리브츠까 스빠찌 스 아트크르뜸 르똠

구강

양치질을 해야겠어요.

Ну́жно почи́стить зу́бы.
누즈나 빠치스찌찌 주브

입을 헹구세요.

Сполосни́те рот.
스빨라스니쩨 로트

잇몸이 부었어요.

Десна́ опу́хла.
지스나 아뿌흘라

저는 잇몸에 피가 나요.

У меня́ десна́ крови́т.
우 미냐 지스나 끄라비트

그녀가 웃을 때 잇몸이 보여요.

У неё при улы́бке видна́
десна́.
우 니요 쁘리 울르프꼐 비드나 지스나

그는 입에서 불쾌한 냄새가 나요.

У него́ изо рта́
неприя́тный за́пах.
우 니보 이자 르따 니프리야트느이 자빠ㅎ

입에서 악취가 나요.

Изо рта́ воня́ет.
이자 르따 바냐이트

이를 치실로 닦아라.

Почи́сти зу́бы зубно́й
ни́ткой.
빠치쯔 주브 주브노이 니트까이

치아

그는 이가 고르고 하얘요.

У него́ ро́вные бе́лые
зу́бы.
우 니보 로브느예 벨르예 주브

그녀는 앞니가 삐뚤어져 있어요.

У неё кривы́е пере́дние
зу́бы.
우 니요 끄리브예 삐례드니예 주브

그는 앞니가 앞으로 튀어나와 있어요.

У него́ пере́дние зу́бы
выпира́ют вперёд.
우 니보 삐례드니예 주브 브삐라유트 프삐료트

그녀는 눈처럼 하얀 미소를 갖고 있어요.

У неё белосне́жная
улы́бка.
우 니요 빌라스녜즈나야 울르프까

저는 송곳니가 돌출되어 었어요.

У меня́ торча́т клыки́.
우 미냐 따르차트 끌리끼

그녀는 교정기를 끼고 있어요.

У неё бре́кеты на зуба́х.
우 니요 브레끼뜨 나 주바ㅎ

그는 틀니를 착용하고 있어요.

Он но́сит зубны́е проте́зы.
온 노시트 주브느예 쁘라떼즈

여기서 잠깐!
'틀니'를 'вставна́я че́люсть 프스따브나야 첼류스찌'
라고도 해요.

헤어 ① ▶ [QR]

그녀는 긴 생머리예요.

У неё прямы́е дли́нные
во́лосы.
우 니요 쁘리므예 들리느예 볼라스

그는 머리숱이 많고 곱슬머리예요.

У него́ густы́е кудря́вые
во́лосы.
우 니보 구스뜨예 꾸드랴브예 볼라스

그녀는 머리숱이 적어요.

У неё жи́дкие во́лосы.
우 니요 즈트끼예 볼라스

그는 가발을 쓰고 다녀요.

Он хо́дит в парике́.
온 호지트 프 빠리꼐

저는 머리끝이 갈라졌어요.

У меня́ секу́тся ко́нчики
воло́с.
우 미냐 시꾸짜 꼰치끼 발로ㅅ

그녀는 포니테일로 묶는 걸 좋아해요.

Она́ лю́бит завя́зывать
во́лосы в хвост.
아나 류비트 자뱌즈바찌 볼라스 프 호보스트

그녀는 머리를 풀고 다녀요.

Она́ хо́дит с
распу́щенными волоса́ми.
아나 호지트 스 라스뿌쒸느미 발라사미

헤어 ②

그녀는 금발이에요.

Она́ блонди́нка.
아나 블란진까

그는 흑발이에요.

Он брюне́т.
온 브류녜트

У него́ чёрные во́лосы.
우 니보 쵸르느예 볼라스

그는 갈색 머리예요.

Он шате́н.
온 샤뗀

У него́ кашта́новые
во́лосы.
우 니보 까쉬따나브예 볼라스

그녀는 붉은 머리예요.

У неё ры́жие во́лосы.
우 니요 르즈예 볼라스

그는 흰머리예요.

У него́ седы́е во́лосы.
우 니보 시드예 볼라스

저는 새치가 나기 시작했어요.

У меня́ появи́лась пе́рвая
седина́.
우 미냐 빠이빌라시 뼤르바야 시지나

저는 염색 머리예요.

У меня́ кра́шенные
во́лосы.
우 미냐 끄라쉬느예 볼라스

106

수염

그는 콧수염과 턱수염이 있어요.

У него́ усы́ и борода́.

우 니보 우스 이 바라다

너 또 턱수염 길렀니?

Ты опя́ть отрасти́л бо́роду?

뜨 아뺘찌 아트라스찔 보라두?

그는 구레나룻이 있어요.

У него́ бакенба́рды.

우 니보 바낀바르드

У него́ ба́ки. (회화)

우 니보 바끼

넌 면도를 해야겠어.

Тебе́ на́до побри́ться.

찌볘 나다 빠브리짜

네 염소 같은 턱수염 좀 깎아.

Сбрей свою́ козли́ную боро́дку.

즈브레이 스바유 까즐리누유 바로트꾸

그는 코털이 나왔어요.

У него́ во́лосы торча́т из но́са.

우 니보 볼라스 따르차ㅌ 이즈 노사

그는 깔끔하게 면도하고 다녀요.

У него́ чи́сто вы́бритое лицо́.

우 니보 치스따 브브리따예 리쪼

당근 크림

러시아에서 한국인들에게 선물용으로 인기가 높은 제품 중 하나가 바로 'морко́вный крем 마르꼬브느이 끄롐(당근 크림)'이에요. 당근 크림은 러시아 화장품 회사 Не́вская косме́тика 녜프스까야 까스몌지까에서 판매하는 얼굴 피부용 크림인데, 튜브형의 작은 크기 때문에 핸드 크림으로 보이기도 합니다.

건조한 겨울에 바르면 보습 효과가 뛰어나다고 하며, 가격 또한 저렴해서 인기가 많습니다. 입소문을 타자 이제는 쇼핑 코스에 당근 크림을 구매할 수 있는 가게가 반드시 포함되어 있을 정도예요.

당근 냄새를 좋아하지 않는 사람들을 위한 'виногра́дный крем 비나그라드느이 끄롐(포도 크림)'도 인기가 높다고 합니다. 그 밖에 석류 크림, 복숭아 크림, 올리브 크림 등 다양한 제품이 있습니다.

스타일 ①

그녀는 이목구비가 작아요.

У неё ме́лкие черты́ лица́.
우 니요 멜끼예 치르뜨 리짜

그는 이목구비가 뚜렷해요.

У него́ вырази́тельные
черты́ лица́.
우 니보 브라지찔리느예 치르뜨 리짜

그녀는 사랑스럽게 생겼어요.

Она́ милови́дная.
아나 밀라비드나야

그는 잘생겼어요.

Он симпати́чный.
온 심빠찌츠느이

그녀는 매력적인 외모를 가졌어요.

У неё привлека́тельная
вне́шность.
우 니요 쁘리블리까찔리나야 브녜쉬나스찌

그녀는 눈에 띄는 외모를 가졌어요.

У неё я́ркая вне́шность.
우 니요 야르까야 브녜쉬나수찌

당신은 사진에서보다 실물이 더 예뻐요.

В жи́зни вы краси́вее, чем
на фо́то.
브 즈즈니 브 끄라시볘예, 쳄 나 포타

그녀는 언제나 스타일리시해 보여요.

Она́ всегда́ вы́глядит
сти́льно.
아나 프시그다 브글리지트 스찔리나

스타일 ②

당신은 사진에서보다 더 예뻐요.

Вы лу́чше, чем на
фотогра́фии.
브 루츠셰, 쳄 나 포따그라피이

그녀는 외모와 몸매를 관리해요.

Она́ следи́т за свое́й
вне́шностью и фигу́рой.
아나 슬리지트 자 스바예이 브녜쉬나스찌유 이
피구라이

그녀는 머리부터 발끝까지 가꾸고
다녀요.

Она́ вы́глядит ухо́женной
с ног до головы́.
아나 브글리지트 우호즈나이 스 노크 다 갈라브

그녀는 외모를 신경 쓰지 않아요.

Она́ не забо́тится о свое́й
вне́шности.
아나 니 자보찌짜 아 스바예이 브녜쉬나스찌

그는 옷을 잘 입어요.

Он хорошо́ одева́ется.
온 하라쇼 아지바이짜

그는 항상 멋있게 옷을 입어요.

Он всегда́ со вку́сом оде́т.
온 프시그다 사 프꾸삼 아제트

그는 단정한 정장을 입고 다녀요.

Он хо́дит в стро́гом
костю́ме.
온 호지트 프 스트로감 가스쮸몌

스타일 ③

나는 네가 옷 입는 스타일이 마음에 들어.

Мне нра́вится, как ты одева́ешься.
므녜 느라비짜, 까ㅋ 뜨 아지바이쉬샤

그는 소박하게 옷을 입어요.

Он скро́мно одева́ется.
온 스크롬나 아지바이짜

그는 항상 구겨진 옷을 입고 다녀요.

Он всегда́ хо́дит в помя́той оде́жде.
온 프시그다 호지ㅌ 프 빠먀따이 아졔즈졔

그는 항상 잘 다린 셔츠를 입고 다녀요.

У него́ всегда́ хорошо́ вы́глаженные руба́шки.
우 니보 프시그다 하라쇼 브글라즈느예
루바쉬끼

그는 항상 잘 닦은 구두를 신고 다녀요.

У него́ всегда́ начи́щены ту́фли.
우 니보 프시그다 나치쒸느 뚜플리

그녀는 자태와 걸음걸이가 예뻐요.

У неё краси́вая оса́нка и похо́дка.
우 니요 끄라시바야 아산까 이 빠호트까

닮았다고 말할 때

당신은 누구를 닮았어요?

На кого́ вы похо́жи?
나 까보 브 빠호즈?

너희들은 서로 많이 닮았어.

Вы так си́льно похо́жи друг на дру́га.
브 따ㅋ 실리나 빠호즈 드루ㅋ 나 드루가

너희들을 구분하기 힘들어.

Вас тру́дно различи́ть.
바ㅅ 뜨루드나 라즐리치찌

그는 아버지를 닮았어요.

Он похо́ж на отца́.
온 빠호쉬 나 아짜

그는 아버지의 복사판이에요.

Он ко́пия отца́.
온 꼬삐야 아짜

죄송하지만, 사람을 잘못 봤어요. 당신이 제 친구를 닮으셨어요.

Извини́те, я обозна́лся(обозна́лась). Вы похо́жи на моего́ дру́га.
이즈비니쩨, 야 아바즈날샤(아바즈날라시).
브 빠호즈 나 마이보 드루가

저는 성격이 엄마를 닮았어요.

Я хара́ктером пошёл(пошла́) в ма́му.
야 하라크찌람 빠숄(빠쉴라) 브 마무

옷 취향

그는 편한 옷을 좋아해요.

Он лю́бит удо́бную оде́жду.
온 류비ㅌ 우도브누유 아제즈두

그는 항상 정장을 입고 다녀요.

Он всегда́ хо́дит в костю́ме.
온 프시그다 호지ㅌ 프 가스쮸메

그녀는 항상 오피스룩 옷을 입고 다녀요.

Она́ всегда́ одева́ется в делово́м сти́ле.
아나 프시그다 아지바이짜 브 질라봄 스찔례

저는 원피스와 치마를 입고 다니는 것을 좋아해요.

Я люблю́ ходи́ть в ю́бках и пла́тьях.
야 류블류 하지찌 브 유프까ㅎ 이 쁠라찌야ㅎ

너는 항상 바지를 입고 다니는구나.

Ты всегда́ хо́дишь в брю́ках.
뜨 프시그다 호지쉬 브 브류까ㅎ

저는 면 옷을 선호해요.

Я предпочита́ю оде́жду из хло́пка.
야 쁘리트빠치따유 아제즈두 이스 흘로프까

저는 운동화 신고 다니는 것을 좋아해요.

Я люблю́ ходи́ть в кроссо́вках.
야 류블류 하지찌 프 끄라소프까ㅎ

옷차림 ①

그녀는 유행에 따라 옷을 입어요.

Она́ мо́дно одева́ется.
아나 모드나 아지바이짜

요즘은 이런 스타일이 유행이에요.

Сейча́с мо́ден тако́й стиль.
시차ㅅ 모진 따꼬이 스찔

요즘은 그런 스타일로 입는 게 유행이에요.

Сейча́с мо́дно одева́ться в тако́м сти́ле.
시차ㅅ 모드나 아지바짜 프 따꼼 스찔례

그녀는 유행에서 뒤떨어지지 않아요.

Она́ не отстаёт от мо́ды.
아나 니 아쯔따요ㅌ 아트 모드

그녀의 스타일은 유행이 지났어요.

У неё старомо́дный стиль.
우 니요 스따라모드느이 스찔

너는 청바지가 잘 어울린다.

Тебе́ о́чень подхо́дят джи́нсы.
찌뻬 오친 빠트호쟈ㅌ 즌스

Тебе́ хорошо́ в джи́нсах.
찌뻬 하라쇼 브 즌사ㅎ

그녀는 뭘 입어도, 모든 게 어울려요.

Что бы она́ ни наде́ла, ей всё идёт.
쉬또 브 아나 니 나젤라, 예이 프쇼 이쬬ㅌ

옷차림 ②

당신은 이 색깔이 어울려요.

Вам к лицу́ э́тот цвет.
밤 크 리쭈 에따ㅌ 쯔볘ㅌ

이 색깔이 당신의 눈 색깔에 어울려요.

Э́тот цвет подхо́дит к цве́ту ва́ших глаз.
에따ㅌ 쯔볘ㅌ 빠트호지ㅌ 크 즈볘뚜 바쉬ㅎ 글라ㅅ

이 넥타이는 이 셔츠에 어울리지 않아요.

Э́тот га́лстук не подхо́дит к э́той руба́шке.
에따ㅌ 갈스뚜ㅋ 니 빠트호지ㅌ 크 에따이 루바쉬꼐

저는 이 코트가 좀 커요.

Мне великова́то э́то пальто́.
므녜 빌리까바따 에따 빨또

이것은 제 사이즈가 아니에요.

Э́то не мой разме́р.
에따 니 모이 라즈몌ㄹ

당신은 이 수트가 잘 맞아요.

На тебе́ э́тот костю́м хорошо́ сиди́т.
나 찌볘 에따ㅌ 가스쯈 하라쇼 시지ㅌ

옷차림 ③

저는 옷이 산더미인데 입을 게 없어요.

У меня́ ку́ча оде́жды, но не́чего наде́ть.
우 미냐 꾸차 아졔즈드, 노 녜치바 나졔찌

그녀는 브랜드 옷만 찾아요.
(그녀는 브랜드 옷만 필요로 해요.)

Ей нужна́ то́лько бре́ндовая оде́жда.
예이 누즈나 똘까 브렌다바야 아졔즈다

저는 줄무늬 원단을 좋아해요.

Я люблю́ тка́ни в поло́ску.
야 류블류 뜨까니 프 빨로스꾸

그는 항상 체크무늬 셔츠를 입고 다녀요.

Он всегда́ хо́дит в руба́шках в кле́тку.
온 프시그다 호지ㅌ 브 루바쉬까ㅎ 프 끌례트꾸

그녀는 항상 몸매를 잘 살리는 옷을 입어요.

Она́ всегда́ но́сит оде́жду, подчёркивающую её фигу́ру.
아나 프시그다 노시ㅌ 아졔즈두, 빠트쵸르끼바유쓔유 이요 피구루

화장 ①

나는 항상 화장을 하고 다녀요.

Я всегда́ хожу́
накра́шенная.
야 프시그다 하주 나크라쉬나야

그녀는 화장을 진하게 해요.

Она́ си́льно кра́сится.
아나 실리나 끄라시짜

너는 화장 안 해도 예뻐.

Ты и без макия́жа
краси́вая.
뜨 이 볘ㅅ 마끼야자 끄라시바야

너는 화장 안 해도 돼.

Тебе́ мо́жно и не
кра́ситься.
찌볘 모즈나 이 니 끄라시짜

너 자연스럽게 화장했네.

У тебя́ есте́ственный
макия́ж.
우 찌뱌 이스뼤스트비느이 마끼야쉬

그녀는 화장 안 하고 다녀요.

Она́ хо́дит
ненакра́шенная.
아나 호지ㅌ 니나크라쉬나야

Она́ хо́дит без гра́мма
косме́тики.
아나 호지ㅌ 볘ㅈ 그라마 까스몌찌끼
(그녀는 화장 1그램도 없이 다녀요.)

화장 ②

저는 기초 화장품만 써요.

Я по́льзуюсь то́лько
косме́тикой по ухо́ду за
ко́жей.
야 뽈주유시 똘까 까스몌찌까이 빠 우호두 자
꼬제이

저는 선크림만 바르고 다녀요.

Я ма́жусь то́лько
солнцезащи́тным кре́мом.
야 마주시 똘까 손쩨자쒸트늠 끄례맘

그녀는 검정 아이라인을 좋아해요.

Она́ лю́бит чёрные
подво́дки.
아나 류비ㅌ 쵸르느예 빠드보트끼

너는 얼굴이 너무 창백하니까 입술에
립스틱 바르렴.

Накра́сь гу́бы, а то ты
си́льно бле́дная.
나크라시 구브, 아 또 뜨 실리나 블롇드나야

화장하면, 그녀는 다른 사람으로 보여요.

Накра́шенная, она́ совсе́м
друга́я.
나크라쉬나야, 아나 사프셈 드루가야

화장 안 한 그녀를 알아보기 힘들어요.

Её тру́дно узна́ть без
косме́тики.
이요 뜨루드나 우즈나찌 볘ㅅ 까스몌찌끼

화장 ③

오늘 저는 화장이 잘 먹었어요.

Сего́дня у меня́ хорошо́
получи́лся макия́ж.

시보드냐 우 미냐 하라쇼 빨루칠샤 마끼야쉬

오늘 저는 화장할 시간이 없었어요.

Сего́дня я не успе́ла
накра́ситься.

시보드냐 야 니 우스뼬라 나크라시짜

화장 지우는 거 잊지 마.

Не забу́дь снять макия́ж.

니 자부찌 스냐찌 마끼야쉬

화장 후 클렌징을 잘해야 해요.

Ну́жно хорошо́ очища́ть
ко́жу по́сле косме́тики.

누즈나 하라쇼 아치쌰찌 꼬주 뽀슬례
까스몌찌끼

저는 마스크팩을 하고 싶어요.

Я хочу́ сде́лать ма́ску для
лица́.

야 하추 즈젤라찌 마스꾸 들랴 리짜

나가기 전에 그녀가 향수를 뿌렸어요.

Пе́ред вы́ходом она́
надуши́лась.

뼤리ㅌ 브하담 아나 나두쉴라시

Пе́ред вы́ходом она́
бры́знула на себя́
парфю́м.

뼤리ㅌ 브하담 아나 브르즈눌라 나 시뱌 빠르퓸

꼭! 짚고 가기

화장품 관련 표현

날씨가 춥고 볕이 강한 러시아는 크림 종
류의 화장품이 발달하여 러시아를 여행하
는 관광객들이 선물용으로 크림을 구매하
는 경우가 많습니다. 크림을 비롯한 화장품
을 구매할 때 유용한 표현을 알아볼까요?

① 용도별

• крем для лица́ 끄롐 들랴 리짜
얼굴 피부용 크림

• крем для ко́жи вокру́г глаз
끄롐 들랴 꼬즈 바크루ㅋ 글라ㅅ
아이 크림

• крем для рук 끄롐 들랴 루ㅋ
핸드크림

• крем для ног 끄롐 들랴 노ㅋ
풋 크림

• крем про́тив морщи́н
끄롐 쁘로찌ㅍ 마르쒼
주름 개선 크림

② 피부 타입별

• для сухо́й ко́жи 들랴 수호이 꼬즈
건성 피부용

• для норма́льной ко́жи
들랴 나르말리나이 꼬즈
중성 피부용

• для жи́рной ко́жи
들랴 즈르나이 꼬즈
지성 피부용

• для чувстви́тельной ко́жи
들랴 추스트비찔리나이 꼬즈
민감성 피부용

Глава 04

사소한 일상에서도!

Глава 04

Дом 돔 집

дом 돔 n.m. 집 	**ко́мната** 꼼나따 n.f. 방 	**дверь** 드베르 n.f. 문
	окно́ 아크노 n.n. 창문 	**крова́ть** 끄라바찌 n.f. 침대
ку́хня 꾸흐냐 n.f. 부엌, 주방; 요리 	**стол** 스똘 n.m. 테이블, 탁자, 식탁 	**стул** 스뚤 n.m. 의자
	холоди́льник 할라질리니ㅋ n.m. 냉장고 	**духо́вка** 두호프까 n.f. 오븐
	га́зовая плита́ 가자바야 쁠리따 가스레인지 	**микроволно́вая печь** 미크라발노바야 뻬ㅊ 전자레인지
ва́нная 반나야 n.f. 욕실 	**мы́ло** 믈라 n.n. 비누 	**ра́ковина** 라까비나 n.f. 세면대
	ва́нна 반나 n.f. 욕조 	**стира́льная маши́на** 스찌랄리나야 마쉬나 세탁기
туале́т 뚜알례ㅌ n.m. 화장실 	**унита́з** 우니따ㅅ n.m. 변기 	**му́сорное ведро́** 무사르나예 비드로 휴지통, 쓰레기통

Еда 이다 음식

еда́ 이다 n.f. 음식	мя́со 먀사 n.n. 고기	говя́дина 가뱌지나 n.f. 쇠고기
	свини́на 스비니나 n.f. 돼지고기	куря́тина 꾸랴찌나 n.f. ку́рица 꾸리짜 n.f. 닭고기
	бефстро́ганов 비프스트로가나ㅍ n.m. 베프스트로가노프 (쇠고기 요리) 	котле́та 까틀례따 n.f. (일종의) 커틀릿
	голубе́ц 갈루볘ㅉ n.m. 고루브치 (양배추 요리) 	шашлы́к 샤쉴르ㅋ n.m. 샤슬릭(꼬치구이)
морепроду́кты 모리프라두크뜨 n.pl. 해산물	ры́ба 르바 n.f. 생선, 물고기	лосо́сь 라소ᄉ n.m. 연어
	ома́р 아마르 n.m. 바닷가재	креве́тка 끄리볘트까 n.f. 새우
о́вощи 오바쒸 n.pl. 채소	карто́фель 까르또필 n.m. 감자	морко́вь 마르꼬피 n.f. 당근
	капу́ста 까뿌스따 n.f. 양배추	помидо́р 빠미도르 n.m. 토마토
	гриб 그리ㅍ n.m. 버섯	чесно́к 치스노ㅋ n.m. 마늘

일어나기 ①

일어나기 ②

\# 일어나! 벌써 7시야!

**Просыпа́йся!
Уже́ семь часо́в!**
쁘라스빠이샤! 우제 셈 치소ㅍ!

\# 일어나, 안 그러면 늦을 거야!

Встава́й, а то опозда́ешь!
프스따바이, 아 또 아빠즈다이쉬!

\# 좋게 말할 때 일어나!

**Встава́й, пока́
по-хоро́шему говорю́!**
프스따바이, 빠까 빠하로쉬무 가바류!

\# 5분만 더 잘래요.

**Ещё то́лько пять мину́т
посплю́.**
이쑈 똘까 뺘찌 미누ㅌ 빠스플류

\# 저는 잠이 덜 깼어요.
(저는 졸린 파리와 같아요.)

Я как со́нная му́ха.
야 까ㅋ 소나야 무하

\# 왜 나 안 깨워 줬어?

**Почему́ ты меня́ не
разбуди́л(а)?**
빠치무 뜨 미냐 니 라즈부질(라)?

\# 또 늦잠을 잤네.

Опя́ть проспа́л(проспала́).
아뺘찌 쁘라스빨(라)

\# 저는 항상 아침에 일찍 일어나요.

**Я всегда́ встаю́ ра́но
у́тром.**
야 프시그다 프스따유 라나 우트람

\# 저는 새벽에 일어나요.
(저는 수탉이 울 때 일어나요.)

**Я встаю́ с пе́рвыми
петуха́ми.**
야 프스따우 스 뻬르브미 뻬뚜하미

\# 저는 아침형 인간이에요.

Я у́тренний челове́к.
야 우트리니 칠라볘ㅋ

Я жа́воронок.
야 자바라나ㅋ
(저는 종달새족이에요.)

\# 저는 저녁형 인간이에요.

Я вече́рний челове́к.
야 비체르니 칠라볘ㅋ

Я сова́.
야 사바
(저는 올빼미족이에요.)

\# 그녀는 항상 일찍 자고 일찍 일어나요.

**Она́ всегда́ ра́но ложи́тся
и ра́но встаёт.**
아나 프시그다 라나 라즈짜 이 라나 프스따요ㅌ

\# 저는 아침에 일찍 일어나는 게 힘들어요.

**Мне тру́дно встава́ть ра́но
у́тром.**
므녜 뜨루드나 프스따바찌 라나 우트람

씻기

세수해! 바로 잠이 깰 거야.

Умо́йся! Сра́зу проснёшься.
우모이샤! 스라주 쁘라스뇨쉬샤

저는 항상 아침에 머리를 감아요.

Я всегда́ мо́ю го́лову по утра́м.
야 프시그다 모유 골라부 빠 우트람

저는 자기 전 저녁에 머리를 감아요.

Я мо́ю го́лову ве́чером пе́ред сном.
야 모유 골라부 베치람 뻬리ㅌ 스놈

아침에 저는 일어나서 바로 샤워를 해요.

Утром я встаю́ и сра́зу принима́ю душ.
우트람 야 프스따유 이 스라주 쁘리니마유 두쉬

오늘 늦게 일어나서 머리 감을 시간이 없었어요.

Сего́дня вста́л(а) по́здно и не успе́л(а) помы́ть го́лову.
시보드냐 프스딸(라) 뽀즈나 이 니 우스뻴(라) 빠므찌 골라부

가서 세수해. 너 눈에 눈곱이 꼈어.

Иди́ умо́йся. У тебя́ козя́вки в глаза́х.
이지 우모이샤. 우 찌뱌 까쟈프끼 브 글라자ㅎ

식사

저는 항상 아침을 먹어요.

Я всегда́ за́втракаю.
야 프시그다 자프트라까유

저는 절대 아침 식사를 거르지 않아요.

Я никогда́ не пропуска́ю за́втрак.
야 니까그다 니 쁘라뿌스까유 자프트라ㅋ

저는 이동 중에 간식을 자주 먹어요.

Я ча́сто переку́сываю на ходу́.
야 차스따 삐리꾸스바유 나 하두

저는 점심 도시락을 가지고 다녀요.

Я ношу́ с собо́й обе́ды.
야 나슈 스 사보이 아볘드

저는 저녁 식사로 가벼운 음식을 먹어요.

На у́жин я ем лёгкую пи́щу.
나 우즌 야 옘 료흐꾸유 삐쓔

그는 음식을 많이 가려요.

Он о́чень привере́длив в еде́.
온 오친 쁘리비례들리ㅍ 브 이졔

옷 ①

나는 저녁부터 내일 입을 옷을 준비해요.

Я с ве́чера гото́влю
оде́жду на за́втра.
야 스 베치라 가또블류 아제즈두 나 자프트라

꾸며 입는 게 귀찮아요.

Мне лень наряжа́ться.
므녜 렌 나리자짜

저는 손에 잡히는 대로 입었어요.

Я наде́л(а) что попа́лось
по́д руку.
야 나젤(라) 쉬또 빠빨라시 뽀드루꾸

옷장에 옷이 많은데, 입을 옷이 없다.

По́лный шкаф, но не́чего
наде́ть.
뽈느이 쉬까ㅍ, 노 녜치바 나졔찌

날씨에 맞는 옷을 입어라.

Оде́нься по пого́де.
아졘샤 빠 빠고졔

그녀는 목도리를 목에 감았어요.

Она́ обмота́ла ше́ю
ша́рфом.
아나 아브마딸라 셰유 샤르팜

옷 ②

점퍼를 잠그고 후드를 써라.

Застегни́ ку́ртку и наде́нь
капюшо́н.
자스찌그니 꾸르트꾸 이 나젠 까뷰숀

셔츠를 바지에 좀 집어넣어라.

Запра́вь руба́шку в
брю́ки.
자프라피 루바쉬꾸 브 브류끼

나는 셔츠를 집어넣지 않고 입어요.

Я ношу́ руба́шки
навы́пуск.
야 나슈 루바쉬끼 나브뿌스ㅋ

그녀는 카디건을 어깨에 묶었어요.

Она́ завяза́ла кардига́н на
плеча́х.
아나 자비잘라 까르지간 나 쁠리차ㅎ

저는 청바지를 말아 올리는 걸 좋아해요.

Я люблю́ подвора́чивать
джи́нсы.
야 류블류 빠드바라치바찌 드즌스

그는 코트 옷깃을 올렸어요.

Он подня́л воротни́к
пальто́.
온 빠드냘 바라트니크 빨또

TV 보기

오늘 TV에서 재미있는 게 뭐가 있니?

Что сего́дня интере́сного по телеви́зору?
쉬또 시보드냐 인찌례스나바 빠 찔리비자루?

저는 아침마다 뉴스를 봐요.

Я ка́ждое у́тро смотрю́ но́вости.
야 까즈다예 우트라 스마트류 노바스찌

채널 그만 돌려.

Хва́тит переключа́ть кана́лы.
흐바찌ㅌ 뻬리클류차찌 까날르

내가 리모컨을 어디 놔뒀지?

Куда́ я положи́л(а) пульт?
꾸다 야 빨라즐(라) 뿔ㅌ?

영화가 어느 채널에서 할 예정이니?

По како́му кана́лу бу́дет фильм?
빠 까꼬무 까날루 부지ㅌ 필림?

소리 좀 줄여.

Сде́лай поти́ше.
즈젤라이 빠찌셰

소리 크게 틀어 줘.

Сде́лай погро́мче.
즈젤라이 빠그롬체

꼭! 짚고 가기

장수 TV 프로그램

러시아 TV에서 방영 중인 대표적인 장수 프로그램을 알아볼까요?

- Споко́йной но́чи, малыши́!
  스빠꼬이나이 노치, 말르쉬!
  잘 자거라, 아가들!
  러시아의 거의 모든 어린아이들은 1964년부터 시작한 이 프로그램을 저녁 8시 30분에 보고 잠자리에 들어요. 프로그램 진행자는 손 인형 캐릭터들과 함께 재미있는 이야기를 들려주고 아이들이 좋아하는 만화도 방영해요. 방송을 마칠 무렵 어린이들에게 이제 잠잘 시간이라고 알려요.

- КВН 께베엔
  1961년부터 시작한 이 프로그램은 'Клуб весёлых и нахо́дчивых 끌루ㅂ 비숄르ㅎ 이 나호치브ㅎ (재미있고 재치 있는 사람들의 클럽)'의 약자로, 팀별로 주어진 주제에 맞춰 익살스러운 즉흥극, 유머가 있는 문답, 노래와 춤으로 경쟁하는 예능 프로그램이에요. 팀 참가자들은 노래, 춤, 예능 실력을 갖춘 대학생들이 출전하며, 주제는 주로 최근 핫이슈를 두고 겨루어요. 러시아에는 КВН에 출연한 후 스타가 된 사람이 많아요.

빨리 자!

Бы́стро спать!
브스트라 스빠찌!

자러 가. 잠자리를 폈어.

Иди́ спать.
Я постели́л(а) посте́ль.
이지 스빠찌. 야 빠스찔릴(라) 빠스쩰

늦었어. 잠자리에 들 시간이다.

Уже́ по́здно.
Пора́ ложи́ться спать.
우제 뽀즈나. 빠라 라즈짜 스빠찌

저는 자러 갈게요.

Я пошёл(пошла́) спать.
야 빠숄(빠쉴라) 스빠찌

드디어 잠자리에 들었어요.

Наконе́ц-то лёг(легла́) спать.
나까녜쯔따 료크(리글라) 스빠찌

저는 벌써 눈이 감겨요.

У меня́ уже́ закрыва́ются глаза́.
우 미냐 우제 자크르바유짜 글라자

저는 잠이 안 와요.

Я не могу́ засну́ть.
야 니 마구 자스누찌

자기 전에 책 읽어 줘.

Почита́й мне пе́ред сном.
빠치따이 므녜 뼤리트 스놈

저는 12시 전에 잠자리에 들어요.

Я ложу́сь спать не поздне́е двена́дцати часо́в.
야 라주시 스빠찌 니 빠즈녜예 드비나짜찌 치소프

그는 항상 TV를 켜 놓은 채로 자요.

Он всегда́ засыпа́ет с включённым телеви́зором.
온 프시그다 자스빠이트 스 프클류쵸늠 찔리비자람

저는 저녁에 커피를 마시면, 밤에 잠이 안 와요.

Е́сли я вы́пью ко́фе ве́чером, я не усну́ но́чью.
예슬리 야 브삐유 꼬폐 볘치람, 야 니 우스누 노치유

저는 자기 전에 먹는 습관이 있어요.

У меня́ привы́чка перекуси́ть пе́ред сном.
우 미냐 쁘리브츠까 뼤리꾸시찌 뼤리트 스놈

자기 전에 먹지 마.

Не ешь пе́ред сном.
니 예쉬 뼤리트 스놈

알람 맞추는 것 잊지 마.

Не забу́дь поста́вить буди́льник.
니 자부찌 빠스따비찌 부질리니크

잠버릇

그가 밤새도록 코를 골아요.

Он всю ночь храпит.
온 프슈 노ㅊ 흐라삐ㅌ

그녀는 밤에 쌔근거려요.

Она́ сопи́т но́чью.
아나 사삐ㅌ 노치유

그는 잘 때 이를 갈아요.

Он скрипи́т зуба́ми во сне.
온 스크리삐ㅌ 주바미 바 스녜

저는 가끔 잠꼬대를 해요.

Я иногда́ разгова́риваю во сне.
야 이나그다 라즈가바리바유 바 스녜

저는 자면서 많이 뒤척여요.

Я си́льно воро́чаюсь во сне.
야 실리나 바로치유시 바 스녜

저는 잠자리에 들면 바로 잠이 안 와요.

Я не могу́ усну́ть сра́зу, когда́ ложу́сь спать.
야 니 마구 우스누찌 스라주, 까그다 라주시 스빠찌

저는 옆으로 자는 게 습관이에요.

У меня́ привы́чка спать на боку́.
우 미냐 쁘리브ㅊ까 스빠찌 나 바구

알룐카 초콜릿의 숨은 이야기

1960년대 구소련 정부의 지시에 따라 저렴하고 맛있는 초콜릿을 개발하라는 과제가 주어졌고, 당시 모스크바의 초콜릿 제조사들이 프로젝트에 참여했습니다.

결과는 Кра́сный Октя́брь 끄라스느이 아크쨔브리 제조사가 개발한 밀크 초콜릿 제조법이 선택되었고, 세계 최초의 여성 우주비행사 발렌티나 테레슈코바의 딸 이름을 따서, 초콜릿 이름은 'Алёнка 알룐까(알룐카)'로 지어졌어요.

포장지에는 귀여운 여자 아기의 그림을 그려 넣었는데, 초반에는 아기의 모습이 여러 가지로 바뀌었습니다. 제조사에서는 초콜릿의 상표가 될 수 있는 그림을 하나로 정하기로 했고, 공모전이 열렸어요. 당시 사진 기자로 활동 중인 알렉산드르 게나리스의 딸 엘레나 게리나스의 사진으로 선정되었습니다. 아티스트 니꼴라이 마슬로브가 8개월인 엘레나의 사진을 바탕으로 수정을 거쳐 오늘날 알려진 알룐카 초콜릿의 아기 그림을 탄생시켰지요.

나중에 성인이 된 엘레나 게리나스는 제조사를 상대로 자신의 사진을 수십 년 동안 사용한 것에 대해 보상을 청구했지만 패소했습니다. 포장지에 원본 사진을 그대로 사용한 게 아니라 사진을 바탕으로 한 별도의 작품으로 포장지를 만들었다는 사실이 패소의 이유였다고 합니다.

숙면 ①

\# 저는 푹 잘 잤어요.

Я хорошо́
вы́спался(вы́спалась).
야 하라쇼 브스빨샤(브스빨라시)

\# 저는 잠을 충분히 못 잤어요.

Я не вы́спался(вы́спалась).
야 니 브스빨샤(브스빨라시)

\# 저는 밤을 새웠어요.

Я не спал(спала́) всю
ночь.
야 니 스빨(라) 프슈 노ㅊ

\# 저는 매일 5시간 미만으로 자요.

Я сплю ме́ньше пяти́
часо́в ка́ждый день.
야 스플류 메니셰 삐찌 치소ㅍ 까즈드이 젠

\# 저는 불면증이 있어요.

У меня́ бессо́нница.
우 미냐 비소니짜

\# 저는 만성적으로 잠이 부족해요.

Я хрони́чески недосыпа́ю.
야 흐라니치스끼 니다스빠유

\# 저는 수면제 없이 잠에 들 수 없어요.

Я не могу́ усну́ть без
снотво́рного.
야 니 마구 우스누찌 볘ㅅ 스나트보르나바

숙면 ②

\# 그는 너무 피곤해서 눕자마자
잠들었어요.

Он о́чень уста́л и сра́зу
засну́л, как то́лько лёг.
온 오친 우스딸 이 스라주 자스눌, 까ㅋ 똘까
료ㅋ

\# 저는 거실 소파 위에 잠들었어요.

Я усну́л(а) на дива́не в
гости́ной.
야 우스눌(라) 나 지바녜 브 가스찌나이

\# 조용히! 애들 깨울라.

Ти́хо! Дете́й разбу́дишь.
찌하! 지쩨이 라즈부지쉬

\# 5분만 쉬려고 누웠는데 잠들었어요.

Я прилёг(прилегла́) на
пять мину́т и засну́л(а).
야 쁘릴료ㅋ(쁘릴리글라) 나 뺘찌 미누ㅌ 이
자스눌(라)

\# 저는 엄청 깊이 잠을 잤어요.
(저는 뒷다리 없이 잤어요.)

Я спал(спала́) без за́дних
ног.
야 스빨(라) 볘ㅈ 자드니ㅎ 노ㅋ

여기서 잠깐!
몹시 피곤해서 깊은 잠을 잘 때 쓰는 '뒷다리 없이 자
다'는 표현은 말이 자는 모습에서 비롯되었어요. 일을
마친 피곤한 말은 누워서 뒷다리에 힘을 빼고 자요.

꿈

너 무슨 꿈을 꿨니?

Что тебе́ присни́лось?
쉬또 찌볘 쁘리스닐라시?

최근에 저는 거의 꿈을 꾸지 않아요.

В после́днее вре́мя мне ре́дко сня́тся сны.
프 빠슬례드녜예 브례먀 므녜 례트까 스냐짜 스느

저는 오늘 꿈을 꿨어요.

Мне сего́дня присни́лся сон.
므녜 시보드냐 쁘리스닐샤 손

저는 무서운 꿈을 꿨어요.

Мне присни́лся стра́шный сон.
므녜 쁘리스닐샤 스트라쉬느이 손

네가 내 꿈속에 나왔다.

Ты мне присни́лся(присни́лась).
뜨 므녜 쁘리스닐샤(쁘리스닐라시)

저는 많이 피곤하면, 악몽을 꿔요.

Когда́ я си́льно устаю́, мне сня́тся кошма́ры.
까그다 야 실리나 우스따유, 므녜 스냐짜 까쉬마르

저는 가위에 눌렸어요.
(저는 수면 마비가 있었어요.)

У меня́ был со́нный парали́ч.
우 미냐 블 손느이 빠랄리ч

꼭! 짚고 가기

잠 관련 표현

러시아에는 'Сон лу́чше вся́кого лека́рства. 손 루츠셰 프샤까바 리까르스트바 (잠은 어떤 약보다 낫다.)'라는 말이 있습니다. 푹 자야 피로가 잘 풀리죠. '잠'을 묘사하는 러시아어 표현을 알아볼까요?

- 꿀잠
  сла́дкий сон 슬라트끼 손
- 깊은 잠
  кре́пкий сон 끄례프끼 손,
  глубо́кий сон 글루보끼 손
- 선잠
  чу́ткий сон 추트끼 손

- 꿀잠을 자다
  сла́дко спать 슬라트까 스빠찌
- 깊은 잠을 자다
  кре́пко спать 끄례프까 스빠찌,
  глубоко́ спать 글루바꼬 스빠찌
- 선잠을 자다
  чу́тко спать 추트까 스빠찌

화장실 사용

여기 화장실 어디 있어요?

Где здесь туалет?

그제 즈졔시 뚜알례ㅌ?

저는 화장실 가야 해요.

Мне нужно в туалет.

므녜 누즈나 프 뚜알례ㅌ

저 화장실 다녀오고 싶어요.

Я хочу сходить в туалет.

야 하추 스하지찌 프 뚜알례ㅌ

화장실 다녀올게요.

Я схожу в туалет.

야 스하주 프 뚜알례ㅌ

화장실이 사용 중이에요.

Туалет занят.

뚜알례ㅌ 자니ㅌ

화장실에 누가 있어요.

В туалете кто-то есть.

프 뚜알례쩨 끄또따 예스찌

변기가 막혔어요.

Унитаз забился.

우니따ㅅ 자빌샤

물 내리는 게 고장이에요.

Слив не работает.

슬리ㅍ 니 라보따이ㅌ

화장실 에티켓

사용 후 물을 내리세요.

Смывайте за собой.

스므바이쩨 자 사보이

Смывайте после себя.

스므바이쩨 뽀슬례 시뱌

변기 물 내리는 것을 잊지 마세요.

Не забудьте спустить воду.

니 자부쩨 스뿌스찌찌 보두

휴지를 바닥에 버리지 마세요.

Не бросайте туалетную бумагу на пол.

니 브라사이쩨 뚜알례트누유 부마구 나 빨

위생 용품을 변기에 버리지 마세요.

Не бросайте средства личной гигиены в унитаз.

니 브라사이쩨 스례쯔트바 리츠나이 기기예느 브 우니따ㅅ

이물질을 변기에 버리지 마세요.

Не бросайте мусор в унитаз.

니 브라사이쩨 무사ㄹ 브 우니따ㅅ

화장실에서 담배 피우지 마세요.

Не курите в туалете.

니 꾸리쩨 프 뚜알례쩨

바닥에 침을 뱉지 마세요.

Не плюйте на пол.

니 쁠류이쩨 나 빨

욕실에서

저는 매일 샤워를 해요.

Я ка́ждый день принима́ю душ.
야 까즈드이 젠 쁘리니마유 두쉬

저는 몸을 욕조에 담그는 것을 좋아해요.

Я люблю́ принима́ть ва́нну.
야 류블류 쁘리니마찌 바누

욕조에 물을 좀 받아 주세요.

Набери́те, пожа́луйста, воды́ в ва́нну.
나비리쩨, 빠잘루스따, 바드 브 바누

욕조가 막혔어요.

Ва́нна засори́лась.
바나 자사릴라시

욕조를 사용 후 머리가락을 치워, 안 그러면 욕조가 막혀.

Убира́й по́сле себя́ во́лосы, а то ва́нна засори́тся.
우비라이 뽀슬례 시뱌 볼라스, 아 또 바나 자사리짜

저는 목욕탕 가는 것을 좋아해요.

Я люблю́ ходи́ть в ба́ню.
야 류블류 하지찌 브 바뉴

여기서 잠깐!
러시아는 욕실 바닥에 방수 처리가 안 된 집이 많아서 반드시 샤워는 욕조 안에서 해야 해요. 욕실 바닥에 물이 차면 아래층으로 누수가 되니까요.

꼭! 짚고 가기

러시아 전통 목욕탕 바냐

러시아 사람들은 추운 기후에 찌뿌둥함을 풀기 위해 전통 목욕탕인 ба́ня 바냐에서 목욕하기를 즐깁니다. 특히 시골이나 작은 도시 개인 주택에 사는 사람들은 바냐를 집 근처에 짓기도 하고, 별장이 있는 사람들은 별장 안에 개인 바냐를 갖춰 놓기도 합니다. 바냐는 통나무로 지은 집으로 안에 들어가면 탈의실이 있고 더 안쪽 방으로 들어가면 장작을 태워 피우는 난로도 있습니다. 난로 위에 커다란 통을 올려 목욕물을 끓이고, 긴 의자에 목욕 대야를 올려놓은 뒤, 앉거나 서서 목욕을 하는 구조입니다.

'са́уна 사우나(사우나)'와 차이점이라면 바냐는 사우나보다 훨씬 습도가 높고 더 뜨거운 증기를 이용한다는 점입니다. 바냐에서 절대 빼놓고 이야기할 수 없는 것은 바로 '목욕용 나뭇가지 묶음' 즉, ба́нный ве́ник 바느이 베니ㅋ입니다. 자작나무를 엮어 만들며 직역하면 '목욕탕의 빗자루'라는 의미로, 수증기로 한증할 때 이것을 물에 적셔 몸 쪽으로 수증기를 몰아넣는 듯한 방향으로 살짝 몸에 갖다 대며 목욕을 합니다. 목욕과 관련된 러시아어를 함께 익혀 보세요.

- **предба́нник** 쁘리드바니ㅋ
  목욕탕 탈의실
- **топи́ть-затопи́ть ба́ню**
  따삐찌-자따삐찌 바뉴
  목욕탕 난로를 피우다
- **па́риться** 빠리짜
  한증하다
- **пари́лка** 빠릴까
  한증탕

\# 우리는 거실이 넓어요.

У нас просто́рная
гости́ная.
우 나ㅅ 쁘라스또르나야 가스찌나야

\# 우리는 거실에 발코니가 있어요.

У нас в за́ле балко́н.
우 나ㅅ 브 잘례 발꼰

\# 우리는 거실에 소파와 TV만 있어요.

У нас в гости́ной то́лько
дива́н и телеви́зор.
우 나ㅅ 브 가스찌나이 똘까 지반 이 찔리비자ㄹ

\# 저는 거실에 깔 카펫을 사고 싶어요.

Я хочу́ купи́ть ковёр в
гости́ную.
야 하추 꾸삐찌 까뵤ㄹ 브 가스찌누유

\# 저녁에는 우리가 거실에 모여 TV를
봐요.

Ве́чером мы собира́емся
в гости́ной и смо́трим
телеви́зор.
볘치람 므 사비라임샤 브 가스찌나이 이
스모트림 찔리비자ㄹ

\# 우리는 모든 설비가 갖춰진 부엌이
있어요.

У нас по́лностью
обору́дованная ку́хня.
우 나ㅅ 뽈나스찌유 아바루다바나야 꾸흐냐

\# 싱크대 밑에서 물이 새요.

Вода́ под ра́ковиной
протека́ет.
바다 빠ㄷ 라까비나이 쁘라찌까이ㅌ

\# 식기는 수납장 안에 있어요.

Посу́да стои́т в шка́фчике.
빠수다 스따이ㅌ 프 쉬까프치꼐

\# 저는 냄비와 프라이팬을 아래쪽 선반에
보관하고 있어요.

Кастрю́ли и сковоро́дки я
храню́ на ни́жних по́лках.
까스트률리 이 스까바로트끼 야 흐라뉴 나
니즈니ㅎ 뽈까ㅎ

\# 숟가락과 포크는 서랍 안에 있어요.

Ло́жки и ви́лки лежа́т в
выдвижно́м я́щике.
로쉬끼 이 빌끼 리자ㅌ 브 브드비즈놈 야쒸꼐

\# 저는 새 밥솥을 사야 해요.

Мне ну́жно купи́ть но́вую
рисова́рку.
므녜 누즈나 꾸삐찌 노부유 리사바르꾸

여기서 잠깐!
러시아는 지역에 따라 '거실'을 'гости́ная 가스찌나야,
зал 잘' 또는 'больша́я ко́мната 발샤야 꼼나따'라
고 해요.

부엌에서 ②

부엌이 너무 좁아요.
(몸 돌릴 자리가 없어요.)

На ку́хне не́где развернýться.
나 꾸흐녜 녜그졔 라즈비르누짜

새 부엌 가구를 사야겠어요.

Ну́жно купи́ть но́вый ку́хонный гарниту́р.
누즈나 꾸삐찌 노브이 꾸하느이 가르니뚜ㄹ

오늘 하루 종일 요리했어요.
(오늘 하루 종일 레인지 앞에 서 있었어요.)

Я сего́дня весь день простоя́л(а) у плиты́.
야 시보드냐 볘시 젠 쁘라스따얄(라) 우 쁠리뜨

오늘 하루 종일 볶고 찌고 삶기를 했어요.

Я весь день жа́рил(а), па́рил(а) и вари́л(а).
야 볘시 젠 자릴(라), 빠릴(라) 이 바릴(라)

집에 오자마자, 바로 앞치마를 둘러요.

Как то́лько прихожу́ домо́й, сра́зу надева́ю фа́ртук.
까ㅋ 똘까 쁘리하주 다모이, 스라즈 나지바유 파르뚜ㅋ

моrози́лка 마라질까 냉동실
заморо́женные проду́кты 자마로제느예 쁘라두크뜨 냉동식품
срок го́дности 스로ㅋ 고드나스찌 유통기한
да́та изготовле́ния 다따 이즈가따블례니야 제조 일자

냉장고

샐러드를 냉장고에 넣어 줘.

Поста́вь сала́т в холоди́льник.
빠스따피 살라ㅌ 프 할라질리니ㅋ

냉장고에 수프가 있어요.

Суп в холоди́льнике.
수ㅍ 프 할라질리니꼐

생선을 냉장고에서 꺼내 줘.

Вы́тащи ры́бу из холоди́льника.
브따쒸 르부 이스 할라질리니까

고기를 냉동실에 넣어 줘.

Положи́ мя́со в морози́лку.
빨라즈 먀사 브 마라질꾸

냉장고에 유통기한 지난 식료품들이 많아요.

В холоди́льнике мно́го просро́ченных проду́ктов.
프 할라질리니꼐 므노가 쁘라스로치느ㅎ 쁘라두크따ㅍ

저는 냉장고가 거의 비어 있어요.

У меня́ холоди́льник почти́ пусто́й.
우 미냐 할라질리니ㅋ 빠츠찌 뿌스또이

냉장고 청소 좀 해야겠어요.

Ну́жно убра́ть в холоди́льнике.
누즈나 우브라찌 프 할라질리니꼐

요리 ①

저는 저만의 특별 요리법이 있어요.

У меня́ есть свой фи́рменный реце́пт.
우 미냐 예스찌 스보이 피르미느이 리쩨프트

너는 수프에 소금을 너무 많이 넣었어.

Ты пересоли́л(а) суп.
뜨 삐리살릴(라) 수ㅍ

샤슬릭 만들려고 고기를 재웠어요.

Я замаринова́л(а) мя́со на шашлы́к.
야 자마리나발(라) 먀사 나 샤쉴르ㅋ

저는 닭고기 채소 볶음을 하고 싶어요.

Я хочу́ потуши́ть ку́рицу с овоща́ми.
야 하추 빠뚜쉬찌 꾸리쭈 스 아바쌰미

보르시를 끓일 거예요.

Я сварю́ борщ.
야 스바류 보르쒸

보르시 위에 딜을 뿌려 줄까?

Тебе́ посы́пать укро́пом борщ?
찌뼤 빠스빠찌 우크로빰 보르쒸?

당근을 강판에 갈아 놔.

Натри́ морко́вь на тёрке.
나트리 마르꼬피 나 쬬르꼐

요리 ②

쌀을 씻어 놔.

Помо́й рис.
빠모이 리ㅅ

밥을 안쳤어요.

Я поста́вил(а) рис вари́ться.
야 빠스따빌(라) 리ㅅ 바리짜

생선을 손질해 놔.

Почи́сти ры́бу.
빠치스찌 르부

후춧가루를 뿌려 줄까?

Тебе́ поперчи́ть?
찌뼤 빠뼤르치찌?

감자 껍질을 벗겨 놔.

Почи́сти карто́шку.
빠치스찌 까르또쉬꾸

감자를 껍질째 쪄 놔야 해요.

Ну́жно свари́ть карто́шку в кожуре́.
누즈나 스바리찌 까르또쉬꾸 프 까주례

여기서 잠깐!
'껍질째 찌거나 구운 감자'를 뜻하는 'карто́шка в мунди́ре 까르또쉬카 브 문지례'는 직역하면 '군복을 입은 감자'입니다. 옛날에 행군을 하던 군사들에게 식량으로 지급된 생감자가 있었는데, 껍질을 벗길 칼이 없었어요. 그래서 껍질째 찐 다음, 먹기 직전 껍질을 벗겨 먹으면서 군사들끼리 농담으로 '군복 입은 감자'라는 이름을 붙였다고 합니다.

식탁에서

상을 차리자.

Давай накрывать на стол.
다바이 나크르바찌 나 스똘

모두 식탁으로 불러.

Зови всех к столу.
자비 프세ㅎ 크 스딸루

밥 먹어! (식탁으로 부를 때)

Кушать!
꾸샤찌!

맛있게 드세요!

Приятного аппетита!
쁘리야트나바 아삐찌따!

차린 건 없지만 많이 드세요.

Чем богаты, тем и рады.
쳄 바가뜨, 쪰 이 라드

맛있어요!

Вкусно!
프꾸스나!

아주 맛있어요!
(손가락을 핥겠어요!)

Пальчики оближешь!
빨치끼 아블리즈쉬!

저는 다 먹었어요.

Я всё съел(а).
야 프쇼 스옐(라)

꼭! 짚고 가기

빵 관련 표현

러시아에는 'Без хлеба нет обеда.
베ㅅ 흘례바 녜ㅌ 아볘다(빵 없이는 식사가 안
된다)'라는 말이 있어요. 그만큼 빵은 러시
아의 주식으로서 거의 모든 요리는 빵과
같이 먹습니다. 샐러드나 국, 고기나 생선
요리 또는 만두를 먹을 때도 빵은 항상 식
탁에 올라와요. 심지어 러시아에서는 쌀죽
을 먹을 때도 빵이 있어야 합니다.

주로 먹는 식빵은 흰 빵과 흑빵으로 두 가
지 종류가 있어요. 흑빵은 호밀 빵인데 색
깔이 더 진하며 약간 시큼한 맛이 납니다.
테두리 껍질이 바삭바삭해서 빵 껍질을 즐
겨 먹는 사람도 많습니다. 남은 빵을 오
래 두면 굳어질 수 있으므로 미리 잘게 잘
라 오븐에 구워서 건빵을 만들기도 합니다.
빵과 관련된 다양한 표현을 알아볼까요?

- белый хлеб 벨르이 흘례ㅍ
  흰 빵
- батон 바똔
  (기다란) 흰 빵
- чёрный хлеб 쵸르느이 흘례ㅍ
  흑빵
- сухарики 수하리끼
  (깍둑썰기 모양) 건빵
- корка (хлеба) 꼬르까 (흘례바)
  (빵) 껍질
- крошки 끄로쉬끼
  빵 부스러기
- свежий хлеб 스볘즈이 흘례ㅍ
  신선한 빵
- чёрствый хлеб 쵸르스트브이 흘례ㅍ
  굳은 빵

식사 예절

식사 전에 손을 씻어라.

Вы́мой ру́ки пе́ред едо́й.
브마이 루끼 뻬리ㄷ 이도이

입에 음식을 넣은 채 말하지 마라.

Не разгова́ривай с по́лным ртом.
니 라즈가바리바이 스 뽈르늠 르똠

쩝쩝대지 마라.

Не ча́вкай.
니 차프까이

포크로 이를 쑤시지 마라.

Не ковыря́й в зуба́х ви́лкой.
니 까브랴이 브 주바ㅎ 빌까이

식탁에서 이를 쑤시지 마라.

Не ковыря́й в зуба́х за столо́м.
니 까브랴이 브 주바ㅎ 자 스딸롬

나이프(에서 입으)로 음식을 먹지 마라.

Не ешь с ножа́.
니 예쉬 스 나자

식탁에 팔꿈치를 올리지 마라.

Не ставь ло́кти на стол.
니 스따피 로크찌 나 스똘

설거지

식탁을 치우자.

Дава́й убира́ть со стола́.
다바이 우비라찌 사 스딸라

그릇을 싱크대에 넣어 줘.

Поста́вь посу́ду в ра́ковину.
빠스따피 빠수두 브 라까비누

제가 설거지할게요.

Я помо́ю посу́ду.
야 빠모유 빠수두

내가 헹굴게요.

Дава́й я бу́ду спола́скивать.
다바이 야 부두 스빨라스끼바찌

고무장갑을 끼고 해.

Наде́нь рези́новые перча́тки.
나젠 리지나브예 뻬르차트끼

냄비를 물에 담가 놔, 안 그러면 잘 안 닦일 거야.

Замочи́ кастрю́лю, а то не отмо́ется.
자마치 가스트류류, 아 또 니 아트모이짜

프라이팬 씻기 전에 기름기를 없애기 위해 키친타월로 닦아라.

Пе́ред мытьём сковоро́дки протри́ её салфе́ткой, что́бы убра́ть жир.
뻬리ㄷ 므찌욤 스까바로트끼 쁘라트리 이요 살폐트까이, 쉬또브 우브라찌 즈ㄹ

132

청소 ①

방이 어질러져 있어요.

В ко́мнате беспоря́док.
프 꼼나쩨 비스빠랴다ㅋ

방 치워.

Убери́ ко́мнату.
우비리 꼼나뚜

방 정리해.

Наведи́ поря́док в ко́мнате.
나비지 빠랴다ㅋ 프 꼼나쩨

책상 위를 정리해.

Убери́ на столе́.
우비리 나 스딸례

모든 것을 제자리에 갖다 놔.

Поста́вь всё на свои́ места́.
빠스따피 프쇼 나 스바이 미스따

대청소를 해야겠어요.

Ну́жно сде́лать генера́льную убо́рку.
누즈나 즈젤라찌 기니랄리누유 우보르꾸

내가 청소기를 돌릴게.

Я пропылесо́шу пол.
야 쁘라쁠리소슈 뿔

잠자리를 정리해.

Запра́вь посте́ль.
자프라피 빠스쩰

청소 ②

가구에 먼지를 닦아 놔.

Вы́три пыль с ме́бели.
브트리 쁠 스 메빌리

방바닥 걸레질을 해 줘.

Вы́мой пол.
브마이 뿔

저는 대걸레로 방바닥을 닦아요.

Я мо́ю пол шва́брой.
야 모유 뿔 쉬바브라이

저는 창문을 닦아야 해요.

Мне на́до помы́ть о́кна.
므녜 나다 빠므찌 오크나

거울을 닦아 줘.

Протри́ зе́ркало.
쁘라트리 제르깔라

욕실에서 타일을 닦아야 해요.

Ну́жно помы́ть ка́фель в ва́нной.
누즈나 빠므찌 까필 브 바나이

카펫을 닦아야 해요.

Ну́жно почи́стить ковёр.
누즈나 빠치스찌찌 까뵤ㄹ

카펫을 두드려서 먼지를 털어야 해요.

Ну́жно вы́бить ковёр.
누즈나 브비찌 까뵤ㄹ

밖에 나갔다 오면 손을 씻어라.

Мой ру́ки по́сле у́лицы.
모이 루끼 뽀슬례 울리쯔

비누로 손 씻어라.

Мой ру́ки с мы́лом.
모이 루끼 스 믈람

화장실 사용 후 손 씻어라.

Мой ру́ки по́сле туале́та.
모이 루끼 뽀슬례 뚜알례따

채소나 과일을 씻지 않고 먹지 마라.

Не ешь немы́тые о́вощи и
фру́кты.
니 예쉬 니므뜨예 오바쉬 이 프루크뜨

집에서 입는 옷으로 갈아입어라.

Переоде́нься в дома́шнюю
оде́жду.
삐리아젠샤 브 다마쉬뉴유 아제즈두

그는 지나치게 청결해요.

Он сли́шком
чистопло́тный.
온 슬리쉬깜 츠스따플로트느이

기침할 때, 입을 가려.

Когда ка́шляешь,
прикрыва́й рот.
까그다 까쉴리이쉬, 쁘리크르바이 로트

남의 컵으로 마시지 마라.

Не пей из чужо́го стака́на.
니 뻬이 이스 추조바 스따까나

쓰레기를 버리고 와.

Вы́неси му́сор.
브니시 무사ㄹ

봉투를 쓰레기통에 씌워 줘.

Наде́нь паке́т на му́сорное
ведро́.
나제니 빠꼐ㅌ 나 무사르나예 비드로

쓰레기봉투를 묶어 줘.

Завяжи́ му́сорный паке́т.
자비즈 무사르느이 빠꼐ㅌ

음식물 쓰레기는 따로 모아라.

Собира́й пищевы́е отхо́ды
отде́льно.
사비라이 삐쒸브예 아트호드 아젤리나

음식물 쓰레기를 일반 쓰레기와 같이
버리지 마.

Не выки́дывай пищевы́е
отхо́ды вме́сте с сухи́м
му́сором.
니 브끼드바이 삐쒸브예 아트호드 브몌스쩨 스
수힘 무사람

저는 분리수거를 해요.

Я сортиру́ю му́сор.
야 사르찌루유 무사ㄹ

우리가 재활용 플라스틱을 모아 재활용
센터에 갖다 놨어요.

Мы собра́ли пла́стик и
сда́ли в пункт приёма.
므 사브랄리 쁠라스찌ㅋ 이 스달리 프 뿐크ㅌ
쁘리요마

세탁 ①

저는 오늘 빨래할 거예요.

Я сего́дня бу́ду стира́ть.
야 시보드냐 부두 스찌라찌

빨래를 세탁기에 넣어 줘.

Заки́нь бельё в
стира́льную маши́нку.
자긴 빌리요 프 스찌랄리누유 마쉰꾸

세탁기를 돌려 줘.

Включи́ стира́льную
маши́нку.
프클류치 스찌랄리누유 마쉰꾸

세탁 세제를 세탁기에 넣어 줘.

Засы́пь порошка́ в
стира́льную маши́нку.
자스피 빠라쉬까 프 스찌랄리누유 마쉰꾸

빨래를 탈수만 하면 돼요.

Ну́жно то́лько отжа́ть
бельё.
누즈나 똘까 아드자찌 빌리요

세탁기에서 빨래를 꺼내 줘.

Вы́тащи бельё из
стира́льной маши́нки.
브따쒸 빌리요 이스 스찌랄리나이 마쉰끼

티셔츠 위에 얼룩이 잘 안 빠져요.

Пятно́ на футбо́лке не
отсти́рывается.
삐트노 나 푸드볼꼐 니 아쯔찌르바이짜

세탁 ②

빨래가 쌓였어요.

Накопи́лась ку́ча белья́.
나까삘라시 꾸차 빌리야

이 옷은 드라이클리닝 맡겨야 해요.

Э́ту вещь ну́жно сдать в
химчи́стку.
에뚜 볘쒸 누즈나 즈다찌 프 힘치스트꾸

이 옷은 손빨래만 해야 해요.

Э́ту вещь ну́жно стира́ть
то́лько вручну́ю.
에뚜 볘쒸 누즈나 스찌라찌 똘까 브루츠누유

이 옷은 따로 세탁해야 해요.

Э́ту вещь ну́жно стира́ть
отде́льно.
에뚜 볘쒸 누즈나 스찌라찌 아젤리나

흰 빨래와 검은 빨래를 같이 세탁하지 마.

Не стира́й све́тлое вме́сте
с тёмным.
니 스찌라이 스볘틀라예 브몌스쪠 스 쫌늠

빨래한 것을 건조대에 널어 줘.

Пове́сь бельё на суши́лку.
빠볘시 빌리요 나 수쉴꾸

건조대에서 빨래를 걷어 줘.

Сними́ бельё с суши́лки.
스니미 빌리요 스 수쉴끼

집 꾸미기

저는 집수리하고 싶어요.

Я хочу́ сде́лать ремо́нт.

야 하추 즈젤라찌 리몬ㅌ

저는 벽지를 발라야 해요.

Мне ну́жно покле́ить обо́и.

므녜 누즈나 빠클례이찌 아보이

저는 벽을 페인트칠하고 싶어요.

Я хочу́ покра́сить сте́ны.

야 하추 빠크라시찌 스쩨느

새 가구를 사자.

Дава́й ку́пим но́вую ме́бель.

다바이 꾸삠 노부유 몌빌

못을 박아 줘. 그림을 걸어 놓고 싶어.

Забе́й гвоздь. Я хочу́ пове́сить карти́ну.

자볘이 그보시찌. 야 하추 빠볘시찌 까르찌누

새 커튼을 걸어 놓자.

Дава́й пове́сим но́вые што́ры.

다바이 빠볘심 노브예 쉬또르

가구를 재배치하자.

Дава́й сде́лаем перестано́вку ме́бели.

다바이 즈젤라임 뻬리스따노프꾸 몌빌리

이웃

저는 우리 아파트 같은 라인에 살고 있는 사람들을 다 알고 있어요.

Я зна́ю всех в на́шем подъе́зде.

야 즈나유 프세ㅎ 브 나셈 빠드예즈제

우리는 위층에 살고 있는 가족과 친한 사이예요.

Мы дру́жим с семьёй с ве́рхнего этажа́.

므 드루즘 스 시미요이 스 베르흐니바 에따자

우리 집 이웃이 아주 친절해요.

У нас о́чень приве́тливые сосе́ди.

우 나ㅅ 오친 쁘리볘틀리브예 사세지

천장에서 물이 떨어져요. 위층 집에 갔다 와야 하겠어요.

С потолка́ ка́пает вода́. Ну́жно сходи́ть к сосе́дям на ве́рхний эта́ж.

스 빠딸ㄱ 까빠이ㅌ 바다. 누즈나 스하지찌 크 사세쟘 나 베르흐니이 에따쉬

아래층에서 와서 쿵쿵거리지 말라고 했어요.

Приходи́ли с ни́жнего этажа́ и сказа́ли не то́пать.

쁘리하질리 스 니즈니바 에따자 이 스까잘리 니 또빠찌

운전

\# 저는 운전할 줄 알아요.

Я уме́ю води́ть маши́ну.

야 우몌유 바지찌 마쉬누

\# 저는 운전학원에 등록했어요.

Я записа́лся(записа́лась) в автошко́лу.

야 자삐살샤(자삐살라시) 브 아프따쉬꼴루

\# 저는 장롱면허예요.

(나의 운전면허가 먼지 쌓인 채로 선반에 있어요.)

Мои́ води́тельские права́ пыля́тся на по́лке.

마이 바지찔스끼예 쁘라바 쁠랴짜 나 뽈꼐

\# 저는 초보 운전자예요.

Я начина́ющий води́тель.

야 나치나유쒸 바지찔

\# 저는 오늘 운전해요.

Я сего́дня за рулём.

야 시보드냐 자 룰룜

\# 음주 상태로 운전대를 잡지 마라.

Не сади́сь за руль в нетре́звом ви́де.

니 사지시 자 룰 브 니트례즈밤 비졔

여기서 잠깐!

'대리운전 서비스'는 'услу́га «Тре́звый води́тель» 우슬루가 '뜨례즈브이 바지찔'로 직역하면, '취하지 않은 운전기사 서비스'입니다.

꼭! 짚고 가기

일 처리 속도 관련 표현

약속한 대로 일을 처리하지 않고 내일이나 가까운 미래에 하겠다며 자꾸 미루는 행동을 러시아어로 'корми́ть за́втраками 까르미찌 자프트라까미'라고 하는데, 직역하면 '아침밥을 먹이다'라는 의미입니다. 'за́втрак 자프트락'은 아침 식사를 의미하는 단어로, 발음이 '내일'을 의미하는 'за́втра 자프트라'와 비슷해서 생긴 표현이에요. 일 처리 속도와 관련된 다른 표현들도 살펴볼게요.

- тяну́ть рези́ну 찌누찌 리지누
  고무를 잡아당기다
  → 일을 질질 끌다

- в час по ча́йной ло́жке
  프 차스 빠 차이나이 로쉬꼐
  한 시간에 한 티스푼씩
  → 너무 느리게

- Что́бы перескочи́ть, на́до разбежа́ться.
  쉬또브 삐리스까치찌, 나다 라즈비자짜
  뛰어넘기 전에 달려야 한다.
  → 급하게 하면 안 되고, 잘 고려해서 처리해야 한다.

- Поспеши́шь – люде́й насмеши́шь.
  빠스뻬쉬쉬 류제이 나스미쉬쉬
  서두르면 사람들 앞에서 우스워진다.
  → 서두르면 일을 망친다.

주차

\# 여기 주차장이 어디에 있나요?

Где здесь парко́вка?
그제 즈졔시 빠르꼬프까?

\# 차를 집 앞에 세워 둬.

Поста́вь маши́ну у до́ма.
빠스따피 마쉬누 우 도마

\# 여기는 주차하면 안 돼요.

Здесь нельзя́ паркова́ться.
즈졔시 닐쨔 빠르까바짜

\# 이 쇼핑센터는 주차장이 무료예요.

В э́том торго́вом це́нтре парко́вка беспла́тная.
브 에땀 따르고밤 쩬트례 빠르꼬프까
비스쁠라트나야

\# 시간당 주차료는 얼마인가요?

Ско́лько сто́ит стоя́нка за оди́н час?
스꼴까 스또이뜨 스따얀까 자 아진 차ㅅ?

여기서 잠깐!

'주차장'으로 'парко́вка 빠르꼬프까'와
'автостоя́нка 아프따스따얀까, стоя́нка 스따얀까'를
씁니다. парко́вка는 허용된 도로변이나 식당, 상점,
병원 등 근처에 잠시 차를 주차하는 무료 주차장,
автостоя́нка는 유료 장기 주차장입니다.

교통 체증

\# 길에 교통 체증이에요.

На доро́ге зато́р.
나 다로계 자또ㄹ

На доро́ге про́бка. (회화)
나 다로계 쁘로프까

\# 꽉 막힌 길에 갇혔어요.

Я застря́л(а) в про́бке.
야 자스트랼(라) 프 쁘로프꼐

\# 차들이 한자리에 서 있어요.

Маши́ны стоя́т на одно́м ме́сте.
마쉬느 스따야ㅌ 나 아드놈 몌스쩨

\# 차들이 움직이지 않아요.

Маши́ны не дви́гаются.
마쉬느 니 드비가유짜

\# 이 시간에 늘 길이 꽉 막혀요.

В э́то вре́мя всегда́ ужа́сные про́бки.
브 에따 브례먀 프시그다 우자스느예 쁘로프끼

\# 우리가 교통 체증 속에 두 시간이나 갇혀 있었어요.

Мы простоя́ли в про́бке це́лых два часа́.
므 쁘라스따얄리 프 쁘로프꼐 쩰르ㅎ 드바 치사

여기서 잠깐!

'про́бка 쁘로프까(코르크 마개)'는 회화에서 '교통
체증'이라는 뜻으로 쓰여요.

교통 규칙 위반

차를 세워 주세요.

Останови́те маши́ну.
아스따나비쩨 마쉬누

운전면허증을 보여 주세요.

Покажи́те ва́ше води́тельское удостовере́ние.
빠까즈쩨 바셰 바지찔스까예 우다스따비례니예

속도위반했습니다.

Вы превы́сили ско́рость.
브 쁘리브실리 스꼬라스찌

정지 신호에서 멈추지 않았습니다.

Вы не останови́лись на кра́сный свет.
브 니 아스따나빌리시 나 끄라스느이 스볘ㅌ

음주 측정기를 부세요.

Ду́ньте в тру́бку.
둔쩨 프 뜨루프꾸

금지 구역에서 추월했습니다.

Вы соверши́ли обго́н в запрещённом ме́сте.
브 사비르쉴리 아브곤 브 자프리쑈남 몌스쩨

내 차를 견인차가 가져갔어요.

Мою́ маши́ну забра́л эвакуа́тор.
마유 마쉬누 자브랄 에바꾸아따ㄹ

꼭! 짚고 가기

러시아의 임대차 제도

러시아의 임대차 방식은 월세 제도입니다. 월세를 얻을 때 집주인에 따라 보증금을 요구할 수도 있고, 보증금이 없을 수도 있습니다.

생활에 필요한 가구와 전자 제품을 갖춘 아파트를 임대할 경우 세입자가 거주하는 동안에 훼손이 발생하면 보증금을 손해 배상용으로 사용할 수 있습니다.

거액의 보증금이 아닌 1~2개월 월세를 보증금으로 맡겨 두었다가 임대가 끝나고 별다른 훼손이나 임대료 연체가 없었다면 돌려받기도 합니다.

임대료만 집주인에게 납부하고 전기세, 수도세 등은 임차인이 직접 납부할 수도 있고, 월세에 모두 포함시켜 내는 방식도 있습니다.

임차인이 너무 많은 전기나 물을 사용하여 실 납부액이 일정 금액을 초과하면 추가금을 내기도 합니다.

집 구하기

저는 아파트를 장기간 임대하고 싶어요.

Я хочу́ снять кварти́ру на дли́тельный срок.

야 하추 스냐찌 끄바르찌루 나 들리찔리느이 스로크

저는 도시 중심가에 가까운 월세 아파트를 찾고 있어요.

Я ищу́ кварти́ру в аре́нду побли́же к це́нтру го́рода.

야 이쓔 끄바르찌루 브 아렌두 빠블리제 크 쩬트루 고라다

언제 아파트를 볼 수 있어요?

Когда́ мо́жно посмотре́ть кварти́ру?

까그다 모즈나 빠스마트례찌 끄바르찌루?

방은 몇 칸을 원하세요?

Ско́лько ко́мнат вы жела́ете?

스꼴까 꼼나ㅌ 브 즐라이쩨?

저는 방 두 칸짜리 아파트를 원해요.

Я хоте́л(а) бы двухко́мнатную кварти́ру.

야 하쩰(라) 브 드부흐꼼나트누유 끄바르찌루

집 조건 보기

기간은 어떻게 아파트를 임대하고 싶습니까?

На како́й срок вы хоти́те снять кварти́ру?

나 까꼬이 스로크 브 하찌쩨 스냐찌 끄바르찌루?

월세가 얼마인가요?

Ско́лько сто́ит аре́нда за ме́сяц?

스꼴까 스또이ㅌ 아렌다 자 메시ㅉ?

Какова́ пла́та за оди́н ме́сяц?

까까바 쁠라따 자 아진 메시ㅉ?

조금 더 싼 아파트가 있나요?

Есть кварти́ры подеше́вле?

예스찌 끄바르찌르 빠지셰블례?

보증금을 내야 하나요?

Ну́жно плати́ть зало́г за аре́нду?

누즈나 쁠라찌찌 잘로ㅋ 자 아렌두?

월세를 어떻게 내나요, 전체 기간 임대료 납부인가요 아니면 매달 내면 되나요?

Как ну́жно опла́чивать аре́нду, за весь срок и́ли поме́сячно?

까ㅋ 누즈나 아쁠라치바찌 아렌두, 자 볘시 스로ㅋ 일리 빠메시츠나?

집 계약

이 아파트를 임대할 거예요.

Я сниму́ э́ту кварти́ру.
야 스니무 에뚜 끄바르찌루

주거 임대 계약을 맺어야 해요.

**Ну́жно подписа́ть догово́р
аре́нды жилья́.**
누즈나 빠트삐사찌 다가보ㄹ 아렌드 즐리야

아파트 소유권 증명서를 봐도 돼요?

**Мо́жно посмотре́ть
свиде́тельство о
со́бственности?**
모즈나 빠스마트롙찌 스비제찔스트바 아
소프스트비나스찌?

언제 아파트에 이사 오면 돼요?

**Когда́ мо́жно въе́хать в
кварти́ру?**
까그다 모즈나 브예하찌 프 끄바르찌루?

며칠에 월세를 내야 해요?

**Како́го числа́ ну́жно
опла́чивать аре́нду?**
까꼬바 치슬라 누즈나 아쁠라치바찌 아렌두?

월세는 은행 계좌로 송금하면 돼요.

**Перечисля́йте пла́ту за
аре́нду на мой ба́нковский
счёт.**
뻬리치슬랴이쩨 쁠라뚜 자 아렌두 나 모이
반까프스끼 쑈ㅌ

꼭! 짚고 가기

이사 관련 미신

- 러시아에서 새로운 집으로 이사를 갈 때, 집에 사람이 들어가기 전 고양이를 먼저 들여보내는 풍습이 있습니다. '고양이가 문지방을 넘어야 집주인이 들어갈 수 있다'는 오래된 미신이 있어 오늘날에도 따르는 사람들이 많습니다.

- 모든 집에는 그 집을 지키는 'домово́й 다마보이(집 요정)'가 사는데 다른 집으로 이사 갈 땐 같이 살았던 집 요정을 데리고 가야 해요. 그 방법은 오래 썼던 빗자루를 새로운 집으로 가져가면 된다고 합니다.

- 새로 간 집이 아무리 깨끗해도 전체 물걸레질을 해야 해요. 위생에 이롭기도 하지만 집에 쌓인 부정적인 기운을 없앤다는 미신 때문이기도 합니다.

- 예전에는 새로운 집에 이사를 가면 출입문 위에 'подко́ва 빠트꼬바(편자)'를 걸었어요. 이렇게 하면 행복이 들어온다는 미신이 있어 오늘날에도 출입문 위에 편자를 걸어 둔 집이 종종 있습니다.

이사 계획

저는 다른 아파트로 이사 가고 싶어요.

Я хочу́ перее́хать в
другу́ю кварти́ру.
야 하추 뻬리예하찌 브 드루구유 끄바르찌루

저는 직장에 좀 더 가까이 있는 다른
지역으로 이사 가고 싶어요.

Я хочу́ перее́хать в
друго́й райо́н побли́же к
рабо́те.
야 하추 뻬리예하찌 브 드루고이 라이온
빠블리제 크 라보쩨

이사 결정하면, 한 달 전에 미리 알려
주세요.

Е́сли реши́те переезжа́ть,
предупреди́те зара́нее за
ме́сяц.
예슬리 리쉬쩨 뻬리이자찌, 쁘리두쁘리지쩨
자라네예 자 메시ㅉ

임대 기간이 아직 만료가 안 됐는데,
아파트에서 이사 가고 싶어요.

Ещё не зако́нчился
срок аре́нды, но я хочу́
съе́хать с кварти́ры.
이쑈 니 자꼰칠샤 스로크 아렌드, 노 야 하추
스예하찌 스 끄바르찌루

임대 기간이 만료됐어요. 3개월 후 이사
가도 되나요?

Срок аре́нды зако́нчился.
Мо́жно съе́хать че́рез три
ме́сяца?
스로크 아렌드 자꼰칠샤. 모즈나 스예하찌
체리ㅅ 뜨리 메시짜?

이사 비용

이사 서비스 신청하고 싶은데요.

Я хочу́ сде́лать зая́вку на
услу́гу перее́зда.
야 하추 즈젤라찌 자야프꾸 나 우슬루구
뻬리예즈다

이사 서비스 얼마예요?

Ско́лько сто́ит услу́га
перее́зда?
스꼴까 스또이트 우슬루가 뻬리예즈다?

예약금을 내셔야 합니다.

Вы должны́ заплати́ть
ава́нс.
브 달즈느 자쁠라찌찌 아반ㅅ

나머지 금액은 이사 후에 내시면 됩니다.

Остальну́ю су́мму
упла́тите по́сле перее́зда.
아스딸리누유 수무 우쁠라찌쩨 뽀슬례
뻬리예즈다

저는 물건을 옮기기 위해 용달차를
예약하고 싶어요.

Я хочу́ заказа́ть маши́ну
для перево́зки веще́й.
야 하추 자까자찌 마쉬누 들랴 뻬리보스끼
비쎼이

트럭 빌리는 데 얼마예요?

Ско́лько сто́ит аре́нда
грузовика́?
스꼴까 스또이트 아렌다 그루자비까?

짐 싸기

이사 가기 위해 짐을 싸야 해요.

Надо собра́ть ве́щи для
перее́зда.

나도 사브라찌 볘쒸 들랴 뻬리예즈다

식기 포장할 박스가 필요해요.

Нужны́ коро́бки
упакова́ть посу́ду.

누즈느 까로프끼 우빠까바찌 빠수두

깨지기 쉬운 꽃병을 에어캡에 싸 놔.

Заверни́ хру́пкую ва́зу в
пузы́рчатую плёнку.

자비르니 흐루프꾸유 바주 프 뿌즈르치뚜유
쁠론꾸

옷 싸는 거 도와줄까?

Тебе́ помо́чь упакова́ть
оде́жду?

찌볘 빠모ㅊ 우빠까바찌 아졔즈두?

박스에 책을 넣어 줘.

Сложи́ кни́ги в коро́бку.

슬라즈 끄니기 프 까로프꾸

안에 뭐가 들어가 있는지 박스에 적어 놔.

Напиши́ на коро́бке, что в
ней лежи́т.

나삐쉬 나 까로프꼐, 쉬또 브 녜이 리즈ㅌ

여기서 잠깐!

포장용 '에어캡'은 'пузы́рчатая плёнка 뿌즈르치
따야 쁠론까'라고 해요. '뽁뽁이'처럼 회화에서 쓰는 단
어는 'пупы́рка 뿌쁘르까'예요.

짐 정리

짐 푸는 거 도와줄까?

Тебе́ помо́чь распакова́ть
ве́щи?

찌볘 빠모ㅊ 라스빠까바찌 볘쒸?

옷장에다 옷 넣는 거 도와줘.

Помоги́ разложи́ть ве́щи в
шкафу́.

빠마기 라즐라즈찌 볘쒸 프 쉬까푸

조심해. 가구가 안 긁히게 해.

Осторо́жно, не поцара́пай
ме́бель.

아스따로즈나, 니 빠짜라빠이 몌빌

가구를 어떻게 배치하고 싶니?

Как ты хо́чешь расста́вить
ме́бель?

까ㅋ 뜨 호치쉬 라스따비찌 몌빌?

장롱은 어디에 놔두고 싶니?

Куда́ ты хо́чешь поста́вить
шкаф?

꾸다 뜨 호치쉬 빠스따비찌 쉬까ㅍ?

식기를 다 씻어야 해요.

Ну́жно перемы́ть посу́ду.

누즈나 뻬리므찌 빠수두

집들이 오세요.

Приходи́те на новосе́лье.

쁘리하지쩨 나 나바셸리예

전화 걸기 (일반)

\# 율랴와 통화할 수 있나요?

Можно Юлю к телефо́ну?
모즈나 율류 크 찔리포누?

Можно поговори́ть с Юлей?
모즈나 빠가바리찌 스 율례이?

\# 율랴 좀 바꿔 주세요.

Позови́те, пожа́луйста, Юлю.
빠자비쩨, 빠잘루스따, 율류

\# 늦게 전화드려서 죄송합니다.

Извини́те за по́здний звоно́к.
이즈비니쩨 자 뽀즈니 즈바노ㅋ

\# 일찍 전화드려서 죄송합니다.

Извини́те за ра́нний звоно́к.
이즈비니쩨 자 란니 즈바노ㅋ

\# 넌 지금 통화 괜찮니?

Ты сейча́с мо́жешь говори́ть по телефо́ну?
뜨 시차ㅅ 모즈쉬 가바리찌 빠 찔리포누?

\# 바쁘신데 제가 전화했나요?

Я звоню́ не во́время?
야 즈바뉴 니 보브리먀?

\# 전화하셨어요?

Вы мне звони́ли?
브 므녜 즈바닐리?

전화 걸기 (회사)

\# 새로운 프로젝트 때문에 전화드렸습니다.

Я звоню́ по по́воду но́вого прое́кта.
야 즈바뉴 빠 뽀바두 노바바 쁘라에크따

\# 채용 공고 보고 전화드렸습니다.

Я звоню́ по по́воду объявле́ния о рабо́те.
야 즈바뉴 빠 뽀바두 아브이블례니야 아 라보쩨

\# 전화해 달라고 하셨다고 전달받았습니다.

Мне переда́ли, что́бы я перезвони́л(а).
므녜 삐리달리, 쉬또브 야 삐리즈바닐(라)

\# 오늘 회의가 있을 건지 알아보려고 전화드렸습니다.

Я звоню́, что́бы узна́ть, бу́дет ли сего́дня собра́ние.
야 즈바뉴, 쉬또브 우즈나찌, 부지ㅌ 리 시보드냐 사브라니예

\# 언제 통화 편하시겠어요?

Когда́ вам бу́дет удо́бно, что́бы я перезвони́л(а)?
까그다 밤 부지ㅌ 우도브나, 쉬또브 야 삐리즈바닐(라)?

전화 받기 ①

\# 전화 좀 받아 줘.

Возьми́, пожа́луйста, тру́бку.
바지미, 빠잘루스따, 뜨루프꾸

\# 내가 전화 받을게.

Я возьму́ тру́бку.
야 바지무 뜨루프꾸

\# 여보세요! 말씀하세요.

Алло́! Я вас слу́шаю.
알로! 야 바ᄉ 슬루샤유

\# 죄송하지만, 누구시죠?

Извини́те, предста́вьтесь, пожа́луйста.
이즈비니쩨, 쁘리쯔따피찌시, 빠잘루스따

\# 죄송하지만, 누구세요?

Извини́те, а кто э́то?
이즈비니쩨, 아 끄또 에따?

\# 무슨 일 때문이죠?

Вы по како́му по́воду?
브 빠 까꼬무 뽀바두?

Вы по како́му вопро́су?
브 빠 까꼬무 바프로수?

\# 제 전화번호를 어떻게 아셨어요?

Отку́да вы зна́ете мой но́мер телефо́на?
아트꾸다 브 즈나이쩨 모이 노미ㄹ 찔리포나?

Отку́да у вас мой но́мер телефо́на?
아트꾸다 우 바ᄉ 모이 노미ㄹ 찔리포나?

전화 받기 ②

\# 안녕하세요! 'A'사입니다.

До́брое у́тро! Фи́рма «А».
도브라예 우트라! 피르마 '아'

\# 환영합니다. 'A'사입니다.

Вас приве́тствует фи́рма «А».
바ᄉ 쁘리베쯔트부잍 피르마 '아'

\# 무엇을 도와드릴까요?

Чем могу́ вам помо́чь?
쳄 마구 밤 빠모ᄎ?

\# 'A'사입니다. 전화해 주셔서 감사드립니다.

Фи́рма «А». Благодари́м вас за звоно́к.
피르마 '아'. 블라가다림 바ᄉ 자 즈바노ᄏ

\# 안녕하세요. 'A'사입니다.
고객관리센터입니다.

Здра́вствуйте. Фи́рма «А». Отде́л по рабо́те с клие́нтами.
즈드라스트부이쩨. 피르마 '아'.
아젤 빠 라보쩨 스 끌리엔따미

\# 안녕하세요. 'A 부동산'입니다.
저는 안드레이라고 합니다.

Здра́вствуйте. Аге́нство недви́жимости «Риéлтор А». Меня́ зову́т Андре́й.
즈드라스트부이쩨. 아겐스트바 니드비즈마스찌
'리엘따ㄹ 아'. 미냐 자붙 안드레이

전화 바꿔 주기

잠시만요.

Минуту.
미누뚜

Подождите секунду.
빠다즈지쩨 시꾼두

어떤 분과 연결해 드릴까요?

С кем вас соединить?
스 꼠 바ㅅ 사이지니찌?

어떤 분을 바꿔 드릴까요?

Вам кого позвать к телефону?
밤 까보 빠즈바찌 크 찔리포누?

연결해 드리겠습니다.

Сейчас я вас соединю.
시차ㅅ 야 바ㅅ 사이지뉴

끊지 마세요.

Не вешайте трубку.
니 볘샤이쩨 뜨루프꾸

Не кладите трубку.
니 끌라지쩨 뜨루프꾸

네 전화야.

Тебя просят к телефону.
찌뱌 쁘로샤ㅌ 크 찔리포누

Тебя к телефону.
찌뱌 크 찔리포누

Подойди к телефону.
빠다이지 크 찔리포누

다시 전화한다고 할 때

다시 전화해 드리겠습니다.

Я вам перезвоню.
야 밤 뻬리즈바뉴

다시 전화할게.

Я тебе перезвоню.
야 찌볘 뻬리즈바뉴

언제 다시 전화드리면 될까요?

Когда можно вам перезвонить?
까그다 모즈나 밤 뻬리즈바니찌?

죄송하지만, 10분 후에 전화드리겠습니다.

Извините, я перезвоню через десять минут.
이즈비니쩨, 야 뻬리즈바뉴 체리ㅈ 제시찌 미누ㅌ

30분 후에 다시 전화해 줘.

Перезвони мне через полчаса.
뻬리즈바니 므녜 체리ㅅ 뽈치사

지금 운전 중입니다.
1시간 후에 전화드리겠습니다.

Я сейчас за рулём. Я перезвоню вам через час.
야 시차ㅅ 자 룰룜.
야 뻬리즈바뉴 밤 체리ㅅ 차ㅅ

전화를 못 받을 때

통화 중입니다.

Занято.
자니따

마리나가 지금 자리에 없어요.

Мари́ны сейча́с нет на ме́сте.
마리느 시차ㅅ 녜ㅌ 나 몌스쩨

안드레이는 잠깐 나갔어요.

Андре́й вы́шел на мину́ту.
안드레이 브쉴 나 미누뚜

안드레이는 곧 돌아올 거예요.

Андре́й ско́ро вернётся.
안드레이 스꼬라 비르뇨짜

누가 나를 전화로 찾으면, 내가 없다고 말해 줘.

Е́сли мне позвоня́т, скажи́, что меня́ нет.
예슬리 므녜 빠즈바냐ㅌ, 스까즈, 쉬또 미냐 녜ㅌ

전화 받지 마.

Не бери́ тру́бку.
니 비리 뜨루프꾸

죄송하지만, 지금은 점심 시간입니다. 2시 이후에 다시 전화해 주세요.

Извини́те, сейча́с обе́денный переры́в. Перезвони́те, пожа́луйста, по́сле двух часо́в.
이즈비니쩨, 시차ㅅ 아볘지느이 뻬리르ㅍ. 뻬리즈바니쩨, 빠잘루스따, 뽀슬례 드부ㅎ 치소ㅍ

통화 상태

잘 안 들려요.

Пло́хо слы́шно.
쁠로하 슬르쉬나

Мне не слы́шно.
므녜 니 슬르쉬나

연결이 안 좋아요.

Связь плоха́я.
스뱌시 쁠라하야

연결이 끊겨요.

Связь прерыва́ется.
스뱌시 쁘리르바이짜

연결이 끊겼어요.

Связь прервала́сь.
스뱌시 쁘리르발라시

너는 잘 들리니?

Тебе́ хорошо́ слы́шно?
찌볘 하라쇼 슬르쉬나?

너는 내 말이 들리니?

Ты меня́ слы́шишь?
뜨 미냐 슬르쉬쉬?

전화기에 소음이 들려요.

У меня́ шум в телефо́не.
우 미냐 슘 프 찔리포녜

전화기 소리가 메아리처럼 들려요.

У меня́ э́хо в телефо́не.
우 미냐 에하 프 찔리포녜

전화 메시지

메시지를 남기셔도 됩니다.

Вы мо́жете оста́вить сообще́ние.
브 모즈쩨 아스따비찌 사아프셰니예

메시지를 남기시겠어요?

Вы хоти́те оста́вить сообще́ние?
브 하찌쩨 아스따비찌 사아프셰니예?

메시지를 남겨도 될까요?

Мо́жно оста́вить сообще́ние?
모즈나 아스따비찌 사아프쎼니예?

마리나가 전화했다고 전해 주세요.

Переда́йте, пожа́луйста, что звони́ла Мари́на.
삐리다이쩨, 빠잘루스따, 쉬또 즈바닐라 마리나

마리나가 오면, 바로 전화하라고 전해 주세요.

Переда́йте Мари́не, что́бы она́ сра́зу перезвони́ла, как то́лько придёт.
삐리다이쩨 마리네, 쉬또브 아나 스라주 삐리즈바닐라, 까ㅋ 똘까 쁘리죠ㅌ

제 전화번호를 메모해 주세요.

Запиши́те, пожа́луйста, мой но́мер телефо́на.
자삐쉬쩨, 빠잘루스따, 모이 노미ㄹ 찔리포나

잘못 걸린 전화

전화번호가 틀렸습니다. (자동 안내 멘트)

Непра́вильно на́бран но́мер.
니프라빌리나 나브란 노미ㄹ

전화를 잘못 거셨어요.

Вы набра́ли непра́вильный но́мер.
브 나브랄리 니프라빌리느이 노미ㄹ

Вы оши́блись но́мером.
브 아쉬블리시 노미람

Вы не по тому́ но́меру.
브 니 빠 따무 노미루

전화번호가 틀렸습니다.

У вас непра́вильный но́мер.
우 바ㅅ 니프라빌리느이 노미ㄹ

죄송합니다, 전화 잘못 걸었어요.

Извини́те, я оши́бся(оши́блась).
이즈비니쩨, 야 아쉬프샤(아쉬블라시)

Извини́те, я не туда́ попа́л(а).
이즈비니쩨, 야 니 뚜다 빠빨(라)

전화 끊기

전화해 줘서 고마워.

Спаси́бо, что позвони́л(а).

스빠시바, 쉬또 빠즈바닐(라)

나중에 다시 연락하자.

Пото́м созвони́мся ещё.

빠똠 사즈바님샤 이쑈

전화 자주 해.

Звони́ поча́ще.

즈바니 빠차쎼

다음 주에 전화할게.

Я тебе́ позвоню́ на
сле́дующей неде́ле.

야 찌뼤 빠즈바뉴 나 슬례두쎼이 니졜례

필요할 때 나에게 전화를 해.

Звони́ мне, когда́ тебе́
бу́дет ну́жно.

즈바니 므녜, 까그다 찌뼤 부지ㅌ 누즈나

필요한 거 있으면, 바로 전화해.

Е́сли что́-нибудь бу́дет
ну́жно, сра́зу звони́.

예슬리 쉬또니부찌 부지ㅌ 누즈나, 스라주
즈바니

알았어. 다음에 다시 전화할게.

Ну ла́дно. Позвоню́ пото́м
ещё раз.

누 라드나. 빠즈바뉴 빠똠 이쑈 라ㅅ

전화 기타

신호는 가는데, 그가 전화 안 받아요.

Гудки́ иду́т, но он не
отвеча́ет.

구트끼 이두ㅌ, 노 온 니 아트비차이ㅌ

그녀는 평상시 전화 거절을 하고 문자
메시지를 보내요.

Она́ обы́чно сбра́сывает
звонки́ и отправля́ет СМС.

아나 아브츠나 스브라스바이ㅌ 즈반끼 이
아트프라블랴이ㅌ 에세메ㅅ

저는 모르는 번호로 걸려온 전화를 받지
않아요.

Я не отвеча́ю на звонки́ с
неизве́стных номеро́в.

야 니 아트비차유 나 즈반끼 스 니이즈볘스느ㅎ
나미로ㅍ

저는 항상 부재중 전화에 다시 전화해요.

Я всегда́ перезва́ниваю на
пропу́щенный звоно́к.

야 프시그다 뼤리즈바니바유 나 쁘라뿌쒸느이
즈바노ㅋ

중요한 전화를 놓칠까 봐 불안해요.

Я бою́сь пропусти́ть
ва́жный звоно́к.

야 바유시 쁘라뿌스찌찌 바즈느이 즈바노ㅋ

Глава 05

오늘도 수다 중!

Глава 05

Погода и Времена года 빠고다 이 브리미나 고다 **날씨 & 계절**

погóда 빠고다 n.f. 날씨	сóлнце 손쩨 n.n. 해, 태양	нéбо 네바 n.n. 하늘
	óблако 오블라꼬 n.n. 구름	вéтер 베찌르 n.m. 바람
	дождь 도쉬찌 n.m. 비	зонт 존트 n.m. 우산
	снег 스녜크 n.m. 눈	снеговúк 스니가비크 n.m. 눈사람 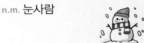
температýра 찜뻬라뚜라 n.f. 온도; 체온	жарá 자라 n.f. 더위	жáрко 자르까 ad. 덥게, 덥다
лёд 료트 n.m. 얼음	хóлод 홀라트 n.m. 추위	хóлодно 홀라드나 ad. 춥게, 춥다
врéмя гóда 브례먀 고다 계절 сезóн 시존 n.m. 계절, 철; 시기	веснá 비스나 n.f. 봄	лéто 례따 n.n. 여름
	óсень 오신 n.f. 가을	зимá 지마 n.f. 겨울

Животные и Растения 지보트느예 이 라스쩨니야 동물 & 식물

живо́тное 즈보트나예 n.n. 동물	соба́ка 사바까 n.f. 개	ко́шка 꼬쉬까 n.f. 고양이
мышь 므쉬 n.f. 쥐	бык 브ㅋ n.m. 황소; 수소	хряк 흐랴ㅋ n.m., свинья́ 스비니야 n.f. 돼지
медве́дь 미드볘찌 n.m., медве́дица 미드볘지짜 n.f. 곰	конь 꼬니 n.m., ло́шадь 로샤찌 n.f. 말	тигр 찌그르 n.m., тигри́ца 찌그리짜 n.f. 호랑이
оле́нь 알롄 n.m., олени́ха 알리니하 n.f. 사슴	кро́лик 끄롤리ㅋ n.m., крольчи́ха 끄랄치하 n.f. (집)토끼	лис 리ㅅ n.m., лиса́ 리사 n.f. 여우
слон 슬론 n.m., слони́ха 슬라니하 n.f. 코끼리	обезья́на 아비지야나 n.f. 원숭이	кит 끼ㅌ n.m. 고래
пти́ца 쁘찌짜 n.f. 새	ры́ба 르바 n.f. 물고기, 생선	ба́бочка 바바츠까 n.f. 나비
расте́ние 라스쩨니예 n.n. 식물	де́рево 졔리바 n.n. 나무	лист 리스ㅌ n.m., ли́стья 리스찌야 n.pl. 나뭇잎
ве́тка 볘트까 n.f. 나뭇가지	газо́н 가존 n.m. 잔디(밭)	цвето́к 쯔비또ㅋ n.m., цветы́ 쯔비뜨 n.pl. 꽃

Хобби 호비 취미

хо́бби 호비
n.n. 취미

спорт 스뽀르트
n.m. 운동 (경기), 스포츠

бег 볚ㅋ
n.m. 달리기; 경주

пробе́жка
쁘라볘쉬까
n.f. 조깅

хокке́й 하께이
n.m. 아이스하키

коньки́ 깐끼
n.pl. 스케이트

лы́жи 르즤
n.pl. 스키

пла́вание 쁠라바니예
n.n. 수영

мяч 먀츠
n.m. 공

футбо́л 푸드볼
n.m. 축구

бейсбо́л 볘이즈볼
n.m. 야구

те́ннис 뗴니ㅅ
n.m. 테니스

баскетбо́л 바스끼드볼
n.m. 농구

волейбо́л 발리이볼
n.m. 배구

пинг-по́нг 삔ㅋ뽄ㅋ
n.m. 탁구

гольф 골ㅍ
n.m. 골프

бокс 보크ㅅ
n.m. 권투

му́зыка 무즈까 n.f. 음악	пе́сня 뼤스냐 n.f. 노래	певе́ц 삐볘ㅉ n.m., певи́ца 삐비짜 n.f. 가수
музыка́льный инструме́нт 무즈깔느이 인스트루몐ㅌ 악기	пиани́но 삐아니나 n.n. 피아노	скри́пка 스크리프까 n.f. 바이올린
	гита́ра 기따라 n.f. 기타	гармо́нь 가르모니 n.f. (러시아 전통) 아코디언
конце́рт 깐쩨르ㅌ n.m. 콘서트, 음악회	о́пера 오뻬라 n.f. 오페라	бале́т 발례ㅌ n.m. 발레
кино́ 끼노 n.n. 영화; 영화관	фильм 필림 n.m. 영화	сериа́л 시리알 n.m. 드라마
кни́га 끄니가 n.f. 책	литерату́ра 리찌라뚜라 n.f. 문학; 서적	чте́ние 츠쪠니예 n.n. 독서
фотогра́фия 파따그라피야 n.f. 사진; 사진 찍기 фо́то 포따 n.n. 사진	фотоаппара́т 포따아빠라ㅌ n.m. 사진기, 카메라	игра́ 이그라 n.f. 게임; 놀이

날씨 묻기

일기예보

오늘 날씨 어때요?

Кака́я сего́дня пого́да?
까까야 시보드냐 빠고다?

바깥 날씨 어때요?

Кака́я на у́лице пого́да?
까까야 나 울리쩨 빠고다?

당신이 있는 곳의 날씨는 어떤가요?

Кака́я у вас пого́да?
까까야 우 바ㅅ 빠고다?

오늘 기온이 몇 도예요?

Ско́лько сего́дня
гра́дусов?
스꼴까 시보드냐 그라두사ㅍ?

Кака́я сего́дня
температу́ра?
까까야 시보드냐 찜삐라뚜라?

며칠까지 이런 날씨가 계속될까요?

До како́го числа́
продли́тся така́я пого́да?
따 까꼬바 치슬라 쁘라들리짜 따까야 빠고다?

얼마나 오래 이런 날씨가 계속될까요?

Ско́лько ещё проде́ржится
така́я пого́да?
스꼴까 이쑈 쁘라졔르즈짜 따까야 빠고다?

오늘 일기예보 어때요?

Како́й сего́дня прогно́з
пого́ды?
까꼬이 시보드냐 쁘라그노ㅅ 빠고드?

일기예보 봤어?

Ты смотре́л(а) прогно́з
пого́ды?
뜨 스마트렐(라) 쁘라그노ㅅ 빠고드?

일기예보 들었어?

Ты слы́шал(а) прогно́з
пого́ды?
뜨 슬르샬(라) 쁘라그노ㅅ 빠고드?

오늘 일기예보가 안 틀렸네요.

Прогно́з пого́ды на
сего́дня не оши́бся.
쁘라그노ㅅ 빠고드 나 시보드냐 니 아쉬프샤

오늘 일기예보 틀렸네요.

Прогно́з пого́ды на
сего́дня оши́бся.
쁘라그노ㅅ 빠고드 나 시보드냐 아쉬프샤

오늘 일기예보가 정확하네요.

Прогно́з пого́ды на
сего́дня то́чен.
쁘라그노ㅅ 빠고드 나 시보드냐 또친

오늘 날씨가 일기예보 그대로네요.

Сего́дня пого́да как
передава́ли в прогно́зе.
시보드냐 빠고다 까ㅋ 삐리다발리 프
쁘라그노제

156

맑은 날

오늘 날씨가 매우 좋아요.

Сего́дня о́чень хоро́шая
пого́да.
시보드냐 오친 하로샤야 빠고다

오늘은 맑은 날씨네요.

Сего́дня я́сная пого́да.
시보드냐 야스나야 빠고다

내일 날씨가 맑아지겠죠.

Наде́юсь, пого́да за́втра
проясни́тся.
나제유시, 빠고다 자프트라 쁘라이스니짜

오늘은 햇볕이 쨍쨍해요.

Сего́дня со́лнечно.
시보드냐 솔르니츠나

Сего́дня со́лнце.
시보드냐 손쩨

하늘에 구름이 한 점도 없어요.

На не́бе ни о́блака.
나 녜볘 니 오블라까

흐린 날

오늘은 날씨가 궂어요.

Сего́дня нена́стная пого́да.
시보드냐 니나스나야 빠고다

오늘 날씨가 흐려요.

Сего́дня па́смурно.
시보드냐 빠스무르나

오늘 구름이 꼈어요.

Сего́дня о́блачно.
시보드냐 오블라츠나

하늘에 먹구름이 많이 꼈어요.

На не́бе мно́го туч.
나 녜볘 므노가 뚜츠

먹구름 때문에 하늘이 어두워졌어요.

Не́бо потемне́ло от туч.
녜바 빠찜넬라 아트 뚜츠

밖에 비가 오고 바람이 불어요.

На у́лице дождь и ве́тер.
나 울리쩨 도쉬찌 이 볘찌ㄹ

비가 올 것 같네. 혹시 모르니까 우산
가지고 가라!

Ка́жется, бу́дет дождь.
Возьми́ зонт на вся́кий
слу́чай!
까즈짜, 부지ㅌ 도쉬찌. 바지미 존ㅌ 나 프샤끼
슬루치이!

밖에 짙은 안개가 낀다.

На у́лице густо́й тума́н.
나 울리쩨 구스또이 뚜만

비 오는 날

비가 와요.

Дождь идёт.
도쉬찌 이죠ㅌ

밖에 거센 비가 쏟아져요.

На у́лице си́льный дождь.
나 울리쩨 실리느이 도쉬찌

밖에 이슬비가 내려요.

На у́лице мо́рось.
나 울리쩨 모라시

밖에 소나기가 내려요.

На у́лице ли́вень.
나 울리쩨 리빈

밖에 비가 부슬부슬 내려요.

На у́лице кра́пает дождь.
나 울리쩨 끄라빠이ㅌ 도쉬찌

비가 오락가락해요.

До́ждь то идёт, то не идёт.
도쉬찌 또 이죠ㅌ, 또 니 이죠ㅌ

비가 억수같이 쏟아진다.
(비가 물통으로 붓는 것처럼 쏟아진다.)

Льёт как из ведра́.
리요ㅌ 까ㅋ 이즈 비드라

장마철이 곧 다가와요.

Ско́ро начнётся сезо́н дождей.
스꼬라 나츠뇨짜 시존 다즈제이

천둥 & 번개

밖에 천둥 번개가 쳐요.

На у́лице гром и мо́лния.
나 울리쩨 그롬 이 몰르니야

밖에 천둥소리가 울려요.

На у́лице греми́т гром.
나 우리쩨 그리미ㅌ 그롬

하늘에 번개가 번쩍해요.

На не́бе сверка́ет мо́лния.
나 녜베 스비르까이ㅌ 몰르니야

번개가 쳤어요.

Уда́рила мо́лния.
우다릴라 몰르니야

번개가 나무를 쳤어요.

Мо́лния попа́ла в де́рево.
몰르니야 빠빨라 브 제리바

천둥 번개를 동반한 비가 내릴 거예요.

Бу́дет гроза́.
부지ㅌ 그라자

ра́дуга 라두가 무지개
затяжны́е дожди́ 자찌즈느예 다즈지 장마

158

눈

눈이 와요.

Идёт снег.
이죠ᴛ 스녜ㅋ

밖에 폭설이 내려요.

На у́лице си́льный
снегопа́д.
나 울리쩨 실리느이 스니가빠ᴛ

모든 도로가 눈으로 덮였어요.

Все доро́ги замело́
сне́гом.
프세 다로기 자밀로 스네감

눈이 펑펑 내리고 있어요.

Снег па́дает больши́ми
хло́пьями.
스녜ㅋ 빠다이ᴛ 발쉬미 흘로삐야미

밖에 큰 눈더미들이 쌓였어요.

На у́лице больши́е
сугро́бы.
나 울리쩨 발쉬예 수그로브

창문에 서리가 꼈어요.

На о́кнах и́ней.
나 오크나ㅎ 이니

길이 얼음으로 덮였어요.

На доро́ге гололе́дица.
나 다로계 갈랄례지짜

여기서 잠깐!
'눈꽃'은 'снежи́нка 스니즌까'라고 해요.

태풍

폭풍이 오고 있어요.

Надвига́ется шторм.
나드비가이짜 쉬또름

극동 지역 쪽으로 태풍이 다가오고
있어요.

К Да́льнему Восто́ку
приближа́ется тайфу́н.
크 달리니무 바스또꾸 쁘리블리자이짜 따이푼

바람이 세찬데!

Како́й си́льный ве́тер!
까꼬이 실리느이 볘찌ㄹ!

태풍이 지나갔어요.

Прошёл тайфу́н.
쁘라숄 따이푼

태풍의 여파로 파도가 높아요.

Из-за тайфу́на на мо́ре
огро́мные во́лны.
이자 따이푸나 나 모례 아그롬느예 볼르느

오늘 폭풍주의보가 내렸어요.

Сего́дня объя́влено
штормово́е
предупрежде́ние.
시보드냐 아브야블리나 쉬따르마보예
쁘리두프리즈제니예

태풍이 다가오고 있어요.

Надвига́ется цикло́н.
나드비가이짜 쯔클론

봄 날씨

봄이 오고 있어요.

Идёт весна́.
이죠ㅌ 비스나

봄이 왔어요.

Наступи́ла весна́.
나스뚜뻴라 비스나

바깥이 따뜻해졌어요.

На у́лице потепле́ло.
나 울리쩨 빠찌플렐라

오늘은 따뜻해요.

Сего́дня тепло́.
시보드냐 찌플로

눈이 녹아요.

Та́ет снег.
따이ㅌ 스녜ㅋ

땅에 물줄기가 흐르고 있어요.

По земле́ бегу́т ручьи́.
빠 지믈례 비구ㅌ 루치이

지붕에서 물이 뚝뚝 떨어져요.

С крыш ка́пает вода́.
스 끄르쉬 까빠이ㅌ 바다

강 위에 얼음이 녹았어요.

Лёд на реке́ раста́ял.
료ㅌ 나 리꼐 라스따일

여름 날씨

매우 덥네요.

О́чень жа́рко.
오친 자르까

오늘은 푹푹 찌는 날이네요.

Сего́дня зно́йный день.
시보드냐 즈노이느이 젠

후텁지근해요.

Ду́шно.
두쉬나

Духота́.
두하따

숨이 막힐 정도로 후텁지근해요.

Так ду́шно, что не́чем дыша́ть.
따ㅋ 두쉬나, 쉬또 녜침 드샤찌

무더위네요.

Жара́.
자라

Жари́ща.
자리쌰

푹푹 찌는 무더위네요.

Пе́кло.
뻬클라

밖이 덥고 습해요.

На у́лице жа́рко и вла́жно.
나 울리쩨 자르까 이 블라즈나

가을 날씨

\# 서늘하네요.

Прохла́дно.
쁘라흘라드나

\# 밖에 서늘한 공기네요.

На у́лице прохла́дный
во́здух.
나 울리쩨 쁘라흘라드느이 보즈두ㅎ

\# 추워지기 시작했어요.

Ста́ло холода́ть.
스딸라 할라다찌

\# 추워졌어요.

Похолода́ло.
빠할라달라

\# 공기에 가을이 느껴져요.

В во́здухе чу́вствуется
о́сень.
브 보즈두혜 추스트부이짜 오신

\# 밖에 낙엽이 져요.

На у́лице листопа́д.
나 울리쩨 리스따바ㅌ

\# 나무에서 나뭇잎이 떨어져요.

С дере́вьев опада́ют
ли́стья.
스 지례비예ㅍ 아빠다유ㅌ 리스찌야

겨울 날씨

\# 진짜 겨울이 왔어요.

Наступи́ла настоя́щая
зима́.
나스뚜삘라 나스따야샤야 지마

\# 겨울 추위가 왔어요.

Наступи́ли зи́мние холода́.
나스뚜삘리 짐니예 할라다

\# 밖은 얼어붙을 추위예요.

На у́лице моро́з.
나 울리쩨 마로ㅅ

\# 밖은 얼어붙는 듯이 추워요.

На у́лице моро́зно.
나 울리쩨 마로즈나

\# 밖에 눈보라가 치네요.

На у́лице мете́ль.
나 울리쩨 미쪨

\# 저는 뼛속까지 꽁꽁 얼어붙었어요.

Я замёрз(замёрзла) до
са́мых косте́й.
야 자묘르ㅅ(자묘르즐라) 다 사므ㅎ 까스쩨이

\# 저는 추위를 잘 타요.

Я пло́хо переношу́ хо́лод.
야 쁠로하 뻬리나슈 홀라ㅌ

계절

우리가 살고 있는 곳은 사계절이 있어요.

У нас четы́ре сезо́на.
우 나ㅅ 치뜨리 시조나

한국 내에서 여행하기에 가장 좋은
계절은 무엇인가요?

В како́е вре́мя го́да лу́чше
путеше́ствовать по Коре́е?
프 까꼬예 브례먀 고다 루츠셰
뿌찌셰스트바바찌 빠 까례이?

우리는 해수욕의 계절에 바닷가에 가요.

Мы е́здим на мо́ре в
пля́жный сезо́н.
므 예즈짐 나 모례 프 쁠랴즈느이 시존

환절기에 감기 걸리기 쉬워요.

В межсезо́нье легко́
заболе́ть просту́дой.
브 메쉬시조니예 리흐꼬 자발례찌 쁘라스뚜다이

지금은 별장의 계절이에요. 우리도 교외
별장에 갈 거예요.

Сейча́с да́чный сезо́н.
Мы то́же пое́дем за́ город
на да́чу.
시차ㅅ 다츠느이 시존. 므 또제 빠예짐 자
가라ㅌ 나 다추

여기서 잠깐!
러시아에는 5월쯤 시작하는 '별장의 계절'이 있어요.
도시에 사는 사람들이 날씨가 따뜻해지면 주말마다
별장에서 쉬거나 텃밭을 가꾸는 시기를 말해요.

단풍

나뭇잎들이 물들고 있어요.

Ли́стья меня́ют цвет.
리스찌야 미냐유ㅌ 쯔베ㅌ

단풍잎이 붉게 물들었어요.

Ли́стья клёна покрасне́ли.
리스찌야 끌료나 빠크라스넬리

나뭇잎이 노랗게 물들기 시작했어요.

Ли́стья на́чали желте́ть.
리스찌야 나칠리 즐쩨찌

가을에 저는 공원에 가서 단풍 구경하는
것을 좋아해요.

О́сенью я люблю́ ходи́ть
в парк и любова́ться
осе́нней листво́й.
오시니유 야 류블류 하지찌 프 빠르ㅋ 이
류바바짜 아세녜이 리스트보이

한국에서는 사람들이 단풍을 구경하러
일부러 산에 가요.

В Коре́е лю́ди специа́льно
хо́дят в го́ры любова́ться
осе́нней листво́й.
프 까례예 류지 스뻬쯔알리나 호쟈ㅌ 브 고르
류바바짜 아세녜이 리스트보이

집 앞에 있는 낙엽을 치워야겠어요.

Ну́жно убра́ть опа́вшую
листву́ пе́ред до́мом.
누즈나 우브라찌 아빠프슈유 리스트부 뼤리드
도맘

가뭄

비가 몇 개월이나 안 왔어요.

Дожде́й не́ бы́ло
не́сколько ме́сяцев.
다즈제이 녜 블라 녜스깔까 몌시쩨ㅍ

가뭄이 왔어요.

Наступи́ла за́суха.
나스뚜삘라 자수하

가뭄이 오래 지속되고 있어요.

За́суха дли́тся о́чень
до́лго.
자수하 들리짜 오친 돌가

За́суха де́ржится до́лгое
вре́мя.
자수하 제르즈짜 돌가예 브레먀

가뭄 때문에 수확이 좋지 않아요.

Из-за за́сухи плохо́й
урожа́й.
이자 자수히 쁠라호이 우라자이

가뭄 때문에 식물들이 시들었어요.

Из-за за́сухи засо́хли
расте́ния.
이자 자수히 자소흘리 라스쩨니야

가뭄으로 땅이 갈라졌어요.

Земля́ потре́скалась от
за́сухи.
지믈랴 빠트레스깔라시 아트 자수히

홍수

그 지역은 지금 홍수가 났어요.

В том райо́не сейча́с
наводне́ние.
프 톰 라요녜 시차ㅅ 나바드녜니예

홍수 때문에 모든 도로가 차단되었어요.

Из-за наводне́ния
перекры́ты все доро́ги.
이자 나바드녜니야 뻬리크르뜨 프셰 다로기

홍수로 다리가 무너졌어요.

Наводне́нием разру́шен
мост.
나바드녜니옘 라즈루쉰 모스ㅌ

사람들을 안전한 곳에 대피시켰어요.

Люде́й эвакуи́ровали в
безопа́сные места́.
류제이 에바꾸이라발리 브 비자빠스느예 미스따

봄에 눈이 녹아서 홍수가 날 수 있어요.

Весно́й из-за та́яния сне́га
мо́жет быть наводне́ние.
비스노이 이자 따이니야 스녜가 모즈ㅌ 브찌
나바드녜니예

설날 & 성탄절

새해를 축하해요!

Поздравля́ю с Но́вым го́дом!
빠즈드라블랴유 스 노븜 고담!

С Но́вым го́дом!
스 노븜 고담!

성탄절을 축하해요!

С Рождество́м!
스 라즈지스트봄!

새해 축하 파티 같이 해요.

Дава́йте вме́сте справля́ть Но́вый год.
다바이쩨 브몌스쩨 스프라블랴찌 노브이 고트

우리는 항상 새해 나무를 설치해요.

Мы всегда́ ста́вим нового́днюю ёлку.
므 프시그다 스따빔 나바고드뉴유 욜꾸

아이들을 위하여 데드 마로즈와 스네구로츠카를 불렀어요.

Для дете́й мы позва́ли Де́да Моро́за и Снегу́рочку.
들랴 지쩨이 므 빠즈발리 졔다 마로자 이 스니구라츠꾸

여기서 잠깐!

'Дед Моро́з 졔트 마로스'는 직역하면 '서리 할아버지'
인데 러시아에서 산타클로스와 비슷한 캐릭터예요.
'Снегу́рочка 스니구라츠까'는 그의 손녀고요. 둘은
새해맞이 행사에 와서 아이들에게 선물을 나눠 주는
캐릭터예요. 러시아에서는 크리스마스트리와 비슷하
게 나무를 장식하는데 그것을 'нового́дняя ёлка
나바고드냐야 욜까(새해 나무)'라고 해요.

조국 수호의 날

조국 수호의 날을 축하합니다!

Поздравля́ю с Днём защи́тника Оте́чества!
빠즈드라블랴유 스 드뇸 자쒸트니까 아쩨치스트바!

2월 23일절을 축하합니다!

Поздравля́ю с Два́дцать тре́тьим февраля́!
빠즈드라블랴유 스 드바짜찌 뜨례찜 피브랄랴!

2월 23일절에 아빠에게 무슨 선물을 할까요?

Како́й пода́рок сде́лать па́пе на Два́дцать тре́тье февраля́?
까꼬이 빠다라ㅋ 즈젤라찌 빠뼤 나 드바짜찌 뜨례찌예 피브랄랴?

2월 23일절에 남자 친구에게 선물을 하고 싶어요.

Я хочу́ сде́лать пода́рок своему́ па́рню на Два́дцать тре́тье февраля́.
야 하추 즈젤라찌 빠다라ㅋ 스바이무 빠르뉴 나 드바짜찌 뜨례찌예 피브랄랴

세계 여성의 날

세계 여성의 날을 축하합니다!

С Междунаро́дным же́нским днём!
스 미즈두나로드늠 젠스낌 드뇸!

3월 8일절을 축하합니다!

Поздравля́ю с Восьмы́м ма́рта!
빠즈드라블랴유 스 바시믐 마르따!

С Восьмы́м ма́рта!
스 바시믐 마르따!

3월 8일절에 여자 친구에게 무슨 선물을 할 거니?

Что ты пода́ришь свое́й де́вушке на Восьмо́е ма́рта?
쉬또 뜨 빠다리쉬 스바예이 제부쉬께 나 바시모예 마르따?

아이들이 엄마에게 줄 3월 8일절 선물을 준비해요.

Де́ти гото́вят пода́рок ма́ме на Восьмо́е ма́рта.
제찌 가또뱌ㅌ 빠다라ㅋ 마몌 나 바시모예 마르따

3월 8일절에 무슨 꽃을 선물하는 게 나을까요?

Каки́е цветы́ лу́чше подари́ть на Восьмо́е ма́рта?
까끼예 쯔비뜨 루츠셰 빠다리찌 나 바시모예 마르따?

꼭! 짚고 가기

러시아의 공휴일과 기념일

① 공휴일

- 신년(1월 1일)
  Но́вый год 노브이 고ㅌ
- 신년 연휴(1월 1~6, 8일)
  Нового́дние кани́кулы
  나바고드니예 까니꿀르
- 러시아 정교회 성탄절(1월 7일)
  Рождество́ Христо́во
  라즈지스트보 흐리스또바
- 조국 수호의 날(2월 23일)
  День защи́тника Оте́чества
  젠 자쒸트니까 아쪠치스트바
- 세계 여성의 날(3월 8일)
  Междунаро́дный же́нский
  день 미즈두나로드느이 젠스끼 젠
  = 8 Ма́рта(Восьмо́е ма́рта)
  바시모예 마르따
- 노동절(5월 1일)
  Пра́здник Весны́ и Труда́
  쁘라즈니ㅋ 비스느 이 뜨루다
  = 1 Ма́я(Пе́рвое ма́я) 뻬르바예 마야
- 전승기념일(5월 9일)
  День Побе́ды 젠 빠베드
  = 9 Ма́я(Девя́тое ма́я)
  지뱌따예 마야
- 러시아의 날(러시아 주권 선언일)
  (6월 12일) День Росси́и 젠 라시이
- 국민 화합의 날(11월 4일)
  День наро́дного еди́нства
  젠 나로드나바 이지느스트바

② 기타 경축일과 기념일

- 지식의 날(입학식)(9월 1일)
  День зна́ний 젠 즈나니
  = 1 Сентября́(Пе́рвое
  сентября́) 뻬르바예 신찌브랴
- 부활절
  (춘분 이후 첫 보름달 바로 다음 일요일)
  Па́сха 빠스하

전승기념일	광복절

전승기념일을 축하합니다!

Поздравля́ю с Днём Побе́ды!
빠즈드라블랴유 스 드놈 빠베드!

С Днём Побе́ды!
스 드놈 빠베드!

5월 9일절을 축하합니다!

С Девя́тым ма́я!
스 지뱌뜸 마야!

전승기념일은 러시아에서 큰 명절이에요.

День Побе́ды — э́то большо́й пра́здник в Росси́и.
젠 빠베드 – 에따 발쇼이 쁘라즈니ㅋ 브 라시이

광장에서 전승기념일을 기념하여 열병식이 있을 거예요.

На пло́щади бу́дет пара́д в честь Дня Побе́ды.
나 쁠로쒸지 부지ㅌ 빠라ㅌ 프 체스찌 드냐 빠베드

아이들이 참전 용사들에게 꽃을 선물해요.

Де́ти да́рят цветы́ ветера́нам войны́.
제찌 다랴ㅌ 쯔비뜨 비찌라남 바이느

5월 9일절에 축포가 있을 거예요.

На Девя́тое ма́я бу́дет салю́т.
나 지뱌따예 마야 부지ㅌ 살류ㅌ

8월 15일은 한국에서 광복절이에요.

Пятна́дцатого а́вгуста в Коре́е пра́здник — День освобожде́ния Коре́и.
삐트나짜따바 아브구스따 프 까례예 쁘라즈니ㅋ – 젠 아스바바즈제니야 까례이

러시아에서 살고 있는 한인들도 이 명절을 기념해요.

Коре́йцы, живу́щие в Росси́и, то́же справля́ют э́тот пра́здник.
까례이쯔, 즈부쒸예 브 라시이, 또제 스프라블랴유ㅌ 에따ㅌ 쁘라즈니ㅋ

8월 15일에는 한인들이 제사를 지내고 성묘를 하러 가요.

Пятна́дцатого а́вгуста коре́йцы справля́ют поми́нки и посеща́ют моги́лы.
삐트나짜따바 아브구스따 까례이쯔 스프라블랴유ㅌ 빠민끼 이 빠시쌰유ㅌ 마길르

여기서 잠깐!
러시아에 살고 있는 한인(고려인)에게 8월 15일은 큰 명절이에요. 한인들이 사는 지역에서는 한국 전통 공연 행사가 진행되고, 집집마다 전통 음식을 준비해서 러시아에서 돌아가신 조상의 제사를 지내고, 성묘를 하러 가요.

추석

추석은 한국의 주요 전통 명절 중 하나예요.

Чхусо́к — оди́н из гла́вных традицио́нных коре́йских пра́здников.

추소ㅋ – 아진 이즈 글라브느ㅎ 뜨라지쯔오느ㅎ 까례이스끼ㅎ 쁘라즈드니까ㅍ

추석은 음력 8월 15일에 기념해요.

Чхусо́к справля́ют пятна́дцатого числа́ восьмо́го лу́нного ме́сяца.

추소ㅋ 스프라블랴유ㅌ 삐트나짜따바 치슬라 바시모바 루나바 메시짜

이날에는 차례를 지내고 성묘를 해요.

В э́тот день прово́дят обря́д помина́ния пре́дков и посеща́ют их моги́лы.

브 에따ㅌ 젠 쁘라보쟈ㅌ 아브랴ㅌ 빠미나니야 쁘례트까ㅍ 이 빠시쌰유ㅌ 이ㅎ 마길르

온 가족이 함께 본가에서 추석을 보내요.

Чхусо́к прово́дят всей семьёй в родно́м до́ме.

추소ㅋ 쁘라보쟈ㅌ 프세이 시미요이 브 라드놈 도메

꼭! 짚고 가기

전승기념일 행사

5월 9일은 제2차 세계 대전에서 러시아의 승리를 기념하는 날이에요. 모스크바의 붉은 광장 및 각 지역별 주요 도시마다 군사 퍼레이드가 열려요.

오전에는 군사 퍼레이드가 열리고 모스크바에는 대통령이, 각 주요 도시에는 시장이 나와 전승기념일 축하 연설을 해요.

전사자들을 위한 묵념을 하고, 영원한 불꽃 앞에 카네이션을 바치며, 참전 용사에게 존경과 축하를 전해요.

오후에는 러시아뿐만 아니라 세계 여러 나라에서 불멸의 연대 행진이 진행되는데, 전사한 병사들의 사진과 깃발을 들고 도시에서 행진하는 행사예요.

그 외에 광장이나 공원에서는 야외 콘서트나 행사를 열고 유명한 군가인 'Катю́ша 까쮸샤(카투샤)' 같은 노래를 틀어요. 군사들이 먹는 야전 죽을 나눠 먹기도 하며, 저녁에는 불꽃 축제로 전승기념일을 마무리해요.

생일 ①

생일 축하해요!

Поздравля́ю с днём рожде́ния!
빠즈드라블랴유 스 드뇸 라즈제니야!

С днём рожде́ния!
스 드뇸 라즈제니야!

저는 내일이 생일이에요.

У меня́ за́втра день рожде́ния.
우 미냐 자프트라 젠 라즈제니야

내 생일 파티에 와.

Приходи́ ко мне на день рожде́ния.
쁘리하지 까 므녜 나 젠 라즈제니야

저는 생일 파티를 할 거예요.

Я бу́ду справля́ть свой день рожде́ния.
야 부두 스프라블랴찌 스보이 젠 라즈제니야

네 생일을 잊을 뻔했어.

Я чуть не забы́л(а) о твоём дне рожде́ния.
야 추찌 니 자블(라) 아 뜨바욤 드네 라즈제니야

내일이 내 생일인 거 안 잊어버렸지?

Ты не забы́л(а), что у меня́ за́втра день рожде́ния?
뜨 니 자블(라), 쉬또 우 미냐 자프트라 젠 라즈제니야?

생일 ②

소냐를 위하여 서프라이즈 생일 선물을 준비하자.

Дава́й пригото́вим Со́не сюрпри́з на день рожде́ния.
다바이 쁘리가또빔 소녜 슈르프리ㅅ 나 젠 라즈제니야

소원을 빌고 촛불을 불어.

Загада́й жела́ние и заду́й све́чи.
자가다이 즐라니예 이 자두이 스볘치

우리는 돌잔치를 할 거예요.

Мы бу́дем справля́ть ребёнку го́дик.
므 부짐 스프라블랴찌 리뵨꾸 고지ㅋ

돌잔치에 초대합니다.

Приглаша́ем вас на го́дик.
쁘리글라샤임 바ㅅ 나 고지ㅋ

저는 쉰 살 생일을 기념할 거예요.

Я бу́ду отмеча́ть своё пятидесятиле́тие.
야 부두 아트미차찌 스바요 삐찌지시찔례찌예

저는 친구에게 생일 선물을 뭘 할지 모르겠어요.

Я не зна́ю, что подари́ть дру́гу(подру́ге) на день рожде́ния.
야 니 즈나유, 쉬또 빠다리찌 드루구(빠드루계) 나 젠 라즈제니야

168

축하

명절을 축하합니다!

Поздравля́ю с пра́здником!
빠즈드라블라유 스 쁘라즈니깜!

결혼을 축하해요!

С днём сва́дьбы!
스 드뇸 스바지브!

기념일을 축하해요!

Поздравля́ю с юбиле́ем!
빠즈드라블라유 스 유빌례옘!

아이가 태어난 걸 축하해요!

Поздравля́ю с рожде́нием ребёнка!
빠즈드라블라유 스 라즈졔니옘 리본까!

시험에 합격한 걸 축하해요!

Поздравля́ю с успе́шной сда́чей экза́мена!
빠즈드라블라유 스 우스뼤쉬나이 즈다체이 에그자미나!

승진을 축하합니다!

Поздравля́ю с повыше́нием в до́лжности!
빠즈드라블라유 스 빠브셰니옘 브 돌즈나스찌!

행복과 건강과 모든 소원 성취를 진심으로 바랍니다!

От всей души́ жела́ю сча́стья, здоро́вья и исполне́ния всех жела́ний!
아ㅌ 프세이 두쉬 즐라유 샤스찌야 즈다로비야 이 이스빨녜니야 프세ㅎ 즐라니!

꼭! 짚고 가기

특별한 생일 기념

러시아에서는 5주년, 10주년, 15주년, 20주년과 같이 5로 나뉘는 주년을 'кру́глая да́та 끄루글라야 다따'라고 하여 특별히 기념해요.

생일도 마찬가지로, 그중 특히 50살 생일은 '황금 기념일'이라고 하여 보통 분위기가 좋은 레스토랑에서 크게 잔치를 여는 것이 일반적이에요.

초대 손님의 인원수에 따라 레스토랑 크기를 선택하고 전체 홀을 빌려요. 파티는 보통 저녁부터 밤까지 해요.

그 외에는 돌잔치, 신분 증명서를 만드는 14세 생일, 성인이 되는 만 18세 생일을 챙겨서 기념하는 편입니다. 40살 생일은 미신 때문에 잘 기념하지 않습니다.

- 돌잔치
  го́дик 고지ㅋ
- 환갑
  шестидесятиле́тний юбиле́й
  쉬스찌지시찔레트니 유빌례이
- 황금 기념일
  золото́й юбиле́й 잘라또이 유빌례이

- 기념제, 기념 축하회
  юбиле́й 유빌례이
- 5주년
  пятиле́тие 삐찔례찌예
- 10주년
  десятиле́тие 지시찔례찌예
- 15주년
  пятнадцатиле́тие 삐트나짜찔례찌예
- 20주년
  двадцатиле́тие 드바짜찔례찌예
- 50주년
  пятидесятиле́тие 삐찌지시찔례찌예

주량

주량이 어떻게 돼?

Кака́я твоя́ но́рма алкого́ля?
까까야 뜨바야 노르마 알까골랴?

내 주량은 소주 한 병이에요.

Моя́ но́рма алкого́ля — одна́ буты́лка со́джу.
마야 노르마 알까골랴 – 아드나 부뜰까 소주

저는 명절에만 술을 마셔요.

Я пью то́лько по пра́здникам.
야 삐유 똘까 빠 쁘라즈니깜

저는 애주가예요.

Я люби́тель вы́пить.
야 류비찔 브삐찌

저는 술을 마시지 않아요.

Я не пью.
야 니 삐유

그는 술을 한 방울도 안 마셔요.

Он не пьёт ни ка́пли.
온 니 삐요ㅌ 니 까플리

술도 배워야 하는 거예요.

Пить то́же на́до учи́ться.
삐찌 또제 나도 우치짜

맥주

저는 자주 집에서 맥주 파티를 열어요.

Я ча́сто устра́иваю пивны́е вечери́нки до́ма.
야 차스따 우스트라이바유 삐브늬예 비치린끼 도마

저는 맥주에 프라이드치킨을 주문했어요.

Я заказа́л(а) ку́рицу во фритю́ре к пи́ву.
야 자까잘(라) 꾸리쭈 바 프리쮸례 크 삐부

저는 친구들과 함께 금요일 퇴근 후 자주 맥주를 마셔요.

Мы с друзья́ми ча́сто пьём пи́во в пя́тницу по́сле рабо́ты.
므 스 드루지야미 차스따 삐옴 삐바 프 뺘트니쭈 뽀슬례 라보뜨

친구들과 함께 마시는 맥주는 업무 스트레스를 잊게 해 줘요.

Пи́во с друзья́ми помога́ет забы́ть о рабо́чих забо́тах.
삐바 스 드루지야미 빠마가이ㅌ 자브찌 아 라보치ㅎ 자보따ㅎ

저는 냉장고에 항상 맥주 몇 캔을 둬요.

У меня́ в холоди́льнике всегда́ есть не́сколько ба́нок пи́ва.
우 미냐 프 할라질니꼐 프시그다 예스찌 녜스깔까 바나ㅋ 삐바

170

술에 대한 기호

저는 화이트와인보다 레드와인을
선호해요.

Я предпочита́ю кра́сное
вино́ бе́лому.
야 쁘리트빠치따유 끄라스나예 비노 삘라무

저는 와인보다 맥주를 더 좋아해요.

Мне бо́льше нра́вится
пи́во, чем вино́.
므녜 볼셰 느라비짜 삐바, 쳄 비노

제가 좋아하는 알코올 칵테일은
모히토예요.

Мой люби́мый
алкого́льный кокте́йль —
э́то мохи́то.
모이 류비므이 알까골느이 까크떼일 – 에따
마히따

저는 독한 술을 마시지 않지만, 맥주는
마실 수 있어요.

Я не пью кре́пкие
напи́тки, но могу́ вы́пить
пи́во.
야 니 삐유 끄례프끼예 나삐트끼, 노 마구
브삐찌 삐바

저는 가벼운 알코올 음료만 마셔요.

Я пью то́лько лёгкие
алкого́льные напи́тки.
야 삐유 똘까 료흐끼예 알까골느예 나삐트끼

술에 취함

저는 빨리 취해요.

Я бы́стро пьяне́ю.
야 브스트라 삐이녜유

저는 한 잔만 마셔도 바로 취해요.

Я сра́зу пьяне́ю от одно́й
рю́мки.
야 스라주 삐이녜유 아트 아드노이 류끼

그는 빨리 취하지만, 바로 술이 깨기
시작해요.

Он бы́стро пьяне́ет, но
сра́зу начина́ет трезве́ть.
온 브스트라 삐이녜이트, 노 스라주 나치나이트
뜨리즈볘찌

그는 취하지 않고 술을 마실 줄 알아요.

Он уме́ет пить не пьяне́я.
온 우몌이트 삐찌 니 삐이녜야

저는 취하지 않기 위해, 안주를 많이
먹어요.

Я мно́го заку́сываю, что́бы
не опьяне́ть.
야 므노가 자꾸스바유, 쉬또브 니 아삐이녜찌

술 그만 마셔. 벌써 충분히 취했어.

Хва́тит пить. Ты уже́
доста́точно пьян(пьяна́).
흐바찌트 삐찌. 뜨 우제 다스따다츠나
삐얀(삐이나)

그는 필름이 끊어질 때까지 마셔요.
(그는 기억을 잃을 때까지 마셔요.)

Он пьёт до поте́ри па́мяти.
온 삐요트 다 빠쪠리 빠미찌

숙취

저는 어제 과음해서 지금 고생하고 있어요.

Я вчера́ перебра́л(перебрала́), тепе́рь страда́ю.
야 프치라 삐리블랄(라), 찌뻬리 스트라다유

저는 오늘 숙취가 심해요.

У меня́ сего́дня тяжёлое похме́лье.
우 미냐 시보드냐 찌죨라예 빠흐멜리예

저는 뭐라도 숙취 해소할 수 있는 게 필요해요.

Мне ну́жно что́-нибудь от похме́лья.
므녜 누즈나 쉬또니부찌 아트 빠흐멜리야

저는 숙취 있을 때 너무 힘들어요.

Я о́чень пло́хо переношу́ похме́лье.
야 오친 쁠로하 삐리나슈 빠흐멜리예

이런 숙취를 겪고 나니 더 이상 술을 마시고 싶지 않아요.

По́сле тако́го похме́лья бо́льше пить не захо́чется.
뽀슬례 따꼬바 빠흐멜리야 볼셰 삐찌 니 자호치짜

어제 술 마신 것 때문에 머리가 깨질 것 같아요.

По́сле вчера́шней вы́пивки голова́ раска́лывается.
뽀슬례 프치라쉬녜이 브삐프끼 갈라바 라스깔르바이짜

술에 대한 충고

너 더 이상 안 마시는 게 좋겠어.

Тебе́ лу́чше бо́льше не пить.
찌뻬 루츠셰 볼셰 니 삐찌

치료 받는 동안 알코올 섭취하지 마세요.

Во вре́мя лече́ния не употребля́йте алкого́ль.
바 브레먀 리체니야 니 우빠트리블라이쩨 알까골

술 마셔도 되지만, 적당량을 알아라.

Пей, но знай ме́ру.
뻬이, 노 즈나이 몌루

난 술 마시면 안 돼. 내가 운전해.

Мне нельзя́ пить. Я за рулём.
므녜 닐쟈 삐찌. 야 자 룰룜

빈속에 술을 마시지 마.

Не пей спиртно́го на голо́дный желу́док.
니 뻬이 스삐르트노바 나 갈로드느이 즐루다ㅋ

술을 더 적게 마시길 충고한다.

Сове́тую тебе́ ме́ньше пить.
사볘뚜유 찌뻬 몌니셰 삐찌

술의 도움으로 문제에서 벗어나려고 하지 마.

Не пыта́йся уйти́ от пробле́м при по́мощи алкого́ля.
니 쁘따이샤 우이찌 아트 쁘라블렘 쁘리 뽀마쒸 알까골랴

금주

저 술을 끊어야겠어요.

Мне на́до бро́сить пить.
므녜 나다 브로시찌 삐찌

저는 더 이상 안 마실 거예요.

Я бо́льше не бу́ду пить.
야 볼셰 니 부두 삐찌

술을 안 마신 지 1년 됐어요.

Я не пью уже́ год.
야 니 삐유 우제 고ㅌ

저는 음주 금지예요.

Мне противопока́зано пить.
므녜 쁘라찌바빠까자나 삐찌

우리 가족은 모두 금주가예요.

В на́шей семье́ все тре́звенники.
브 나셰이 시미예 프세 뜨례즈비니끼

저는 술을 자제해요.

Я возде́рживаюсь от алкого́ля.
야 바즈제르즈바유시 아트 알까골랴

저는 누가 술을 권유해도 안 마셔요.

Я не пью, да́же когда́ мне предлага́ют.
야 니 삐유, 다제 까그다 므녜 쁘리들라가유ㅌ

꼭! 짚고 가기

주류 판매 제한 규정

러시아에서 알코올 도수가 1.2%가 넘는 음료는 법적으로 주류이며 판매 제한 규정의 대상이 됩니다.

맥주나 보드카가 해당됩니다. 반면에 호밀이나 호밀빵을 발효시켜 만든 음료인 'квас 끄바ㅅ(크와스)' 중 알코올 도수가 1.2%를 넘는 것은 규제 대상에 포함되지 않아요.

러시아에서 주류는 전 지역 통틀어 23시부터 다음날 8시까지 마트에서 판매가 금지됩니다. 술집이나 음식점에서 시켜 먹을 순 있지만 마트 판매는 할 수 없어요.

지역에 따라 주류 판매 금지 시간이 차이가 날 수 있는데, 예를 들면, 상트페테르부르크의 주류 판매 금지 시간은 22시부터 다음날 11시까지입니다.

또한 6월 1일 아동절, 9월 1일 입학식날, 5월 25일 졸업식날, 6월 27일 청소년의 날 등 하루 종일 주류 판매가 금지되는 날도 있습니다.

- алкого́ль 알까골 알코올, 술
- во́дка 보트까 보드카
- рю́мка 륨까 보드카잔
- конья́к 까니야ㅋ 코냑
- пи́во 삐바 맥주
- вино́ 비노 와인
- шампа́нское 샴빤스까예 샴페인
- бока́л 바깔 샴페인잔; 와인잔

흡연

담배

담배를 피우세요?

Вы ку́рите?
브 꾸리쩨?

여기에서 담배 피워도 돼요?

Здесь мо́жно кури́ть?
즈제시 모즈나 꾸리찌?

여기 담배 피우는 거 허가되어 있나요?

Здесь разрешено́ кури́ть?
즈제시 라즈리쉬노 꾸리찌?

여기는 어디서 담배 피워도 돼요?

Где здесь мо́жно покури́ть?
그제 즈제시 모즈나 빠꾸리찌?

여기는 흡연 구역이 어디에 있나요?

Где здесь нахо́дится ме́сто для куре́ния?
그제 즈제시 나호지짜 메스따 들랴 꾸례니야?

라이터 있으세요?

У вас есть зажига́лка?
우 바ㅅ 예스찌 자즈갈까?

담뱃불 빌려줘.

Дай прикури́ть.
다이 쁘리꾸리찌

재떨이를 주세요.

Да́йте пе́пельницу.
다이쩨 뻬뻴리니쭈

저는 하루에 담배 한 갑을 피워요.

Я выку́риваю по па́чке сигаре́т в день.
야 브꾸리바유 빠 빠츠꼐 시가례ㅌ 브 젠

담배 한 보루 사는 거 잊지 마.

Я курю́, то́лько когда́ у меня́ стресс.
야 꾸류, 똘까 까그다 우 미냐 스트레ㅅ

저는 전자 담배를 피워요.

Я курю́ электро́нные сигаре́ты.
야 꾸류 엘리크트로느예 시가례뜨

저는 말아 피우는 담배를 피워 봤어요.

Я про́бовал(а) кури́ть самокру́тки.
야 쁘로바발(라) 꾸리찌 사마크루트끼

그들은 담배 한 대 피우려고 나갔어요.

Они́ ушли́ на переку́р.
아니 우쉴리 나 삐리꾸ㄹ

꽁초를 바닥에 버리지 마세요.

Не броса́йте оку́рки на́ пол.
니 브라사이쩨 아꾸르끼 나 빨

여기서 잠깐!
회화에서 '흡연장소, 흡연실'은 'кури́лка 꾸릴까'라고 해요.

금연

여기서 담배를 피우면 안 돼요.

Здесь нельзя́ кури́ть.
즈제시 닐쟈 꾸리찌

이 건물은 금연이에요.

В э́том зда́нии запрещено́ кури́ть.
브 에땀 즈다니이 자프리쒸노 꾸리찌

아이들 앞에서 담배 피우지 마.

Не кури́ при де́тях.
니 꾸리 쁘리 제쨔ㅎ

저는 담배 끊는 데 성공했어요.

Мне удало́сь бро́сить кури́ть.
므녜 우달로시 브로시찌 꾸리찌

당신은 흡연자의 기침이 있어요. 담배를 줄여야 해요.

У тебя́ ка́шель кури́льщика. Ну́жно ме́ньше кури́ть.
우 찌뱌 까쉴 꾸릴쒸까. 누즈나 메니셰 꾸리찌

그는 골초지만, 건강을 위해 담배를 끊고 싶어해요.

Он зая́длый кури́льщик, но хо́чет завяза́ть с куре́нием ра́ди здоро́вья.
온 자야들르이 꾸릴쒸ㅋ, 노 호치ㅌ 자비쟈찌 스 꾸례니옘 라디 즈다로비야

담배 기타

저는 담배를 피우지 않지만, 흡연자들 옆에 자주 있어요.

Я не курю́, но ча́сто нахожу́сь ря́дом с куря́щими.
야 니 꾸류, 노 차스따 나하주시 랴담 스 꾸랴쒸미

저는 담배 연기에 알레르기가 있어요.

У меня́ от таба́чного ды́ма аллерги́я.
우 미냐 아트 따바츠나바 드마 알리르기야

저는 담배 냄새를 견딜 수 없어요.

Я не переношу́ за́пах табака́.
야 니 삐리나슈 자빠ㅎ 따바까

저는 흡연자 옆을 지나갈 때 숨을 참아요.

Я заде́рживаю дыха́ние, когда́ прохожу́ ми́мо куря́щих.
야 자졔르즈바유 드하니예, 까그다 쁘라하주 미마 꾸랴쒸ㅎ

그의 옷은 담배 냄새가 배어 있어요.

У него́ вся оде́жда проку́рена.
우 니보 프샤 아졔즈다 쁘라꾸리나

취미 묻기

당신은 취미가 뭐예요?

Како́е ва́ше хо́бби?
까꼬예 바셰 호비?

당신은 시간이 나면 뭘 하는 걸 좋아하세요?

Что вы лю́бите де́лать в свобо́дное вре́мя?
쉬또 브 류비쩨 젤라찌 프 스바보드나예 브례먀?

Како́е ва́ше люби́мое заня́тие в свобо́дное вре́мя?
까꼬예 바셰 류비마예 자냐찌예 프 스바보드나예 브례먀?

당신은 한가할 때 무엇을 하세요?

Чем вы занима́етесь на досу́ге?
쳄 브 자니마이찌시 나 다수계?

Чем вы увлека́етесь, когда́ у вас есть вре́мя?
쳄 브 우블리까이찌시, 까그다 우 바ㅅ 예스찌 브례먀?

당신은 보통 한가할 때 무엇을 하세요?

Что вы обы́чно де́лаете в свобо́дное вре́мя?
쉬또 브 아브츠나 젤라이쩨 프 스바보드나예 브례먀?

Что вы обы́чно де́лаете, когда́ свобо́дны?
쉬또 브 아브츠나 젤라이쩨, 까그다 스바보드느?

취미 대답하기

저는 취미가 다양해요.

У меня́ ра́зные хо́бби.
우 미냐 라즈느예 호비

저는 특별히 독특한 취미가 없어요.

У меня́ нет осо́бенного хо́бби.
우 미냐 녜ㅌ 아소비나바 호비

Я ниче́м осо́бенным не занима́юсь.
야 니쳄 아소비늠 니 자니마유시

저는 기분에 따라 취미가 자주 달라져요.

У меня́ ча́сто меня́ется хо́бби в зави́симости от настрое́ния.
우 미냐 차스따 미냐이짜 호비 브 자비시마스찌 아ㅌ 나스트라예니야

그는 항상 별난 활동을 하는 걸 좋아해요.

Он всегда́ лю́бит занима́ться че́м-нибудь необы́чным.
온 프시그다 류비ㅌ 자니마짜 쳄니부찌 니아브츠늠

우리는 공통 관심사가 많아요.

У нас мно́го о́бщих интере́сов.
우 나ㅅ 므노가 오프쒸ㅎ 인찌례사ㅍ

176

스포츠

스포츠를 좋아해요?

Вы лю́бите спорт?

브 류비쩨 스포르ㅌ?

운동을 하세요?

Вы занима́етесь спо́ртом?

브 지니마이찌시 스뽀르땀?

어떤 스포츠 종류를 좋아해요?

Како́й вид спо́рта вы лю́бите?

까꼬이 비ㅌ 스뽀르따 브 류비쩨?

저는 어렸을 때부터 운동을 해요.

Я с де́тства занима́юсь спо́ртом.

야 스 졔쯔트바 자니마유시 스뽀르땀

저는 운동하지 않아요.

Я не занима́юсь спо́ртом.

야 니 자니마유시 스뽀르땀

저는 스포츠를 TV로 보는 것을 좋아해요.

Я люблю́ смотре́ть спорт по телеви́зору.

야 류블류 스마트례찌 스뽀르ㅌ 빠 찔리비자루

그는 운동 실력이 좋아요.

У него́ хоро́шие спосо́бности к спо́рту.

우 니보 하로쉬예 스빠소브나스찌 크 스뽀르뚜

스포츠 종목

저는 아침마다 조깅을 해요.

Я ка́ждое у́тро де́лаю пробе́жку.

야 까즈다예 우트라 젤라유 쁘라베쉬꾸

저는 수영장에 다녀요.

Я хожу́ в бассе́йн.

야 하주 브 바세인

저는 피트니스클럽에 가입했어요.

Я записа́лся(записа́лась) в фи́тнес-клуб.

야 자삐살샤(자삐살라시) 프 피트네스클루ㅍ

저는 헬스클럽에 다녀요.

Я хожу́ в тренажёрный зал.

야 하주 프 뜨리나죠르느이 잘

저는 일요일마다 자전거를 타요.

Я ка́ждое воскресе́нье ката́юсь на велосипе́де.

야 까즈다예 바스크리세니예 까따유시 나 빌라시뻬졔

저는 저녁에 식사 후 걷기 운동해요.

Я занима́юсь ходьбо́й по́сле у́жина.

야 자니마유시 하지보이 뽀슬례 우즈나

저는 TV를 볼 때, 복근 운동을 해요.

Когда́ я смотрю́ телеви́зор, я кача́ю пресс.

까그다 야 스마트류 찔리비자ㄹ, 야 까차유 쁘례ㅅ

계절 스포츠

여름에는 무슨 운동을 하세요?

Каки́м ви́дом спо́рта вы занима́етесь ле́том?
까낌 비담 스뽀르따 브 자니마이쩨시 례땀?

여름에 저는 수영하는 것을 좋아해요.

Ле́том я люблю́ занима́ться пла́ванием.
례땀 야 류블류 자니마짜 쁠라바니옘

저는 바다에서 수영하는 것을 좋아해요.

Я люблю́ пла́вать в мо́ре.
야 류블류 쁠라바찌 브 모례

겨울에 우리는 자주 스키를 타러 스키장에 가요.

Зимо́й мы ча́сто е́здим на лы́жную ба́зу ката́ться на лы́жах.
지모이 므 차스따 예즈짐 나 르즈누유 바주 까따짜 나 르자ㅎ

겨울에 저는 스케이트 타는 것을 좋아해요.

Зимо́й я люблю́ ката́ться на конька́х.
지모이 야 류블류 까따짜 나 까니까ㅎ

저는 여름에는 축구를 하고, 겨울에는 아이스하키를 해요.

Ле́том я игра́ю в футбо́л, а зимо́й в хокке́й.
례땀 야 이그라유 프 푸드볼, 아 지모이 프 하꼐이

구기 스포츠

저는 테니스를 즐겨요.

Я увлека́юсь те́ннисом.
야 우블리까유시 떼니삼

저는 자주 축구 경기를 보러 가요.

Я ча́сто хожу́ смотре́ть футбо́л.
야 차스따 하주 스마트례찌 푸드볼

다음 월드컵은 어디서 할까요?

Где бу́дет сле́дующий чемпиона́т ми́ра по футбо́лу?
그제 부지ㅌ 슬례두쒸 침삐아나ㅌ 미라 빠 푸드볼루?

저는 항상 제가 좋아하는 팀을 응원하러 가요.

Я всегда́ хожу́ боле́ть за свою́ люби́мую кома́нду.
야 프시그다 하주 발례찌 자 스바유 류비무유 까만두

저는 농구를 한 경기도 놓치지 않아요.

Я не пропуска́ю ни одно́й баскетбо́льной игры́.
야 니 쁘라뿌스까유 니 아드노이 바스끼드볼리나이 이그르

한국에서는 야구가 인기 많아요.

В Коре́е популя́рен бейсбо́л.
프 까례예 빠뿔랴린 베이즈볼

178

스포츠 기타

\# 저는 홈 트레이닝 동영상을 켜고 운동을
해요.

**Я включаю видео с
домашними тренировками
и выполняю их.**
야 프클루차유 비지오 스 다마쉬니미
뜨리니로프까미 이 브빨냐유 이ㅎ

\# 저는 아침마다 공복에 트레이닝을 해요.

**Я тренируюсь натощак
каждое утро.**
야 뜨리니루유시 나따쌰ㅋ 까즈다예 우트라

\# 저는 스트레칭으로 아침 운동을
시작해요.

**Я начинаю утреннюю
зарядку с растяжки.**
야 나치나유 우트리뉴유 자랴트꾸 스
라스쨔쉬끼

\# 저는 트레이닝하기 전에 반드시 준비
운동을 해요.

**Я обязательно делаю
разминку перед
тренировкой.**
야 아비자찔리나 젤라유 라즈민꾸 뻬리트
뜨리니로프까이

\# 저는 덤벨을 이용한 근력 운동을 해요.

**Я выполняю силовые
упражнения с гантелями.**
야 브빨냐유 실라브예 우프라즈녜니야 스
간뗄랴미

사진

\# 저는 사진 찍기를 해요.

**Я занимаюсь
фотографией.**
야 자니마유시 파따그라피예이

\# 저는 사진 촬영하는 걸 좋아해요.

**Я люблю
фотографировать.**
야 류블류 파따그라피라바찌

\# 저는 사진 촬영에 관심이 있어요.

**Я интересуюсь
фотографией.**
야 인찌리수유시 파따그라피예이

\# 저는 자연을 사진 찍으려고 교외로 자주
가요.

**Я часто езжу за город
фотографировать
природу.**
야 차스따 예주 자 가라트 파따그라피라바찌
쁘리로두

\# 저는 흑백 사진 찍는 것을 선호해요.

**Я предпочитаю делать
чёрно-белые снимки.**
야 쁘리트빠치따유 젤라찌 쵸르나빌르예 스님끼

\# 저는 제 개인 사진을 소셜 네트워크에
올리지 않아요.

**Я никогда не размещаю
свои личные фото в
социальных сетях.**
야 니까그다 니 라즈미쌰유 스바이 리츠느예
포따 프 사쯔알리느ㅎ 시쨔ㅎ

음악 감상

저는 음악 듣는 것을 좋아해요.

Я люблю́ слу́шать му́зыку.
야 류블류 슬루샤찌 무즈꾸

무슨 음악을 좋아하세요?

Каку́ю му́зыку вы лю́бите?
까꾸유 무즈꾸 브 류비쩨?

저는 클래식 음악을 좋아해요.

Я люблю́ класси́ческую му́зыку.
야 류블류 끌라시치스꾸유 무즈꾸

좋아하는 남자 가수나 여자 가수가 누구예요?

Кто ваш люби́мый певе́ц и́ли певи́ца?
끄또 바쉬 류비므이 삐볘쯔 일리 삐비짜?

당신이 좋아하는 노래가 뭐예요?

Кака́я ва́ша люби́мая пе́сня?
까까야 바샤 류비마야 뻬스냐?

당신이 좋아하는 그룹은 누구예요?

Кака́я ва́ша люби́мая гру́ппа?
까까야 바샤 류비마야 그루빠?

저는 집에 있을 때, 항상 음악을 틀어요.

Когда́ я до́ма, я всегда́ включа́ю му́зыку.
까그다 야 도마, 야 프시그다 프클류차유 무즈꾸

악기 연주

악기를 다룰 줄 아세요?

Вы уме́ете игра́ть на музыка́льных инструме́нтах?
브 우메이쩨 이그라찌 나 무즈깔리느ㅎ 인스트루몐따ㅎ?

무슨 악기를 다룰 줄 아세요?

На како́м музыка́льном инструме́нте вы игра́ете?
나 까꼼 무즈깔리남 인스트루몐쩨 브 이그라이쩨?

저는 피아노를 치고 음악을 작곡해요.

Я игра́ю на пиани́но и сочиня́ю му́зыку.
야 이그라유 나 삐아니나 이 사치냐유 무즈꾸

저는 기타를 조금 쳐요.

Я немно́го игра́ю на гита́ре.
야 님노가 이그라유 나 기따례

저는 기타 레슨을 받으러 다녀요.

Я хожу́ на уро́ки игры́ на гита́ре.
야 하주 나 우로끼 이그르 나 기따례

저는 바이올린을 켜요.

Я игра́ю на скри́пке.
야 이그라유 나 스크리프꼐

그는 절대 음감이 있어요.

У него́ абсолю́тный слух.
우 니보 아프살류트느이 슬루ㅎ

미술 감상

저는 회화를 좋아해요.

Мне нра́вится жи́вопись.
므녜 느라비짜 즈바삐시

어떤 화가를 좋아해요?

Каки́х худо́жников вы лю́бите?
까끼ㅎ 후도즈니까ㅍ 브 류비쩨?

저는 그림 전시회에 가는 것을 좋아해요.

Я люблю́ ходи́ть на вы́ставки карти́н.
야 류블류 하지찌 나 브스따프끼 까르찐

다음 주에 새로운 그림 전시회가 열려요.

На сле́дующей неде́ле открыва́ется но́вая вы́ставка карти́н.
나 슬례두쎄이 니젤례 아트크르바이짜 노바야
브스따프까 까르찐

저는 현대 화가들의 전시회에 자주 가요.

Я ча́сто хожу́ на вы́ставки совреме́нных худо́жников.
야 차스따 하주 나 브스따프끼 사브리몌느ㅎ
후도즈니까ㅍ

저는 그림을 조금 그릴 줄 알아요.

Я сам(сама́) немно́го рису́ю.
야 삼(사마) 님노가 리수유

극장 가기

저는 발레 공연 보러 가는 것을 좋아해요.

Я люблю́ ходи́ть на бале́т.
야 류블류 하지찌 나 발례ㅌ

저는 러시아에 가면 꼭 발레 공연을 보러 갈 거예요.

Когда́ я бу́ду в Росси́и, обяза́тельно схожу́ на бале́т.
까그다 야 부두 브 라시이, 아비자찔리나 스하주
나 발례ㅌ

다음 주에 무슨 발레 공연이 있을지 알아봐.

Посмотри́, како́й бале́т бу́дет на сле́дующей неде́ле.
빠스마트리, 까꼬이 발례ㅌ 부지ㅌ 나
슬례두쎄이 니젤례

연극을 보러 가자.

Дава́й пойдём на спекта́кль.
다바이 빠이죰 나 스뼤크따클

연극에 유명한 배우들이 출연해요.

В э́том спекта́кле игра́ют изве́стные актёры.
브 에땀 스뼤크따클레 이그라유ㅌ 이즈베스느예
아크쬬르

너는 연극이 어땠어?

Ну как тебе́ спекта́кль?
누 까ㅋ 찌볘 스뼤크따클?

영화 감상 ①

저는 영화 보는 것을 좋아해요.

Я люблю́ смотре́ть
фи́льмы.
야 류블류 스마트례찌 필리므

저는 주말마다 TV에서 영화를 봐요.

Ка́ждые выходны́е я
смотрю́ фи́льмы по
телеви́зору.
까즈드예 브하드느예 야 스마트류 필리므 빠
찔리비자루

무슨 영화를 좋아하세요?

Каки́е фи́льмы вы лю́бите?
까끼예 필리므 브 류비쩨?

저는 코미디 영화를 좋아해요.

Я люблю́ коме́дии.
야 류블류 까몌지이

저는 공상 과학 영화를 좋아해요.

Я люблю́ фанта́стику.
야 류블류 판따스찌꾸

저는 멜로드라마를 좋아하지 않아요.

Я не люблю́ мелодра́мы.
야 니 류블류 밀라드라므

좋아하는 영화가 뭐예요?

Како́й ваш люби́мый
фильм?
까꼬이 바쉬 류비므이 필림?

저는 영화가 별로 마음에 안 들었어요.

Мне не о́чень понра́вился
фильм.
므녜 니 오친 빠느라빌샤 필림

영화 감상 ②

이것은 내가 본 영화 중 최고예요.

Э́то са́мый лу́чший фильм,
кото́рый я когда́-либо
смотре́л(а).
에따 사므이 루츠쒸 필림, 까또르이 야
까그다리바 스마트렐(라)

좋아하는 남자 배우나 여자 배우는
누구예요?

Кто ваш люби́мый актёр
и́ли актри́са?
끄또 바쉬 류비므이 아크쬬ㄹ 일리 아크트리사?

저는 이 남자 배우가 출연한 영화는 전부
봤어요.

Я смотре́л(а) все фи́льмы,
в кото́рых снима́лся э́тот
актёр.
야 스마트렐(라) 프세 필리므, 프 까도르ㅎ
스니말샤 에따ㅌ 아크쬬ㄹ

저는 이 감독의 영화를 전부 봐요.

Я смотрю́ все фи́льмы
э́того режиссёра.
야 스마트류 프세 필리므 에따바 리즈쇼라

내가 좋아하는 책이 영화로 만들어져
극장에서 상영될 거예요.

В кинотеа́тре бу́дет
фильм-экраниза́ция мое́й
люби́мой кни́ги.
프 끼나찌아트례 부지ㅌ 필림에크라니자쯔야
마예이 류비마이 끄니기

영화관 가기

너는 자주 영화를 보러 가니?

Ты ча́сто хо́дишь в кино́?
뜨 차스따 호지쉬 프 끼노?

영화 보러 가자.

Дава́й пойдём в кино́.
다바이 빠이죰 프 끼노

지금 극장에서 무슨 영화가 상영돼요?

Каки́е фи́льмы сейча́с пока́зывают в кинотеа́трах?
까끼예 필리므 시차ㅅ 빠까즈바유ㅌ 프 끼나찌아트라ㅎ?

저는 한 달에 두 번 영화관에 가요.

Я хожу́ в кинотеа́тр два ра́за в ме́сяц.
야 하주 프 끼노찌아트ㄹ 드바 라자 브 몌시ㅉ

극장 포스터에 뭐가 있었나요?

Что бы́ло на афи́ше?
쉬또 블라 나 아피셰?

제가 티켓을 끊을게요.

Я куплю́ биле́ты.
야 꾸플류 빌례뜨

가까운 영화관의 상영시간표를 확인해 봐.

Посмотри́ расписа́ние сеа́нсов в ближа́йшем кинотеа́тре.
빠스마트리 라스삐사니예 시안사ㅍ 브 블리자이셈 끼나찌아트례

독서

저는 시간이 나면 항상 책을 읽어요.

Я всегда́ чита́ю в свобо́дное вре́мя.
야 프시그다 치따유 프 스바보드나예 브레먀

저는 대중교통을 이용할 때 책 읽는 것을 좋아해요.

Я люблю́ чита́ть в обще́ственном тра́нспорте.
야 류블류 치따찌 브 아프쎼스트비남
뜨란스빠르쩨

저는 이 책을 백 번 읽어 봤어요.

Э́ту кни́гу я перечита́л(а) сто раз.
에뚜 끄니구 야 삐리치딸(라) 스또 라ㅅ

저는 이 작가의 책을 전부 읽었어요.

Я прочита́л(а) все кни́ги э́того писа́теля.
야 쁘라치딸(라) 프세 끄니기 에따바 삐사찔랴

저는 책을 펼치기만 하면, 잠들어요.

Как то́лько я раскрыва́ю кни́гу, я засыпа́ю.
까ㅋ 똘까 야 라스크르바유 끄니구, 야 자스빠유

저는 전자책보다 종이책을 읽는 것을 선호해요.

Я предпочита́ю чита́ть бума́жные кни́ги, а не электро́нные.
야 쁘리트빠치따유 치따찌 부마즈느예 끄니기,
아 니 엘리크트로느예

수집

저는 동전을 수집해요.

Я коллекциони́рую моне́ты.
야 깔리크쯔아니루유 마녜뜨

저는 마트료쉬카를 모아요.

Я собира́ю матрёшки.
야 사비라유 마트료쉬끼

저는 러시아 기념품들이 꽤 많아요.

У меня́ це́лая колле́кция ру́сских сувени́ров.
우 미냐 쩰라야 깔례크쯔야 루스끼ㅎ 수비니라ㅍ

저는 어렸을 때 우표를 모았어요.

В де́тстве я собира́л(а) ма́рки.
브 졔쯔트볘 야 사비랄(라) 마르끼

저는 골동품을 모아요.

Я собира́ю антиквариа́т.
야 사비라유 안찌크바리아ㅌ

그는 만화 캐릭터 피규어를 모아요.

Он собира́ет фигу́рки персона́жей мультфи́льмов.
온 사비라이ㅌ 피구르끼 삐르사나졔이
물트필리마ㅍ

여기서 잠깐!
러시아 전통 인형 '마트료쉬카'는
큰 인형 안에 작은 인형이, 그 작
은 인형 안에 또 더 작은 인형이 여러 차례 들어있는
민속 공예품입니다.

기타 취미

저는 그림을 그려요.

Я занима́юсь рисова́нием.
야 자니마유시 리사바니옘

그는 나무로 조각을 해요.

Он занима́ется резьбо́й по де́реву.
온 자니마이짜 리지보이 빠 제리부

그는 시간이 나면 가구를 만들어요.

В свобо́дное вре́мя он мастери́т ме́бель.
프 스바보드나예 브례먀 온 마스찌리ㅌ 몌빌

그는 오래된 가구를 리폼하는 것을 좋아해요.

Я люблю́ занима́ться переде́лкой ста́рой ме́бели.
야 류블류 자니마짜 삐리젤까이 스따라이 몌빌리

저는 인테리어 디자인을 즐겨요.

Я увлека́юсь диза́йном интерье́ра.
야 우블리까유시 지자이남 인뗴리예라

저는 베이킹을 좋아해요.

Я люблю́ занима́ться вы́печкой.
야 류블류 자니마짜 브삐츠까이

주말에 저는 등산을 다녀요.

В выходны́е я хожу́ в го́ры.
브 브하드느예 야 하주 브 고르

꼭! 짚고 가기

얼음물에 몸 담그기

1월 19일은 러시아에서 'Креще́ние Госпо́дне 끄리쎼니예 가스뽀드녜(주의 세례 축일)'로, 예수가 요르단 강에서 요한으로 부터 세례를 받은 것을 기념하는 날입니다. 러시아 정교회 전통에 따라, 1월 19일 주의 세례 축일에는 얼음물에 몸을 담그는 풍습이 있어요.

강이나 호수의 얼음 위에 십자가 모양의 'про́рубь 쁘로루피(얼음 구멍)'를 만들어 물을 성수로 만드는 의식을 하고, 성수를 떠 마시거나 세수를 합니다. 또 얼음물에 몸을 담그거나 수영을 해요. 성수에 몸을 담그면 모든 죄를 씻을 수 있다고 믿는다고 합니다.

러시아 정교회는 988년 비잔틴에서 전래되어, 현재 러시아에 가장 많은 신자가 있습니다.

- Ру́сская правосла́вная це́рковь
  루스까야 쁘라바슬라브나야 쩨르까피
  러시아 정교회
- христиа́нство 흐리스찌안스트바
  기독교
- католици́зм 까딸리쯔즘
  가톨릭교

반려동물 ①

\# 저는 반려동물을 좋아해요.

Я люблю́ дома́шних живо́тных.
야 류블류 다마쉬니ㅎ 즈보트느ㅎ

\# 반려동물을 키우세요?

У вас есть дома́шние живо́тные?
우 바ㅅ 예스찌 다마쉬니예 즈보트느예?

\# 저는 개를 키워요.

У меня́ есть соба́ка.
우 미냐 예스찌 사바까

\# 저는 집에 고양이를 키워요.

У меня́ до́ма ко́шка.
우 미냐 도마 꼬쉬까

\# 우리는 물고기를 키우기 시작했어요.

Мы завели́ ры́бок.
므 자빌리 르바ㅋ

\# 우리는 집에 햄스터를 키워요.

У нас до́ма хомяки́.
우 나ㅅ 도마 하미끼

\# 저는 앵무새를 키워요.

Я держу́ попуга́йчиков.
야 지르주 빠뿌가이치까ㅍ

\# 우리 집에 거북이가 살고 있어요.

У нас живёт черепа́ха.
우 나ㅅ 즈뵤ㅌ 치리빠하

반려동물 ②

\# 반려동물을 키워 본 적이 있어요?

Вы когда́-нибудь заводи́ли дома́шних живо́тных?
브 까그다니부찌 자바질리 다마쉬니ㅎ 즈보트느ㅎ?

\# 저는 어렸을 때 항상 반려동물이 있었어요.

У меня́ в де́тстве всегда́ бы́ли дома́шние живо́тные.
우 미냐 브 제쯔트볘 프시그다 블리 다마쉬니예 즈보트느예

\# 그녀는 길고양이들을 집에 데려와요.

Она́ приво́дит домо́й бездо́мных ко́шек.
아나 쁘리보지ㅌ 다모이 비즈돔느ㅎ 꼬쉬ㅋ

\# 우리가 휴가 가 있는 동안 너한테 우리 개를 맡겨도 되니?

Мо́жно у тебя́ оста́вить на́шу соба́ку, пока́ мы бу́дем в о́тпуске?
모즈나 우 찌뱌 아스따비찌 나슈 사바꾸, 빠까 므 부짐 프 오트뿌스꼐?

\# 엄마가 개 키우는 것을 반대하셨어요.

Мама́ не разреши́ла мне заводи́ть соба́ку.
마마 니 라즈리쉴라 므녜 자바지찌 사바꾸

개 키우기 ①

개 키워도 돼요?

Мо́жно завести́ соба́ку?
모즈나 자비스찌 사바꾸?

우리는 개집을 설치했어요.

Мы поста́вили бу́дку для соба́ки.
므 빠스따빌리 부트꾸 들랴 사바끼

저는 개를 데리고 산책하는 것을 좋아해요.

Я люблю́ гуля́ть с соба́кой.
야 류블류 굴랴찌 스 사바까이

저는 매일 개를 산책시켜요.

Я ка́ждый день выгу́ливаю соба́ку.
야 까즈드이 젠 브굴리바유 사바꾸

개한테 먹이 주는 것을 잊지 마.

Не забу́дь накорми́ть соба́ку.
니 자부찌 나까르미찌 사바꾸

우리 개는 얌전해요.

У нас споко́йная соба́ка.
우 나ㅅ 스빠꼬이나야 사바까

그들의 마당에 큰 개가 살고 있어요.

У них во дворе́ живёт больша́я соба́ка.
우 니ㅎ 바 드바례 즈뵤ㅌ 발샤야 사바까

개 키우기 ②

제 강아지에게 입힐 옷을 사야 해요.

На́до купи́ть оде́жду для мое́й соба́чки.
나다 꾸삐찌 아졔즈두 들랴 마예이 사바츠끼

우리 개가 새끼를 여러 마리 낳았어요.

На́ша соба́ка родила́ щеня́т.
나샤 사바까 라질라 쒸냐ㅌ

개 목에다 목줄 하는 거 잊지 마.

Не забу́дь прицепи́ть к соба́ке поводо́к.
니 자부찌 쁘리쯔삐찌 크 사바꼐 빠바도ㅋ

산책할 때 자기 개를 항상 잘 감시해야 해요.

Ну́жно всегда́ следи́ть за свое́й соба́кой во вре́мя прогу́лки.
누즈나 프시그다 슬리지찌 자 스바예이 사바까이 바 브례먀 쁘라굴끼

제 개는 명령에 잘 따라요.

Моя́ соба́ка выполня́ет кома́нды.
마야 사바까 브빨르냐이ㅌ 까만드

저는 애견 유모차를 샀어요.

Я купи́л(а) коля́ску для соба́ки.
야 꾸삘(라) 깔랴스꾸 들랴 사바끼

고양이 키우기 ①

\# 우리 집 고양이는 하루 종일 창문 앞에 앉아 있어요.

У нас ко́шка весь день сиди́т на окне́.
우 나ㅅ 꼬쉬까 볘시 졘 시지ㅌ 나 아크녜

\# 우리 고양이는 너무 살이 쪘어요.

Наш кот сли́шком то́лстый.
나쉬 꼬ㅌ 슬리쉬깜 똘스뜨이

\# 고양이는 쓰다듬어 주면 좋아해요.

Ко́шка лю́бит, когда её гла́дят.
꼬쉬까 류비ㅌ, 까그다 이요 글라쟈ㅌ

\# 고양이 꼬리를 잡아당기지 마.

Не дёргай ко́шку за хвост.
니 죠르가이 꼬쉬꾸 자 흐보스ㅌ

\# 고양이가 나를 발톱으로 할퀴었어요.

Меня́ поцара́пала ко́шка.
미냐 빠짜라빨라 꼬쉬까

\# 여기저기 고양이 털이 있어요.

Везде́ коша́чья шерсть.
비즈졔 까샤치야 셰르스찌

\# 저는 고양이를 좋아하지만, 고양이 알레르기가 있어요.

Мне нра́вятся ко́шки, но у меня́ аллерги́я на них.
므녜 느라뱌짜 꼬쉬끼, 노 우 미냐 알리르기야 나 니ㅎ

고양이 키우기 ②

\# 저는 집에 고양이 새끼를 데려왔어요.

Я принёс(принесла́) домо́й котёнка.
야 쁘리뇨ㅅ(쁘리니슬라) 다모이 까쬰까

\# 저는 고양이 새끼를 선물로 받았어요.

Мне подари́ли котёнка.
므녜 빠다릴리 까쬰까

\# 우리 고양이는 좀 있으면 새끼를 낳을 거예요.

У на́шей ко́шки ско́ро бу́дут котя́та.
우 나셰이 꼬쉬끼 스꼬라 부두ㅌ 까쨔따

\# 우리 고양이가 새끼를 낳았어요.

На́ша ко́шка родила́ котя́т.
나샤 꼬쉬까 라질라 까쨔ㅌ

\# 고양이 새끼에게 우유를 줘야 해요.

Ну́жно дать молока́ котёнку.
누즈나 다찌 말라까 까쬰꾸

\# 저는 고양이에게 배변 훈련을 금방 시켰어요.

Я бы́стро приучи́л(а) ко́шку к туале́ту.
야 브스트라 쁘리우칠(라) 꼬쉬꾸 크 뚜알례뚜

반려동물 기타

어항을 청소하고 물을 갈아 줘야 해요.

Ну́жно помы́ть аква́риум и поменя́ть во́ду.
누즈나 빠므찌 아크바리움 이 빠미냐찌 보두

물고기 먹이 사 왔니?

Ты купи́л(а) корм для ры́бок?
뜨 꾸삘(라) 꼬름 들랴 르바ㅋ?

물고기에게 먹이를 줘.

Покорми́ ры́бок.
빠까르미 르바ㅋ

앵무새 새장을 닦아 줘.

Почи́сти кле́тку у попуга́йчиков.
빠치스찌 끌레트꾸 우 빠뿌가이치까ㅍ

햄스터 집 바닥에 톱밥을 갈아 줘야 해요.

Ну́жно замени́ть наполни́тель в кле́тке у хомяко́в.
누즈나 자미니찌 나빨르니찔 프 끌레트꼐 우 하미꼬ㅍ

거북이를 욕조에 수영하게 놔두자.

Пуска́й черепа́ха попла́вает в ва́нне.
뿌스까이 치리빠하 빠플라바이트 브 바녜

꼭! 짚고 가기

심심풀이 해바라기씨

러시아 사람들에게 심심풀이 인기 간식은 땅콩이 아닌 해바라기씨라고 할 수 있습니다. 러시아에서 마트에 가면 볶은 해바라기씨 제품이나 가정에서 볶아 먹을 수 있는 생해바라기씨를 판매하고 있지요.

심심풀이의 포인트는 바로 껍질째 파는 해바라기씨를 손이나 앞니로 까먹는 것이에요. 익숙해지면 아예 통째로 입 안에 넣었다가 껍질만 쏙 뱉을 수도 있지요. 러시아 사람들은 약간 작은 크기에 껍질이 얇으면서 까만색을 띤 해바라기씨를 선호해요.

한번 먹기 시작하면 봉지를 비울 때까지 멈출 수 없을 정도라고 하니, 러시아에 방문한다면 꼭 맛보세요.

- 해바라기
  подсо́лнечник 빠트솔르니츠니ㅋ
- 해바라기씨(주로 복수형)
  се́мечки 세미츠끼
- 볶은 해바라기씨
  жа́реные се́мечки
  자리느예 세미츠끼
- 껍질 없는 해바라기씨
  очи́щенные се́мечки
  아치쒸느예 세미츠끼
- 껍질 있는 해바라기씨
  неочи́щенные се́мечки
  니아치쒸느예 세미츠끼
- 생해바라기씨
  сыры́е се́мечки 스르예 세미츠끼
- 해바라기씨를 볶다
  жа́рить се́мечки 자리찌 세미츠끼
- (이를 사용해서) 해바라기씨를 까다
  щёлкать се́мечки 쏠까찌 세미츠끼

식물 가꾸기 ①

식물 가꾸기 ②

\# 저는 실내 식물을 키워요.

Я выра́щиваю ко́мнатные расте́ния.
야 브라쒸바유 꼼나트느예 라스쩨니야

\# 저의 집은 모든 창문가에 꽃 화분으로 꽉 차 있어요.

У меня́ все о́кна заста́влены цвето́чными горшка́ми.
우 미냐 프세 오크나 자스따블리느 쯔비또츠느미 가르쉬까미

\# 저는 집 앞에 꽃을 몇 개 심었어요.

Я посади́л(а) не́сколько цвето́в пе́ред до́мом.
야 빠사질(라) 네스깔까 쯔비또ㅍ 뻬리ㅌ 도맘

\# 저는 집에서 알로에를 키워요.

Я до́ма выра́щиваю ало́э.
야 도마 브라쒸바유 알로에

\# 알로에는 실내 공기를 정화해요.

Ало́э очища́ет во́здух в ко́мнате.
알로에 아치쌰이ㅌ 보즈두ㅎ 프 꼼나쩨

\# 저는 베란다에 꽤 큰 정원을 만들었어요.

Я сде́лал(а) це́лый сад в ло́джии.
야 즈젤랄(라) 쩰르이 사ㅌ 브 로즈이

\# 이 식물은 일주일에 한 번 물을 줘야 해요.

Э́то расте́ние ну́жно полива́ть раз в неде́лю.
에따 라스쩨니예 누즈나 빨리바찌 라ㅅ 브 니젤류

\# 잎을 닦아야 해요.

Ну́жно протере́ть ли́стья.
누즈나 쁘라찔례찌 리스찌야

\# 저의 선인장이 꽃을 피웠어요.

У меня́ зацвёл ка́ктус.
우 미냐 자쯔뵬 까크뚜ㅅ

\# 제 할머니는 항상 꽃을 키우셨어요.

Моя́ ба́бушка всегда́ выра́щивала цветы́.
마야 바부쉬까 프시그다 브라쒸발라 쯔비드

\# 저는 작업 책상에 선인장 화분을 몇 개 놔뒀어요.

Я поста́вил(а) на свой рабо́чий стол не́сколько ка́ктусов.
야 빠스따빌(라) 나 스보이 라보치 스똘 네스깔까 까크뚜사ㅍ

여기서 잠깐!
보통 창문에는 실내 식물을 키울 수 있는 넓은 창문턱이 있습니다. 이 '창문턱'을 'подоко́нник 빠다꼬닉'라고 해요.

190

식물 가꾸기 ③

\# 저는 꽃 심을 새 화분을 사고 싶어요.

Я хочу́ купи́ть но́вые горшки́ для цвето́в.
야 하추 꾸삐찌 노브예 가르쉬끼 들랴 쯔비또ㅍ

\# 화분에 흙을 갈아야 해요.

Ну́жно поменя́ть зе́млю в горшка́х.
누즈나 빠미냐찌 제믈류 브 라르쉬까ㅎ

\# 저는 별장 텃밭에 흙 만지는 일을 좋아해요.

Мне нра́вится ковыря́ться в земле́ на да́че.
므녜 느라비짜 까브랴짜 브 지믈례 나 다체

\# 토마토를 심자.

Дава́й поса́дим помидо́ры.
다바이 빠사짐 빠미도르

\# 우리 정원에 사과나무가 자라요.

У нас в саду́ расту́т я́блони.
우 나ㅅ 프 사두 라스뚜ㅌ 야블라니

\# 우리 텃밭에 거의 모든 채소가 있어요.

У нас в огоро́де есть почти́ все о́вощи.
우 나ㅅ 브 아가로제 예스찌 빠츠찌 프세 오바쉬

Глава 06

어디에서든 문제없어!

Глава 06

Рестораны и Кафе 리스따라느 이 까페 음식점 & 카페

рестора́н 리스따란 n.m. 음식점, 레스토랑 **столо́вая** 스딸로바야 n.f. 식당 	**меню́** 미뉴 n.n. 차림표, 식단, 메뉴 	**официа́нт** 아피쯔안ㅌ n.m., **официа́нтка** 아피쯔안ㅌ까 n.f. 종업원
	пита́ние 삐따니예 n.n. 식사 **блю́до** 블류다 n.n. 요리 	**заку́ска** 자꾸스까 n.f. 전채; 반찬, 안주
суп 수ㅍ n.m. 수프, 국 	**гарни́р** 가르니ㄹ n.m. 사이드 디쉬 (곁들임 요리) 	**сала́тная запра́вка** 사라트나야 자프라프까 = **дре́ссинг** 드례신ㅋ n.m. 드레싱
кафе́ 까페 n.n. 카페 	**напи́ток** 나삐따ㅋ n.m. 음료 	**вода́** 바다 n.f. 물
	ко́фе 꼬폐 n.m., n.n. 커피 	**эспре́ссо** 에스프레소 n.m., n.n. 에스프레소
	чай 차이 n.m. 차 	**сок** 소ㅋ n.m. 음료, 주스
алкого́ль 알까골 n.m. 알코올, 술 	**во́дка** 보트까 n.f. 보드카 	**пи́во** 삐바 n.n. 맥주
десе́рт 지세르ㅌ n.m. 디저트 	**моро́женое** 마로즈나예 n.n. 아이스크림 	**шокола́д** 샤깔라ㅌ n.m. 초콜릿

Шопинг 쇼삔ㅋ 쇼핑

шо́пинг 쇼삔ㅋ n.m. 쇼핑 	магази́н 마가진 n.m. 상점, 가게 	ры́нок 르나ㅋ = база́р 바자르 n.m. 시장
	блоши́ный ры́нок 블라쉬느이 르나ㅋ 벼룩시장 	кио́ск 끼오스ㅋ n.m. 간이매점
	суперма́ркет 수뻬르마르끼ㅌ n.m. 슈퍼마켓 	универма́г 우니비르마ㄱ n.m. 백화점
това́р 따바르 n.m. 상품; 물품 	клие́нт 끌리옌ㅌ n.m., клие́нтка 끌리옌트까 n.f. 손님, 고객 	продаве́ц 쁘라다볘ㅉ n.m. 점원; 판매원
	покупа́ть - купи́ть (п-пл) 빠꾸바찌－꾸삐찌 v. 사다, 구입하다 	продава́ть (ва -) - прода́ть 쁘라다바찌－쁘라다찌 v. 팔다
	деше́вый (-ая, -ое, -ые) 지쇼브이 a. 싼 	дорого́й (-а́я, -о́е, -и́е) 다라고이 a. 비싼
цена́ 쯔나 n.f. 가격, 값 	хле́бный магази́н 흘례브느이 마가진 빵 가게 	овощно́й магази́н 아바쒸노이 마가진 채소 가게
мясно́й магази́н 미스노이 마가진 정육점 	магази́н оде́жды 마가진 아졔즈드 옷 가게 	пра́чечная 쁘라치츠나야 n.f. 세탁소; 세탁실

Больница 발리니짜 병원

больни́ца 발리니짜 n.f. 병원 поликли́ника 빨리클리니까 n.f. 종합병원 	врач 브라ㅊ n.m. 의사 	медбра́т 메드브라ㅌ n.m., медсестра́ 메트시트라 n.f. 간호사
	пацие́нт 빠쯔엔ㅌ n.m., пацие́нтка 빠쯔엔트까 n.f. 환자	
	симпто́м 심프똠 n.m. 증상, 증세 	боль 볼 n.f. 아픔; 통증
ра́на 라나 n.f. 상처 	отмороже́ние 아트마라제니예 n.n. 동상	ожо́г 아조ㅋ n.m. 화상
просту́да 쁘라스뚜다 n.f. 감기 	ка́шель 까쉴 n.m. 기침 	кровь 끄로피 n.f. 피, 혈액
тошнота́ 따쉬나따 n.f. 구역질 	головокруже́ние 갈라바크루제니예 n.n. 어지러움; 현기증 	расстро́йство пищеваре́ния 라스트로이스트바 삐쒸바례니야 소화 불량
апте́ка 아프쩨까 n.f. 약국 	лека́рство 리까르스트바 n.n. 약 	лейкопла́стырь 리이까플라스트리 n.m. 반창고

банк 반ㅋ n.m. 은행 	де́ньги 제니기 n.pl. 돈(주로 복수형) 	моне́та 마녜따 n.f. 동전; 화폐
	ба́нковский счёт 반까프스끼 쑈ㅌ 은행 계좌 	де́нежный перево́д 제니즈느이 삐리보ㅌ 송금
	класть - положи́ть на счёт 끌라스찌－빨라즈찌 나 쑈ㅌ 계좌에 입금하다 	снима́ть - снять со счёта 스니마찌－스냐찌 사 쑈따 계좌에서 출금하다
ба́нковский проце́нт 반까프스끼 쁘라쩬ㅌ 이자 	ПИН-ко́д 삔꼬ㅌ n.m. 핀 번호, 비밀번호(은행 카드) 	интерне́т-ба́нкинг 인떼르네ㅌ 반낀ㅋ 인터넷뱅킹
обме́н валю́ты 아브몐 발류뜨 환전 	креди́тная ка́рта 끄리지트나야 까르따 신용카드 	банкома́т 반까마ㅌ n.m. 현금 자동 인출기

음식점 추천

저는 배가 출출해졌어요.

**Я проголода́лся
(проголода́лась).**
야 쁘라갈라달샤(쁘라갈라달라시)

저는 간단하게 식사하고 싶어요.

**Я хочу́ слегка́
перекуси́ть.**
야 하추 슬리흐까 뻬리꾸시찌

이 근처에 괜찮은 레스토랑이 있어요.

**Здесь есть побли́зости
норма́льный рестора́н.**
즈제시 예스찌 빠블리자스찌 나르말리느이
리스따란

저는 러시아 음식 레스토랑을 추천하고
싶어요.

**Я хочу́ предложи́ть
рестора́н ру́сской ку́хни.**
야 하추 쁘리들라즈찌 리스따란 루스까이 꾸흐니

조용하고 아늑한 레스토랑을 추천해 줘.

**Посове́туй мне
како́й-нибудь ти́хий и
ую́тный рестора́н.**
빠사볘뚜이 므녜 까꼬이니부찌 찌히 이
우유트느이 리스따란

어떤 레스토랑에서 조용하고 아늑한
분위기로 식사할 수 있나요?

**В како́м рестора́не мо́жно
ти́хо и ую́тно посиде́ть?**
프 까꼼 리스따라녜 모즈나 찌하 이 우유트나
빠시졔찌?

음식점 예약

저는 7시에 2인용 테이블을 예약하고
싶은데요.

**Я хочу́ заказа́ть сто́лик на
двои́х на семь часо́в.**
야 하추 자까자찌 스똘리ㅋ 나 드바이ㅎ 나 셈
치소ㅍ

저는 15일에 3인용 테이블을 예약하고
싶은데요.

**Я хочу́ заказа́ть сто́лик
на трои́х на пятна́дцатое
число́.**
야 하추 자까자찌 스똘리ㅋ 나 뜨라이ㅎ 나
삐트나짜따예 치슬로

어떤 분 성함으로 테이블을
예약하셨나요?

**На чьё и́мя у вас зака́зан
сто́лик?**
나 치요 이먀 우 바ㅅ 자까잔 스똘리ㅋ?

죄송하지만, 예약을 취소하고 싶은데요.

**Извини́те, я бы хоте́л(а)
отмени́ть зака́з.**
이즈비니쩨, 야 브 하쪨(라) 아트미니찌 자까ㅅ

죄송하지만, 예약 시간을 변경하고
싶은데요.

**Извини́те, я бы хоте́л(а)
измени́ть вре́мя зака́за.**
이즈비니쩨, 야 브 하쪨(라) 이즈미니찌 브례먀
자까자

예약 없이 갔을 때

이 테이블이 비어 있나요?

Э́тот сто́лик свобо́ден?
에따ㅌ 스똘리ㅋ 스바보진?

들어오세요, 이 테이블이 비어 있어요.

Проходи́те, э́тот сто́лик свобо́ден.
쁘라하지쩨, 에따ㅌ 스똘리ㅋ 스바보진

죄송하지만, 지금은 빈자리가 없습니다.

Извини́те, у нас сейча́с нет свобо́дных мест.
이즈비니쩨, 우 나ㅅ 시차ㅅ 녜ㅌ 스바보드느ㅎ 메스ㅌ

몇 분이시죠?

Ско́лько вас челове́к?
스꼴까 바ㅅ 칠라볘ㅋ?

우리는 3명입니다.

Нас тро́е.
나ㅅ 뜨로예

얼마나 기다려야 하나요?

Ско́лько ну́жно ждать?
스꼴까 누즈나 즈다찌?

30분 정도 기다리셔야 합니다. 괜찮으시겠어요?

Ну́жно ждать о́коло тридцати́ мину́т. Вы согла́сны подожда́ть?
누즈나 즈다찌 오깔라 뜨리짜찌 미누ㅌ.
브 사글라스느 빠다즈다찌?

메뉴 보기	주문 전

메뉴 보기

\# 메뉴 좀 주세요.

Да́йте, пожа́луйста, меню́.
다이쩨, 빠잘루스따, 미뉴

\# 메뉴 봐도 돼요?

Мо́жно посмотре́ть меню́?
모즈나 빠스마트례찌 미뉴?

\# 전채 요리는 무엇이 있어요?

Что у вас есть из заку́сок?
쉬또 우 바스 예스찌 이즈 자꾸사ㅋ?

\# 수프는 무엇이 있어요?

Каки́е у вас есть супы́?
까끼예 우 바스 예스찌 수쁘?

\# 오늘 스페셜 요리는 무엇이 있나요?

Како́е у вас сего́дня
блю́до дня?
까꼬예 우 바스 시보드냐 블류다 드냐?

\# 이곳 특선 요리는 무엇인가요?

Како́е в ва́шем рестора́не
фи́рменное блю́до?
까꼬예 브 바셈 리스따라녜 피르미나예 블류다?

\# 어떤 요리를 추천해 주실 수 있나요?

Како́е блю́до вы бы
порекомендова́ли?
까꼬예 블류다 브 브 빠리까민다발리?

Что вы мо́жете
посове́товать?
쉬또 브 모즈쩨 빠사볘따바찌?

주문 전

\# 주문하시겠어요?

Вы гото́вы заказа́ть?
브 가또브 자까자찌?

Вы гото́вы сде́лать зака́з?
브 가또브 즈젤라찌 자까ㅅ?

Мо́жно приня́ть зака́з?
모즈나 쁘리냐찌 자까ㅅ?

\# 무엇을 주문하시겠어요?

Что вы бу́дете зака́зывать?
쉬또 브 부지쩨 자까즈바찌?

\# 무엇을 갖다드릴까요?

Что вам принести́?
쉬또 밤 쁘리니스찌?

\# 이 요리는 뭘로 만드는 거죠?

Э́то блю́до из чего́?
에따 블류다 이스 치보?

\# 이것은 생선 요리인가요 아니면 고기로
만든 건가요?

Э́то из ры́бы и́ли мя́са?
에따 이즈 르브 일리 먀사?

\# 저 테이블에 앉아 있는 분이 먹고 있는
요리는 무엇이죠?

Како́е блю́до у челове́ка
за тем сто́ликом?
까꼬예 블류다 우 칠라볘까 자 쩸 스똘리깜?

주문 결정

전 이걸로 주문할게요.

Я бу́ду зака́зывать э́то.
야 부두 자까즈바찌 에따

저는 같은 걸로 주문할 거예요.

Я закажу́ то же са́мое.
야 자까주 또 제 사마예

저는 샐러드, 수프 그리고 생선 요리 아무거나 주문하려고요.

Я закажу́ сала́т, суп и что́-нибудь из ры́бы.
야 자까주 살라트, 수ㅍ 이 쉬또니부찌 이즈 르브

또 원하시는 게 있으신가요?

Что ещё вы жела́ете?
쉬또 이쑈 브 즐라이쩨?

디저트는 좀 이따가 주문할게요.

Десе́рт мы зака́жем попо́зже.
지세르ㅌ 므 자까짐 빠뽀제

주문을 확인하겠습니다.

Разреши́те прове́рить зака́з.
라즈리쉬쩨 쁘라볘리찌 자까ㅅ

주문을 변경해도 되나요?

Мо́жно поменя́ть зака́з?
모즈나 빠미냐찌 자까ㅅ?

주문을 취소해도 되나요?

Мо́жно отмени́ть зака́з?
모즈나 아트미니찌 자까ㅅ?

꼭! 짚고 가기

김치와 당근 샐러드

'김치'는 러시아어로 'кимчи́ 낌치'라고 합니다. 식당의 메뉴나 마트의 식품 포장지에 кимчи́ 혹은 ким-чи́라고 표기해요. 예전에는 러시아에서 김치라고 하면 우리나라 교민들이 주로 만들어 먹는 음식이었으나, 최근에는 러시아 사람들 중에도 김치를 즐겨 먹는 사람들이 많아요. 러시아 음식은 매운 것이 적고 주로 기름진 편이라 김치를 곁들이면 꽤 맛이 어울리기 때문이에요.

또한 러시아에서 한국 요리로 알려진 일종의 '당근 샐러드'가 있어요. 고향 음식이 그리웠던 러시아 한인 1세대들은 당시 재료가 풍족하지 못해 임시방편으로 당근채에 고춧가루를 조금 넣어 한국의 김치 반찬처럼 양념하여, 샐러드를 만들어 먹었어요. 이 당근 샐러드가 러시아에 퍼지면서 한국 요리로 알려지게 되었습니다.

정작 한국에는 이런 김치가 없지만, 'морко́вь по-коре́йски 마르꼬피 빠까레이스끼(한국식 당근)'라 불리는 이 당근 샐러드가 러시아에서 유명한 요리가 되었답니다.

주문-코스 요리

전채 요리는 무엇을 원하십니까?

Каки́е заку́ски вы жела́ете?

까끼예 자꾸스끼 브 즐라이쩨?

샐러드는 무엇을 원하십니까?

Что вы хоти́те из сала́тов?

쉬또 브 하찌쩨 이스 살라따ㅍ?

첫 번째 요리는 무엇으로 하십니까?

Что вы бу́дете на пе́рвое?

쉬또 브 부지쩨 나 뻬르바예?

수프를 주문하실 거예요?

Суп брать бу́дете?

수ㅍ 브라찌 부지쩨?

저는 샐러드와 고기 요리를 주문할 거예요.

Я возьму́ сала́т и мясно́е блю́до.

야 바지무 살라ㅌ 이 미스노예 블류다

두 번째 요리는 무엇으로 하십니까?

Что вы бу́дете на второ́е?

쉬또 브 부지쩨 나 프따로예?

쇠고기 커틀릿을 주문할 거예요.

Я возьму́ отбивну́ю из говя́дины.

야 바지무 아드비브누유 이즈 가뱌지느

주문-선택 사항

딜은 빼고 보르시를 주세요.

Да́йте борщ, то́лько без укро́па.

다이쩨 보르쒸, 똘까 베ㅈ 우크로빠

사이드 메뉴는 무엇으로 하실 거예요?

Како́й гарни́р вы хоти́те?

까꼬이 가르니ㄹ 브 하찌쩨?

사이드 메뉴는 무엇이 있어요?

Каки́е гарни́ры у вас есть?

까끼예 가르니르 우 바ㅅ 예스찌?

으깬 감자로 하시겠어요 감자튀김으로 하시겠어요?

Вам карто́фельное пюре́ и́ли карто́фель фри?

밤 까르또필리노예 쀼레 일리 까르또필 프리?

따뜻한 요리는 생선이나 고기 요리 중에 무엇으로 하시겠어요?

Что вы хоти́те на горя́чее, ры́бное и́ли мясно́е?

쉬또 브 하찌쩨 나 가랴체예, 르브나예 일리 미스노예?

샤슬릭은 돼지고기, 쇠고기 아니면 양고기로 하시겠습니까?

Како́й шашлы́к вы хоти́те: из свини́ны, говя́дины и́ли бара́нины?

까꼬이 샤쉴르ㅋ 브 하찌쩨 이스 스비니느, 가뱌지느 일리 바라니느?

주문-음료 & 디저트

음료는 무엇으로 하시겠습니까?

Что вы бу́дете пить?
쉬또 브 부지쩨 삐찌?

술은 무엇으로 주문하실 거예요?

Каки́е алкого́льные
напи́тки вы бу́дете
зака́зывать?
까끼예 알까골리느예 나삐트끼 브 부지쩨
자까즈바찌?

물 갖다주세요.

Принеси́те воды́.
쁘리니시쩨 바드

레드와인 한 병 갖다주세요.

Принеси́те буты́лку
кра́сного вина́.
쁘리니시쩨 부뜰꾸 끄라스나바 비나

저는 오렌지 주스로 할 거예요.

Я бу́ду апельси́новый сок.
야 부두 아뻴시나브이 소ㅋ

디저트는 무엇으로 하시겠습니까?

Что вы бу́дете на десе́рт?
쉬또 브 부지쩨 나 지세르ㅌ?

디저트는 커피와 아이스크림을
갖다주세요.

На десе́рт принеси́те ко́фе
и моро́женое.
나 지세르ㅌ 쁘리니시쩨 꼬폐 이 마로즈나예

주문-요청 사항

소금을 좀 덜 넣어 주세요.

Мне, пожа́луйста,
чуть-чуть недосоли́те.
므녜, 빠잘루스따, 추찌추찌 니다살리쩨

후추를 많이 넣지 말고 요리해 주세요.

Мне мно́го не перчи́те.
므녜 므노가 니 뻬르치쩨

맵지 않게 해 주세요.

Мне, пожа́луйста, не
си́льно о́стро.
므녜, 빠잘루스따, 니 실리나 오스트라

파는 빼고 주세요.

Мне, пожа́луйста, без
лу́ка.
므녜, 빠잘루스따, 베ㅈ 루까

소스를 따로 주세요.

Пода́йте, пожа́луйста,
со́ус отде́льно.
빠다이쩨, 빠잘루스따, 소우ㅅ 아트젤나

이 요리에 야채를 더 추가할 수 있나요?

Мо́жно ли доба́вить
бо́льше овоще́й в э́то
блю́до?
모즈나 리 다바비찌 볼셰 아바쎼이 브 에따
블류다?

여기로 와 주세요.

Подойди́те, пожа́луйста.
빠다이지쩨, 빠잘루스따

포크가 떨어졌어요.
다른 걸로 갖다주세요.

У меня́ упа́ла ви́лка.
Принеси́те но́вую.
우 미냐 우빨라 빌까. 쁘리니시쩨 노부유

테이블 냅킨을 하나 더 갖다주세요.

Принеси́те ещё одну́
салфе́тку.
쁘리니시쩨 이쑈 아드누 살폐트꾸

테이블을 좀 닦아 주세요.

Вы́трите, пожа́луйста,
стол.
브트리쩨, 빠잘루스따, 스똘

빈 그릇을 좀 치워 주세요.

Унеси́те, пожа́луйста,
пусты́е таре́лки.
우니시쩨, 빠잘루스따, 뿌스뜨예 따렐끼

이 요리에 곁들이는 소스가 뭐예요?

С каки́м со́усом идёт э́то
блю́до?
스 까낌 소우삼 이죠ㅌ 에따 블류다?

빵을 좀 더 갖다주세요.

Принеси́те, пожа́луйста,
ещё хле́ба.
쁘리니시쩨, 빠잘루스따, 이쑈 흘례바

모든 게 아주 맛있어요.
저는 마음에 들었어요.

Всё о́чень вку́сно.
Мне понра́вилось.
프쑈 오친 프꾸스나. 므녜 빠느라빌라시

이 요리는 제가 먹었던 것 중에 가장 맛있어요.

Э́то са́мое вку́сное блю́до,
кото́рое я когда́-нибудь
ел(е́ла).
에따 사마예 프꾸스나예 블류다, 까또라예 야
까그다니부찌 옐(라)

완전 맛없어요.

Совсе́м не вку́сно.
사브셈 니프꾸스나

다시는 이걸 먹지 않을 거예요.

Во второ́й раз не ста́л(а)
бы э́то есть.
바 프따로이 라ㅅ 니 스딸(라) 브 에따 예스찌

제 입맛에는 좀 짜요.

На мой вкус солонова́то.
나 모이 프꾸ㅅ 살라나바따

무슨 맛인지 잘 모르겠어요.

Не поня́ть, что за вкус.
니 빠냐찌, 쉬또 자 프꾸ㅅ

204

서비스 불만

전 이걸 주문하지 않았어요.

Я э́того не зака́зывал(а).
야 에따바 니 자까즈발(라)

이건 제가 주문한 게 아닌데요.

Э́то не мой зака́з.
에따 니 모이 자까ㅅ

수프에 뭐가 있어요.

У меня́ в су́пе что́-то пла́вает.
우 미냐 프 수뻬 쉬또따 쁠라바이트

와인잔이 더러워요. 깨끗한 걸로 갖다주세요.

У меня́ гря́зный бока́л. Принеси́те чи́стый.
우 미냐 그랴즈느이 바깔. 쁘리니시쩨 치스뜨이

여기는 서비스가 안 좋아요.

Здесь плохо́е обслу́живание.
즈제시 쁠라호예 아프슬루즈바니예

주문을 너무 오래 기다렸어요.

Мы о́чень до́лго жда́ли зака́з.
므 오친 돌가 즈달리 자까ㅅ

양이 너무 적었어요.

По́рции бы́ли сли́шком ма́ленькими.
뽀르쯔이 블리 슬리쉬깜 말린끼미

계산

계산서 갖다주세요.

Принеси́те, пожа́луйста, счёт.
쁘리니시쩨, 빠잘루스따, 쑈트

계산서 주세요.

Да́йте, пожа́луйста, счёт.
다이쩨, 빠잘루스따, 쑈트

각자 계산할 거예요.

Мы бу́дем плати́ть ка́ждый за себя́.
므 부짐 쁠라찌찌 까즈드이 자 시뱌

따로따로 계산할 거예요.

Мы бу́дем плати́ть отде́льно.
므 부짐 쁠라찌찌 아젤리나

제가 살게요.

Сего́дня я угоща́ю.
시보드냐 야 우가쌰유

제가 초대했으니까, 제가 살게요.

Сего́дня я пригласи́л(а), я и заплачу́.
시보드냐 야 브리글라실(라), 야 이 자플라추

오늘은 제가 살 차례예요.

Сего́дня моя́ о́чередь угоща́ть.
시보드냐 마야 오치리찌 우가쌰찌

카페

커피 한잔 하러 가자.

Давáй пойдём вы́пьем
кóфе.
다바이 빠이쬼 브삐임 꼬폐

제가 커피 살게요.

Я угощáю кóфе.
야 우가쌰유 꼬폐

커피나 차 중에 뭘로 하실래요?

Что вы бýдете, кóфе и́ли
чай?
쉬또 브 부지쩨, 꼬폐 일리 차이?

커피 두 잔 주세요.

Дáйте две чáшки кóфе.
다이쩨 드볘 차쉬끼 꼬폐

커피는 뜨거운 것으로 드릴까요
아이스로 드릴까요?

Какóй кóфе вы будéте:
горя́чий и́ли со льдóм?
까꼬이 꼬폐 브 부지쩨: 가랴치 일리 사 리돔?

설탕 넣을까?

Тебé с сáхаром?
찌볘 스 사하람?

설탕 없이 주세요.

Мне без сáхара.
므녜 볘스 사하라

이 카페는 디저트가 맛있어요.

В э́той кафéйне вкýсные
десéрты.
브 에따이 까폐이녜 프꾸스느예 지세르뜨

패스트푸드

저는 가끔 패스트푸드를 먹어요.

Я иногдá ем фастфýд.
야 이나그다 옘 파스트푸트

다음 분 주문하세요.

Слéдующий, пожáлуйста.
슬례두쒸, 빠잘루스따

치즈버거와 콜라를 주세요.

Мне оди́н чи́збургер и
кóлу.
므녜 아진 치즈부르계르 이 꼴루

여기에서 드실 건가요 아니면
포장인가요?

Вам здесь и́ли с собóй?
밤 즈제시 일리 스 사보이?

포장해 주세요.

Я возьмý с собóй.
야 바지무 스 사보이

С собóй.
스 사보이

감자는 어떤 토핑으로 해드릴까요?

С каки́м наполни́телем вы
хоти́те картóшку?
스 까낌 나빨르니찔롐 브 하찌쩨 까르또쉬꾸?

블린을 주문하자.

Давáй возьмём бли́нчики.
다바이 바지뮴 블린치끼

음식 배달

\# 우리 동네에는 24시간 음식 배달이 있어요.

В на́шем райо́не есть круглосу́точная доста́вка еды́.

브 나셈 라요녜 예스찌 끄루글라수따츠나야
다스따프까 이드

\# 집으로 피자 시켜 먹자.

Дава́й зака́жем пи́ццу на́ дом.

다바이 자까즘 삐쭈 나 담

\# 피자 배달 전화번호 있어?

У тебя́ есть телефо́н доста́вки пи́ццы?

우 찌뱌 예스찌 찔리폰 다스따프끼 삐쯔?

\# 배달되는 데 얼마나 걸릴까요?

Че́рез ско́лько вре́мени вы мо́жете доста́вить зака́з?

체리스 스꼴까 브례미니 브 모즈쩨 다스따비찌
자까스?

\# 얼마예요?

Ско́лько сто́ит?

스꼴까 스또이트?

\# 어디로 배달해 드리면 돼요?

На како́й адрес ну́жно доста́вить ваш зака́з?

나 까꼬이 아드리스 누즈나 다스따비찌 바쉬
자까스?

어떻게 구웠어요?

러시아어에서 동사에 접두사를 붙이면 동사의 의미에 접두사의 뜻을 첨가할 수 있어요. 자주 쓰이는 접두사를 살펴볼까요?

- пере- 뻬레 도가 지나치게, 너무 많이
- об- 아브 둘레에
- про- 쁘로 통과하여
- недо- 녜도 덜
- до- 도 끝까지

위의 접두사에 동사 'жа́рить 자리찌 (굽다, 튀기다)', 'соли́ть 살리찌(소금을 치다)'를 결합해 볼까요?

- пережа́рить 뻬리자리찌
  지나치게 굽다, 많이 굽다
- обжа́рить 아브자리찌
  앞면과 뒷면을 굽다
- прожа́рить 쁘라자리찌
  익을 정도로 충분히 굽다
- недожа́рить 니다자리찌
  덜 굽다, 덜 익히다
- дожа́рить 다자리찌
  (다 익을 때까지) 끝까지 굽다

- пересоли́ть 뻬리살리찌
  소금을 너무 많이 치다
- обсоли́ть 아프살리찌
  앞면과 뒷면에 소금을 치다
- просоли́ть 쁘라살리찌
  속까지 절이다
- недосоли́ть 니다살리찌
  소금을 덜 치다
- досоли́ть 다살리찌
  (간이 될 때까지) 소금을 끝까지 치다

쇼핑

쇼핑하러 가자.

Дава́й пойдём за поку́пками.
다바이 빠이좀 자 빠꾸프까미

Дава́й пойдём по магази́нам.
다바이 빠이좀 빠 마가지남

나는 쇼핑하는 것을 좋아해.

Я люблю́ ходи́ть по магази́нам.
야 류블류 하지찌 빠 마가지남

저는 항상 쇼핑 가기 전에 쇼핑 리스트를 작성해요.

Я всегда́ составля́ю спи́сок, пе́ред тем как идти́ в магази́н.
야 프시그다 사스따블랴유 스삐사ㅋ, 뻬리ㅌ 쩸 까ㅋ 이찌 브 마가진

저는 충동구매를 하는 편이 아니에요.

Я не из импульси́вных покупа́телей.
야 니 이즈 임뿔시브느ㅎ 빠꾸빠찔레이

그녀는 쇼핑하는 데 돈 쓰는 걸 좋아해요.

Она́ лю́бит тра́тить де́ньги на поку́пки.
아나 류비ㅌ 뜨라찌찌 졔니기 나 빠꾸프끼

쇼핑몰

우리 동네에 큰 쇼핑몰이 문을 열었어요.

В на́шем райо́не откры́лся большо́й торго́вый центр.
브 나셈 라요녜 아트크를샤 발쇼이 따르고브이 쩬트ㄹ

쇼핑몰에서 거의 모든 브랜드를 찾을 수 있어요.

В торго́вом це́нтре мо́жно найти́ почти́ все бре́нды.
프 따르고밤 쩬트례 모즈나 나이찌 빠츠찌 프세 브렌드

쇼핑몰에서 거의 모든 제품을 구입할 수 있어요.

В торго́вом це́нтре мо́жно купи́ть почти́ все това́ры.
프 따르고밤 쩬트례 모즈나 꾸삐찌 빠츠찌 프세 따바르

저는 주말에 쇼핑몰에 가는 걸 좋아해요.

Я люблю́ е́здить в выходны́е в торго́вый центр.
야 류블류 예즈지찌 브 브하드느예 프 따르고브이 쩬트ㄹ

쇼핑몰에서 온종일 시간을 보낼 수 있어요.

Мо́жно весь день провести́ в торго́вом це́нтре.
모즈나 볘시 졘 쁘라비스찌 프 따르고밤 쩬트례

대형 마트 & 슈퍼마켓

전자 제품 매장은 어디인가요?

Где продаю́тся электроприбо́ры?
그제 쁘라다유짜 엘례크트라프리보르?

식료품 매장은 어디인가요?

Где нахо́дится продукто́вый отде́л?
그제 나호지짜 쁘라두크또브이 아젤?

카트를 가져오자.

Дава́й возьмём теле́жку.
다바이 바지묨 찔례쉬꾸

죄송하지만, 이 제품이 품절되었어요.

Извини́те, э́тот това́р весь про́дан.
이즈비니쩨, 에따ㅌ 따바ㄹ 볘시 쁘로단

낱개로 구매해도 돼요?

Мо́жно покупа́ть пошту́чно?
모즈나 빠꾸빠찌 빠쉬뚜츠나?

계산대가 어디에 있는지 알려 주시겠어요?

Подскажи́те, пожа́луйста, где нахо́дится ка́сса?
빠쯔까즈쩨, 빠잘루스따, 그제 나호지짜 까사?

저쪽에 소시지 시식 코너가 있다.

Там прово́дится дегуста́ция соси́сок.
땀 쁘라보지짜 지구스따쯔야 사시사ㅋ

시장

저는 자주 시장에서 식료품을 구입해요.

Я ча́сто покупа́ю проду́кты на ры́нке.
야 차스따 빠꾸빠유 쁘라두크뜨 나 른께

오늘은 시장에 사람이 많아요.

Сего́дня на ры́нке мно́го наро́да.
시보드냐 나 른께 므노가 나로다

시장에 여러 가지 채소와 과일이 많아요.

На ры́нке мно́го ра́зных овоще́й и фру́ктов.
나 른께 므노가 라즈느ㅎ 아바쎼이 이 프루크따ㅍ

저는 시장에서 과일을 구입하는 걸 좋아해요.

Я люблю́ покупа́ть фру́кты на ры́нке.
야 류블류 빠꾸빠찌 프루크뜨 나 른께

자두 1킬로그램에 얼마예요?

Ско́лько сто́ит килогра́мм слив?
스꼴까 스또이ㅌ 낄라그람 슬리ㅍ?

차 타고 시장에 감자 사러 가자.

Пое́хали на ры́нок за карто́шкой.
빠예할리 나 르나ㅋ 자 까르또쉬까이

옷 가게 ①

뭘 도와드릴까요?

Чем могу́ вам помо́чь?

쳄 마구 밤 빠모ㅊ?

그냥 좀 둘러보고 싶어요.

Я про́сто хочу́ посмотре́ть.

야 쁘로스따 하추 빠스마트례찌

지금 유행하는 스타일은 어떤 건가요?

Что сейча́с в мо́де?

쉬또 시차ㅅ 브 모제?

좀 입어 봐도 돼요?

Мо́жно приме́рить?

모즈나 쁘리몌리찌?

탈의실이 어디인가요?

Где у вас приме́рочная?

그제 우 바ㅅ 쁘리몌라츠나야?

탈의실은 저쪽에 있어요.

Приме́рочная нахо́дится там.

쁘리몌라츠나야 나호지짜 땀

거울은 어디 있나요?

Где у вас зе́ркало?

그제 우 바ㅅ 졔르깔라?

새로운 물건은 언제 입고되나요?

Когда́ бу́дет но́вый заво́з?

까그다 부지ㅌ 노브이 자보ㅅ?

옷 가게 ②

모자 종류 어디서 볼 수 있나요?

Где мо́жно посмотре́ть головны́е убо́ры?

그제 모즈나 빠스마트례찌 갈라브느예 우보르?

운동복을 보려고요.

Я хочу́ посмотре́ть спорти́вную оде́жду.

야 하추 빠스마트례찌 스빠르찌브누유 아제즈두

아동복 코너가 어디에 있나요?

Где нахо́дится отде́л де́тских веще́й?

그제 나호지짜 아젤 제쯔끼ㅎ 비쎼이?

신생아복 코너가 있나요?

У вас есть отде́л оде́жды для новорождённых?

우 바ㅅ 예스찌 아젤 아제즈드 들랴 나바라즈죠느ㅎ?

남자아이 예복이 필요해요.

Нам нужна́ оде́жда на вы́ход для ма́льчика.

남 누즈나 아제즈다 나 브하ㅌ 들랴 말치까

우리는 여자아이 교복을 찾고 있어요.

Мы и́щем шко́льную фо́рму для де́вочки.

므 이쉠 쉬꼴누유 포르무 들랴 제바츠끼

옷 구입 조건 ①

\# 사이즈가 어떻게 되세요?

Како́й у вас разме́р?

까꼬이 우 바ㅅ 라즈몌ㄹ?

\# 같은 옷, 다른 색상으로 있나요?

У вас есть тако́е же, но то́лько друго́го цве́та?

우 바ㅅ 예스찌 따꼬예 제, 노 똘까 드루고바 쯔볘따?

\# 제일 큰 사이즈로 주세요.

Да́йте са́мый большо́й разме́р.

다이쩨 사므이 발쑈이 라즈몌ㄹ

\# 조금 작은 사이즈의 같은 옷이 필요해요.

Мне ну́жно тако́е же, но разме́ром поме́ньше.

므녜 누즈나 따꼬예 제, 노 라즈몌람 빠몌니셰

\# 이 옷은 많이 비치지 않아요?

Э́та вещь не си́льно просве́чивается?

에따 볘쒸 니 실리나 쁘라스볘치바이짜?

\# 털 칼라가 달린 코트가 있나요?

У вас есть пальто́ с мехово́м воротнико́м?

우 바ㅅ 예스찌 빨또 스 미하븜 바라트니꼼?

\# 저는 후드가 달린 패딩을 원해요.

Я хочу́ пухови́к с капюшо́ном.

야 하추 뿌하비ㅋ 스 까쀼쑈남

옷 구입 조건 ②

\# 환절기 코트가 필요한데요.

Мне ну́жно демисезо́нное пальто́.

므녜 누즈나 지미시조나예 빨또

\# 루즈핏 코트를 찾고 있는데요.

Я ищу́ пальто́ свобо́дного покро́я.

야 이쓔 빨또 스바보드나바 빠크로야

\# 좀 더 긴 점퍼가 있나요?

У вас есть ку́ртка подлинне́е?

우 바ㅅ 예스찌 꾸르트까 빠들리녜예?

\# 탈부착 후드 점퍼가 필요해요.

Мне нужна́ ку́ртка с отстёгивающимся капюшо́ном.

므녜 누즈나 꾸르트까 스 아쯔쬬기바유쒼샤 까쀼쑈남

\# 줄무늬 셔츠를 찾고 있는데요.

Я ищу́ руба́шки в поло́ску.

야 이쓔 루바쉬끼 프 빨로스꾸

\# 체크무늬 옷을 찾고 있는데요.

Я ищу́ что́-нибудь в кле́тку.

야 이쓔 쉬또니부찌 프 끌례트꾸

옷 구입 조건 ③

H라인 스커트가 필요한데요.

Мне нужна́ ю́бка прямо́го покро́я.
므녜 누즈나 유프까 쁘리모바 빠크로야

비슷한 스타일 옷인데, 주머니 있는 걸로 있나요?

У вас есть что́-нибудь похо́жее, но то́лько с карма́нами?
우 바ㅅ 예스찌 쉬또니부찌 빠호제예, 노 똘까 스 까르마나미?

기모 티가 필요한데요.

Мне нужна́ ко́фта с начёсом.
므녜 누즈나 꼬프따 스 나쵸삼

따뜻한 안감 바지가 필요한데요.

Мне нужны́ утеплённые брю́ки.
므녜 누즈느 우찌플료느예 브류끼

심플한 단색 원피스를 사고 싶어요.

Я хочу́ просто́е одното́нное пла́тье.
야 하추 쁘라스또예 아드나또나예 쁠라찌예

트위드 재킷을 사고 싶어요.

Я хочу́ тви́довый жаке́т.
야 하추 뜨비다브이 자꼐ㅌ

옷 구입 조건 ④

이것은 면인가요?

Э́то из хло́пка?
에따 이스 흘로프까?

이것은 천연 울인가요?

Э́то из натура́льной ше́рсти?
에따 이즈 나뚜랄리나이 셰르스찌?

청바지가 어디 있나요?

Где у вас джи́нсы?
그제 우 바ㅅ 즌스?

모피 모자를 사고 싶어요.

Я хочу́ купи́ть мехову́ю ша́пку.
야 하추 꾸삐찌 미하부유 샤프꾸

겨울 패딩이 필요한데요.

Мне ну́жен зи́мний пухови́к.
므녜 누즌 짐니 뿌하비ㅋ

후드가 딸린 무스탕 코트를 찾는데요.

Я ищу́ дублёнку с капюшо́ном.
야 이쓔 두블룐꾸 스 까쀼쇼남

ша́пка-уша́нка 샤프까우샨까 귀덮개 방한모
куба́нка 꾸반까 원기둥 모양 모자
но́рковая ша́пка 노르까바야 샤프까 밍크 모피 모자
вя́заная ша́пка 뱌자나야 샤프까 니트 모자

옷 구입 결정

\# 당신에게 잘 어울려요.

Вам о́чень идёт.
밤 오친 이죠ㅌ

\# 이것은 당신의 사이즈입니다.

Э́то ваш разме́р.
에따 바쉬 라즈몌ㄹ

\# 이게 바로 내가 원했던 거야.

Э́то то, что я хоте́л(а).
에따 도, 쉬또 야 하쩰(라)

\# 어떤 스타일을 고를지 모르겠어요.

Я не зна́ю, како́й фасо́н вы́брать.
야 니 즈나우, 까꼬이 파손 브브라찌

\# 이걸로 할게요.

Я возьму́ э́то.
야 바지무 에따

\# 조금 더 둘러보자.

Дава́й ещё немно́го похо́дим.
다바이 이쑈 님노가 빠호짐

\# 이것은 제 스타일이 아니에요.

Э́то не мой стиль.
에따 니 모이 스찔

\# 이것은 저한테 너무 비싸요.

Э́то сли́шком до́рого для меня́.
에따 슬리쉬깜 도라가 들랴 미냐

러시아 옷 사이즈 표기법

① 남성복

사이즈	가슴 둘레	허리 둘레	엉덩이 둘레
	(cm)		
44	88	70	92
46	92	76	96
48	96	82	100
50	100	88	104
52	104	94	108
54	108	100	112

② 여성복

사이즈	가슴 둘레	허리 둘레	엉덩이 둘레
	(cm)		
40	81	61	86
42	84	66	90
44	88	70	94
46	92	74	98
48	96	78	102

사이즈는 서수로 표현합니다.

- 40 사이즈 : сороково́й разме́р
  사라까보이 라즈몌ㄹ
- 42 사이즈 : со́рок второ́й разме́р 소라ㅋ 프다로이 라즈몌ㄹ
- 44 사이즈 : со́рок четвёртый разме́р 소라ㅋ 치트뵤르뜨이 라즈몌ㄹ
- 46 사이즈 : со́рок шесто́й разме́р 소라ㅋ 쉬스또이 라즈몌ㄹ
- 48 사이즈 : со́рок восьмо́й разме́р 소라ㅋ 바시모이 라즈몌ㄹ
- 50 사이즈 : пятидеся́тый разме́р 삐찌지샤뜨이 라즈몌ㄹ
- 52 사이즈 : пятьдеся́т второ́й разме́р 삐지샤ㅌ 프따로이 라즈몌ㄹ
- 54 사이즈 : пятьдеся́т четвёртый разме́р
  삐지샤ㅌ 치트뵤르뜨이 라즈몌ㄹ
- 프리 사이즈 : свобо́дный разме́р
  스바보드느이 라즈몌ㄹ

할인 기간

여름에 세일할 겁니다.

Ле́том бу́дет распрода́жа.
례땀 부지ㅌ 라스프라다자

겨울 세일을 곧 할 겁니다.

Ско́ро зи́мняя
распрода́жа.
스꼬라 짐냐야 라스프라다자

저는 이 옷을 절반 가격으로 구입했어요.

Я купи́л(а) э́ту вещь за
полцены́.
야 꾸삘(라) 에뚜 베쒸 자 뽈쯔느

오늘은 가게에 세일을 해요.

Сего́дня в магази́не
ски́дки.
시보드냐 브 마가지녜 스끼트끼

세일 기간 중 구입한 물건들은 반품이
안됩니다.

Ве́щи, ку́пленные со
ски́дкой, возвра́ту не
подлежа́т.
베쒸, 꾸플리느예 사 스끼트까이, 바즈브라뚜 니
빠들리쟈ㅌ

이 옷은 할인 가격이 얼마예요?

Ско́лько сто́ит э́та вещь со
ски́дкой?
스꼴까 스또이ㅌ 에따 베쒸 사 스끼트까이?

세일할 때까지 기다릴 거예요.

Подожду́ до распрода́жи.
빠다즈두 다 라스프라다즈

할인 품목 & 할인율

모든 품목은 20% 할인입니다.

Два́дцать проце́нтов
ски́дки на все това́ры.
드바짜찌 쁘라쩬따ㅍ 스끼트끼 나 프세 따바르

이 상품은 할인이 안 됩니다.

На э́тот това́р нет ски́дки.
나 에따ㅌ 따바르 녜ㅌ 스끼트끼

할인 없이 정가가 얼마예요?

Какова́ нача́льная цена́
без ски́дки?
까까바 나찰리나야 쯔나 베ㅅ 스끼트끼?

오늘은 1+1 행사를 해요.

Сего́дня промоа́кция
1+1(оди́н плюс оди́н).
시보드냐 쁘로마아크쯔야 아진 쁠류ㅅ 아진

두 개를 구입하시면 한 개를 무료로
받으실 수 있습니다.

Е́сли вы ку́пите две
шту́ки, то получа́ете ещё
одну́ беспла́тно.
예슬리 브 꾸삐쩨 드베 쉬뚜끼, 또 빨루차이쩨
이쑈 아드누 비스쁠라트나

오늘은 어떤 상품들이 할인이 돼요?

На каки́е това́ры сего́дня
ски́дки?
나 까끼예 따바르 시보드냐 스끼트끼?

할부 구매

3개월 할부가 가능합니까?

Мо́жно купи́ть в рассро́чку на три ме́сяца?
모즈나 꾸뻬찌 브 라스로츠꾸 나 뜨리 몌시짜?

할부 몇 개월로 하실 거예요?

На ско́лько ме́сяцев вы хоти́те взять рассро́чку?
나 스꼴까 몌시쩨ㅍ 브 하찌쩨 브쟈찌 라스로츠꾸?

일시불로 하실 거예요 할부로 하실 거예요?

Вы бу́дете плати́ть всю су́мму сра́зу и́ли поме́сячно?
브 부지쩨 쁠라찌찌 프슈 수무 스라주 일리 빠몌시츠나?

일시불로 하겠어요.

Я заплачу́ всю су́мму сра́зу.
야 자쁠라추 프슈 수무 스라주

저희 가게에서 모든 물품은 무이자 할부가 됩니다.

У нас беспроце́нтная рассро́чка на все това́ры.
우 나ㅅ 비스프라쩬트나야 라스로츠까 나 프세 따바르

저는 자동차를 할부로 구입하고 싶어요.

Я хочу́ купи́ть маши́ну в рассро́чку.
야 하추 꾸뻬찌 마쉬누 브 라스로츠꾸

환불 & 교환

저는 환불하고 싶습니다.

Я хочу́ верну́ть де́ньги за э́тот това́р.
야 하추 비르누찌 제니기 자 에따ㅌ 따바르

반품 가능 기간은 며칠까지입니까?

До како́го числа́ мо́жно возврати́ть вещь?
다 까꼬바 치슬라 모즈나 바즈브라찌찌 볘쒸?

불량품입니다. 다른 걸로 교환 가능할까요?

У меня́ брако́ванный това́р. Мо́жно поменя́ть на друго́й?
우 미냐 브라꼬바느이 따바르. 모즈나 빠미냐찌 나 드루고이?

영수증 없이 교환 불가능합니다.

Без че́ка това́р обме́ну не подлежи́т.
볘ㅅ 체까 따바르 아브몌누 니 빠들리즈ㅌ

구입일로부터 일주일간 반품이 가능합니다.

Возвра́т това́ра возмо́жен в тече́ние одно́й неде́ли со дня приобрете́ния.
바즈브라ㅌ 따바라 바즈모즌 프 찌체니예 아드노이 니젤리 사 드냐 쁘리아브리쩨니야

계산하기

얼마예요?

Ско́лько сто́ит?
스꼴까 스또이트?

Ско́лько с меня́?
스꼴까 스 미냐?

전부 얼마예요?

Ско́лько за всё?
스꼴까 자 프쇼?

현금으로 하시겠어요 카드로 하시겠어요?

Вы нали́чными и́ли ка́ртой?
브 날리츠느미 일리 까르따이?

어떻게 지불하실 겁니까?

Как вы бу́дете плати́ть?
까ㅋ 브 부지쩨 쁠라찌찌?

현금으로 하겠어요.

Я бу́ду нали́чными.
야 부두 날리츠느미

잔돈이 있어요?

У вас есть ме́лочь?
우 바ㅅ 예스찌 멜라ㅊ?

여기 거스름돈입니다.

Вот ва́ша сда́ча.
보ㅌ 바샤 즈다차

여기 영수증과 거스름돈입니다.

Вот чек и сда́ча.
보ㅌ 체ㅋ 이 즈다차

병원 예약 & 수속 ▶

접수 창구는 어디인가요?

Где нахо́дится регистрату́ра?
그졔 나호지짜 리기스트라뚜라?

진료 예약을 하고 싶습니다.

Я хочу́ записа́ться на приём к врачу́.
야 하추 자삐사짜 나 쁘리욤 크 브라추

오늘 진료 예약은 다 끝났습니다.

Сего́дня тало́нов к врачу́ нет.
시보드냐 딸로나ㅍ 크 브라추 녜ㅌ

내일로 진료 예약 가능합니까?

Мо́жно взять тало́н к врачу́ на за́втра?
모즈나 브쟈찌 딸론 크 브라추 나 자프트라?

저희 병원은 처음이신가요?

Вы пе́рвый раз в на́шей больни́це?
브 뻬르브이 라ㅅ 브 나셰이 발리니쩨?

의료 보험은 가입되어 있습니까?

У вас есть медици́нская страхо́вка?
우 바ㅅ 예스찌 미지쯘스까야 스트라호프까?

여기서 잠깐!
진료 예약을 하지 않고, 당일에 직접 와서 실시간으로 순서를 기다리면 'по живо́й о́череди 빠 즈보이 오치리지(현장 실시간 대기열로)'라고 해요.

216

진찰실

어디가 불편하십니까?

На что вы жа́луетесь?
나 쉬또 브 잘루이찌시?

어디가 아프십니까?

Что у вас боли́т?
쉬또 우 바ㅅ 발리ㅌ?

Что с ва́ми?
쉬또 스 바미?

당신은 증상이 어떻습니까?

Каки́е у вас симпто́мы?
까끼예 우 바ㅅ 심프또므?

언제부터 아프셨어요?

Когда́ вы заболе́ли?
까그다 브 자발롈리?

체온을 재겠습니다.

Дава́йте изме́рим температу́ру.
다바이쩨 이즈몌림 찜뻬라뚜루

상의를 벗어 주세요.

Разде́ньтесь до по́яса.
라즈졔니찌시 다 뽀이사

청진기로 진찰하겠습니다.

Дава́йте вас послу́шаем.
다바이쩨 바ㅅ 빠슬루샤임

숨을 깊이 들이쉬세요.

Дыши́те глу́бже.
드쉬�쩨 글루브제

꼭! 짚고 가기

러시아의 의무 의료 보험

러시아에서 의료 보험은 의무 의료 보험 (обяза́тельное медици́нское страхова́ние 아비자찔리나예 미지쯘스까예 스트라하바니예), 민간 의료 보험 (доброво́льное медици́нское страхова́ние 다브라볼리나예 미지쯘스까예 스트라하바니예) 두 종류로 나뉘어요.

그중 의무 의료 보험은 모든 국민들이 'по́лис 뽈리ㅅ(공통 보험증)'을 발급받아 일부 질병을 제외한 모든 질병에 관해 전문 의료 서비스와 구급 의료 서비스를 무상으로 받을 수 있는 보험이에요.

의무 의료 보험 안에는 보건부가 제공하는 기본 프로그램과 연방 지역별 관리국이 제공하는 지역별 프로그램이 있으며 각 프로그램에 포함된 의료 서비스 종류와 의료 기관 목록 안에서 무상 의료 서비스를 받을 수 있어요.

의무 의료 보험은 거주 등록이 된 지역이 아닌 곳에서도 외래 치료(амбулато́рное лече́ние 암불라또르나예 리체니예)와 구급 처치(ско́рая по́мощь 스꼬라야 뽀마쉬), 치과 의료를 무상 치료(беспла́тное лече́ние 비스프라트나예 라체니예)로 받을 수 있어요.

프로그램에 적용되지 않는 서비스 종류는 환자 본인 비용 부담으로 치료를 받아야 해요.

외과

저는 손이 부었어요.

У меня́ опу́хла рука́.

우 미냐 아뿌흘라 루까

저는 팔이 부러졌어요.

Я слома́л(а) ру́ку.

야 슬라말(라) 루꾸

저는 발을 삐었어요.

Я подверну́л(а) но́гу.

야 빠드비르눌(라) 노구

저는 다리 인대를 다쳤어요.

Я растяну́л(а) но́гу.

야 라스찌눌(라) 노구

저는 넘어져서 무릎이 까졌어요.

Я упа́л(а) и разби́л(а) коле́но.

야 우빨(라) 이 라즈빌(라) 깔레나

저는 허리가 아파요.

У меня́ боли́т спина́.

우 미냐 발리т 스삐나

저는 왼쪽 발로 땅을 밟으면 아파요.

Мне бо́льно наступа́ть на ле́вую но́гу.

므녜 볼리나 나스뚜빠찌 나 례부유 노구

내과-감기

저는 감기에 걸렸어요.

У меня́ просту́да.

우 미냐 쁘라스뚜다

Я простуди́лся (простуди́лась).

야 쁘라스뚜질샤(쁘라스뚜질라시)

저는 코가 막혔어요.

У меня́ зало́жен нос.

우 미냐 잘로즌 노ㅅ

저는 코감기에 걸렸어요.

У меня́ на́сморк.

우 미냐 나스마르ㅋ

저는 침을 삼킬 때마다 목이 아파요.

Мне бо́льно глота́ть.

므녜 볼리나 글라따찌

저는 목이 아파요.

У меня́ боли́т го́рло.

우 미냐 발리т 고를라

저는 가래 기침이 나요.

У меня́ мо́крый ка́шель.

우 미냐 모크르이 까쉴

저는 열이 나고 머리가 아파요.

У меня́ температу́ра и боли́т голова́.

우 미냐 찜뻬라뚜라 이 발리т 갈라바

218

내과-열

저는 고열이 있어요.

У меня́ высо́кая
температу́ра.
우 미냐 브소까야 찜뻬라뚜라

열이 떨어지지 않아요.

Температу́ра не спада́ет.
찜뻬라뚜라 니 스빠다이ㅌ

저는 발열이 있어요.

У меня́ жар.
우 미냐 자ㄹ

저는 오한이 나요.

Меня́ зноби́т.
미냐 즈나비ㅌ

Меня́ моро́зит.
미냐 마로지ㅌ

밤에 39도까지 체온이 올라갔어요.

Но́чью температу́ра
поднима́лась до тридцати́
девяти́ гра́дусов.
노치유 찜뻬라뚜라 빠드니말라시 다 뜨리짜찌
지비찌 그라두사ㅍ

저는 식은땀이 나요.

У меня́ холо́дный пот.
우 미냐 할로드느이 뽀ㅌ

내과-소화기 ①

저는 배가 아파요.

У меня́ боли́т живо́т.
우 미냐 발리ㅌ 즈보ㅌ

저는 날카로운 복통이 있어요.

У меня́ ре́зкая боль в
животе́.
우 미냐 레스까야 볼 브 즈바쩨

저는 배에 자주 가스가 차서 불룩해져요.

У меня́ ча́сто вздува́ет
живо́т от га́зов.
우 미냐 차스따 브즈두바이ㅌ 즈보ㅌ 아트
가자ㅍ

У меня́ ча́сто пу́чит живо́т.
우 미냐 차스따 뿌치ㅌ 즈보ㅌ

저는 배가 부글부글해요.

У меня́ кру́тит живо́т.
우 미냐 끄루찌ㅌ 즈보ㅌ

저는 설사를 해요.

У меня́ диаре́я.
우 미냐 지아레야

У меня́ поно́с.
우 미냐 빠노ㅅ

저는 트림이 자주 나요.

У меня́ ча́стые отры́жки.

우 미냐 차스뜨예 아트르쉬끼

저는 구토 증상이 있어요.

Меня́ тошни́т.

미냐 따쉬니ㅌ

저는 오늘 아침에 토했어요.

Меня́ вы́рвало сего́дня у́тром.

미냐 브르발라 시보드냐 우트람

저는 식중독에 걸린 것 같아요.

Мне ка́жется, я отрави́лся(отрави́лась).

므녜 까즈짜, 야 아트라빌샤(아트라빌라시)

당신은 식중독에 걸리셨습니다.

У вас отравле́ние.

우 바ㅅ 아트라블례니예

저는 변비가 있어요.

У меня́ запо́р.

우 미냐 자뽀ㄹ

저는 벌써 일주일이나 화장실에 못 갔어요.

Я уже́ неде́лю не ходи́л(а) в туале́т.

야 우제 니젤류 니 하질(라) 프 뚜알례ㅌ

저는 이가 아파요.

У меня́ боли́т зуб.

우 미냐 발리ㅌ 주ㅍ

저는 이가 쿡쿡 쑤셔요.

У меня́ ре́зкая боль в зу́бе.

우 미냐 례스까야 볼 브 주볘

저는 어금니가 아파요.

У меня́ боли́т коренно́й зуб.

우 미냐 발리ㅌ 까리노이 주ㅍ

저는 이쪽 이로 씹으면 아파요.

Мне бо́льно жева́ть на э́тот зуб.

므녜 볼리나 즈바찌 나 에따ㅌ 주ㅍ

Когда́ я ем э́той стороно́й, у меня́ боли́т зуб.

까그다 야 옘 에따이 스따라노이, 우 미냐 발리ㅌ 주ㅍ

저는 뜨거운 음식을 먹을 때 이가 아파요.

У меня́ боли́т зуб от горя́чего.

우 미냐 발리ㅌ 주ㅍ 아트 가랴치바

저는 찬 음식을 먹을 때 이가 시려요.

У меня́ боли́т зуб от холо́дного.

우 미냐 발리ㅌ 주ㅍ 아트 할로드나바

220

치과-발치

이쪽 이가 흔들거려요.

Этот зуб шата́ется.
에따ㅌ 주ㅍ 샤따이짜

이쪽 이를 살릴 수 없고, 발치해야 합니다.

Этот зуб уже́ не спасти́, его́ ну́жно удали́ть.
에따ㅌ 주ㅍ 우제 니 스빠스찌, 이보 누즈나 우달리찌

이를 발치하고 싶지 않아요.
될 수 있는 한 치료를 다 해 주세요.

Я не хочу́ удаля́ть зуб. Сде́лайте всё возмо́жное.
야 니 하추 우달랴찌 주ㅍ.
즈젤라이쩨 프쇼 바즈모즈나예

사랑니가 났어요.

У меня́ вы́рос зуб му́дрости.
우 미냐 브라ㅅ 주ㅍ 무드라스찌

사랑니를 발치하고 싶어요.

Я хочу́ удали́ть зуб му́дрости.
야 하추 우달리찌 주ㅍ 무드라스찌

사랑니를 뽑고 싶어요.

Я хочу́ вы́рвать зуб му́дрости.
야 하추 브르바찌 주ㅍ 무드라스찌

꼭! 짚고 가기

러시아 사람들의 감기약?

• **꿀과 차**
러시아 사람들은 감기에 걸리면 꿀을 곁들인 차를 자주 마셔요. 또는 우유에 꿀을 타서 마시기도 해요.

• **마늘과 양파**
초기 감기에는 생마늘과 생양파를 먹어요. 위에 자극을 줄 수 있으므로 우유와 함께 먹으며, 따뜻한 우유에 마늘즙을 섞어 먹으면 감기 퇴치에 효과가 있다고 해요. 생양파를 잘라 방 한쪽에 두기도 합니다.

• **보드카와 후춧가루**
보드카 한 잔에 후춧가루를 톡톡 뿌려 한번에 마신 후, 따뜻한 양말을 신고 이불을 덮고 푹 잡니다.

• **감자 증기 흡입**
기침이 심할 땐 따뜻한 증기를 흡입하면 효과가 있다고 해요. 감자를 삶은 후, 감자가 따뜻할 때 얼굴을 그 냄비 위에 대고, 따뜻한 증기가 빠져나가지 않도록 머리 위로 수건을 덮은 다음 감자 증기를 흡입합니다. 콧물이나 가래, 기침에도 도움이 된다고 합니다.

• **허브 차**
박하 차, 질경이 차, 찔레 열매 차 등 허브 차를 따뜻하게 끓여 먹어요. 말린 허브는 약국에서 구입할 수 있습니다.

치과-충치

저는 이가 썩었어요.

У меня́ сгнил зуб.

우 미냐 즈그닐 주ㅍ

저는 썩은 이가 있어요.

У меня́ гнило́й зуб.

우 미냐 그닐로이 주ㅍ

저는 충치가 있어요.

У меня́ ка́риес.

우 미냐 까리이ㅅ

당신은 가벼운 충치가 있습니다.

У вас небольшо́й ка́риес.

우 바ㅅ 니발쇼이 까리이ㅅ

충치를 제거하고 이를 때워야 합니다.

Ну́жно удали́ть ка́риес и
поста́вить пло́мбу.

누즈나 우달리찌 까리이ㅅ 이 빠스따비찌
쁠롬부

제 치아에 구멍을 뚫어서 때웠어요.

Мне просверли́ли зуб и
поста́вили пло́мбу.

므녜 쁘라스비를릴리 주ㅍ 이 빠스따빌리
쁠롬부

신경 치료를 하셔야 합니다.

Вам ну́жно лечи́ть зубно́й
нерв.

밤 누즈나 리치찌 주브노이 녜르ㅍ

치과-기타

저는 이가 부러졌어요.

У меня́ слома́лся зуб.

우 미냐 슬라말샤 주ㅍ

당신은 치아가 금이 갔어요.

У вас тре́щина в зу́бе.

우 바ㅅ 뜨례쒸나 브 주볘

당신은 이 사이에 치석이 있어요.

У вас в промежу́тках
зубо́в зубно́й ка́мень.

우 바ㅅ 프 쁘라미주트까ㅎ 주보ㅍ 주브노이
까민

스케일링해 주세요.

Сде́лайте мне чи́стку
зубо́в ска́лером.

즈젤라이쩨 므녜 치스꾸 주보ㅍ 스깔리람

저는 치아 옆에 고름 주머니가 있어요.

У меня́ гно́йный мешо́чек
о́коло зу́ба.

우 미냐 그노이느이 미쇼치ㅋ 오깔라 주바

당신은 치아를 깎고 크라운을 씌워야
합니다.

Вам ну́жно обточи́ть зуб и
поста́вить коро́нку.

밤 누즈나 아프따치찌 주ㅍ 이 빠스따비찌
까론꾸

진료 기타

저는 코피가 자꾸 나요.

У меня́ ча́сто идёт кровь из но́са.
우 미냐 차스따 이죠ㅌ 끄로피 이즈 노사

저는 머리가 어지러워요.

У меня́ кру́жится голова́.
우 미냐 끄루즈짜 갈라바

저는 뒷목 쪽 머리가 심하게 아파요.

У меня́ си́льно боли́т голова́ в о́бласти ше́и.
우 미냐 실리나 발리ㅌ 갈라바 브 오블라스찌 셰이

저는 피부에 발진이 났어요.

У меня́ сыпь на ко́же.
우 미냐 스피 나 꼬제

저는 꽃가루 알레르기가 있어요.

У меня́ аллерги́я на цвето́чную пыльцу́.
우 미냐 알리르기야 나 쯔비또츠누유 쁠쭈

저는 몇 달째 생리를 하지 않았어요.

У меня́ не́сколько ме́сяцев не́ было менструа́ции.
우 미냐 녜스깔까 몌시쩨ㅍ 녜 블라 민스트루아쯔이

저는 입덧이 있어요.

У меня́ токсико́з.
우 미냐 따크시꼬ㅅ

입원 & 퇴원

저는 입원하려고 해요.

Я собира́юсь лечь в больни́цу.
야 사비라유시 레ㅊ 브 발리니쭈

얼마나 입원해야 합니까?

Ско́лько мне ну́жно бу́дет лежа́ть в больни́це?
스꼴까 므녜 누즈나 부지ㅌ 리자찌 브 발리니쩨?

На ско́лько меня́ кладу́т в больни́цу?
나 스꼴까 미냐 끌라두ㅌ 브 발리니쭈?

언제 퇴원할 수 있어요?

Когда́ меня́ вы́пишут?
까그다 미냐 브삐슈ㅌ?

Когда́ бу́дет вы́писка?
까그다 부지ㅌ 브삐스까?

퇴원 날짜 전에 퇴원할 수 있나요?

Мо́жно вы́писаться из больни́цы досро́чно?
모즈나 브삐사짜 이즈 발리니쯔 다스로츠나?

퇴원 수속을 어디서 해야 합니까?

Куда́ ну́жно обрати́ться для вы́писки из больни́цы?
꾸다 누즈나 아브라찌짜 들랴 브삐스끼 이즈 발리니쯔?

수술

수술받으셔야 합니다.

Вам необходи́мо сде́лать
опера́цию.
밤 니아프하지마 즈젤라찌 아뼈라쯔유

저는 수술받은 적이 없어요.

Мне ещё никогда́ не
де́лали опера́цию.
므녜 이쑈 니까그다 니 젤랄리 아뼈라쯔유

고름이 차서 손가락이 부었습니다.
절개해야 합니다.

У вас па́лец опу́х от гно́я.
Ну́жно де́лать надре́з.
우 바ㅅ 빨리ㅉ 아뿌ㅎ 아트 그노야.
누즈나 젤라찌 나드례ㅅ

저는 맹장 (제거) 수술을 받았습니다.

Мне удали́ли аппе́ндикс.
므녜 우달릴리 아뼨지크ㅅ

상처를 꿰맬 겁니다. 드레싱 처치를
받으러 오세요.

Вам зашью́т ра́ну.
Приходи́те на перевя́зку.
밤 자쉬유ㅌ 라누. 쁘리하지쩨 나 뼤리뱌스꾸

수술하기 위해서 동의가 필요합니다.

Ну́жно офо́рмить согла́сие
на опера́цию.
누즈나 아포르미찌 사글라시예 나 아뼈라쯔유

병원비

치료비가 얼마예요?

Ско́лько сто́ит лече́ние?
스꼴까 스또이ㅌ 리체니예?

의료 검사는 별도로 지불됩니다.

Медици́нские ана́лизы
опла́чиваются отде́льно.
미지쯘스끼예 아날리즈 아플라치바유짜 아젤나

약값은 치료비에 포함되지 않습니다.

Сто́имость лека́рств
не вхо́дит в пла́ту за
лече́ние.
스또이마스찌 리까르스트ㅍ 니 프호지ㅌ 브
쁠라뚜 자 리체니예

치료비를 여러 번 나누어 지불할 수
있나요?

Мо́жно раздели́ть пла́ту
за лече́ние на не́сколько
платеже́й?
모즈나 라즈질리찌 쁠라뚜 자 리체니예 나
녜스깔까 쁠라찌제이?

저는 진료확인서를 발급받아야 해요.

Мне ну́жно получи́ть
медици́нскую спра́вку.
므녜 누즈나 빨루치찌 미지쯘스꾸유 스프라프꾸

저는 진단서를 발급받고 싶어요.

Я хочу́ получи́ть
медици́нское заключе́ние.
야 하추 빨루치찌 미지쯘스까예 자클류체니예

문병

안드레이 보러 문병 갑시다.

Дава́йте пойдём в
больни́цу навести́ть
Андре́я.

다바이쩨 빠이좀 브 발리니쭈 나비스찌찌
안드례야

이바노프 안드레이 환자 문병 왔어요.

Мы пришли́ к пацие́нту
Ивано́ву Андре́ю.

므 쁘리실리 크 빠쯔엔뚜 이바노부 안드례유

이바노프 안드레이 환자가 입원한
병실이 이디죠?

Где нахо́дится пала́та
с пацие́нтом Ивано́вым
Андре́ем?

그졔 나호지짜 빨라따 스 빠쯔엔땀 이바노븜
안드례옘?

몸은 좀 어때?

Как ты себя́ чу́вствуешь?

까ㅋ 뜨 시뱌 추스트부이쉬?

훨씬 좋아졌어요.

Намно́го лу́чше.

남노가 루츠셰

회복 중이에요.

Я уже́ иду́ на попра́вку.

야 우졔 이두 나 빠프라프꾸

언제 퇴원하니?

Когда́ тебя́ выпи́сывают?

까그다 찌뱌 브삐스바유ㅌ?

꼭! 짚고 가기

무상 의료 서비스

러시아에서 무상 의료 서비스를 제공하는
질병 또는 증상의 종류를 알아볼게요.
먼저 경색, 간질, 알레르기 발작이나 고열,
식중독, 고혈압, 진통 등 응급 상황에서 구
급 의료 서비스를 제공해요. 예를 들어, 아
이가 밤중에 고열이 나면 아침까지 기다리
지 않고 바로 가까운 응급실에 연락해서
구급 의료진을 집으로 부를 수 있어요. 장
난 호출도 많았는데 무상 의료 서비스 기
준이 개정되면서 현재는 1년에 4번까지는
무상으로, 5번째 호출부터는 유상으로 호
출이 가능해요. 단 노약자, 장애인, 미성년
자는 호출 횟수에 상관없이 무상이며 장난
호출 시에만 벌금이 부과돼요.
임신 및 출산, 일반 및 만성 질환 악화, 식
중독, 집중 치료가 필요한 외상, 불치병, 기
타 입원도 무상으로 치료받을 수 있어요.
단, 기본 프로그램에 포함되지 않는 서비스
인 경우 치료 비용을 지불해야 해요.
국립 병원에도 무료와 유료 서비스가 따
로 있어서 환자 본인이 유료 서비스를 원
하면 받을 수 있어요. 예를 들어, 산부인과
에서 출산은 무료로 할 수 있지만 출산 후
더 시설이 좋은 입원실에 머무르고 싶다면
유료 입원실을 신청해서 이용할 수 있어요.
신생아를 출산한 경우 첫 한 달 동안은 지
역에서 담당 의사가 아기가 있는 집으로
직접 방문해서 산모와 아기에게 필요한 의
료 서비스를 제공해요. 아기의 건강 상태
는 물론 모유 수유, 아기 목욕 등과 관련된
조언도 해 줘요. 신생아 방문 진찰 서비스
는 역시 무료예요. 또한 희귀병 등 기타 규
정에 따른 질병에 대해 기본 프로그램 범
위에서 약품도 무상으로 제공됩니다.

처방전을 써 드리겠습니다.

Я вы́пишу вам реце́пт.
야 브삐슈 밤 리쩨프트

현재 복용하시는 약이 있나요?

Вы принима́ете каки́е-нибудь лека́рства в настоя́щее вре́мя?
브 쁘리니마이쩨 까끼예니부찌 리까르스트바 브 나스따야쎼예 브례먀?

고혈압 약을 복용 중입니다.

Я принима́ю лека́рство от высо́кого давле́ния.
야 쁘리니마유 리까르스트바 아트 브소까바 다블례니야

하루에 3번 식후 복용하세요.

Принима́йте три ра́за в день по́сле еды́.
쁘리니마이쩨 뜨리 라자 브 젠 뽀슬례 이드

3일치 약을 처방해 드렸습니다.

Я вы́писал(а) вам лека́рство на три дня.
야 브삐살(라) 밤 리까르스트바 나 뜨리 드냐

이 약에 부작용이 있나요?

От э́того лека́рства мо́гут быть побо́чные эффе́кты?
아트 에따바 리까르스트바 모구트 브찌 빠보츠느예 에페크뜨?

기침약을 주세요.

Да́йте лека́рство от ка́шля.
다이쩨 리까르스트바 아트 까쉴랴

코감기 약을 주세요.

Да́йте лека́рство от на́сморка.
다이쩨 리까르스트바 아트 나스마르까

목 통증 약을 주세요.

Да́йте лека́рство от бо́ли в го́рле.
다이쩨 리까르스트바 아트 볼리 브 고를례

비염 스프레이를 주세요.

Да́йте спрей для но́са от на́сморка.
다이쩨 스프레이 들랴 노사 아트 나스마르까

목감기 스프레이를 주세요.

Да́йте спрей для го́рла от просту́ды.
다이쩨 스프레이 들랴 고를라 아트 쁘라스뚜드

해열제를 주세요.

Да́йте лека́рство от температу́ры.
다이쩨 리까르스트바 아트 찜삐라뚜르

Да́йте жаропонижа́ющее сре́дство.
다이쩨 자라빠니자유쎼예 스례쯔트바

약국 ②

\# 소화제 주세요.

Да́йте лека́рство для улучше́ния пищеваре́ния.
다이쩨 리까르스트바 들랴 울루츠셰니야 삐쒸바례니야

Да́йте лека́рство от несваре́ния желу́дка.
다이쩨 리까르스트바 아트 니스바례니야 즐루트까

\# 속쓰림 약 주세요.

Да́йте что́-нибудь от изжо́ги в желу́дке.
다이쩨 쉬또니부찌 아트 이즈조기 브 즐루트께

\# 설사약을 주세요. (지사제를 주세요.)

Да́йте лека́рство от диаре́и.
다이쩨 리까르스트바 아트 지아례이

Да́йте лека́рство от поно́са.
다이쩨 리까르스트바 아트 빠노사

\# 변비약을 주세요. (하제약을 주세요.)

Да́йте слаби́тельное сре́дство.
다이쩨 슬라비찔리나예 스례쯔트바

Да́йте лека́рство от запо́ра.
다이쩨 리까르스트바 아트 자뽀라

꼭! 짚고 가기

약 주문할 때 전치사 구분

약국에서 '~을 위한', '~용'을 의미하는 전치사 для 들라를 잘못 쓰면 난감할 수 있어요. 왜냐하면, 해당 증상을 일으키게 하는 약을 달라는 의미가 되기 때문입니다.

для는 'лека́рство для улучше́ния пищеваре́ния 리까르스트바 들랴 울루츠셰니야 삐쒸바례니야 (소화 개선 약)'과 같이 증상을 강화할 때 사용해요.

설사나 구토를 '막는' 약을 달라고 할 땐 'лека́рство от диаре́и 리까르스트바 아트 지아례이/лека́рство от поно́са 리까르스트바 아트 빠노사(설사약)'과 같이 전치사 от 아트를 써야 해요.

약 주문 시 от를 사용해 말해야 하는 대표적인 경우를 아래에서 참조하세요.

- головна́я боль 가라브나야 볼
  두통
- лека́рство **от** головно́й бо́ли
  리까르스트바 아트 갈라브노이 볼리
  두통약

- зубна́я боль 주브나야 볼
  치통
- лека́рство **от** зубно́й бо́ли
  리까르스트바 아트 주브노이 볼리
  치통 약

- бо́ли в суста́вах
  볼리 프 수스따바ㅎ
  관절통
- лека́рство **от** бо́лей в суста́вах
  리까르스트바 아트 볼례이 프 수스따바ㅎ
  관절통 약

약국 ③

진통제 있어요?

У вас есть
обезбо́ливающее?

우 바ㅅ 예스찌 아비즈볼리바유쎄예?

두통약 주세요.

Да́йте, пожа́луйста,
лека́рство от головно́й
бо́ли.

다이쩨, 빠잘루스따, 리까르스트바 아트
갈라브노이 볼리

치통 약이 필요해요.

Мне ну́жно лека́рство от
зубно́й бо́ли.

므녜 누즈나 리까르스트바 아트 주브노이 볼리

관절통 연고를 주세요.

Да́йте мазь от бо́лей в
суста́вах.

다이쩨 마시 아트 볼례이 프 수스따바ㅎ

상처 치료 연고 주세요.

Мне нужна́ мазь для
заживле́ния ран.

므녜 누즈나 마시 들랴 자즈블례니야 란

소독제 주세요.

Мне ну́жен антисе́птик.

므녜 누즌 안찌세프찌ㅋ

붕대와 반창고 주세요.

Да́йте бинт и
лейкопла́стырь.

다이쩨 빈ㅌ 이 리까플라스뜨리

은행 계좌

저는 계좌를 개설하고 싶어요.

Я хочу́ откры́ть счёт.

야 하추 아트크르찌 쑈ㅌ

직불 카드 발급하고 싶은데요.

Я хочу́ откры́ть
дебето́вую ка́рту.

야 하추 아트크르찌 지비또부유 까르뚜

양식을 작성하세요.

Запо́лните бланк.

자뽈르니쩨 블란ㅋ

여권을 가져오셨습니까?

Вы принесли́ свой
загранпа́спорт?

브 쁘리니슬리 스보이 자그란빠스빠르ㅌ?

공증받은 여권 번역본이 있어야 합니다.

У вас до́лжен быть
нотариа́льно заве́ренный
перево́д па́спорта.

우 바ㅅ 돌즌 브찌 나따리알리나 자볘리느이
뻬리보ㅌ 빠스빠르따

저는 휴대폰에 은행 앱을 설치하고 싶어요.

Я хочу́ установи́ть
приложе́ние ба́нка на
телефо́н.

야 하추 우스따노비찌 쁘릴라제니예 반까 나
찔리폰

228

입출금

저는 계좌에 현금을 입금하려고 해요.

Я хочу́ положи́ть нали́чные на свой счёт.
야 하추 빨라즈찌 날리츠느예 나 스보이 쑈ㅌ

얼마나 입금하시겠습니까?

Ско́лько вы хоти́те положи́ть на счёт?
스꼴까 브 하찌쩨 빨라즈찌 나 쑈ㅌ?

달러를 루블로 환전해서 계좌에 입금하고 싶은데요.

Я хочу́ поменя́ть до́ллары на рубли́ и положи́ть их на свой счёт.
야 하추 빠미냐찌 돌라르 나 루블리 이 빨라즈찌 나 스보이 쑈ㅌ

1,000달러를 루블로 계좌에 입금하려 합니다.

Я хочу́ положи́ть на счёт ты́сячу до́лларов в рубля́х.
야 하추 빨라즈찌 나 쑈ㅌ 뜨시추 돌라라ㅍ 브 루블랴ㅎ

계좌에서 현금을 찾으려고 합니다.

Я хочу́ снять нали́чные со счёта.
야 하추 스냐찌 날리츠느예 사 쑈따

얼마를 인출하고 싶으세요?

Каку́ю су́мму вы хоте́ли бы снять?
까꾸유 수무 브 하쩰리 브 스냐찌?

ATM 사용

현금 자동 지급기는 어디에 있나요?

Где здесь нахо́дится банкома́т?
그제 즈제시 나호지짜 반까마ㅌ?

자동 지급기에서 송금을 하려고 해요.

Я хочу́ сде́лать перево́д че́рез банкома́т.
야 하추 즈젤라찌 삐리보ㅌ 체리ㅈ 반까마ㅌ

카드를 넣어 주세요.

Вста́вьте ка́рту в банкома́т.
프스따피쩨 까르뚜 브 반까마ㅌ

비밀번호를 입력하세요.

Введи́те ПИН-ко́д.
비지쩨 삔꼬ㅌ

비밀번호를 잘못 눌렀어요.

Я непра́вильно нажа́л(а) ПИН-ко́д.
야 니프라빌리나 나잘(라) 삔꼬ㅌ

잔액 조회를 하려고 해요.

Я хочу́ прове́рить бала́нс.
야 하추 쁘라베리찌 발란ㅅ

환전소는 어디에 있나요?

Где нахо́дится пункт обме́на валю́ты?

그제 나호지짜 뿐크ㅌ 아브몌나 발류뜨?

환전하고 싶은데요.

Я хочу́ поменя́ть валю́ту.

야 하추 빠미냐찌 발류뚜

달러를 루블로 환전하고 싶어요.

Я хочу́ поменя́ть до́ллары на рубли́.

야 하추 빠미냐찌 돌라르 나 루블리

고액지폐로 주세요.

Да́йте кру́пными купю́рами.

다이쩨 끄루쁘느미 꾸쀼라미

금액의 반은 1,000루블 지폐 그리고 나머지는 500루블 지폐로 주세요.

Да́йте полови́ну су́ммы купю́рами по ты́сяче рубле́й, а остально́е по пятисо́т рубле́й.

다이쩨 빨라비누 수므 꾸뷰라미 빠 뜨이치 루블례이, 아 아스딸리노예 빠 삐찌소ㅌ 루블례이

전액 100루블 지폐로 주세요.

Всю су́мму да́йте купю́рами по сто рубле́й.

프슈 수무 다이쩨 꾸쀼라미 바 스또 루블례이

지금 달러 환율이 어떻게 돼요?

Како́й сейча́с курс до́ллара?

까꼬이 시챠ㅅ 꾸르ㅅ 돌라라?

1달러가 루블로 얼마입니까?

Ско́лько рубле́й сто́ит оди́н до́ллар?

스꼴까 루블례이 스또이ㅌ 아진 돌라르?

1루블은 원화로 얼마입니까?

Ско́лько вон сто́ит оди́н рубль?

스꼴까 본 스또이ㅌ 아진 루블?

저는 항상 환율에 관심이 있어요.

Я всегда́ интересу́юсь валю́тным ку́рсом.

야 프시그다 인쩨리수유시 발류트늠 꾸르삼

어떤 외화가 가장 안정적일까요?

Кака́я валю́та са́мая стаби́льная?

까까야 발류따 사마야 스따빌리나야?

환율이 다시 변동되었어요.

Курс валю́ты опя́ть поменя́лся.

꾸르ㅅ 발류뜨 아뺘찌 빠미날샤

환율이 떨어졌어요.

Валю́тный курс упа́л.

발류트느이 꾸르ㅅ 우빨

230

은행 기타

대기표를 뽑고 순서를 기다리세요.

Возьми́те тало́н и жди́те своей о́череди.
바지미쩨 딸론 이 즈지쩨 스바예이 오치리지

당신의 순서가 되면, 창구에 가세요.

Когда́ подойдёт ва́ша о́чередь, подойди́те к око́шку.
까그다 빠다이죠ㅌ 바샤 오치리찌, 빠다이지쩨 크 아꼬쉬꾸

은행에서 은행원과 말할 때 러시아어로 하셔야 합니다.

В ба́нке вы должны́ говори́ть с рабо́тником по-ру́сски.
브 반께 브 달즈느 가바리찌 스 라보트니깜 빠루스끼

서식 용지나 신청서를 러시아어로 작성하셔야 합니다.

Заполня́ть бла́нки и́ли заявле́ния то́же ну́жно по-ру́сски.
자빨르냐찌 블란끼 일리 자이블례니야 또제 누즈나 빠루스끼

자신의 성명을 러시아어로 쓸 줄 알아야 합니다.

Ну́жно знать, как писа́ть своё и́мя ру́сскими бу́квами.
누즈나 즈나찌, 까ㅋ 삐사찌 스바요·이먀 루스끼미 부크바미

꼭! 짚고 가기

요일에 따른 돈 관련 미신

러시아에는 요일에 따라 돈에 관한 미신이 있어요.

• **월요일과 화요일**
현금을 세거나, 돈을 빌려주거나, 빚진 돈을 갚으면 안 된다.

• **수요일**
신발 안쪽 뒤꿈치 아래 5코페이카짜리 동전을 두면 행운과 돈이 따른다.

• **목요일**
돈 쓰기에 좋지 않은 요일이다.

• **금요일**
돈 관리하기에 좋은 요일이다.

• **토요일**
쇼핑하기 좋은 요일이다.

• **일요일**
돈을 빌리거나 빌려주면 안 된다.

해외로 편지를 보내고 싶어요.

Я хочу́ отпра́вить письмо́
за грани́цу.
야 하추 아트프라비찌 삐시모 자 그라니쭈

어떤 나라로 보내려고 하십니까?

В каку́ю страну́ вы хоти́те
отпра́вить?
프 까꾸유 스트라누 브 하찌쩨 아트프라비찌?

등기우편으로 편지를 보내고 싶어요.

Я хочу́ отпра́вить
заказно́е письмо́.
야 하추 아트프라비찌 자까즈노예 삐시모

빠른우편으로 편지를 보내면
얼마입니까?

Ско́лько сто́ит отпра́вить
письмо́ экспре́сс-по́чтой?
스꼴까 스또이ㅌ 아트프라비찌 삐시모
에크스프레스뽀츠따이?

편지가 도착하는 데 시간이 얼마나
걸립니까?

Ско́лько вре́мени бу́дет
идти́ письмо́?
스꼴까 브레미니 부지ㅌ 이찌 삐시모?

편지 봉투는 얼마입니까?

Ско́лько сто́ит конве́рт?
스꼴까 스또이ㅌ 깐볘르ㅌ?

소포를 보내고 싶어요.

Я хочу́ отпра́вить
посы́лку.
야 하추 아트프라비찌 빠슬꾸

보통우편으로 소포를 보내고 싶어요.

Я хочу́ отпра́вить просто́й
посы́лкой.
야 하추 아트프라비찌 쁘라스또이 빠슬까이

등기우편으로 소포를 보내고 싶어요.

Я хочу́ отпра́вить
заказно́й посы́лкой.
야 하추 아트프라비찌 자까즈노이 빠슬까이

소포 무게를 재 보겠습니다.

Дава́йте взве́сим ва́шу
посы́лку.
다바이쩨 브즈볘심 바슈 빠슬꾸

저울 위에 소포를 올리세요.

Поста́вьте посы́лку на
весы́.
빠스따피쩨 빠슬꾸 나 비스

소포의 내용물 목록을 작성해야 해요.

Ну́жно соста́вить спи́сок
содержа́ния посы́лки.
누즈나 사스따비찌 스삐사ㅋ 사지르자니야
빠슬끼

소포의 내용물은 무엇인가요?

Что нахо́дится в посы́лке?
쉬또 나호지짜 프 빠슬꼐?

소포 발송 ②

항공 우편으로 보내면 얼마입니까?

Ско́лько сто́ит отпра́вить
посы́лку авиапо́чтой?
스꼴까 스또이트 아트프라비찌 빠슬꾸
아비아뽀츠따이?

선박 우편으로 소포를 보내고 싶어요.

Я хочу́ отпра́вить посы́лку
мо́рем.
야 하추 아트프라비찌 빠슬꾸 모렘

여기서 소포 포장용 박스를 구입할 수
있나요?

Мо́жно у вас купи́ть
упако́вочную коро́бку для
посы́лки?
모즈나 우 바ㅅ 꾸삐찌 우빠꼬바츠누유
까로프꾸 들랴 빠슬끼?

소포에 깨지기 쉬운 물건이 들어 있어요.

У меня́ хру́пкая посы́лка.
우 미냐 흐루프까야 빠슬까

소포 추적이 가능한가요?

Мо́жно отсле́живать
посы́лку?
모즈나 아트슬례즈바찌 빠슬꾸?

착불로 보내도 됩니까?

Мо́жно отпра́вить
нало́женным платежо́м?
모즈나 아트프라비찌 날로즈늠 쁠라찌좀?

미용실 상담

미용실에 가고 싶어요.

Я хочу́ пойти́ в
парикма́херскую.
야 하추 빠이찌 프 빠리크마히르스꾸유

헤어스타일을 바꾸고 싶어요.

Я хочу́ поменя́ть
причёску.
야 하추 빠미냐찌 쁘리쵸스꾸

이 사진에 있는 것처럼 머리를 자르고
싶어요.

Я хочу́ себе́ стри́жку, как
на э́той фотогра́фии.
야 하추 시볘 스트리쉬꾸, 까ㅋ 나 에따이
파따그라피이

어떤 스타일을 원하세요?

Каку́ю причёску вы
жела́ете сде́лать?
까꾸유 쁘리쵸스꾸 브 즐라이쩨 즈젤라찌?

Что вы жела́ете сде́лать?
쉬또 브 즐라이쩨 즈젤라찌?

어떤 걸 추천해 주실 수 있어요?

Что бы вы могли́ мне
посове́товать?
쉬또 브 브 마글리 므녜 빠사볘따바찌?

어떤 게 유행이죠?

Что сейча́с мо́дно?
쉬또 시차ㅅ 모드나?

커트 ①

머리를 자르고 싶은데요.

Я хочу́ сде́лать стри́жку.
야 하추 즈젤라찌 스트리쉬꾸

Я хочу́ постри́чь во́лосы.
야 하추 빠스트리츠 볼라스

Я хочу́ постри́чься.
야 하추 빠스트리치샤

어떻게 잘라 드릴까요?

Каку́ю стри́жку вы хоти́те?
까꾸유 스트리쉬꾸 브 하찌쩨?

Как вы хоти́те постри́чься?
까ㅋ 브 하찌쩨 빠스트리치샤?

머리끝을 약간만 다듬어 주세요.

Я хочу́ подстри́чь ко́нчики воло́с.
야 하추 빠쯔트리츠 꼰치끼 발로ㅅ

Я хочу́ подравня́ть ко́нчики.
야 하추 빠드라브냐찌 꼰치끼

짧게 자르고 싶어요.

Я хочу́ коро́ткую стри́жку.
야 하추 까로트꾸유 스트리쉬꾸

어깨에 닿을 정도 길이로 해 주세요.

Подстриги́те, пожа́луйста, до плеч.
빠쯔트리기쩨, 빠잘루스따, 다 쁠례ㅊ

커트 ②

어떤 커트가 제게 어울릴 것 같아요?

Как вы ду́маете, кака́я стри́жка мне подойдёт?
까ㅋ 브 두마이쩨, 까까야 스트리쉬까 므녜 빠다이죠ㅌ?

단발머리를 하고 싶어요.

Я хочу́ стри́жку каре́.
야 하추 스트리쉬꾸 까레

보브컷을 하고 싶어요.

Я хочу́ стри́жку боб.
야 하추 스트리쉬꾸 보ㅍ

관리하기 쉬운 커트를 하고 싶어요.

Я хочу́ стри́жку, за кото́рой легко́ уха́живать.
야 하추 스트리쉬꾸, 자 까또라이 리흐꼬 우하즈바찌

스포츠형 커트를 하고 싶어요.

Я хочу́ спорти́вную стри́жку.
야 하추 스빠르찌브누유 스트리쉬꾸

앞머리를 내고 싶어요.

Я хочу́ сде́лать чёлку.
야 하추 즈젤라찌 촐꾸

머리숱을 쳐 주세요.

Сде́лайте мне филиро́вку.
즈젤라이쩨 므녜 필리로프꾸

파마

파마를 하고 싶어요.

Я хочу́ сде́лать хими́ческую зави́вку.
야 하추 즈젤라찌 히미치스꾸유 자비프꾸

Я хочу́ сде́лать хи́мию.
야 하추 즈젤라찌 히미유

어떤 파마를 원하세요?

Каку́ю хими́ческую зави́вку вы хоти́те?
까꾸유 히미치스꾸유 자비프꾸 브 하찌쩨?

굵은 웨이브로 파마를 하고 싶어요.

Я хочу́ хими́ческую зави́вку кру́пными ло́конами.
야 하추 히미치스꾸유 자비프꾸 끄루프느미 로까나미

자연스러운 웨이브를 하고 싶어요.

Я хочу́, что́бы бы́ло есте́ственными во́лнами.
야 하추, 쉬또브 블라 이스쩨스트비느미 볼나미

보글보글한 파마를 하고 싶어요.

Я хочу́ ме́лкую хими́ческую зави́вку.
야 하추 멜꾸유 히미치스꾸유 자비프꾸

스트레이트 파마로 머리를 펴 주세요.

Сде́лайте мне хими́ческое выпрямле́ние.
즈젤라이쩨 므네 히미치스까예 브프리믈례니예

염색

머리를 염색하고 싶어요.

Я хочу́ покра́сить во́лосы.
야 하추 빠크라시찌 볼라스

Я хочу́ покра́ситься.
야 하추 빠크라시짜

뿌리 염색해야 하는데요.

Мне ну́жно подкра́сить во́лосы у корне́й.
므녜 누즈나 빠트크라시찌 볼라스 우 까르녜이

어떤 색으로 원하세요?

В како́й цвет вы хоти́те покра́ситься?
프 까꼬이 쯔볘트 브 하찌쩨 빠크라시짜?

어두운 색으로 염색하고 싶어요.

Я хочу́ перекра́ситься в тёмный цвет.
야 하추 뻬리크라시짜 프 쬼느이 쯔볘트

금발로 염색하고 싶어요.

Я хочу́ покра́сить во́лосы в блонд.
야 하추 빠크라시찌 볼라스 브 블론트

새치 염색을 하고 싶어요.

Я хочу́ закра́сить седину́.
야 하추 자크라시찌 시지누

머리를 탈색하고 싶어요.

Я хочу́ обесцве́тить во́лосы.
야 하추 아비스쯔볘찌찌 볼라스

네일

저는 젤 네일 예약하고 싶어요.

Я хочу́ записа́ться на маникю́р с гель-ла́ком.
야 하추 자삐사짜 나 미니뀨ㄹ 스 겔라깜

저는 손톱 기본 케어만 받고 싶어요.

Я хочу́ сде́лать маникю́р без покры́тия.
야 하추 즈젤라찌 마니뀨ㄹ 볘ㅅ 빠크르찌야

저는 손톱 강화 케어 필요해요.

Мне ну́жно укрепле́ние ногте́й.
므녜 누즈나 우크리플레니예 나크쩨이

저는 매니큐어와 페디큐어를 샵에서 자주 해요.

Я ча́сто де́лаю маникю́р и педикю́р в сало́не.
야 차스따 젤라유 마니뀨ㄹ 이 삐지뀨ㄹ 프 살로녜

어떤 색 매니큐어를 발라 드릴까요?

Каки́м ла́ком вам накра́сить но́гти?
까낌 라깜 밤 나크라시찌 노크찌?

Како́й лак вам нанести́?
까꼬이 라ㅋ 밤 나니스찌?

투명 매니큐어를 하고 싶어요.

Я хочу́ маникю́р с бесцве́тным покры́тием.
야 하추 마니뀨ㄹ 스 비스쯔볫트늠 빠크르찌옘

미용실 기타

머리숱이 무척 많으세요.

У вас о́чень густы́е во́лосы.
우 바ㅅ 오친 구스뜨예 볼라ㅅ

가르마를 어느 쪽으로 타세요?

Где у вас пробо́р?
그졔 우 바ㅅ 쁘라보ㄹ?

머리 말리기만 해 주세요.

Про́сто вы́сушите мне во́лосы.
쁘로스따 브수쉬쩨 므녜 볼라ㅅ

드라이어로 머리를 세팅해 주세요.

Уложи́те мне во́лосы фе́ном.
울라즈쩨 므녜 볼라ㅅ 폐남

웨이브로 드라이해 주세요.

Сде́лайте мне волни́стую укла́дку.
즈젤라이쩨 므녜 발르니스뚜유 우클라트꾸

머릿결이 많이 상했네요.

У вас во́лосы си́льно повреждены́.
우 바ㅅ 볼라ㅅ 실리나 빠브리즈지느

재생 헤어팩을 하셔야 합니다.

Вам ну́жно сде́лать восстана́вливающую ма́ску для воло́с.
밤 누즈나 즈젤라찌 바스따나블리바유쓔유 마스꾸 들랴 발로ㅅ

236

세탁물 맡기기

\# 이 옷은 집에서 세탁하면 안됩니다.

Эту вещь нельзя́ стира́ть в дома́шних усло́виях.
에뚜 볘쒸 닐쟈 스찌라찌 브 다마쉬니흐
우슬로비야흐

\# 옷을 세탁소에 맡기고 싶어요.

Я хочу́ сдать ве́щи в пра́чечную.
야 하추 즈다찌 볘쒸 프 쁘라치츠누유

\# 내 정장을 드라이클리닝 좀 맡겨 줘.

Сдай, пожа́луйста, мой костю́м в химчи́стку.
즈다이, 빠잘루스따, 모이 까스쯤 프 힘치스트꾸

\# 이 코트를 드라이클리닝 맡겨야 한다.

Э́то пальто́ ну́жно сдать в химчи́стку.
에따 빨또 누즈나 즈다찌 프 힘치스트꾸

\# 저는 셀프 세탁소를 이용해요.

Я по́льзуюсь пра́чечной самообслу́живания.
야 뽈주유시 쁘라치츠나이
사마아프슬루즈바니야

\# 셀프 세탁소에서 세탁, 건조, 다림질까지 할 수 있어요.

В пра́чечной самообслу́живания мо́жно стира́ть, суши́ть и гла́дить.
프 쁘라치츠나이 사마아프슬루즈바니야 모즈나
스찌라찌, 수쉬찌 이 글라지찌

세탁물 찾기

\# 언제 세탁물을 찾으러 올 수 있습니까?

Когда́ мо́жно прийти́ за веща́ми?
까그다 모즈나 쁘리이찌 자 비쌰미?

\# 저는 세탁물을 찾으러 왔습니다.

Я пришёл(пришла́) за свои́ми веща́ми.
야 쁘리숄(쁘리쉴라) 자 스바이미 비쌰미

\# 제 세탁물을 여기에 맡겼습니다.

Я сдава́л(а) вам свои́ ве́щи в сти́рку.
야 즈다발(라) 밤 스바이 볘쒸 프 스찌르꾸

\# 코트 드라이클리닝 얼마예요?

Ско́лько сто́ит химчи́стка пальто́?
스꼴까 스또이트 힘치스트까 빨또?

\# 세탁물이 집까지 배달 되나요?

Вы доставля́ете ве́щи на́ дом?
브 다스따블랴이쩨 볘쒸 나 담?

여기서 잠깐!
'химчи́стка 힘치스트까(드라이클리닝)'는
'хими́ческая чи́стка 히미치스까야 치스트까
(화학제 클리닝)'의 줄임말이에요. химчи́стка는
회화에서 '드라이클리닝하는 가게' 혹은 '세탁소'라는
뜻으로도 써요.

셔츠에 얼룩 제거 가능한가요?

Вы мо́жете удали́ть э́то пятно́ на руба́шке?

브 모즈쩨 우달리찌 에따 삐트노 나 루바쉬꼐?

Э́то пятно́ на руба́шке возмо́жно удали́ть?

에따 삐트노 나 루바쉬꼐 바즈모즈나 우달리찌?

얼룩을 빨았는데도, 잘 안 됐어요.

Я про́бовал(а) отстира́ть пятно́, но не получи́лось.

야 쁘로바발(라) 아쯔찌라찌 삐트노, 노 니 빨루칠라시

이건 오래된 얼룩이에요. 지울 수 있나요?

Э́то ста́рое пятно́. Его́ мо́жно удали́ть?

에따 스따라예 삐트노. 이보 모즈나 우달리찌?

기름 얼룩이 지워질까요?

Пятно́ от жи́ра отстира́ется?

삐트노 아트 즈라 아쯔찌라이짜?

드라이클리닝하면 이 얼룩을 지울 수 있나요?

Мо́жно удали́ть э́то пятно́ химчи́сткой?

모즈나 우달리찌 에따 삐트노 힘치스트까이?

이 바지 길이를 줄여야 해요.

Ну́жно укороти́ть э́ти брю́ки.

누즈나 우까라찌찌 에찌 브류끼

Ну́жно подши́ть э́ти брю́ки.

누즈나 빠트쉬찌 에찌 브류끼

이 바지통을 줄여야 해요.

Ну́жно уши́ть э́ти брю́ки по бока́м.

누즈나 우쉬찌 에찌 브류끼 빠 바깜

점퍼 지퍼가 고장 났어요. 다른 것으로 교체해 주세요.

Мо́лния на ку́ртке слома́лась. Замени́те на другу́ю.

몰르니야 나 꾸르트꼐 슬라말라시. 자미니쩨 나 드루구유

주머니를 꿰매 주세요.

Пришей́те карма́н.

쁘리셰이쩨 까르만

이 옷은 고칠 수 없습니다.

Э́ту вещь почини́ть невозмо́жно.

에뚜 볘쒸 빠치니찌 니바즈모즈나

단추 좀 달아 주세요.

Пришей́те, пожа́луйста, пу́говицы.

쁘리셰이쩨, 빠잘루스따, 뿌가비쯔

238

렌터카-대여 & 차종

차 한 대 대여하고 싶어요.

Я хочу́ взять маши́ну напрока́т.

야 하추 브쟈찌 마쉬누 나프라까ㅌ

어떤 종류의 자동차를 원하십니까?

Како́й тип автомоби́ля вы жела́ете?

까꼬이 찌ㅍ 아프따마빌랴 브 즐라이쩨?

얼마 동안 차를 대여하고 싶으세요?

На како́й срок вы хоти́те арендова́ть маши́ну?

나 까꼬이 스로ㅋ 브 하찌쩨 아롄다바찌 마쉬누?

저는 차를 일주일 동안 대여하고 싶어요.

Я хочу́ взять маши́ну на одну́ неде́лю.

야 하추 브쟈찌 마쉬누 나 아드누 니쩰류

운전면허증과 여권을 제출해 주세요.

Предоста́вьте ва́ше води́тельское удостовере́ние и па́спорт.

쁘리다스따피쩨 바셰 바지찔스까예
우다스따비례니예 이 빠스빠르ㅌ

대여 계약서에 서명하세요.

Подпиши́те догово́р прока́та.

빠트삐쉬쩨 다가보ㄹ 쁘라까따

малолитра́жный автомоби́ль
말라리트라즈느이 아프따마빌 경차(소형차)
седа́н 시단 세단
минивэ́н 미니벤 미니밴
внедоро́жник 브니다로즈니ㅋ SUV

렌터카-정산 & 반납

차 대여 비용은 하루에 얼마예요?

Ско́лько сто́ит прока́т маши́ны в день?

스꼴까 스또이ㅌ 쁘라까ㅌ 마쉬느 브 젠?

보증금을 지불해야 합니다.

Ну́жно внести́ зало́г.

누즈나 브니스찌 잘로ㅋ

보증금은 차량을 원래 상태로 반환할 경우 반환됩니다.

Зало́г возвраща́ется при возвра́те маши́ны в пре́жнем состоя́нии.

잘로ㅋ 바즈브라쌰이짜 쁘리 바즈브라쩨 마쉬느
프 쁘례즈넴 사스따야니이

현금, 신용카드 또는 은행 송금으로 결제할 수 있습니다.

Мо́жно оплати́ть нали́чными, креди́тной ка́ртой и́ли ба́нковским перево́дом.

모즈나 아쁠라찌찌 나리츠느미, 끄리지트나이
까르따이 일리 반까프스낌 삐리보담

차는 연료 탱크를 가득 채운 상태로 반환해야 합니다.

Маши́ну ну́жно верну́ть с по́лным ба́ком то́плива.

마쉬누 누즈나 비르누찌 스 뽈늠 빠깜 또플리바

차 상태를 체크해 봅시다.

Дава́йте осмо́трим состоя́ние автомоби́ля.

다바이쩨 아스모트림 사스따야니예 아프따마빌랴

주유소	충전소

주유소

\# 탱크에 연료가 곧 떨어지겠어요.

Ско́ро зако́нчится то́пливо в ба́ке.
스꼬라 자꼰치짜 또플리바 브 바께

\# 주유해야 해요.

Ну́жно запра́виться.
누즈나 자프라비짜

\# 가장 가까운 주유소는 어디에 있나요?

Где нахо́дится ближа́йшая запра́вочная ста́нция?
그제 나호지짜 블리자이샤야 자프라바츠나야
스딴쯔야?

\# 어떤 연료가 필요하세요?

Како́е то́пливо вам ну́жно?
까꼬예 또플리바 밤 누즈나?

\# 몇 리터 채워드릴까요?

Ско́лько ли́тров вам ну́жно зали́ть?
스꼴까 리트라ㅍ 밤 누즈나 잘리찌?

\# 가득이요.

По́лный бак.
뽈느이 바ㅋ

충전소

\# 전기차의 충전 상태를 확인해 봐.

Прове́рь у́ровень заря́да на электромоби́ле.
쁘라볘리 우라빈 쟈랴다 나 엘레크트라마빌례

\# 전기차를 충전해야 해요.

Ну́жно заряди́ть электромоби́ль.
누즈나 쟈리지찌 엘레크트라마빌

\# 가장 가까운 전기차 충전소는 어디에 있나요?

Где нахо́дится ближа́йшая электрозаря́дная ста́нция?
그제 나호지짜 블리자이샤야
엘레크트라자랴드냐야 스딴쯔야?

\# 앱으로 빈 충전소를 찾을 수 있어요.

Мо́жно найти́ свобо́дную заря́дную ста́нцию по приложе́нию.
모즈나 나이찌 스바보드누유 쟈랴드누유
스딴쯔유 빠 쁘릴라제니유

\# 제 전기차는 30분 안에 충전돼요.

Мой электромоби́ль заряжа́ется за три́дцать мину́т.
모이 엘레크트라마빌 쟈리쟈이짜 자 뜨리짜찌
미누트

세차 & 정비

우리는 세차장에 들러야 해요.

Нам ну́жно зае́хать на автомо́йку.
남 누즈나 자예하찌 나 아프따모이꾸

손 세차와 차 내부 세차가 얼마예요?

Ско́лько сто́ит ручна́я мо́йка и чи́стка сало́на?
스꼴까 스또이트 루츠나야 모이까 이 치스트까 살로나?

저는 셀프 세차장을 이용해요.

Я по́льзуюсь автомо́йкой самообслу́живания.
야 뽈주유시 아프따모이까이
사마아프슬루즈바니야

여기에는 자동 세차장이 어디에 있나요?

Где здесь автомати́ческая мо́йка?
그제 즈제시 아프따마찌치스까야 모이까?

진공청소기는 어디에 있나요?

Где нахо́дится пылесо́с?
그제 나호지짜 쁠리소ㅅ?

타이어가 펑크 났어요.

Колесо́ проко́лото.
깔리소 쁘라꼴라따

타이어에 바람 좀 넣어야 해요.

Ну́жно подкача́ть колёса.
누즈나 빠트까차찌 깔료사

꼭! 짚고 가기

러시아에서 주유하기

러시아는 셀프 주유소가 대부분이에요. 그리고 거의 선불 결제입니다.

먼저 비어 있는 주유기 앞에 차를 세우고 계산대에 가서 휘발유나 경유가 몇 리터 아니면 얼마나 필요한지 말한 다음, 해당 금액을 지불하고 주유하면 돼요. 계산하는 곳에 갔다 오는 동안에 주유가 시작되도록 주유건을 미리 삽입하면 시간을 절약할 수 있어요.

주유를 가득 하고 싶다면 선불로 내고, 주유를 마친 후 잔액을 계산대에 가서 받으면 돼요.

휘발유 종류에는 옥탄가 92, 옥탄가 95, 옥탄가 98이 있습니다. 표기는 АИ 92, АИ 95, АИ 98로 하지만, 회화에서는 앞에 약자 없이 92, 95, 98이라고 하면 됩니다. 경유는 ДТ로 표기하며 말할 때는 ди́зель 지질이라고 하면 됩니다.

- бензи́н 빈진 휘발유
- АИ 92(девяно́сто второ́й)
  아이 디비노스따 프따로이 옥탄가 92
- АИ 95(девяно́сто пя́тый)
  아이 디비노스따 빠뜨이 옥탄가 95
- АИ 98(девяно́сто восьмо́й)
  아이 디비노스따 빠시모이 옥탄가 98

- ди́зельное то́пливо
  지질리나예 또플리바 경유
= ДТ 데떼 (약자)

주유소에서 유용한 표현을 살펴볼까요?

- Ди́зель на ты́сячу рубле́й.
  지질 나 뜨시추 루블레이
  경유 1000루블어치 주세요.
- По́лный бак. 뽈르느이 바크
  가득이요.

서점

서점에 가고 싶어요.

Я хочу́ пойти́ в кни́жный магази́н.

야 하추 빠이찌 프 끄니즈느이 마가진

어떤 서점에서 다양한 책을 찾을 수 있나요?

В како́м кни́жном магази́не широ́кий вы́бор книг?

브 까꼼 끄니즈남 마가지녜 쉬로끼이 브바르 끄니ㅋ?

이 서점에는 모든 취향에 맞는 책을 찾을 수 있어요.

В э́том кни́жном магази́не мо́жно найти́ кни́ги на любо́й вкус.

브 에땀 끄니즈남 마가지녜 모즈나 나이찌 끄니기 나 류보이 프꾸ㅅ

큰 서점에는 독서 코너가 있어요.

В большо́м кни́жном магази́не есть уголо́к для чте́ния.

브 발숌 끄니즈남 마가지녜 예스찌 우갈로ㅋ 들랴 츠쩨니야

저는 제가 좋아하는 작가의 사인회에 다녀왔어요.

Я ходи́л(а) на авто́граф-се́ссию моего́ люби́мого писа́теля.

야 하질(라) 나 아프또그라프세시유 마이보 류비마바 삐사찔랴

책 찾기 ①

이번 달 신간이 어디에 있나요?

Где нахо́дятся нови́нки э́того ме́сяца?

그제 나호쟈짜 나빈끼 에따바 몌시짜?

베스트셀러는 어디서 볼 수 있나요?

Где мо́жно посмотре́ть бестсе́ллеры?

그제 모즈나 빠스마트례찌 비스쩰리르?

새로운 자기계발서는 어디서 찾을 수 있나요?

Где на́йти но́вые кни́ги по саморазви́тию?

그제 나이찌 노브예 끄니기 빠 사마라즈비찌유?

아동 서적은 어디에서 찾을 수 있는지 알려 주시겠어요?

Подскажи́те, где мо́жно найти́ литерату́ру для дете́й?

빠쯔까즈쩨, 그제 모즈나 나이찌 리찌라뚜루 들랴 지쩨이?

학습 서적은 어디에 위치하고 있나요?

Где нахо́дится уче́бная литерату́ра?

그제 나호지짜 우체브나야 리찌라뚜라?

책 찾기 ②

이 책은 판매되지 않습니다.

Этой книги нет в прода́же.
에따이 끄니기 녜ㅌ 프 쁘라다제

이 책은 매진되었습니다.

Эта книга распро́дана.
에따 끄니가 라스프로다나

이 책은 일시 품절 상태입니다.

Этой кни́ги вре́менно нет в нали́чии.
에따이 끄니기 브례미나 녜ㅌ 브 날리치이

이 책은 절판되었습니다.

Эта кни́га бо́льше не издаётся.
에따 끄니가 볼셰 니 이즈다요짜

이 책은 인쇄본이 매진되었습니다.

Тира́ж э́той кни́ги зако́нчился.
찌라쉬 에따이 끄니기 자꼰칠샤

이 책은 언제 입고되나요?

Когда́ э́та кни́га посту́пит в прода́жу?
까그다 에따 끄니가 빠스뚜삐ㅌ 프 쁘라다주?

이 책은 개정판이 나왔습니다.

Вы́шло перерабо́танное изда́ние э́той кни́ги.
브쉴라 삐리라보따나예 이즈다니예 에따이 끄니기

책 찾기 ③

책을 찾는 것을 도와주세요.

Помоги́те, пожа́луйста, найти́ кни́гу.
빠마기쩨, 빠잘루스따, 나이찌 끄니구

찾으시는 책의 제목이 무엇인가요?

Как называ́ется кни́га, кото́рую вы и́щете?
까ㅋ 나즈바이짜 끄니가, 까또루유 브 이쒸쩨?

책의 재고를 저희 시스템에서 확인해 보겠습니다.

Я прове́рю нали́чие кни́ги в на́шей систе́ме.
야 쁘라볘류 날리치예 끄니기 브 나셰이 시스쩨몌

잠시만 기다려 주시면 이 책을 가져다드리겠습니다.

Подожди́те, пожа́луйста, я принесу́ для вас э́ту кни́гу.
빠다즈지쩨, 빠잘루스따, 야 쁘리니수 들랴 바ㅅ 에뚜 끄니구

위쪽 선반에서 책을 꺼내는 것을 좀 도와주세요.

Помоги́те, пожа́луйста, доста́ть кни́гу с ве́рхней по́лки.
빠마기쩨, 빠잘루스따, 다스따찌 끄니구 스 볘르흐녜이 뽈끼

도서 구입 & 교환

저는 여행 안내서를 사야 해요.

Мне ну́жно купи́ть
путеводи́тель.
므녜 누즈나 꾸삐찌 뿌찌바지찔

저는 가끔 중고책을 구입해요.

Я иногда́ покупа́ю
поде́ржанные кни́ги.
야 이나그다 빠꾸빠유 빠졔르자느예 끄니기

이곳에 책을 샀는데 파본이었네요.

Я купи́л(а) у вас кни́гу,
но она́ оказа́лась
брако́ванной.
야 꾸삘(라) 우 바ㅅ 끄니구, 노 아나 아까잘라시
브라꼬바나이

새 책으로 교환해 드리거나 환불해 드릴
수 있습니다.

Мы мо́жем предложи́ть
вам обме́н на но́вую кни́гу
и́ли возвра́т де́нег.
므 모즘 쁘리들라즈찌 밤 아브몐 나 노부유
끄니구 일리 바즈브라ㅌ 졔니ㅋ

파본을 교환할 수 있나요?

Мо́жно поменя́ть
брако́ванную кни́гу?
모즈나 빠미냐찌 브라꼬바누유 끄니구?

책은 페이지가 잘못 인쇄되었어요.
책을 반품하고 싶어요.

В кни́ге страни́цы
напеча́таны непра́вильно.
Я хочу́ возврати́ть кни́гу.
프 끄니계 스트라니쯔 나뻬차따느 니프라빌리나.
야 하추 바즈브라찌찌 끄니구

인터넷 서점

인터넷 상점에서 책을 더 싸게 살 수
있어요.

В интерне́т-магази́нах
мо́жно купи́ть кни́ги
деше́вле.
브 인떼르녜트마가지나ㅎ 모즈나 꾸삐찌 끄니기
지셰블례

저는 자주 인터넷으로 책을 사요.

Я нашёл(нашла́)
ну́жную кни́гу в
интерне́т-магази́не.
야 나숄(나쉴라) 누즈누유 끄니구 브
인떼르녜트마가지녜

여러 상점의 가격을 비교할 수 있어요.

Мо́жно сра́внивать це́ны
ра́зных магази́нов.
모즈나 스라브니바찌 쩨느 라즈느ㅎ 마가지나ㅍ

온라인 상점에서 저는 종이책과
전자책을 모두 구매해요.

В онла́йн-магази́не я
покупа́ю и бума́жные, и
электро́нные кни́ги.
브 온라인마가지녜 야 빠꾸빠유 이 부마즈느예,
이 엘리크트로느예 끄니기

저는 항상 책을 구매하기 전에 리뷰를
읽어요.

Я всегда́ чита́ю о́тзывы о
кни́гах пе́ред поку́пкой.
야 프시그다 치따유 오트즈브 아 끄니가ㅎ
뼤리ㅌ 빠꾸프까이

도서관

도서관은 언제 문 열려 있나요?

Как рабо́тает библиоте́ка?
까끄 라보따이ㅌ 비블리아쩨까?

도서관은 1시간 후에 문을 닫습니다.

Библиоте́ка закрыва́ется че́рез час.
비블리아쩨까 자크르바이짜 체리ㅅ 차ㅅ

도서관에서 책을 빌려야 해요.

Мне ну́жно взять кни́гу в библиоте́ке.
므녜 누즈나 브쟈찌 끄니구 브 비블리아쩨꼐

도서관을 이용하려면 도서관 회원증이 필요해요.

Для посеще́ния библиоте́ки ну́жен чита́тельский биле́т.
들랴 빠시쎄니야 비블리아쩨끼 누즌 치따찔스끼이 빌례ㅌ

도서관에 가입하려고 해요.

Я хочу́ записа́ться в библиоте́ку.
야 하추 자삐사짜 브 비블리아쩨꾸

우리는 도서 열람실에서 공부해요.

Мы занима́емся в чита́льном за́ле.
므 자니마임샤 프 치딸리남 잘례

필요한 책을 전자 카탈로그에서 찾아봐.

Поищи́ ну́жную кни́гу в электро́нном катало́ге.
빠이쒸 누즈누유 끄니구 브 엘리크트로남 까딸로계

도서 대출

도서관 회원증이 있습니까?

У вас есть чита́тельский биле́т?
우 바ㅅ 예스찌 치따찔스끼 빌례ㅌ?

얼마 동안 책을 빌릴 수 있습니까?

На ско́лько мо́жно брать кни́ги на́ дом?
나 스꼴까 모즈나 브라찌 끄니기 나 담?

지정된 기한 내에 책을 반납하는 것을 잊지 마세요.

Не забу́дьте сдать кни́ги в ука́занный срок.
니 자부쩨 스다찌 끄니기 브 우까자느이 스로ㅋ

도서 대출 기한을 연장할 수 있나요?

Мо́жно продли́ть срок по́льзования кни́гой?
모즈나 쁘라들리찌 스로ㅋ 뽈자바니야 끄니가이?

책을 언제 반납해야 합니까?

Когда́ ну́жно возврати́ть кни́ги?
까그다 누즈나 바즈브라찌찌 끄니기?

이 책이 도서 보관소에 있습니다. 예약증을 작성하셔야 합니다.

Э́та кни́га нахо́дится в храни́лище. Вам ну́жно офо́рмить зака́з.
에따 끄니가 나호지짜 프 흐라닐리쎄. 밤 누즈나 아포르미찌 자까ㅅ

도서 반납

오늘은 도서관에 책을 반납해야 해요.

Мне ну́жно сего́дня возврати́ть кни́ги в библиоте́ку.
므녜 누즈나 시보드냐 바즈브라찌찌 끄니기 브 비블리아쩨꾸

책을 반납하고 싶은데요.

Я хочу́ сдать кни́ги.
야 하추 즈다찌 끄니기

책을 반납하려고 가져왔습니다.

Я принёс(принесла́) кни́ги на сда́чу.
야 쁘리뇨ㅅ(쁘리니슬라) 끄니기 나 즈다추

책을 반납하는 것을 완전히 잊어버렸어요.

Я совсе́м забы́л(а) отнести́ кни́ги наза́д.
야 사프셈 자블(라) 아트니스찌 끄니기 나자ㅌ

연체된 책이 있어요.

У меня́ просро́ченные кни́ги.
우 미냐 쁘라스로치느예 끄니기

저는 항상 기한 내에 책을 반납해요.

Я всегда́ сдаю́ кни́ги в срок.
야 프시그다 즈다유 끄니기 프 스로ㅋ

도서 연체

책을 기한 내 반납하지 않으면 어떻게 되나요?

Что бу́дет, е́сли не сдать кни́ги в срок?
쉬또 부지ㅌ, 예슬리 니 스다찌 끄니기 프 스로ㅋ?

저희 도서관에는 책 연체료가 있어요.

В на́шей библиоте́ке штраф за просро́ченные кни́ги.
브 나셰이 브블리아쩨꼐 쉬트라ㅍ 자 쁘라스로치느예 끄니기

저는 일주일 동안 책을 연체했어요.

Я просро́чил(а) кни́ги на неде́лю.
야 쁘라스로칠(라) 끄니기 나 니젤류

저는 연체된 책에 대한 알림을 받았어요.

Мне пришло́ уведомле́ние о просро́ченных кни́гах.
므녜 쁘리쉴로 우비다믈례니예 아 쁘라스로치느ㅎ 끄니가ㅎ

저는 연체된 책을 반납하기 전까지, 새로운 책을 대출할 수 없어요.

Я не могу́ взять но́вые кни́ги, пока́ не верну́ просро́ченные.
야 니 마구 브쟈찌 노브예 끄니기, 빠까 니 볘르누 쁘라스로치느예

저는 도서관 책을 잃어버렸어요.

Я потеря́л(а) кни́гу из библиоте́ки.
야 빠찌럘(라) 끄니구 이즈 비블리아쩨끼

박물관 & 미술관

저는 자주 박물관에 전시회를 보러 가요.

Я ча́сто хожу́ в музе́и на вы́ставки.

야 차스따 하주 브 무제이 나 브스따프끼

저는 미술 전시회를 보러 가는 것을 좋아해요.

Мне нра́вится ходи́ть на худо́жественные вы́ставки.

므녜 느라비짜 하지찌 나 후도즈스트비느예 브스따프끼

우리는 박물관 가이드 투어를 예약했어요.

Мы заказа́ли экску́рсию по музе́ю с ги́дом.

므 자까잘리 에크스꾸르시유 빠 무제유 스 기담

에르미타주는 몇 시에 문을 열어요?

В кото́ром часу́ открыва́ется Эрмита́ж?

프 까또람 치수 아트크르바이짜 에르미따쉬?

지금 박물관에 무슨 전시회가 있나요?

Кака́я вы́ставка сейча́с в музе́е?

까까야 브스따프까 시차ㅅ 브 무제예?

한국어 오디오 가이드는 어디에서 받을 수 있나요?

Где мо́жно получи́ть аудиоги́д на коре́йском языке́?

그졔 모즈나 빨루치찌 아우지아기ㅌ 나 까례이스깜 이즈꼐?

놀이동산

놀이동산 가는 거 좋아하니?

Ты лю́бишь ходи́ть в парк аттракцио́нов?

뜨 류비쉬 하지찌 프 빠르ㅋ 아트라크쯔오나ㅍ?

어떤 놀이기구를 타고 싶니?

На како́м аттракцио́не ты хо́чешь прокати́ться?

나 까꼼 아트라크쯔오녜 뜨 호치쉬 쁘라까찌짜?

저는 과격한 놀이기구 타는 걸 좋아해요.

Я люблю́ ката́ться на экстрема́льных аттракцио́нах.

야 류블류 까따짜 나 에크스트리말리느ㅎ 아트라크쯔오나ㅎ

이 놀이기구 이용권은 얼마예요?

Ско́лько сто́ит биле́т на э́тот аттракцио́н?

스꼴까 스또이ㅌ 빌례ㅌ 나 에따ㅌ 아트라크쯔온?

저는 롤러코스터 타는 게 겁나요.

Я бою́сь ката́ться на америка́нских го́рках.

야 바유시 까따짜 나 아미리깐스끼ㅎ 고르까ㅎ

여기에서 가장 무서운 놀이기구는 무엇인가요?

Како́й здесь са́мый стра́шный аттракцио́н?

까꼬이 즈졔시 사므이 스트라쉬느이 아트라크쯔온?

헬스클럽 등록

\# 저는 헬스클럽에 가입하고 싶어요.

Я хочу́ записа́ться в ваш фи́тнес-клу́б.
야 하추 자삐사짜 브 바쉬 피트니스클루ㅍ

\# 어떤 회원권과 요금제가 있나요?

Каки́е у вас абонеме́нты и тари́фы?
까끼예 우 바ㅅ 아바니몐뜨 이 따리프?

\# 월간, 반년 또는 연간 회원권을 선택할 수 있습니다.

Вы мо́жете вы́брать ме́сячный, полугодово́й и́ли годово́й абонеме́нт.
브 모즈쩨 브브라찌 몌시츠느이, 뽈루가다보이 일리 가다보이 아바니몐ㅌ

\# 헬스클럽 1회 사용권이 얼마예요?

Ско́лько сто́ит ра́зовое посеще́ние фи́тнес-клу́ба?
스꼴까 스또이ㅌ 라자바예 빠시셰니예 피트니스클루바?

\# 회원권에 어떤 서비스가 포함되나요?

Каки́е услу́ги включены́ в абонеме́нт?
까끼예 우슬루기 프클류치느 브 아바니몐ㅌ?

\# 무료 체험 수업을 예약할 수 있습니다.

Вы мо́жете записа́ться на беспла́тное про́бное заня́тие.
브 모즈쩨 자삐사짜 나 볘스플라트나예 쁘로브나예 자냐찌예

헬스클럽 이용

\# 퍼스널 트레이닝 레슨비가 얼마예요?

Ско́лько сто́ит заня́тие с персона́льным тре́нером?
스꼴가 스또이ㅌ 자냐찌예 스 뻬르사날늠 뜨례니람?

\# 저는 근육량을 늘리고 싶어요.

Я хочу́ набра́ть мы́шечную ма́ссу.
야 하추 나브라찌 므쉬츠누유 마수

\# 저는 체중을 줄이고 지방량을 감소시켜야 해요.

Мне ну́жно сни́зить вес и уме́ньшить жирову́ю ма́ссу.
므녜 누즈나 스니지찌 볘ㅅ 이 우몐쉬찌 즈라부유 마수

\# 프로그램에 유산소 운동과 근력 운동을 포함시킬 수 있어요.

Мо́жно включи́ть в програ́мму кардиотрениро́вки и силовы́е упражне́ния.
모즈나 프클류치찌 프 쁘라그라무 까르지아트리니로프끼 이 실라브예 우프라즈녜니야

\# 이 운동 기구는 어떻게 사용해야 하나요?

Как ну́жно по́льзоваться э́тим тренажёром?
까ㅋ 누즈나 뽈자바짜 에찜 뜨리나조람?

248

퍼스널 트레이닝

등을 펴주세요.

Держи́те спи́ну пря́мо.

지르즈쩨 스삐누 쁘럄마

균형을 유지하세요.

Сохраня́йте равнове́сие.

사흐라냐이쩨 라브나볘시예

무릎을 약간 굽히세요.

Держи́те коле́ни слегка́ со́гнутыми.

지르즈쩨 깔례니 슬리흐까 소그누뜨미

호흡에 집중하세요.

Сосредото́чьтесь на дыха́нии.

사스리다또치찌시 나 드하닌이

팔꿈치를 몸에 더 붙이세요.

Держи́те ло́кти бли́же к те́лу.

지르즈쩨 로크찌 블리제 크 쩰루

배에 힘주세요.

Напряги́те мы́шцы живота́.

나프리기쩨 므쉬쯔 즈바따

3세트 남았습니다.

Оста́лось три подхо́да.

아스딸라시 뜨리 빠트호다

다섯 번 더 반복하세요.

Ещё пять повторе́ний.

이쑈 뺘찌 빠프따례니이

영화관

영화 보러 가자.

Пойдём в кино́.

빠이죰 프 끼노

극장 앞에서 6시에 기다릴게.

Жду тебя́ у кинотеа́тра в шесть часо́в.

즈두 찌뱌 우 끼나찌아트라 프 셰스찌 치소ㅍ

극장에서 상영하고 있는 영화는 뭐가 있어요?

Како́й фильм сейча́с идёт в кинотеа́трах?

까꼬이 필림 시차ㅅ 이죠ㅌ 프 끼나찌아트라ㅎ?

무슨 영화를 보러 가고 싶니?

На како́й фильм ты хо́чешь пойти́?

나 까꼬이 필림 뜨 호치쉬 빠이찌?

볼 만한 영화는 뭐가 있어요?

На како́й фильм сто́ит пойти́?

나 까꼬이 필림 스또이ㅌ 빠이찌?

극장에 무슨 영화가 상영하고 있는지 인터넷으로 검색해 봐.

Посмотри́ в Интерне́те, каки́е фи́льмы пока́зывают в кинотеа́трах.

빠스마트리 브 인떼르네쩨, 까끼예 필므 빠까즈바유ㅌ 프 끼나찌아트라ㅎ

영화표

이 영화는 표가 아직 있나요?

Ещё есть биле́ты на э́тот фильм?

이쑈 예스찌 빌례뜨 나 에따ㅌ 필림?

이 영화는 더빙판인가요 아니면 자막판인가요?

Э́тот фи́льм дубли́рованный и́ли с субти́трами?

에따ㅌ 필름 두블리라바느이 일리 스 수프찌트라미?

8시 영화표 두 장 주세요.

Да́йте два биле́та на во́семь часо́в.

다이쩨 드바 빌례따 나 보심 치소ㅍ

다음 상영은 몇 시에 있어요?

В кото́ром часу́ бу́дет сле́дующий сеа́нс?

프 까또람 치수 부지ㅌ 슬례두쒸 시안ㅅ?

어떤 좌석이 남았나요?

Каки́е места́ оста́лись?

까끼예 미스따 아스딸리시?

죄송하지만, 영화표가 매진되었어요.

Извини́те, все биле́ты распро́даны.

이즈비니쩨, 프세 빌례뜨 라스프로다느

영화관 에티켓

자신의 자리에 앉으세요.

Занима́йте то́лько свои́ места́.

자니마이쩨 똘까 스바이 미스따

휴대폰을 꺼 주시거나 무음 모드로 해 주세요.

Вы́ключите свой моби́льный телефо́н и́ли переведи́те его́ в беззву́чный режи́м.

브클류치쩨 스보이 마빌리느이 찔리폰 일리 삐리비지쩨 이보 브 비즈부츠느이 리즘

상영 중 통화하지 마세요.

Не разгова́ривайте по телефо́ну во вре́мя пока́за фи́льма.

니 라즈가바리바이쩨 빠 찔리포누 바 브례먀 빠까자 필마

옆 사람과 크게 대화하지 마세요.

Не разгова́ривайте гро́мко с ва́шим сосе́дом.

니 라즈가바리바이쩨 그롬까 스 바쒼 사세담

상영 중 조용히 해 주세요.

Не шуми́те во вре́мя сеа́нса.

니 슈미쩨 바 브례먀 시안사

극장에 쓰레기 버리지 마세요.

Не сори́те в кинотеа́тре.

니 사리쩨 프 끼나찌아트례

콘서트

콘서트 보러 가고 싶니?

Хо́чешь пойти́ на конце́рт?
호치쉬 빠이찌 나 깐쩨르ㅌ?

제가 좋아하는 그룹의 콘서트에 가고 싶어요.

Я хочу́ пойти́ на конце́рт мое́й люби́мой гру́ппы.
야 하추 빠이찌 나 깐쩨르ㅌ 마예이 류비마이 그루쁘

다음 주에 야외 콘서트가 있을 거예요.

На сле́дующей неде́ле бу́дет конце́рт на откры́том во́здухе.
나 슬례두쉐이 니쩰례 부지ㅌ 깐쩨르ㅌ 나 아트크르땀 보즈두혜

콘서트에서 누가 공연할 거예요?

Кто бу́дет выступа́ть на конце́рте?
끄또 부지ㅌ 브스뚜빠찌 나 깐쩨르쩨?

클래식 음악 콘서트 표가 있어요.

У меня́ есть биле́ты на конце́рт класси́ческой му́зыки.
우 미냐 예스찌 빌례뜨 나 깐쩨르ㅌ 끌라시치스까이 무즈끼

러시아 민속 노래와 춤 콘서트에 가자.

Дава́й пойдём на конце́рт ру́сской наро́дной пе́сни и пля́ски.
다바이 빠이죰 나 깐쩨르ㅌ 루스까이 나로드나이 뼤스니 이 쁠랴스끼

공연 기타

발레 티켓은 어떤 자리로 사는 게 좋은가요?

На каки́е места́ лу́чше купи́ть биле́ты на бале́т?
나 까끼예 미스따 루츠셰 꾸삐찌 빌례뜨 나 발례ㅌ?

저희 극장은 드레스 코드가 있습니다.

В на́шем теа́тре де́йствует дресс-ко́д.
브 나셈 찌아트례 제이스트부이ㅌ 드레스꼬ㅌ

반바지를 입고 객석에 들어가는 것은 허용되지 않습니다.

В шо́ртах в зри́тельный зал вход не разрешён.
프 쇼르따ㅎ 브 즈리찔리느이 잘 프호ㅌ 니 라즈리숀.

세 번째 종이 울리기 전에 도착하려면 좀 일찍 나가야 해. 안 그러면 발레에 늦을 거야.

На́до вы́йти пора́ньше, что́бы успе́ть до тре́тьего звонка́, а то опозда́ем на бале́т.
나다 브이찌 빠라니셰, 쉬또브 우스뼤찌 다 뜨례찌이바 즈반까, 아 또 아빠즈다임 나 발례ㅌ

오래전부터 이 뮤지컬을 보러 가고 싶었어요.

Я давно́ хоте́л(а) сходи́ть на э́тот мю́зикл.
야 다브노 하쩰(라) 스하지찌 나 에따ㅌ 뮤지클

술집

술 약속 잡기

\# 괜찮은 술집을 알고 있어요.

Я зна́ю оди́н хоро́ший пивба́р.
야 즈나유 아진 하로쉬 삐브바르

\# 저는 이 맥줏집 단골이에요.

Я постоя́нный посети́тель э́той пивно́й.
야 빠스따야느이 빠시찌찔 에따이 삐브노이

\# 저는 술집에서 시간 보내는 것을 좋아해요.

Я люблю́ посиде́ть в пивба́ре.
야 류블류 빠시졔찌 프 삐브바례

\# 저는 친구들과 바에서 시간을 보내는 것을 좋아해요.

Мне нра́вится посиде́ть с друзья́ми в ба́ре.
므녜 느라비짜 빠시졔찌 스 드루지야미 브 바례

\# 이 맥줏집에서 대형 스크린으로 스포츠 경기를 볼 수 있어요.

В э́той пивно́й мо́жно смотре́ть спорти́вные ма́тчи на большо́м экра́не.
브 에따이 삐브노이 모즈나 스마트례찌 스빠르찌브느예 마트치 나 발숌 에크라녜

여기서 잠깐!
'пивба́р 삐브바르(맥주 파는 술집)'는
'пивно́й бар 삐브노이 바르(맥주 바)'의 줄임말이에요.

\# 맥줏집에 가자.

Дава́й пойдём в пивну́ю.
다바이 빠이죰 프 삐브누유

\# 술집에 가자. 내가 살게.

Пойдём в пивба́р. Я угоща́ю.
빠이죰 프 삐브바르. 야 우가쌰유

\# 저는 괜찮은 와인 바를 알고 있어요. 거기서 모일까요?

Я зна́ю неплохо́й ви́нный бар. Мо́жет, соберёмся там?
야 즈나유 니쁠라호이 비느이 바르. 모졔트, 사비룜샤 땀?

\# 일 끝나고 맥주 한 잔씩 마실까요?

По́сле рабо́ты вы́пьем по кру́жке пи́ва?
뽀슬례 라보뜨 브삐임 빠 끄루쉬꼐 삐바?

\# 우리는 친구들과 술집에서 만나기로 약속했어요.

Мы договори́лись с друзья́ми встре́титься в пивба́ре.
므 다가바릴리시 스 드루지야미 프스트례찌짜 프 삐브바례

\# 술집 주소를 휴대폰에 보내 줄게. 와.

Я ски́ну а́дрес пивба́ра тебе́ на телефо́н. Приходи́.
야 스끼누 아드리ㅅ 쁘브바라 찌볘 나 찔리폰. 쁘리하지

술 권하기

한잔합시다!

Дава́йте вы́пьем!
다바이쩨 브삐임!

잔 드세요!

Поднима́йте свои́ бока́лы!
빠드니마이쩨 스바이 바깔르!

건배사를 하겠습니다.

Я хочу́ произнести́ тост.
야 하추 쁘라이즈니스찌 또스트

또 한 잔씩 하자.

Дава́й ещё по одно́й.
다바이 이쑈 빠 아드노이

무엇을 위하여 마실까요?

За что вы́пьем?
자 쉬또 브삐임?

건강을 위하여!

За здоро́вье!
자 즈다로비예!

우리의 우정을 위하여!

За на́шу дру́жбу!
자 나슈 드루즈부!

바닥까지 마셔! (원샷!)

Пей до дна!
뻬이 다 드나!

До дна!
다 드나!

술 고르기

무슨 술을 마실까요?

Что бу́дем пить?
쉬또 부짐 삐찌?

병맥주 마실래, 아니면 생맥주 마실래?

Како́е пи́во ты хо́чешь, буты́лочное и́ли разливно́е?
까꼬예 삐바 뜨 호치쉬, 부뜰라츠나예 일리 라즐리브노예?

와인은 화이트로 시킬까요 레드로 시킬까요?

Како́е вино́ заказа́ть, бе́лое и́ли кра́сное?
까꼬예 비노 자까자찌, 뻴라예 일리 끄라스나예?

코냑을 주문하자.

Дава́й возьмём коньяка́.
다바이 바지묨 까니이까

보드카를 마실래?

Бу́дешь во́дку?
부지쉬 보트꾸?

모히토로 주세요.

Да́йте мохи́то.
다이쩨 마히따

맥주 안주 주세요.

Да́йте заку́ску к пи́ву.
다이쩨 자꾸스꾸 크 삐부

클럽

클럽 가서 신나게 놀자!

Дава́й схо́дим в клуб, оторвёмся!
다바이 스호짐 프 끌루프, 아따르봄샤!

이 클럽은 춤추는 무대가 진짜 엄청나게 크다!

В э́том клу́бе танцпо́л про́сто огро́мный!
브 에땀 끌루볘 딴쯔뽈 쁘로스따 아그롬느이!

저는 클럽에서 생일 파티를 하고 싶어요.

Я хочу́ спра́вить день рожде́ния в клу́бе.
야 하추 스쁘라비찌 졘 라즈졔니야 프 끌루볘

그런 옷차림으로는 클럽에 들어가지 못할 수도 있어.

В тако́й оде́жде тебя́ мо́гут не пропусти́ть в клуб.
프 따꼬이 아졔즈졔 찌뱌 모구트 니 쁘라뿌스찌찌 프 끌루프

너는 나이보다 어려 보여. 클럽 입구에서 못 들어갈 수도 있으니까 신분증 챙겨.

Ты вы́глядишь моло́же свои́х лет. Возьми́ докуме́нты, вдруг не пропу́стят на вхо́де в клуб.
뜨 브그리지쉬 말로졔 스바이흐 례트. 바지미 다꾸몐뜨, 브드루크 니 쁘라뿌스쨔트 나 프호졔 프 끌루프

254

파티 초대

파티에 누구를 초대하고 싶니?

Кого́ ты хо́чешь пригласи́ть на вечери́нку?
까보 뜨 호치쉬 쁘리글라시찌 나 비치린꾸?

오늘 내 파티에 올 수 있니?

Ты мо́жешь прийти́ сего́дня ко мне на вечери́нку?
뜨 모즈쉬 쁘리이찌 시보드냐 까 므녜 나 비치린꾸?

내 파티에 와 줘.

Приходи́ ко мне на вечери́нку.
쁘리하지 까 므녜 나 비치린꾸

누가 또 파티에 올 거니?

Кто ещё придёт на вечери́нку?
끄또 이쑈 쁘리죠ㅌ 나 비치린꾸?

친구들 모두 초대했어요.

Я пригласи́л(а) всех друзе́й.
야 쁘리글라실(라) 프세ㅎ 드루제이

가장 가까운 친구들만 초대했어요.

Я пригласи́л(а) то́лько са́мых бли́зких друзе́й.
야 쁘리글라실(라) 똘까 사므ㅎ 블리스끼ㅎ 드루제이

꼭! 짚고 가기

러시아의 술자리 문화

러시아만의 독특한 술자리 문화를 살펴 보세요.

· 잔을 든 상태에서 술을 따르지 않는다.

· 술잔이나 와인잔을 테이블에 내려놓고 술을 따라야 한다.

· 늦게 온 손님과는 테이블 너머로 악수하지 않는다.

· 건배사가 끝나고 서로 잔을 부딪친 다음 잔을 테이블에 바로 내려놓으면 안 되고, 한 모금이라도 마셔야 한다.

· 테이블 위에 빈 병을 두면 안 된다.

· 한 사람이 술을 따르기 시작하면 그 사람은 끝까지 술 따르는 역할을 맡는다.

· 손바닥이 위로 향하는 방향으로 즉, 손목을 틀어서 술을 따르면 안 된다.

파티 전	파티 후

파티 전

우리 집에서 파티를 하려고 해요.

Я устра́иваю вечери́нку у себя́ до́ма.

야 우스트라이바유 비치린꾸 우 시뱌 도마

어디서 파티를 하는 게 좋을까요. 집에서 아니면 클럽에서?

Где лу́чше провести́ вечери́нку, до́ма и́ли в клу́бе?

그제 루츠셰 쁘라비스찌 비치린꾸, 도마 일리 프 클루볘?

저는 음식과 마실 것을 준비할게요.

Я позабо́чусь о еде́ и напи́тках.

야 빠자보추시 아 이제 이 나삐트까ㅎ

파티 음식 준비하는 걸 도와줘.

Помоги́ мне пригото́вить угоще́ние для вечери́нки.

빠마기 므녜 쁘리가또비치 우가쎼니예 들랴 비치린끼

음악을 미리 골라야 해요.

Ну́жно зара́нее подобра́ть му́зыку.

누즈나 자라니예 빠다브라찌 무즈꾸

파티 후

우리는 시간을 잘 보냈어요.

Мы хорошо́ провели́ вре́мя.

므 하라쇼 쁘라빌리 브레먀

우리는 기념행사를 잘 치렀어요.

Мы хорошо́ отме́тили торжество́.

므 하라쇼 아트몌찔리 따르즈스트보

모두가 즐거운 시간을 보냈어요.

Все хорошо́ повесели́лись.

프세 하라쇼 빠비실릴리시

모든 것이 잘 준비되었어요.

Всё бы́ло хорошо́ устро́ено.

프쇼 블라 하라쇼 우스트로이나

음악도 음식도 마실 것도 모든 게 훌륭했어요.

Всё бы́ло отли́чно: и му́зыка, и еда́, и напи́тки.

프쇼 블라 아틀리츠나 이 무즈까, 이 이다, 이 나삐트끼

우리의 오랜 친구들이 파티에 다 있었어요.

На вечери́нке бы́ли все на́ши ста́рые знако́мые.

나 비치린꼐 블리 프세 나쉬 스따르예 즈나꼬므예

지루했어요.

Была́ скукоти́ща.

블라 스꾸까찌쌰

256

다양한 파티

내 생일 파티에 와.

Приходи́ ко мне на день
рожде́ния.
쁘리하지 까 므녜 나 젠 라즈제니야

저는 집들이에 초대받았어요.

Меня́ пригласи́ли на
новосе́лье.
미냐 쁘리글라실리 나 나바셀리예

우리는 카페에서 동창 모임을 하려고
해요.

Мы собира́емся в кафе́
отме́тить встре́чу
однокла́ссников.
므 사비라임샤 프 까폐 아트몌찌찌 프스트례추
아드나클라스니까ㅍ

오늘 저녁에 우리는 회사 기념식을 해요.

Сего́дня ве́чером
отмеча́ем юбиле́й фи́рмы.
시보드냐 볘치람 아트미차임 유빌례이 피르므

저는 신년 파티에 초대받았어요.

Меня́ пригласи́ли на
нового́днюю вечери́нку.
미냐 쁘리글라실리 나 나바고드뉴유 비치른꾸

저는 오늘 회식이 있어요.

У нас сего́дня бу́дет
корпорати́в.
우 나ᄉ 시보드냐 부지ㅌ 까르빠라찌ㅍ

꼭! 짚고 가기

러시아에서 즐겨 먹는 케이크

러시아 사람들은 쓴맛의 홍차나 블랙커피
를 자주 마시는데 이때 달콤한 케이크를
디저트를 곁들이는 경우가 많아요. 집에서
직접 굽기도 하지요. 러시아에서 인기 있는
케이크를 알려 드릴게요.

- **수플레 크림 케이크**
  торт «Пти́чье молоко́»
  또르ㅌ 쁘찌치예 말라꼬

  겉을 초콜릿으로 감싼 케이크예요.
  пти́чье молоко́ 삐찌예 말라꼬는
  '새의 젖'을 의미해요. 민간 전설에 의하
  면 낙원에 사는 새는 젖이 있다고 하는
  데 마치 하얀 수플레와 같다고 전해져
  요. 수플레 크림은 거품을 낸 달걀 흰자
  에, 버터와 연유로 만든 크림을 추가해
  만든 단단하면서 부드러운 크림이에요.

- **커스터드 크림 케이크**
  торт «Наполео́н» 또르ㅌ 나뽈리온
  종이처럼 얇은 층을 겹겹이 쌓은 형태
  의 케이크예요. 1812년 겨울, 러시아가
  나폴레옹과의 전투에서 승리를 거두었
  고, 이후 승전 100주년을 맞이한 기념
  잔치에서 겉에 빵가루를 뿌린 세모 모
  양의 조각 케이크를 잔치 테이블에 올
  린 것이 시작이에요. 세모 모양은 나폴
  레옹의 모자를 상징하고, 빵가루는 눈
  을 뜻해요. 오늘날에는 일반적인 케이
  크와 같이 원형으로 만들어요.

- **꿀 케이크**
  торт «Медови́к» 또르ㅌ 미다비
  반죽에 꿀을 첨가하고 러시아식 사워크
  림을 이용해 만들어요. 꿀을 좋아하지
  않았던 옐리자베타 여제를 위해 개발된
  케이크라는 유래도 있어요.

Глава 07

학교 다녀오겠습니다!

Глава 07

Школа 쉬꼴라 학교

шко́ла 쉬꼴라 n.f. 학교	**нача́льная шко́ла** 나찰리나야 쉬꼴라 초등학교(1~4학년)	**основна́я шко́ла** 아스나브나야 쉬꼴라 중학교(기본 학교)(5~9학년)
	ста́ршие кла́ссы 스따르쉬예 끌라스 고등학교(고학년)(10~11학년)	**вы́сшее уче́бное заведе́ние** 브스셰예 우체브나예 자비제니예 = **вуз** 부ㅅ n.m. (약자) 대학(고등 교육기관)
шко́льник 쉬꼴리니ㅋ n.m., **шко́льница** 쉬꼴리니짜 n.f. 학생	**студе́нт** 스뚜젠ㅌ n.m., **студе́нтка** 스뚜젠트까 n.f. 대학생	**учи́ть - вы́учить** 우치찌 – 브우치찌 v. 배우다; 외우다 **учи́ться - вы́учиться** 우치짜 – 브우치짜 v. (학생으로 교육기관에서) 배우다, 공부하다
	посеще́ние 빠시쎼니예 n.n. 출석 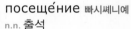	**опозда́ние** 아빠즈다니예 n.n. 지각 
учи́тель 우치찔 n.m., **учи́тельница** 우치찔리니짜 n.f. 선생님	**профе́ссор** 쁘라폐사ㄹ n.m. (전문학교, 대학) 교수	**учи́ть - научи́ть** 우치찌 – 나우치찌 v. 가르치다
	уро́к 우로ㅋ n.m. 수업	**ле́кция** 레크쯔야 n.f. 강의

бума́га 부마가 n.f. 종이 	уче́бник 우체브니ㅋ n.m. 교과서 	тетра́дь 찌트라찌 n.f. 공책
каранда́ш 까란다쉬 n.m. 연필 	стира́тельная рези́нка 스찌라찔리나야 리진까 = ла́стик 라스찌ㅋ n.m. 지우개 	ру́чка 루츠까 n.f. 볼펜
лине́йка 리네이까 n.f. 자 	но́жницы 노즈니쯔 n.pl. 가위 	клей 끌레이 n.m. 풀
доска́ 다스까 n.f. 칠판 мел 몔 n.m. 분필 	дома́шнее зада́ние 다마쉬녜예 자다니예 숙제	рефера́т 리피라ㅌ n.m. 리포트
экза́мен 에그자민 n.m. 시험 	оце́нка 아쩬까 = отме́тка 아트몌트까 n.f. 점수; 성적 	оце́нивать - оцени́ть 아쩨니바찌 – 아쯔니찌 v. 평가하다
	лёгкий (-ая, -ое, -ие) 료흐끼 a. 쉬운; 가벼운	тру́дный (-ая, -ое, -ые) 뜨루드느이 a. 어려운
	стипе́ндия 스찌뼨지야 n.m. 장학금 	кани́кулы 까니꿀르 n.pl. 방학

등교 ①

학교까지 걸어서 얼마나 걸려?

За ско́лько ты дохо́дишь до шко́лы?
자 스꼴까 뜨 다호지쉬 다 쉬꼴르?

Ско́лько вре́мени тебе́ идти́ до шко́лы?
스꼴까 브레미니 찌볘 이찌 다 쉬꼴르?

학교까지 가는 데 얼마 걸려?

Ско́лько вре́мени ухо́дит на доро́гу до шко́лы?
스꼴까 브레미니 우호지ㅌ 나 다로구 다 쉬꼴르?

저는 걸어서 등교해요.

Я хожу́ в шко́лу пешко́м.
야 하주 프 쉬꼴루 삐쉬꼼

저는 학교에 버스 타고 가요.

Я е́зжу в шко́лу на авто́бусе.
야 예주 프 쉬꼴루 나 아프또부세

저는 학교에 자전거 타고 가요.

Я е́зжу в шко́лу на велосипе́де.
야 예주 프 쉬꼴루 나 빌라시뼤제

학교에 갈 땐 차로 태워 주는데, 집에 올 땐 알아서 와요.

Меня́ дово́зят до шко́лы на маши́не, а домо́й иду́ сам(сама́).
미냐 다보쟈ㅌ 다 쉬꼴르 나 마쉬녜, 아 다모이 이두 삼(사마)

등교 ②

저는 같이 등교하려고 친구를 데리러 가요.

Я захожу́ за дру́гом(подру́гой) в шко́лу.
야 자하주 자 드루감(빠드루가이) 프 쉬꼴루

저는 학교에 지각하지 않으려고 해요.

Я стара́юсь не опа́здывать в шко́лу.
야 스따라우시 니 아빠즈드바찌 프 쉬꼴루

저는 학교 가려고 아침에 일어나는 게 힘들어요.

Мне тру́дно встава́ть у́тром в шко́лу.
므녜 뜨루드나 프스따바찌 우트람 프 쉬꼴루

실내화 가방을 집에 두고 나왔는데 그걸 가지러 다시 집에 뛰어갔어요.

Я забы́л(а) сме́нку и опя́ть побежа́л(а) домо́й за ней.
야 자블(라) 스멘꾸 이 아뺘찌 빠비잘(라) 다모이 자 네이

오늘 또 체육복을 가져오는 걸 깜박했어요.

Я опя́ть сего́дня забы́л(а) взять спорти́вную фо́рму.
야 아뺘찌 시보드냐 자블(라) 브쟈찌 스빠르찌브누유 포르무

쉬는 시간 & 하교

쉬는 시간은 10분이고, 긴 쉬는 시간은
20분입니다.

Переме́на дли́тся де́сять
мину́т, а больша́я переме́на
— два́дцать мину́т.
삐리몌나 드리짜 제시찌 미누ㅌ, 아 발샤야
삐리몌나 – 드바짜찌 미누ㅌ

긴 쉬는 시간은 3교시 후에 있을 거예요.

Больша́я переме́на бу́дет
по́сле тре́тьего уро́ка.
발샤야 삐리몌나 부지ㅌ 뽀슬례 뜨례찌이바
우로까

나는 쉬는 시간에 역사를 복습해야 한다.

Мне ну́жно повтори́ть
исто́рию на переме́не.
므녜 누즈나 빠프따리찌 이스또리유 나 삐리몌녜

나는 긴 쉬는 시간에 작문을 끝까지 썼다.

На большо́й переме́не я
дописа́л(а) сочине́ние.
나 발쇼이 삐리몌녜 야 다삐샬(라) 사치녜니예

수업 후에 저는 돌봄 교실을 다니는데
거기서 숙제를 해요.

По́сле уро́ков я хожу́ на
продлёнку и де́лаю там
дома́шнее зада́ние.
뽀슬례 우로까ㅍ 야 하주 나 쁘라들룐꾸 이
젤라유 땀 다마쉬녜예 자다니예

여기서 잠깐!
초등 1~4학년 학생들을 위한 '방과후 돌봄 교실'은
'гру́ппа продлённого дня 그루빠 쁘라들료나바
드냐'입니다. 회화에서는 'продлёнка 쁘라들룐까'라
고 합니다.

꼭! 짚고 가기

국어와 수학 숙제

러시아의 학교는 매일 숙제가 있는 편이고,
필기 숙제가 있는 과목은 항상 노트가 두
권 있어요. 숙제를 한 노트를 선생님에게
제출한 날은 다른 노트에 숙제를 하고, 다
음날에는 선생님이 검사한 숙제 노트를 받
은 후 다른 노트를 다시 제출합니다. 대표
적인 국어와 수학 숙제는 아래와 같아요.

국어 숙제는 주로 철자법, 문법, 구두점 규
칙, 쓰기 연습 문제 풀기, 요약해서 옮겨 쓰
기, 작문 쓰기가 있어요.

- сочине́ние 사치녜니예
  작문, 글짓기
- изложе́ние 이즐라제니예
  요약해서 옮겨 쓰기
- дикта́нт 지크딴ㅌ 받아쓰기
- упражне́ние 우프라즈녜니예
  쓰기 연습 문제
- пра́вило 쁘라빌라 규칙

수학은, 1~6학년 때 'матема́тика 마찌
마찌까(수학)'를, 7학년부터는 'а́лгебра 알
기브라(대수학)'와 'геоме́трия 기아몌트리
야(기하학)'를 배워요.
수학 숙제는 규칙이나 정리를 외우고 노
트에 문제를 푸는데, 풀이 과정까지 잘 써
야 해요.

- приме́р 쁘리몌ㄹ 수학 문제
- зада́ча 자다차 수학 서술형 문제
- уравне́ние 우라브녜니예 방정식
- теоре́ма Пифаго́ра
  찌아례마 삐파고라
  피타고라스의 정리
- табли́ца умноже́ния
  따블리짜 움나제니야
  구구단 표

입학 ①

신학기가 9월 1일에 시작됩니다.

Но́вый уче́бный год начина́ется пе́рвого сентября́.
노브이 우체브느이 고ㄷ 나치나이짜 뻬르바바 신찌브랴

9월 1일 아이들은 학교에 입학합니다.

Пе́рвого сентября́ де́ти поступа́ют в шко́лу.
뻬르바바 신찌브랴 제지 빠스뚜빠유ㅌ 프 쉬꼴루

9월 1일은 지식의 날입니다.

Пе́рвое сентября́ — э́то День зна́ний.
뻬르바예 신찌브랴 – 에따 젠 즈나니

9월 1일날에 가져갈 꽃을 사야 해요.

Ну́жно купи́ть цветы́ на Пе́рвое сентября́.
누즈나 꾸삐찌 쯔비뜨 나 뻬르바예 신찌브랴

제 여동생이 1학년에 들어갔어요.

Моя́ мла́дшая сестра́ пошла́ в пе́рвый класс.
마야 믈라트샤야 시스트라 빠쉴라 프 뻬르브이 끌라ㅅ

우리는 교복을 사러 갈 거예요.

Мы пойдём покупа́ть шко́льную фо́рму.
므 빠이죰 빠꾸빠찌 쉬꼴리누유 포르무

입학 ②

러시아 대학교에 입학하고 싶어요.

Я хочу́ поступи́ть в росси́йский университе́т.
야 하추 빠스뚜삐찌 브 라시이스끼 우니비르시쩨ㅌ

저는 제 아이가 이 학교에 입학하기를 원해요.

Я хочу́, что́бы мой ребёнок поступи́л в э́ту шко́лу.
야 하추, 쉬또브 모이 리뵤나ㅋ 빠스뚜삘 브 에뚜 쉬꼴루

저는 시험에 통과하고 원하는 대학교에 입학했어요.

Я успе́шно сда́л(сдала́) экза́мены и поступи́л(а) в жела́емый университе́т.
야 우스뼤쉬나 즈달(라) 에그자미느 이 빠스뚜삘(라) 브 즐라이므이 우니비르시쩨ㅌ

저는 무상 교육 지원을 받고 대학교에 입학했어요.

Я поступи́л(а) в университе́т на бюдже́тной осно́ве.
야 빠스뚜빌(라) 브 우니비르시쩨ㅌ 나 뷰제트나이 아스노볘

이 대학교에 외국 대학생들이 많이 입학해요.

В э́тот университе́т поступа́ет мно́го иностра́нных студе́нтов.
브 에따ㅌ 우니비르시쩨ㅌ 빠스뚜빠이ㅌ 므노가 이나스트라느ㅎ 스뚜젠따ㅍ

진학

제 남동생이 10학년에 올라갔어요.

Мой мла́дший брат перешёл в деся́тый класс.
모이 스따르쉬 브라트 삐리숄 브 지샤뜨이 끌라스

저는 고등학교를 다니기로 했어요.
(저는 고학년에서 공부를 계속하기로 했어요.)

Я реши́л(а) продо́лжить учёбу в ста́рших кла́ссах.
야 리쉴(라) 쁘라돌즈찌 우쵸부 프 스따르쉬ㅎ 끌라사ㅎ

대학교에 입학하고 나서, 기숙사에 들어갔어요.

Поступи́в в университе́т, перее́хал(а) в общежи́тие.
빠스뚜삐ㅍ 브 우니비르시쩨트,
삐리예할(라) 브 아프쉬즈찌예

그는 9학년을 졸업하고 전문대학에 입학했어요.

Он око́нчил де́вять кла́ссов и поступи́л в те́хникум.
온 아꼰칠 제비찌 끌라사ㅍ 이 빠스뚜삘 프 쩨흐니꿈

꼭! 짚고 가기

대학교 무상 교육

모든 러시아 국민은 고등학교를 졸업하고 국립 대학에서 무상 교육을 받을 수 있는 권리가 있어요. 무상 교육 지원을 받으려면 '통합국가시험(ЕГЭ 예게, еди́ный госуда́рственный экза́мен 이지느이 가수다르스트비느이 에그자민, 러시아 대학 입학 시험)'에서 높은 점수를 받아야 하고, 면접을 따로 실시하는 대학교는 면접도 통과해야 해요. 몇몇 사립대학에서도 무상 교육을 실시하는데 국립대학교에 비해 많진 않아요.
무상 교육을 받는 대학생이 출석과 성적이 좋으면, 매달 국가에서 지급되는 장학금까지 따로 받을 수 있어요. 무상 교육 지원 인원수는 정해져 있고, 경쟁이 치열해서 무상으로 교육을 받으려면 공부를 열심히 해야 해요.
러시아에서는 초등학교, 중학교, 고등학교를 모두 같은 학교에서 다녀요. 초등학교는 1~4학년, 중학교(기본 학교)는 5~9학년, 고등학교(고학년)는 10~11학년이에요. 1학년에 입학해서 같은 반 친구들과 계속 9학년까지 같이 공부할 수 있어요. 9학년까지의 교육은 의무 교육이에요. 9학년을 졸업하면 기본 교육 졸업장을 받고 고학년에 진학하거나 전문대학이나 직업학교에 입학할 수 있어요.

신입생

우리는 대학교 개방의 날 행사에
다녀왔어요.

Мы ходи́ли в университе́т
на день откры́тых двере́й.
므 하질리 브 우니비르시쩨트 나 젠
아트크르뜨흐 드비레이

우리는 대학교 신입생이 되었습니다.

Мы ста́ли
первоку́рсниками.
므 스딸리 뼤르바꾸르스니까미

오늘은 신입생 환영식이 있을 거예요.

Сего́дня бу́дет
посвяще́ние в
первоку́рсники.
시보드냐 부지트 빠스비쎼니예 프
뼤르바꾸르스니끼

신입생들은 대학 생활에 적응해야 해요.

Первоку́рсникам на́до
ещё привы́кнуть к
университе́тской жи́зни.
뼤르바꾸르스니깜 나다 이쑈 쁘리브크누찌 크
우니비르시쩨쯔까이 즈즈니

신입생들은 대학교의 모든 것이 새로워요.

Для первоку́рсников всё
но́во в университе́те.
들랴 뼤르바꾸르스니까프 프쑈 노바 브
우니비르시쩨쩨

여기서 잠깐!

'день откры́тых двере́й 젠 아트크르뜨흐 드비레이
(개방의 날)'는 입시를 준비하는 고등학생들이 관심 있
는 대학교에 방문해서 입학 및 교육, 진로 상담, 대학교
생활에 대한 정보를 얻을 수 있는 입시 설명회입니다.

졸업

너는 언제 대학을 졸업하니?

Когда́ ты ока́нчиваешь
университе́т?
까그다 뜨 아깐치바이쉬 우니비르시쩨트?

학교 졸업하고 뭘 하려고 하니?

Что ты собира́ешься
де́лать по́сле шко́лы?
쉬또 뜨 사비라이쉬샤 젤라찌 뽀슬례 쉬꼴르?

대학교 졸업하고 뭘 하려고 하니?

Что ты собира́ешься
де́лать по́сле
университе́та?
쉬또 뜨 사비라이쉬샤 젤라찌 뽀슬례
우니비르시쩨따?

대학 졸업하고 직장을 찾으려고 해요.

По́сле оконча́ния
университе́та я собира́юсь
иска́ть рабо́ту.
뽀슬례 아깐차니야 우니비르시쩨따 야
사비라유시 이스까찌 라보뚜

4학년을 마치고 석사 과정에 입학하고
싶어요.

По́сле четвёртого ку́рса
я хочу́ поступи́ть в
магистрату́ру.
뽀슬례 치트뵤르따바 꾸르사 야 하추
빠스뚜삐찌 브 마기스트라뚜루

266

졸업 성적

저는 메달을 받고 학교를 졸업했어요.

Я око́нчил(а) шко́лу с
меда́лью.

야 아꼰칠(라) 쉬꼴루 스 미달리유

저는 우수한 성적으로 대학교를
졸업했어요.

(저는 빨간 졸업장을 받고 대학교를 졸업했어요.)

Я око́нчил(а) университе́т
с кра́сным дипло́мом.

야 아꼰칠(라) 우니비르시쩨ㅌ 스 끄라스늠
지플로맘

저는 졸업 논문 발표만 남았어요.

Мне оста́лось защити́ть
дипло́мную рабо́ту.

므녜 아스딸라시 지쒸찌찌 지플롬누유 라보뚜

저는 모든 과목에서 좋은 성적을
받았어요.

Я получи́л(а) хоро́шие
оце́нки по всем
предме́там.

야 빨루칠(라) 하로쉬예 아쩬끼 빠 프셈
쁘리드몌땀

졸업 기타

저는 학교에서 졸업 파티가 있을 거예요.

У меня́ бу́дет выпускно́й
бал в шко́ле.

우 미냐 부지ㅌ 브뿌스크노이 발 브 쉬꼴레

졸업식에 입을 드레스를 사야 해요.

Ну́жно купи́ть пла́тье на
выпускно́й бал.

누즈나 꾸삐찌 쁠라찌예 나 브뿌스크노이 발

오늘은 졸업식이 있어요.
우리가 졸업장을 받을 거예요.

Сего́дня бу́дет выпускно́й.
Нам вруча́т дипло́мы.

시보드냐 부지ㅌ 브뿌스크노이.
남 브루차ㅌ 지플로므

먼저 우수 졸업생들이 졸업장을
받았어요.

(먼저 빨간 졸업장을 수여했어요.)

Внача́ле вручи́ли кра́сные
дипло́мы.

브나찰례 브루칠리 끄라스느예 지플로므

학교를 졸업하고 러시아에 공부하러
가려고 해요.

По́сле оконча́ния шко́лы
я собира́юсь пое́хать на
учёбу в Росси́ю.

뽀슬례 아깐차니야 쉬꼴르, 야 사비라유시
빠예하찌 나 우쵸부 브 라시유

학교생활

수업 시작

학교 수업은 8시 30분에 시작됩니다.

Уро́ки в шко́ле начина́ются в во́семь три́дцать.

우로끼 프 쉬꼴례 나치나유짜 브 보심 뜨리짜찌

Уро́ки в шко́ле начина́ются в полдевя́того.

우로끼 프 쉬꼴례 나치나유짜 프 뽈지뱌따바

수업 시간은 40분입니다.

Оди́н уро́к дли́тся со́рок мину́т.

아진 우로크 들리짜 소라크 미누트

저는 오전반에 다녀요.

Я хожу́ в пе́рвую сме́ну.

야 하주 프 뼤르부유 스메누

저는 오후반에 다니는 게 좋아요.
푹 잘 수 있어서요.

Мне нра́вится ходи́ть во втору́ю сме́ну. Я могу́ вы́спаться.

므녜 느라비짜 하지찌 바 프따루유 스메누.
야 마구 브스빠짜

오후반은 2시에 공부를 시작해요.

В два часа́ начина́ется втора́я сме́на.

브 드바 치사 나치나이짜 프따라야 스메나

안녕하세요, 여러분! 자리에 앉아 주세요.

Здра́вствуйте, ребя́та!
Сади́тесь, пожа́луйста.

즈드라스트부이쩨, 리뱌따! 사지찌시, 빠잘루스따

오늘 누가 당번 학생이에요?

Кто сего́дня дежу́рный?

끄또 시보드냐 지주르느이?

오늘 누가 결석했어요?

Кто сего́дня отсу́тствует?

끄도 시보드냐 아쭈쯔트부이트?

죄송합니다, 늦었습니다.

Извини́те, я опозда́л(а).

이즈니쩨, 야 아빠즈달(라)

복습부터 시작합시다.

Начнём с повторе́ния.

나츠뇸 스 빠프따례니야

숙제 검사부터 시작합시다.

Начнём с прове́рки дома́шнего зада́ния.

나츠뇸 스 쁘라볘르끼 다마쉬니바 자다니야

안드레이 이바노프, 칠판 앞으로 나오세요!

Андре́й Ивано́в, к доске́!

안드례이 이바노프, 크 다스꼐!

교재 125쪽을 펴세요.

Откро́йте ва́ши уче́бники на страни́це 125
(сто два́дцать пять).

아트크로이쩨 바쉬 우체브니끼 나 스트라니쩨
스또 드바짜찌 빠찌

여기서 잠깐!

'пе́рвая сме́на 뼤르바야 스메나(오전반)'는 8시 30분에 수업을 시작하는 반이고, 'втора́я сме́на 프따라 야 스메나(오후반)'는 오전반 수업이 끝나고 하교한 후, 2시부터 수업을 시작하는 반이에요.

수업 시간표

오늘은 수업이 많아요.

Сего́дня мно́го уро́ков.
시보드냐 므노가 우로까ㅍ

너 오늘 수업이 몇 개 있니? (학교)

Ско́лько у тебя́ сего́дня уро́ков?
스꼴까 우 찌뱌 시보드냐 우로까ㅍ?

너는 오늘 수업이 몇 개 있니? (대학교)

Ско́лько у тебя́ сего́дня пар?
스꼴까 우 찌뱌 시보드냐 빠르?

저는 오늘 수업 4개가 있어요. (대학교)

У меня́ сего́дня четы́ре па́ры.
우 미냐 시보드냐 치뜨리 빠르

다음 수업은 뭐예요?

Како́й сле́дующий уро́к?
까꼬이 슬례두쉬이 우로ㅋ?

저는 아직 수업 시간표를 몰라요.

Я ещё не зна́ю расписа́ния уро́ков.
야 이쑈 니 즈나유 라스삐사니야 우로까ㅍ

수업 난이도

저는 문학이 가장 쉬워요.

Мне ле́гче всего́ даётся литерату́ра.
므네 례흐체 프시보 다요짜 리찌라뚜라

저는 수학에서 한 번도 어려움이 없었어요.

У меня́ никогда́ не́ было пробле́м с матема́тикой.
우 미냐 니까그다 네 블라 쁘라블렘 스 마찌마찌까이

수학 과목에서 저는 겨우 따라가요.

Я е́ле успева́ю по матема́тике.
야 옐례 우스삐바유 빠 마찌마찌꼐

저는 물리학에서 아무것도 이해하지 못해요.

Я ничего́ не понима́ю по фи́зике.
야 니치보 니 빠니마유 빠 피지꼐

저는 화학을 잘 몰라요.

Я пло́хо разбира́юсь в хи́мии.
야 쁠로하 라즈비라유시 프 히미이

저에게 가장 어려운 과목은 수학이에요.

Для меня́ са́мый сло́жный предме́т — матема́тика.
들랴 미냐 사므이 슬로즈느이 쁘리드몌ㅌ — 마찌마찌까

여기서 잠깐!
'па́ра 빠라'는 '한 쌍'이란 뜻이에요. 대학 수업은 40분씩 두 교시이며, 수업 하나를 па́ра라고 해요.

수업 태도

저는 항상 선생님의 말씀을 주의 깊게 들어요.

Я всегда́ внима́тельно слу́шаю учи́теля.
야 프시그다 브니마찔리나 슬루샤유 우치찔랴

수업 시간에 다른 쪽 돌아보지 마.

Не верти́сь во вре́мя уро́ка.
니 비르찌시 바 브례먀 우로까

죄송합니다, 제가 숙제 노트를 안 가져왔습니다.

Извини́те, я забы́л(а) тетра́дь с дома́шней рабо́той.
이즈비니쩨, 야 자블(라) 찌트라찌 스 다마쉬네이 라보따이

그녀는 자주 1교시에 지각해요.

Она́ ча́сто опа́здывает на пе́рвый уро́к.
아나 차스따 아빠즈드바이ㅌ 나 뻬르브이 우로ㅋ

그는 자주 수업 시간에 지적을 받아요.

Ему́ ча́сто де́лают замеча́ния на уро́ке.
이무 차스따 젤라유ㅌ 자미차니야 나 우로꼐

그는 강의 내내 잤어요.

Он проспа́л всю ле́кцию.
온 쁘라스빨 프슈 레크쯔유

수업 기타

질문이 있어요?

У вас есть вопро́сы?
우 바ㅅ 예스찌 바프로스?

저는 항상 강의 요약을 써요.

Я всегда́ запи́сываю конспе́кт ле́кции.
야 프시그다 자삐스바유 깐스뻬크ㅌ 레크쯔이

저는 전체 강의를 필기하지 않고, 제일 중요한 것만 적어요.

Я не пишу́ всю ле́кцию, а то́лько запи́сываю са́мое ва́жное.
야 니 삐슈 프슈 레크쯔유, 아 똘까 자삐스바유 사마예 바즈나예

저는 강의를 필기할 때, 줄임말이나 기호를 사용해요.

Когда́ я запи́сываю ле́кцию, я испо́льзую сокраще́ния и зна́ки.
까그다 야 자삐스바유 레크쯔유, 야 이스뽈주유 사크라쎼니야 이 즈나끼

다음 강의는 어디에서 하는지 아니?

Ты не зна́ешь, где бу́дет сле́дующая ле́кция?
뜨 니 즈나이쉬, 그제 부지ㅌ 슬례두쌰야 레크쯔야?

270

숙제하기

숙제가 뭐예요?

Что нам зада́ли?

쉬또 남 자달리?

오늘은 숙제가 많아요.

Сего́дня мно́го дома́шнего зада́ния.

시보드냐 므노가 다마쉬니바 자다니야

Сего́дня мно́го дома́шки. (회화)

시보드냐 므노가 다마쉬끼

저는 학교에서 돌아오면 바로 숙제를 해요.

Когда́ я прихожу́ из шко́лы, я сра́зу де́лаю уро́ки.

까그다 야 쁘리하주 이스 쉬꼴르, 야 스라주 젤라유 우로끼

저는 오늘 숙제해야 해서 어디에도 못 가요.

Сего́дня я никуда́ не пойду́, мне ну́жно де́лать дома́шнее зада́ние.

시보드냐 야 니꾸다 니 빠이두, 므녜 누즈나 젤라찌 다마쉬녜예 자다니예

저는 저녁 내내 수학 숙제를 했어요.

Я де́лал(а) дома́шнее зада́ние по матема́тике весь ве́чер.

야 졔랄(라) 다마쉬녜예 자다니예 빠 마찌마찌꼐 볘시 볘치ㄹ

숙제 마친 후

숙제 다 했어?

Ты сде́лал(а) уро́ки?

뜨 즈젤랄(라) 우로끼?

숙제를 다 했어요. 밖에 나가도 돼요?

Я сде́лал(а) все уро́ки. Мо́жно на у́лицу?

야 즈젤랄(라) 프세 우로끼. 모즈나 나 울리쭈?

오늘 친구와 함께 숙제를 했어요.

Сего́дня мы с дру́гом вме́сте сде́лали уро́ки.

시보드냐 므 스 드루감 브몌스쩨 즈젤랄리 우로끼

리포트를 하루 안에 다 썼어요.

Я написа́л(а) рефера́т за оди́н день.

야 나삐살(라) 리피라ㅌ 자 아진 젠

과제를 밤새도록 썼어요.

Я всю ночь писа́л(а) рабо́ту.

야 프슈 노ㅊ 삐살(라) 라보뚜

학기말 과제 다 썼니?

Ты написа́л(а) курсову́ю?

뜨 나삐살(라) 꾸르사부유?

숙제 평가	숙제 기타

검사할 노트를 제출하세요.

Сда́йте ва́ши тетра́дки на
прове́рку.
즈다이쩨 바쉬 찌트라트끼 나 쁘라베르꾸

제 숙제 점수가 좋게 나왔어요.

Мне поста́вили хоро́шую
оце́нку за дома́шнюю
рабо́ту.
므녜 빠스따빌리 하로슈유 아쩬꾸 자
다마쉬뉴유 라보뚜

저는 수학 숙제에 4점을 받았어요.

Я получи́л(а) четвёрку
за дома́шнее зада́ние по
матема́тике.
야 빨루칠(라) 치트뵤르꾸 자 다마쉬녜예
자다니예 빠 미찌마찌꼐

저는 받아쓰기에 5점을 받았어요.

Мне поста́вили пять за
дикта́нт.
므녜 빠스따빌리 뺘찌 자 지크딴ㅌ

선생님이 우리 작문을 아직 검사 다 못하셨어요.

Учи́тельница ещё
не прове́рила на́ши
сочине́ния.
우치찔리니짜 이쑈 니 쁘라베릴라 나쉬
사치녜니야

리포트를 써야 해요.

Мне ну́жно написа́ть
рефера́т.
므녜 누즈나 나삐사찌 리피라ㅌ

수학 문제들을 풀어야 해요.

На́до реши́ть приме́ры и
зада́чи по матема́тике.
나다 리쉬찌 쁘리몌르 이 자다치 빠 미찌마찌꼐

방정식을 풀어야 해요.

На́до реши́ть уравне́ния.
나다 리쉬찌 우라브녜니야

기하학 정리를 외워야 해요.

Ну́жно вы́учить теоре́му
по геоме́трии.
누즈나 브우치찌 찌아례무 빠 기아몌트리이

작문을 써야 해요.

На́до написа́ть сочине́ние.
나다 나삐사찌 사치녜니예

국어 규칙을 외우고 쓰기 연습 문제를 풀어야 해요.

На́до вы́учить пра́вила и
сде́лать упражне́ния по
ру́сскому языку́.
나다 브우치찌 쁘라빌라 이 즈젤라찌
우프라즈녜니야 빠 루스까무 이즈꾸

시험 전

시험 후

시험까지 일주일 남았어요.

До экза́мена оста́лась одна́ неде́ля.
다 에그자미나 아스딸라시 아드나 니젤랴

학기말에 시험이 있어요. (학교)

В конце́ ка́ждой че́тверти у нас контро́льная рабо́та.
브 깐쩨 까즈다이 체트비르찌 우 나ㅅ 깐트롤리나야 라보따

겨울 시험이 곧 시작해요. (대학교)

Ско́ро начнётся зи́мняя се́ссия.
스꼬라 나츠뇨짜 짐냐야 세시야

다음 주에 여름 시험이 시작할 거예요. (대학교)

На сле́дующей неде́ле начнётся ле́тняя се́ссия.
나 슬례두쎼이 니젤례 나츠뇨짜 레트냐야 세시야

통합국가시험까지는 며칠 남았어요.

До ЕГЭ оста́лось не́сколько дней.
다 예게 아스딸라시 녜스깔까 드녜이

시험 잘 봤니?

Ты хорошо́ сда́л(сдала́) экза́мен?
뜨 하라쇼 즈달(라) 에그자민?

저는 시험이 다 끝나서 너무 기뻐요.

Я так рад(ра́да), что экза́мены уже́ позади́.
야 따ㅋ 라트(라다), 쉬또 에그자미느 우제 빠자지

이제는 성적만 받으면 돼요.

Тепе́рь оста́лось получи́ть оце́нки.
찌뻬리 아스딸라시 빨루치찌 아쩬끼

문제를 다 푸는 데 시간이 부족했어요.

Мне не хвати́ло вре́мени сде́лать все зада́ния.
므녜 니 흐바찔라 브례미니 즈젤라찌 프세 자다니야

제가 배운 건 다 시험에 나왔어요.

На экза́мене бы́ло всё, что я учи́л(а).
나 에그자미네 블라 프쇼, 쉬또 야 우칠(라)

시험이 어렵지 않았어요.

Экза́мены бы́ли нетру́дные.
에그자미느 블리 니트루드느예

시험 결과가 언제 공개되나요?

Когда́ объя́вят результа́ты экза́мена?
까그다 아브야뱌ㅌ 리줄따뜨 에그자미나?

여기서 잠깐!
러시아의 학년은 4분기로 나뉘고, 각 분기말에 시험을 치릅니다. '분기'는 'че́тверть 체트비르찌', '분기말 시험'은 'контро́льная рабо́та 깐트롤나야 라보따' 라고 해요. 대학교는 겨울 시험(12월 말~2월 초)과 여름 시험(6월 말~7월 초)이 있습니다.

시험 결과

오늘 시험 결과를 발표했어요.

Сего́дня нам сказа́ли
результа́ты экза́мена.
시보드냐 남 스까잘리 리줄따뜨 에그자미나

저는 그렇게 높은 성적을 받을 줄
몰랐어요.

Я да́же не ду́мал(а), что
получу́ таки́е высо́кие
оце́нки.
야 다제 니 두말(라), 쉬또 빨루추 따끼예
브소끼예 아쩬끼

저는 그런 성적을 받을 줄 알았어요.

Я так и зна́л(а), что
получу́ таки́е оце́нки.
야 따ㅋ 이 즈날(라), 쉬또 빨루추 따끼예 아쩬끼

저는 시험을 잘 봤어요.

Я хорошо́ сдал(сдала́)
экза́мен.
야 하라쇼 즈달(라) 에그자민

저는 시험을 잘 보지 못했어요.

Я пло́хо сдал(сдала́)
экза́мен.
야 쁠로하 즈달(라) 에그자민

성적 발표할 때까지 못 기다리겠어요.

Не могу́ дожда́ться,
когда́ ска́жут результа́ты
экза́мена.
니 마구 다즈다짜, 까그다 스까주ㅌ 리줄따드
에그자미나

성적표

전자 성적표에 점수가 올라왔어요. (학교)

В электро́нном дневнике́
появи́лись оце́нки.
브 엘리크트로남 드니브니꼐 빠이빌리시 아쩬끼

저는 학기 점수가 잘 나왔어요. (학교)

У меня́ одни́ хоро́шие
оце́нки за че́тверть.
우 미냐 아드니 하로쉬예 아쩬끼 자 체트비르찌

1학기 수학 점수는 3점을 받았는데,
2학기부턴 5점만 받았어요. (학교)

За пе́рвую че́тверть я
получи́л(а) тро́йку по
матема́тике, но со второ́й
че́тверти у меня́ то́лько
пятёрки.
자 뻬르부유 체트비르찌 야 빨루칠(라) 뜨로이꾸
빠 마찌마찌꼐, 노 사 프따로이 체트비르찌 우
미냐 똘까 삐쪼르끼

시험을 응시할 때 성적 증명서를 반드시
지참해야 해요.

На экза́мене обяза́тельно
ну́жно име́ть при себе́
зачётную кни́жку.
나 에크자미녜 아비자찔리나 누즈나 이몌찌
쁘리 시볘 자쵸트누유 끄니쉬꾸

저는 성적이 좋아요. (대학교)
(제 성적 증명서에는 좋은 점수만 있어요.)

У меня́ в зачётной кни́жке
то́лько хоро́шие отме́тки.
우 마녀 브 자쵸트나이 끄니쉬꼐 똘까 하로쉬예
아트몌트끼

우수한 성적

그는 전과목 최우등생이에요.

Он кру́глый отли́чник.
온 끄루글르이 아틀리츠니크

그녀는 전과목 최우등생이에요.

Она́ кру́глая отли́чница.
아나 끄루글라야 아틀리츠니짜

저는 항상 4점과 5점만 받아요.

Я всегда́ получа́ю то́лько пятёрки и четвёрки.
야 프시그다 빨루차유 똘까 삐쬬르끼 이 치트뵤르끼

그는 반에서 제일 높은 점수를 받아요.

У него́ са́мые высо́кие оце́нки в кла́ссе.
우 니보 사므예 브소끼예 아쩬끼 프 끌라세

그가 다른 학생들보다 공부를 잘해요.

Он лу́чше всех у́чится.
온 루츠셰 프세흐 우치짜

저는 체육과 음악을 빼고 나머지 과목들은 다 5점이에요.

У меня́ одни́ пятёрки, кро́ме физкульту́ры и му́зыки.
우 미냐 아드니 삐쬬르끼, 끄로몌 피스꿀뚜르 이 무즈끼

여기서 잠깐!

'зачётная кни́жка 자쵸트나야 끄니쉬까(성적 증명서)'는 1학년부터 졸업까지 시험, 과제, 실습, 졸업 논문 등의 성적이 기록된 단단한 표지의 작은 책자예요. 회화에서는 'зачётка 자쵸트까'라고 합니다. 초중고 '성적표'는 'дневни́к 드니브니크'입니다.

꼭! 짚고 가기

러시아의 성적 제도

러시아의 학교 성적 제도는 5점 만점제입니다. 5점 만점으로, 2점은 낙제이며, 3점 이상 받아야 과목 이수로 처리됩니다. 대학교의 경우 5점 만점제 또는 100점 만점제입니다. 합격과 불합격으로 평가되는 일부 과제나 보조 시험도 있습니다.

- 5점 пять/пятёрка 빠찌/삐쬬르까
- 4점
  четы́ре/четвёрка 치뜨리/치트뵤르까
- 3점 три/тро́йка 뜨리/뜨로이까
- 2점 два/дво́йка 드바/뜨보이까
- 5점, 80~100점:
  отли́чно 아틀리츠나 훌륭함
- 4점, 60~79점:
  хорошо́ 하라쇼 좋음
- 3점, 40~59점:
  удовлетвори́тельно
  우다블리트바리찔리나 보통
- 2점, 40점 미만:
  неудовлетвори́тельно
  니우다블리트바리찔리나 낙제
- 합격 зачёт 자쵸트
- 불합격 незачёт 니자쵸트

점수에 따라 학생을 부르는 방법을 알아볼까요?

5점 받은 최우등생은 пятёрочник 삐쬬라쉬니크(отли́чник 아틀리츠니크), 여학생은 пятёрочница 삐쬬라쉬니짜 (отли́чница 아틀리츠니짜)입니다.

4점 받은 남학생은 четвёрочник 치트뵤라쉬니크(хороши́ст 하라쉬스트), 여학생은 четвёрочница 치트뵤라쉬니짜 (хороши́стка 하라쉬스트까)라고 합니다.

3점을 받은 남학생은 тро́ечник 뜨로이쉬니크, 여학생은 тро́ечница 뜨로이쉬니짜라고 해요.

2점을 받은 성적이 낮은 남학생은 дво́ечник 드보이쉬니크, 여학생은 дво́ечница 드보이쉬니짜예요.

나쁜 성적

저는 우리 반에서 공부를 조금 못 따라가요.

Я немно́го отстаю́ в на́шем кла́ссе.
야 님노가 아쯔따유 브 나셈 끌라세

저는 숙제 점수가 나쁜 걸로 나왔어요.

Мне поста́вили плоху́ю оце́нку за дома́шнюю рабо́ту.
므녜 빠스따빌리 쁠라후유 아쩬꾸 자 다마쉬뉴유 라보뚜

저는 불합격을 받았는데 재시험을 보고 싶어요. (대학교)

Я получи́л(а) незачёт и хочу́ пересда́ть экза́мен.
야 빨루칠(라) 니자쵸트 이 하추 삐리즈다찌 에그자민

네가 너무 낮은 점수를 받은 것 같아.

Мне ка́жется, тебе́ поста́вили сли́шком ни́зкую оце́нку.
므녜 까즈짜, 찌볘 빠스따빌리 슬리쉬깜 니스꾸유 아쩬꾸

이 과제에 좀 더 높은 점수를 줬어야 하는 게 맞아요.

За э́ту рабо́ту мо́жно бы́ло бы поста́вить оце́нку и повы́ше.
자 에뚜 라보뚜 모즈나 블라 브 빠스따비찌 아쩬꾸 이 빠브셰

성적 기타

저는 훌륭함(5점)을 받았어요.

Мне поста́вили отли́чно.
므녜 빠스따빌리 아틀리츠나

저는 좋음(4점)을 받았어요.

Я получи́л(а) хорошо́.
야 빨루칠(라) 하라쇼

저는 보통(3점)을 받고 시험에 통과했어요.

Я сдал(сдала́) на удовлетвори́тельно.
야 즈달(라) 나 우다블리트바리찔리나

결석이 많으면 수업을 못 듣게 될 수 있어요.

За плоху́ю посеща́емость мо́гут отстрани́ть от заня́тий.
자 쁠라후유 빠시쌰이마스찌 모구트 아쯔트라니찌 아트 자냐찌

공부를 잘해서 장학금을 받게 되었어요.

За отли́чную учёбу мне назна́чили стипе́ндию.
자 아틀리츠누유 우쵸부 므녜 나즈나칠리 스찌뻰지유

저는 보통(3점)을 받으면, 재시험을 보지 않아요.

Я никогда́ не пересдаю́ экза́мены, когда́ получа́ю удовлетвори́тельно.
야 니까그다 니 삐리즈다유 에그자미느, 까그다 빨루차유 우다블리트바리찔리나

방학 전

\# 만세! 내일 방학이다!

Ура́! За́втра кани́кулы!
우라! 자프트라 까니꿀르!

\# 곧 방학이다!

Ско́ро кани́кулы!
스꼬라 까니꿀르!

\# 방학이 빨리 왔으면 좋겠어.

Поскоре́е бы кани́кулы.
빠스까례예 브 까니꿀르

\# 너는 방학이 언제니?

Когда́ у тебя́ кани́кулы?
까그다 우 찌뱌 까니꿀르?

\# 우리는 방학을 손꼽아 기다려요.

Мы ждём не дождёмся кани́кул.
므 즈죰 니 다즈죰샤 까니꿀

\# 드디어 방학 때 공부로부터 쉴 수 있어요.

Наконе́ц-то мо́жно отдохну́ть от учёбы на кани́кулах.
나까녜쯔따 모즈나 아다흐누찌 아트 우쵸브 나 까니꿀라ㅎ

\# 시험이 끝나고 방학이 시작될 거예요.

По́сле экза́менов начну́тся кани́кулы.
뽀슬례 에그자미나ㅍ 나츠누짜 까니꿀르

방학 계획

\# 너는 방학 때 뭘 할 거니?

Что ты бу́дешь де́лать на кани́кулах?
쉬또 뜨 부지쉬 젤라찌 나 까니꿀라ㅎ?

\# 방학 때 러시아에 가고 싶어요.

На кани́кулах я хочу́ пое́хать в Росси́ю.
나 까니꿀라ㅎ 야 하추 빠예하찌 브 라시유

\# 특별한 계획이 없어요. 집에서 쉴 거예요.

У меня́ нет осо́бых пла́нов. Бу́ду отдыха́ть до́ма.
우 미냐 녜트 아소브ㅎ 쁠라나ㅍ. 부두 아드하찌 도마

\# 방학 때 늦게까지 잘 거예요.

На кани́кулах бу́ду спать допоздна́.
나 까니꿀라ㅎ 부두 스빠찌 다빠즈나

\# 방학 때 아르바이트를 하고 싶어요.

На кани́кулах хочу́ подрабо́тать.
나 까니꿀라ㅎ 하추 빠드라보따찌

\# 시골에 계신 할머니와 방학을 보내고 싶어요.

Я хочу́ провести́ кани́кулы у ба́бушки в дере́вне.
야 하추 쁘라비스찌 까니꿀르 우 바부쉬끼 브 지례브녜

방학 후

방학을 어떻게 보냈니?

Как ты провёл(провела́) кани́кулы?
까ㅋ 뜨 쁘라뵬(쁘라빌라) 까니꿀르?

잘 쉬었어요.

Я о́чень хорошо́ отдохну́л(а).
야 오친 하라쇼 아다흐눌(라)

방학이 너무 빨리 지나가서 아쉬워요.

Жаль, что кани́кулы так бы́стро прошли́.
잘, 쉬또 까니꿀르 따ㅋ 브스트라 쁘라쉴리

방학이 끝나는 게 싫어요.

Я не хочу́, что́бы кани́кулы конча́лись.
야 니 하추, 쉬또브 까니꿀르 깐찰리시

쉬는 게 이제 지겨워요.
공부하러 가고 싶어요.

Мне уже́ надое́ло отдыха́ть.
Хочу́ на заня́тия.
므녜 우제 나다옐라 아드하찌.
하추 나 자냐찌야

방학 때 어학연수를 갔다 왔어요.

На кани́кулах я е́здил(а) на языкову́ю стажиро́вку.
나 까니꿀라ㅎ 야 예즈질(라) 나 이즈까부유 스따즈로프꾸

예비 학부 ①

예비 학부에 입학할 수 있습니다.

Вы мо́жете поступи́ть на подготови́тельный факульте́т.
브 모즈쩨 빠스뚜삐찌 나 빠드가따비찔리느이 파꿀쩨트

예비 학부 과정을 마치고 1학년에 입학할 수 있어요.

По́сле подготови́тельного факульте́та у вас есть возмо́жность поступи́ть на пе́рвый курс.
뽀슬례 빠드가따비찔리나바 파꿀쩨따 우 바ㅅ 예스찌 바즈모즈나스찌 빠스뚜삐찌 나 뻬르브이 꾸르ㅅ

당신은 입학 시험을 치르고 1학년에 입학할 수 있습니다.

Вы мо́жете сдать вступи́тельные экза́мены и поступи́ть на пе́рвый курс.
브 모즈쩨 즈다찌 프스뚜삐찔리느예 에그자미느 이 빠스뚜삐찌 나 뻬르브이 꾸르ㅅ

토르플 1급 수료증을 가지고 있어야 합니다.

Вы должны́ име́ть сертифика́т пе́рвого у́ровня ТРКИ.
브 달즈느이 몌찌 시르찌피까트 뻬르바바 우라브냐 떼에르까이

여기서 잠깐!

'ТРКИ 떼에르까이(토르플)'은 'Тест по ру́сскому языку́ как иностра́нному 떼스ㅌ 빠 루스까무 이즈꾸 까ㅋ 이나스트라나무(러시아어능력인증시험)'의 약자로, 기초, 기본, 1~4단계로 구성되어 있습니다.

예비 학부 ②

신청서를 작성하셔야 합니다.

Вы должны́ запо́лнить анке́ту-заявле́ние.
브 달즈느 자뽈르니찌 안꼐뚜자이블레니예

예비 학부 프로그램에 등록하려면 모든 구비 서류를 이메일로 보내셔야 합니다.

Для регистра́ции на програ́мму подготови́тельного отделе́ния вы должны́ вы́слать все докуме́нты по электро́нной по́чте.
들랴 리기스트라쯔이 나 쁘라그라무 빠드가따비찔리나바 아질례니야 브 달즈느 브슬라찌 프세 다꾸몐뜨 빠 엘리크트로나이 뽀츠쩨

고등학교 졸업 증명서 사본과 번역본에 관한 공증을 받으셔야 합니다.

Ко́пию аттеста́та о сре́днем образова́нии с перево́дом ну́жно нотариа́льно заве́рить.
꼬삐유 아찌스따따 아 스례드넴 아브라자바니이스 삐리보담 누즈나 나따리알리나 자볘리찌

어학연수 ①

어학 프로그램에 신청하고 싶어요.

Я хочу́ записа́ться на языкову́ю програ́мму.
야 하추 자삐사짜 나 이즈까부유 쁘라그라무

러시아어를 전에 배웠으면, 1년 내에 어학 프로그램을 신청할 수 있어요.

Е́сли вы ра́нее изуча́ли ру́сский язы́к, то мо́жете записа́ться на языкову́ю програ́мму в тече́ние го́да.
예슬리 브 라녜예 이주찰리 루스끼 이즈크, 또 모즈쩨 자삐사짜 나 이즈까부유 쁘라그라무 프 찌체니예 고다

먼저 러시아어 레벨 테스트를 보셔야 합니다.

Внача́ле вы должны́ пройти́ входно́е тести́рование.
브나찰례 브 달즈느 쁘라이찌 프하드노예 쩨스찌라바니예

러시아어를 처음 배우는 사람이면, 정해진 기간에 신청을 해야 합니다.

Для тех, кто начина́ет ру́сский язы́к с нача́ла, ну́жно запи́сываться на програ́мму в определённые сро́ки.
들랴 쩨흐, 끄또 나치나이트 루스끼 이즈크 스 나찰라, 누즈나 자삐스바짜 나 쁘라그라무 브 아프리질료노예 스로끼

어학연수 ②

가을 학기에 신청하셔도 됩니다.

Вы мо́жете пода́ть зая́вку
на осе́ннюю се́ссию.
브 모즈쩨 빠다찌 자야프꾸 나 아세뉴유 세시유

가을 학기 신청 기간이 끝났습니다.

Прие́м зая́вок на осе́ннюю
се́ссию уже́ зако́нчен.
쁘리욤 자야바к 나 아세뉴유 세시유 우제
자꼰친

3개월을 신청하고, 다음에 기간을
연장하면 될까요?

Мо́жно записа́ться на три
ме́сяца, а пото́м продли́ть
срок обуче́ния?
모즈나 자삐사짜 나 뜨리 몌시짜, 아 빠똠
쁘라들리찌 스로к 아부체니야?

먼저 단수 학생 비자를 발급 받습니다.

Внача́ле вы получа́ете
однокра́тную въездну́ю
студе́нческую ви́зу.
브나찰례 브 빨루차이쩨 아드나크라트누유
브예즈누유 스뚜젠치스꾸유 비주

기숙사 ①

기숙사 방을 신청하고 싶은데요.

Я хоте́л(а) бы записа́ться
в общежи́тие.
야 하쩰(라) 브 자삐사짜 브 아프쮜즈찌예

저희 기숙사에는 2인실이 있습니다.

У нас есть двухме́стные
ко́мнаты.
우 나ᄉ 예스찌 드부흐몌스느예 꼼나뜨

1인실이 있습니까?

У вас есть одноме́стные
ко́мнаты?
우 바ᄉ 예스찌 아드나몌스느예 꼼나뜨?

저는 1인실에 머물고 싶어요.

Я хочу́ посели́ться в
одноме́стной ко́мнате.
야 하추 빠실리짜 브 아드나몌스나이 꼼나쩨

한 달 기숙사 방 비용이 어떻게 돼요?

Ско́лько сто́ит ко́мната в
общежи́тии за ме́сяц?
스꼴까 스또이т 꼼나따 브 아프쮜즈찌이 자
몌시ㅉ?

지불은 달마다인가요 아니면 전체 기간
총 금액을 지불해야 하나요?

Ну́жно плати́ть поме́сячно
и́ли за весь срок?
누즈나 쁠라찌찌 빠몌시츠나 일리 자 볘시
스로к?

기숙사 ②

가능하면 냉장고가 있는 방으로 했으면 좋겠습니다.

Если возмо́жно, я бы хоте́л(а) ко́мнату с холоди́льником.
예슬리 바즈모즈나, 야 브 하쩰(라) 꼼나뚜 스 할라질리니깜

기숙사에 언제 들어가면 되죠?

Когда́ мо́жно бу́дет въе́хать в общежи́тие?
까그다 모즈나 부지ㅌ 브예하찌 브 아프쒸즈찌예?

제가 주말에 도착하면, 기숙사에 들어갈 수 있나요?

Е́сли я прие́ду в выходно́й день, смогу́ ли я засели́ться в общежи́тие?
예슬리 야 쁘리예두 브 브하드노이 젠, 스마구 리 야 자셀리짜 브 아프쒸즈찌예?

다른 방으로 바꿨으면 좋겠습니다.

Я бы хоте́л(а) поменя́ть ко́мнату на другу́ю.
야 브 하쩰(라) 빠미냐찌 꼼나뚜 나 드루구유

룸메이트가 누구인지 알아봐도 될까요?

Мо́жно узна́ть, кто мой сосе́д(моя́ сосе́дка) по ко́мнате?
모즈나 우즈나찌, 끄또 모이 사세ㅌ (마야 사세트까) 빠 꼼나쩨?

꼭! 짚고 가기

어학연수 신청하기

러시아 대학에서 어학연수를 원한다면 유학원을 통하는 방법도 있지만, 직접 원하는 대학교 홈페이지에서 외국인 대상 러시아어 프로그램이 있는지 알아보고 신청할 수도 있어요.

홈페이지에 나와 있는 어학연수 담당자에게 메일로 연수 신청 기간, 교육비, 신청서 양식 등 정확한 정보를 요청합니다. 온라인으로 바로 신청서를 작성할 수 있는 대학도 있으니 참조하세요.

신청서 접수 후, 확인 메일이 오면, 초청장을 기다려요. 초청장을 받으면 러시아 대사관에서 학생 비자를 받아야 하는데, 초청장을 발급받는 데 3개월 정도 걸리니까 날짜를 잘 계산하세요. 그다음 비자 신청서를 온라인으로 등록하고 출력해서 대사관에 방문해요. 미리 인터넷으로 대사관 예약을 하고 초청장, 여권, 사진 그리고 에이즈 검사 확인증을 들고 대사관에 가요. 에이즈 검사는 지정 병원에서 받습니다.

대사관에서 받는 비자는 단수(70~90일) 비자이며, 러시아에 입국해서 대학교에 방문한 다음, 어학연수 계약서를 작성하고 교육비를 납부해야 신청한 기간만큼 복수 비자가 발급돼요.

보통 어학 프로그램은 러시아어를 처음으로 배우는 사람들 대상으로 1년에 두 번(가을 학기, 봄 학기) 열려요. 이 경우에는 신청 기간이 정해져 있어요. 러시아어를 전에 배운 사람이라면, 레벨 테스트를 보고 맞는 단계에 들어가면 되므로 1년 내에 원하는 시간에 신청할 수 있어요.

Глава 08

직장 생활도 즐겁게!

Глава 08

Работа 라보따 직장

рабо́та 라보따 n.f. 일; 직업; 직장	обя́занность 아뱌자나스찌 n.f. 의무; 임무 обя́занности 아뱌자나스찌 n.pl. 업무	сотру́дник 사트루드니ㅋ n.m., сотру́дница 사트루드니짜 n.f. 사무원; 직원; 동료
фи́рма 피르마 n.f. = компа́ния 깜빠니야 n.f. 회사	идти́ – пойти́ на рабо́ту 이찌–빠이찌 나 라보뚜 v. 출근하다 (직장에 가다)	уходи́ть (д-ж) – уйти́ с рабо́ты 우하지찌–우이찌 스 라보뜨 퇴근하다; 퇴직하다
	за́работная пла́та 자라바트나야 쁠라따 임금, 급여	пре́мия 쁘례미야 n.f. 상여금, 보너스; 수상 бо́нус 보누ㅅ n.m. 상여금, 보너스
о́фис 오피ㅅ n.m. 사무실	докуме́нт 다꾸몐ㅌ n.m. 서류	собра́ние 사브라니예 n.n. 회의
о́тпуск 오트뿌스ㅋ n.m. 휴가	увольня́ться – уво́литься 우발리냐짜–우볼리짜 v. 사직하다	увольня́ть – уво́лить 우발리냐찌–우볼리찌 v. 해고하다
иска́ть – найти́ рабо́ту 이스까찌–나이찌 라보뚜 구직하다; 직장을 찾아내다	резюме́ 리쥬메 n.n. 이력서	собесе́дование 사비세다바니예 n.n. 면접

Профессия 쁘라폐시야 직업

профе́ссия 쁘라폐시야 n.f. 직업	**полице́йский** 빨리쩨이스끼 n.m. 경찰관	**пожа́рный** 빠자르느이 n.m. 소방관
ди́ктор 지크따르 n.m. 아나운서	**журнали́ст** 주르날리스ᄐ n.m., **журнали́стка** 주르날리스트까 n.f. 기자	**продаве́ц** 쁘라다볘ᄍ n.m. 점원; 판매원
гид 기ᄐ n.m. 가이드, 안내원	**учи́тель** 우치찔 n.m., **учи́тельница** 우치찔리니짜 n.f. 선생님	**программи́ст** 쁘라그라미스ᄐ n.m. 프로그래머
по́вар 뽀바르 = **кулина́р** 꿀리나르 n.m. 요리사	**пе́карь** 뼤까리 n.m. 제빵사	**официа́нт** 아피쯔안ᄐ n.m., **официа́нтка** 아피쯔안트까 n.f. 종업원
архите́ктор 아르히쩨크따르 n.m. 건축가	**инжене́р** 인즈녜르 n.m. 기술자, 엔지니어	**парикма́хер** 빠리크마히르 n.m. 미용사; 이발사
врач 브라ᄎ n.m. 의사	**медбра́т** 메드브라ᄐ n.m., **медсестра́** 메트시스트라 n.f. 간호사	**фармаце́вт** 파르마쩨프ᄐ n.m. 약사
столя́р 쓰딸랴르 n.m. 목수; 목공	**фе́рмер** 폐르미르 n.m. 농부; 농장경영자	**рыба́к** 르바ᄏ n.m. 어부

출근

정시 출근이 힘들 때

9시까지 출근해요.

Я выхожу́ на рабо́ту к
девяти́ часа́м.
야 브하주 나 라보뚜 크 지비찌 치삼

9시부터 일을 시작해요.

Я начина́ю рабо́ту с
девяти́ часо́в.
야 나치나유 라보뚜 스 지비찌 지소ㅍ

직장까지 얼마나 걸려요?

Ско́лько вре́мени у вас
ухо́дит, что́бы добра́ться
до рабо́ты?
스꼴까 브레미니 우 바ᄉ 우호지ㅌ, 쉬또브
다브라짜 다 라보뜨?

아침에 출근하는 데 1시간 반 걸려요.

Мне у́тром добира́ться до
рабо́ты полтора́ часа́.
므녜 우트람 다비라짜 다 라보뜨 빨따라 치사

저는 항상 10분 일찍 출근해요.

Я всегда́ прихожу́ на
рабо́ту на де́сять мину́т
ра́ньше.
야 프시그다 쁘리하주 나 라보뚜 나 제시찌
미누ㅌ 라니셰

뭘 타고 출근하니?

На чём ты добира́ешься до
рабо́ты?
나 춈 뜨 다비라이쉬샤 다 라보뜨?

죄송합니다. 도로 공사 때문에
지각했어요.

Извини́те, я опозда́л(а)
из-за ремо́нтных рабо́т на
доро́ге.
이즈비니쪠, 야 아빠즈달(라) 이자 리몬트느ㅎ
라뽀ㅌ 나 다로계

폭설 때문에 대중교통이 지연됐어요.

Из-за си́льного снегопа́да
обще́ственный тра́нспорт
ходи́л с заде́ржками.
이자 실나바 스니가빠다 아프셰스트비느이
뜨란스빠르ㅌ 하질 스 자졔르쉬까미

출근길에 차가 고장 났어요.

У меня́ слома́лась маши́на
по доро́ге на рабо́ту.
우 미냐 슬라말라시 마쉬나 빠 다로계 나 라보뚜

지하철에서 사고가 나서 제때 도착
못 했어요.

Произошла́ ава́рия на
ли́нии метро́, и я не
смог(смогла́) дое́хать
во́время.
쁘라이자쉴라 아바리야 나 리니이 미트로, 이 야
니 스모ㅋ(스마글라) 다예하찌 보브리먀

집에 서류를 두고 나와서 다시 돌아가야
했어요.

Мне пришло́сь верну́ться
домо́й за забы́тыми
докуме́нтами.
므녜 쁘리쉴로시 비르누짜 다모이 자 자브뜨미
다꾸멘따미

286

출근 기타

아침에는 애들을 유치원에 데려다주고 직장에 뛰어가요.

Утром я отвожу́ дете́й в де́тский сад и бегу́ на рабо́ту.
우트람 야 아트바주 지쩨이 브 제쯔끼 사ㅌ 이 비구 나 라보뚜

직장 근처에 살고 있어 걸어서 출근합니다.

Я живу́ о́коло свое́й рабо́ты и хожу́ на рабо́ту пешко́м.
야 즈부 오깔라 스바예이 라보뜨 이 하주 나 라보뚜 뻬쉬꼼

내일은 제 출근 첫날이에요.

За́втра мой пе́рвый день на рабо́те.
자프트라 모이 뻬르브이 젠 나 라보쩨

저는 직장에 지각하면 안 돼요.

Мне нельзя́ опа́здывать на рабо́ту.
므녜 닐쟈 아빠즈드바찌 나 라보뚜

오늘은 지각할 것 같아서 택시를 불렀어요.

Сего́дня я опа́здывал(а) на рабо́ту и вы́звал(а) такси́.
시보드냐 야 아빠즈드발(라) 나 라보뚜 이 브즈발(라) 따크시

꼭! 짚고 가기

직원의 종류

러시아의 고용 형태, 조건, 기간 등에 따른 근로자 유형을 알아볼까요?

- шта́тный рабо́тник
  쉬따트느이 라보트니ㅋ 정규직원
- внешта́тный рабо́тник
  브니쉬따트느이 라보트니ㅋ 비정규직원
- вре́менный рабо́тник
  브레미느이 라보트니ㅋ 임시 직원
- части́чно за́нятый рабо́тник
  치스찌츠나 자니뜨이 라보트니ㅋ
  파트타임 직원
- сезо́нный рабо́тник
  시조느이 라보트니ㅋ 계절 직원
- замеща́ющий рабо́тник
  자미쌰유쒸 라보트니ㅋ 대체 직원
- контра́ктный рабо́тник
  깐트라크트느이 라보트니ㅋ 계약직 직원
- фрила́нсер 프릴란세ㄹ 프리랜서
- удалённый рабо́тник
  우달료느이 라보트니ㅋ 원격 근무자
- сме́нный рабо́тник
  스몌느이 라보트니ㅋ 교대 근무자
- ва́хтовый рабо́тник
  바흐따브이 라보트니ㅋ 장기 교대 근무자
- стажёр 스따죠ㄹ 인턴
- совмести́тель 사브미스찌찔 겸직자
- подря́дчик 빠드랴트치ㅋ 하청 근로자
- руководи́тель 루까바지찔 관리자
- специали́ст 스뻬쯔알리스ㅌ 전문가
- рабо́чий 라보치 노동자
- самоза́нятый 사마자니뜨이 자영업자

퇴근

몇 시에 일이 끝나니?

В кото́ром часу́ ты
зака́нчиваешь рабо́ту?
프 까또람 치수 뜨 자깐치바이쉬 라보뚜?

В кото́ром часу́ у тебя́
конча́ется рабо́чий день?
프 까또람 치수 우 찌뱌 깐차이짜 라보치 젠?

저는 정시에 퇴근해요.

Я ухожу́ с рабо́ты в
то́чное вре́мя.
야 우하주 스 라보뜨 프 또츠나예 브례먀

저는 퇴근 시간 이후에 가급적 직장에서
머물지 않아요.

Я по возмо́жности не
заде́рживаюсь на рабо́те.
야 빠 바즈모즈나스찌 니 자제르즈바우시 나
라보쩨

일을 마무리하고 퇴근하세요.

Заверша́йте свою́ рабо́ту
и иди́те домо́й.
자비르샤이쩨 스바유 라보뚜 이 이지쩨 다모이

저는 항상 퇴근 전에 모든 일을 마치려고
노력해요.

Я всегда́ стара́юсь
сде́лать всё до конца́
рабо́чего дня.
야 프시그다 스따라유시 즈젤라찌 프료 다 깐짜
라보치바 드냐

퇴근 후 바로 집에 가요.

По́сле рабо́ты я иду́ сра́зу
домо́й.
뽀슬례 라보뜨 야 이두 스라주 다모이

288

정시 퇴근이 힘들 때

벌써 6시인데 아직 일을 못 끝냈어요.

Уже́ шесть часо́в, но я ещё
не зако́нчил(а) рабо́ту.
우제 세스찌 치소프, 노 야 이쑈 니 자꼰칠(라)
라보뚜

오늘은 바로 퇴근할 수 없어요.

Сего́дня придётся
задержа́ться на рабо́те.
시보드냐 쁘리죠짜 자지르자짜 나 라보쩨

마감날에는 정시 퇴근이 거의
불가능합니다.

Во вре́мя дедла́йна
практи́чески невозмо́жно
уйти́ с рабо́ты во́время.
바 브례먀 데들라이나 쁘라크찌치스끼
니바즈모즈나 우이찌 스 라보뜨 보브리먀

오늘 6시에 퇴근하려고 했는데, 생각보다
일이 많았어요.

Сего́дня хоте́л(а) уйти́ в
шесть часо́в, но рабо́ты
оказа́лось бо́льше, чем я
ду́мал(а).
시보드냐 하쩰(라) 우이찌 프 세스찌 치소프,
노 라보뜨 아까잘로시 볼셰, 쳄 야 두말(라)

막 퇴근하려고 했는데, 이메일 보내라는
부탁을 받았어요.

То́лько собра́лся(собрала́сь)
уходи́ть, а меня́ попроси́ли
отпра́вить электро́нную
по́чту.
똘까 사브랄샤(사브랄라시) 우하지찌, 아 미냐
빠프라실리 아트프라비찌 엘리크트로누유 뽀츠뚜

퇴근 5분 전

또 해야 할 것이 있나요?

Что-нибу́дь ну́жно ещё сде́лать?
쉬또니부찌 누즈나 이쑈 즈젤라찌?

이 서류 작성을 시간 내 마쳐야 해요.

Ну́жно успе́ть зако́нчить э́тот докуме́нт.
누즈나 우스뼤찌 자꼰치찌 에따ㅌ 다꾸멘ㅌ

퇴근 시간 전까지 서류를 보내 주세요.

Пришли́те доку́менты до конца́ рабо́чего дня.
쁘리실리쩨 다꾸멘뜨 다 깐짜 라보치바 드냐

급한 발주가 들어왔어요. 내일 발송할 수 있도록, 지금 바로 처리해 주세요.

Поступи́л сро́чный зака́з. Офо́рмите его́ сейча́с, что́бы он был гото́в к отпра́вке за́втра.
빠스뚜뼬 스로츠느이 자까스. 아포르미쩨 이보 시차스, 쉬또브 온 블 가또ㅍ 크 아트프라프께 자프트라

오늘 발주 목록을 확인하고, 모든 발주가 처리됐는지 확인해 주세요.

Прове́рьте спи́сок зака́зов за сего́дня и убеди́тесь, что все зака́зы обрабо́таны.
쁘라볘리쩨 스삐사ㅋ 자까자ㅍ 자 시보드냐 이 우비지쩨시, 쉬또 프세 자까즈 아브라보따느

조퇴

1시간 일찍 퇴근해도 괜찮을까요?

Мо́жно уйти́ с рабо́ты на час пора́ньше?
모즈나 우이찌 스 라보뜨 나 차ㅅ 빠라니셰?

저는 오늘 좀 일찍 퇴근할 수 있다는 허락을 받으려고 해요.

Я хочу́ отпроси́ться сего́дня с рабо́ты пора́ньше.
야 하추 아트프라시짜 시보드냐 스 라보뜨 빠라니셰

오늘 오후에 외부 미팅이 있어서, 끝나고 바로 집에 가도 된다고 허락해 주었어요.

Сего́дня днём у меня́ встре́ча вне о́фиса, и мне разреши́ли сра́зу идти́ домо́й по́сле неё.
시보드냐 드뇸 우 미냐 프스트레차 브녜 오피사, 이 므녜 라즈례쉴리 스라주 이찌 다모이 뽀슬례 니요

저는 병원에 가야 해서, 일찍 퇴근했어요.

Я ушёл(ушла́) с рабо́ты ра́но, потому́ что мне ну́жно бы́ло в больни́цу.
야 우숄(우쉴라) 스 라보뜨 라나, 빠따무 쉬따 므녜 누즈나 블라 브 발리니쭈

저는 유연 근무제라서, 일찍 퇴근할 수 있어요.

У меня́ ги́бкий гра́фик рабо́ты, поэ́тому я могу́ уйти́ пора́ньше.
우 미냐 기프끼 그라피ㅋ 라보뜨, 빠에따무 야 마구 우이찌 빠라니셰

담당 업무 ①

담당 업무 ②

\# 어떤 부서에 근무하세요?

В како́м отде́ле вы рабо́таете?
프 까꼼 아젤례 브 라보따이쩨?

\# 인사부에서 근무해요.

Я рабо́таю в отде́ле ка́дров.
야 라보따유 브 아젤례 까드라ㅍ

\# 법무팀에서 근무해요.

Я рабо́таю в юриди́ческом отде́ле.
야 라보따유 브 유리지치스깜 아젤례

\# 영업부에서 근무해요.

Я рабо́таю в отде́ле прода́ж.
야 라보따유 브 아젤례 쁘라다쉬

\# 경리부에서 근무해요.

Я рабо́таю в отде́ле бухгалте́рии.
야 라보따유 브 아젤례 부할쩨리이

\# 마케팅부에서 근무해요.

Я рабо́таю в отде́ле ма́ркетинга.
야 라보따유 브 아젤례 마르꼐찐가

\# 저는 전화를 받고, 이메일을 처리하고 고객 관련 문서를 관리합니다.

Я принима́ю звонки́, обраба́тываю по́чту и веду́ документа́цию по клие́нтам.
야 쁘리니마유 즈반끼, 아브라바뜨바유 뽀츠뚜 이 비두 다꾸민따쯔유 빠 끌리엔땀

\# 저는 인재 채용 및 선발 업무를 하고 있습니다.

Я занима́юсь набо́ром и отбо́ром персона́ла.
야 자니마유시 나보람 이 아트보람 삐르사날라

\# 저는 발주를 받아서, 처리하고 배송해요.

Я принима́ю зака́зы, обраба́тываю и отправля́ю их.
야 쁘리니마유 자까즈, 아브라바뜨바유 이 아트프라블랴유 이ㅎ

\# 저는 급여 계산 및 지급을 담당합니다.

Я отвеча́ю за расчёт и вы́плату зарпла́ты.
야 아트비차유 자 라쑈ㅌ 이 브플라뚜 자르플라뜨

바쁜 업무

저는 회사에 할 일이 많아요.

У меня́ о́чень мно́го
рабо́ты на фи́рме.

우 미냐 오친 므노가 라보뜨 나 피르몌

저는 일하느라 하루가 부족해요.

Мне не хвата́ет рабо́чего
дня.

므녜 니 흐바따이ㅌ 라보치바 드냐

저는 숨 돌릴 수 있는 5분도 없어요.

У меня́ нет да́же пяти́
мину́т на передыⁱшку.

우 미냐 녜ㅌ 다제 삐찌 미누ㅌ 나 뻬리드쉬꾸

오늘 저는 점심시간에도 일을 했어요.

Сего́дня я рабо́тал(а) да́же
в обе́денный переры́в.

시보드냐 야 라보딸(라) 다제 브 아볘지느이
뻬리르ㅍ

오늘 우리 부서 전체가 매우 바빴어요.

Мы сего́дня быⁱли о́чень
за́няты всем отде́лом.

므 시보드냐 블리 오친 자니뜨 프솀 아젤람

저는 오늘 하루 종일 앉을 시간도
없었어요.

Я сего́дня был(была́) весь
день на нога́х.

야 시보드냐 블(라) 볘시 젠 나 나가ㅎ

꼭! 짚고 가기

유급 휴가

러시아에서는 모든 근로자들이 매년 유급 휴가를 갈 수 있어요.

입사하고 6개월 이상 근무한 근로자는 유급 휴가를 신청할 수 있는데 근로법에 따라 유급 휴가 기간은 28일이며, 그 이상 휴가를 받을 수 있는 경우도 있어요. 특히, 교직은 최소 42~56일, 아동 기관 근로자는 42일, 만 18세 미만 근로자는 31일 등으로 규정이 있어요. 휴가 기간 동안 공휴일이 있으면 휴가일수에 포함되지 않아요. 휴가 급여는 최근 12개월 동안 평균 임금 기준으로 산정하고, 휴가 시작 최소 3일 전에 지급돼야 해요. 휴가를 원하지 않을 때는 휴가 급여(отпускны́е 아트뿌스크느예)로 대신 받을 수도 있어요.

- о́тпуск 오트뿌스ㅋ 휴가
- опла́чиваемый о́тпуск
  아플라치바예므이 오트뿌스ㅋ
  유급 휴가
- о́тпуск по боле́зни
  오트뿌스ㅋ 빠 발례즈니
= больни́чный 발리니츠느이 (회화)
  병가
- о́тпуск по бере́менности и
  ро́дам
  오트뿌스ㅋ 빠 비례미나스찌 이 로담
= декре́тный о́тпуск
  지크레트느이 오트뿌스ㅋ (회화)
  출산 휴가
- о́тпуск по ухо́ду за ребёнком
  오트뿌스ㅋ 빠 우호두 자 리뵨깜
  육아 휴직

업무 지시 & 체크 ①

\# 프레젠테이션 준비 다 되었나요?

Вы подгото́вили презента́цию?
브 빠드가또빌리 쁘리진따쯔유?

\# 영업 보고서 작성했나요?

Вы сде́лали отчёт по прода́жам?
브 즈젤랄리 아쵸트 빠 쁘라다잠?

\# 한 달 영업 기획안을 작성해야 해요.

Мне ну́жно соста́вить план прода́ж на ме́сяц.
므녜 누즈나 사스따비찌 쁠란 쁘라다쉬 나 메시쯔

\# 시장 마케팅 조사 보고서를 가져오세요.

Принеси́те мне отчёт ма́ркетингового иссле́дования ры́нка.
쁘리니시쩨 므녜 아쵸트 마르꼐찐가바바 이슬례다바니야 른까

\# 계약서를 준비해 주세요.

Подгото́вьте контра́кт.
빠드가또피쩨 깐트라크트

\# 제품 원가를 계산해야 해요.

Мне ну́жно рассчита́ть себесто́имость проду́кции.
므녜 누즈나 라쒸따찌 시베스또이마스찌 쁘라두크쯔이

업무 지시 & 체크 ②

\# 기한 내에 다 마무리할 수 있어요?

Вы мо́жете всё зако́нчить в срок?
브 모즈쩨 프쇼 자꼰치찌 프 스로크?

\# 말일까지 다 마무리해 주세요.

Сде́лайте всё до конца́ ме́сяца.
즈젤라이쩨 프쇼 다 깐짜 몌시짜

\# 이 서류를 출력해 주세요.

Распеча́тайте э́тот докуме́нт.
라스뻬차따이쩨 에따트 다꾸몐트

\# 이 서류의 복사본 다섯 부를 만들어 주세요.

Сде́лайте пять ксероко́пий э́того докуме́нта.
즈젤라이쩨 빠찌 크세라꼬삐 에따바 다꾸몐따

\# 문서를 각각의 서류철에 넣어 주세요.

Разложи́те докуме́нты по па́пкам.
라즐라즈쩨 다꾸몐뜨 빠 빠프깜

\# 5시까지 문서를 번역해 주세요.

Переведи́те докуме́нт до пяти́ часо́в.
삐리비지쩨 다꾸몐트 다 삐찌 치소프

업무 지시에 대한 대답

지금 바로 다 해 드리겠습니다.

Я сде́лаю всё сра́зу
сейча́с.
야 즈젤라유 프쇼 스라주 시차ㅅ

제시간에 다 하기 위해 노력하겠습니다.

Я постара́юсь всё сде́лать
во́время.
야 빠스따라유시 프쇼 즈젤라찌 보브리먀

문서를 또 수정해야 할 게 있나요?

Ну́жно ли ещё
переде́лывать докуме́нт?
누즈나 리 이쑈 삐리젤르바찌 다꾸멘ㅌ?

계약서 안에 원하시는 변경 사항이
무엇입니까?

Каки́е измене́ния вы
жела́ете внести́ в
контра́кт?
까끼예 이즈미녜니야 브 즐라이쩨 브니스찌 프
깐트라크ㅌ?

말씀하신 변경 사항을 문서에
수정했습니다.

Я внёс(внесла́) в
докуме́нт все измене́ния,
о кото́рых вы говори́ли.
야 브뇨ㅅ(브니슬라) 브 다꾸멘ㅌ 프세
이즈미녜니야, 아 까또르ㅎ 브 가바릴리

메일로 이미 보내드렸습니다.

Я уже́ отпра́вил(а) вам на
электро́нную по́чту.
야 우제 아트프라빌(라) 밤 나 엘리크트로누유
뽀츠뚜

근무 조건

우리는 주 5일 근무해요.

Мы рабо́таем пять дней в
неде́лю.
므 라보따임 빠찌 드녜이 브 니젤류

У нас пятидне́вная
рабо́чая неде́ля.
우 나ㅅ 삐찌드녜브나야 라보차야 니젤랴

저는 교대로 근무해요.

Я рабо́таю посме́нно.
야 라보따유 빠스몌나

오늘 저녁 교대 근무해요.

Сего́дня я рабо́таю в
вече́рнюю сме́ну.
시보드냐 야 라보따유 브 비체르뉴유 스메누

저는 원격 근무해요.

Я рабо́таю удалённо.
야 라보따유 우달료나

저는 재택근무해요.

Я рабо́таю на дому́.
야 라보따유 나 다무

저는 직장에서 부르면, 그때 출근해요.

Я выхожу́ на рабо́ту,
когда́ меня́ вызыва́ют.
야 브하주 나 라보뚜, 까그다 미냐 브즈바유ㅌ

급여

월급날이 며칠이니?

Како́го числа́ у тебя́ зарпла́та?
까꼬바 치슬라 우 찌뱌 자르플라따?

곧 월급날이에요.

Ско́ро день зарпла́ты.
스꼬라 젠 자르플라뜨

저는 급여가 올라갔어요.

Мне повы́сили зарпла́ту.
므녜 빠브실리 자르플라뚜

저는 급여를 올려 달라고 하고 싶어요.

Я хочу́ попроси́ть о повыше́нии зарпла́ты.
야 하추 빠프라시찌 아 빠브셰니이 자르플라뜨

이번 달 급여 명세서를 받을 수 있을까요?

Мо́жно получи́ть расчётный лист зарпла́ты?
모즈나 빨루치찌 라쑈트느이 리스ㅌ 자르플라뜨?

급여 명세서에 오류가 있습니다. 공제가 잘못 기재되었습니다.

В расчётном листе́ зарпла́ты оши́бка. Неве́рно ука́заны отчисле́ния.
브 라쑈트남 리스쩨 자르플라뜨 아쉬프까. 니볘르나 우까자느 아트치슬례니야

수당 & 상여금

초과 근무 수당이 얼마인지 알 수 있을까요?

Мо́жно узна́ть разме́р допла́ты за сверхуро́чную рабо́ту?
모즈나 우즈나찌 라즈몌ㄹ 다플라뜨 자 스볘르후로츠누유 라보뚜?

우리 회사는 근무 연수에 따라 상여금을 지급해요.

В на́шей компа́нии выпла́чивают пре́мию за стаж.
브 나셰이 깜빠니이 브플라치바유ㅌ 쁘례미유 자 스따쉬

저는 야간 근무 수당을 지급 받았어요.

Мне начи́слили допла́ту за рабо́ту в ночно́е вре́мя.
므녜 나치슬리리 다플라뚜 자 라보뚜 브 나츠노예 브례먀

저는 좋은 성과를 내서 상여금을 받았어요.

Я получи́л пре́мию за отли́чные результа́ты рабо́ты.
야 빨루칠 쁘례미유 자 아틀리츠느예 리줄따뜨 라보뜨

사회보장 혜택에 건강보험이 포함되어 있나요?

Вхо́дит ли медици́нская страхо́вка в соцпаке́т?
브호지ㅌ 리 미지쯘스까야 스트라호프까 프 소쯔빠꼐ㅌ?

외근 & 기타

저는 오늘 현장 출장이 있어요.

У меня́ сего́дня вы́езд на объе́кт.

우 미냐 시보드냐 브이스ㅌ 나 아브예크ㅌ

저는 모스크바 지점으로 발령받았어요.

Меня́ перевели́ в филиа́л в Москве́.

미냐 뻬리빌리 프 필리알 브 마스크볘

저는 외부 상담이 있어서 3시까지 사무실에 없을 거예요.

У меня́ консульта́ция вне офи́са, поэ́тому до трёх часо́в меня́ не бу́дет.

우 미냐 깐술따쯔야 브녜 오피사, 빠에따무 다 뜨료ㅎ 치소ㅍ 미냐 니 부지ㅌ

저는 고객을 만나러 잠깐 나갔다 올게요.

Я ненадо́лго вы́йду из о́фиса, что́бы встре́титься с клие́нтом.

야 니나돌가 브이두 이즈 오피사, 쉬또브 프스트례찌짜 스 끌리엔땀

외국 고객들을 마중하러 공항에 가야 해요.

Мне ну́жно съе́здить в аэропо́рт встре́тить клие́нтов из-за рубежа́.

므녜 누즈나 스예즈지찌 브 아에라뽀르ㅌ 프스트례찌찌 끌리엔따ㅍ 이자 루비자

출장

다음 주에 모스크바로 출장을 가요.

На сле́дующей неде́ле я е́ду в командиро́вку в Москву́.

나 슬례두쎼이 니젤례 야 예두 프 까만지로프꾸 브 마스크부

그가 지금 출장 중이에요.

Он сейча́с в командиро́вке.

온 시차ㅅ 프 까만지로프꼐

그는 출장으로 떠났어요.

Он уе́хал в делову́ю пое́здку.

온 우예할 브 질라부유 빠예스꾸

그가 출장을 가 있는 동안, 제가 그의 대신이에요.

Я заменя́ю его́, пока́ он в командиро́вке.

야 자미냐유 이보, 빠까 온 프 까만지로프꼐

회사 업무로 한 달간 러시아로 파견됐어요.

Меня́ отпра́вили в Росси́ю на ме́сяц по дела́м фи́рмы.

미냐 아트프라빌리 브 라시유 나 몌시ㅉ 빠 질람 피르므

저는 출장 보고서를 작성해야 해요.

Мне ну́жно сде́лать отчёт о результа́те командиро́вки.

므녜 누즈나 즈젤라찌 아쵸ㅌ 아 리줄따쪠 까만지로프끼

회사 동료

직장 동료들은 마음에 드니?

Тебе́ нра́вятся твои́
колле́ги по рабо́те?
찌볘 느라뱌짜 뜨바이 깔례기 빠 라보쩨?

새로 온 직원이 어때?

Как тебе́ наш но́вый
сотру́дник?
까ㅋ 찌볘 나쉬 노브이 사트루드니ㅋ?

우리 부서 직원들은 사이가 좋아요.

У нас о́чень дру́жный
коллекти́в.
우 나ㅅ 오친 드루즈느이 깔리크찌ㅍ

그는 일을 다 마무리할 때까지
사무실에서 늦은 시간까지 있을 거예요.

Он бу́дет сиде́ть допоздна́
в о́фисе, пока́ не сде́лает
всю рабо́ту.
온 부지ㅌ 시졔찌 다빠즈나 브 오피세,
빠까 니 즈졜라이ㅌ 프슈 라보뚜

그는 해야 하는 업무를 겨우 수행해요.

Он е́ле справля́ется со
свои́ми обя́занностями.
온 옐례 스프라블랴이짜 사 스바이미
아뱌자나스쨔미

저와 동료는 서로 일을 도와줘요.

Мы с колле́гой помога́ем
друг дру́гу по рабо́те.
므 스 깔례가이 빠마가임 드루ㅋ 드루구 빠
라보쩨

승진

당신은 승진할 만해요.

Вы досто́йны повыше́ния.
브 다스또이느 빠브셰니야

저는 승진을 기대하고 있어요.

Я наде́юсь, что мне даду́т
повыше́ние.
야 나졔유시, 쉬또 므녜 다두ㅌ 빠브셰니예

너는 예전부터 승진했어야 했는데.

Тебя́ давно́ должны́ бы́ли
повы́сить в до́лжности.
찌뱌 다브노 달즈느 블리 빠브시찌 브
돌즈나스찌

드디어 네가 눈에 띄었고 승진했어.

Наконе́ц-то тебя́ заме́тили
и повы́сили.
나까녜쯔따 찌뱌 자몌찔리 이 빠브실리

일을 잘해서 그가 빨리 승진했어요.

За хоро́шую рабо́ту
его́ бы́стро повы́сили в
до́лжности.
자 하로슈유 라보뚜 이보 브스트라 빠브실리 브
돌즈나스찌

저는 경영진과 제 승진 전망에 대해
상의하고 싶어요.

Я хочу́ обсуди́ть с
руково́дством перспекти́вы
моего́ повыше́ния.
야 하추 아프수지찌 스 루까보쯔트밤
뼤르스뼤크찌브 마이보 빠브세니야

회의 시작

오늘 회의가 10시에 있을 거예요.

Сего́дня бу́дет собра́ние в де́сять часо́в.

시보드냐 부지ㅌ 사브라니예 브 제시찌 치소ㅍ

회의에 전원이 참석하도록 해 주세요.

Проследи́те, что́бы все прису́тствовали на собра́нии.

쁘라슬리지쩨, 쉬또브 프세 쁘리수쯔트바발리 나 사브라니이

회의를 시작하겠습니다.

Дава́йте начнём на́ше собра́ние.

다바이쩨 나츠뇸 나셰 사브라니예

오늘은 회의 의제가 무엇입니까?

Что сего́дня на пове́стке дня?

쉬또 시보드냐 나 빠볘스꼐 드냐?

오늘은 두 가지 항목이 안건으로 있습니다.

Сего́дня на пове́стке дня два вопро́са.

시보드냐 나 빠볘스꼐 드냐 드바 바프로사

각각의 안건에 대해 논의해 봅시다.

Дава́йте обсу́дим ка́ждый из вопро́сов.

다바이쩨 아프수짐 까즈드이 이즈 바프로사ㅍ

회의 진행

모든 직원의 의견을 들어 보고 싶습니다.

Я хоте́л(а) бы вы́слушать мне́ние всех сотру́дников.

야 하쩰(라) 브 브슬루샤찌 므녜니예 프세ㅎ 사트루드니까ㅍ

자신의 의견을 말하세요.

Вы́скажите своё мне́ние.

브스까즈쩨 스바요 므녜니예

이 안건에 대하여 또 다른 의견이 있습니까?

Есть ещё други́е мне́ния по э́тому вопро́су?

예스찌 이쑈 드루기예 므녜니야 빠 에따무 바프로수?

다른 제안 있는 분 계십니까?

У кого́ есть други́е предложе́ния?

우 까보 예스찌 드루기예 쁘리들라제니야?

다음 안건으로 넘어가겠습니다.

Дава́йте перейдём к сле́дующему вопро́су.

다바이쩨 삐리죰 크 슬레두쉬무 바프로수

이제는 이 안건에 대하여 제 의견을 말하고 싶습니다.

Тепе́рь я хочу́ вы́сказать своё мне́ние по э́тому вопро́су.

찌뻬리 야 하추 브스까자찌 스바요 므녜니예 빠 에따무 바프로수

회의 마무리

이것으로 회의를 마치겠습니다.

На э́том зака́нчиваю на́ше собра́ние.

나 에땀 자깐치바유 나셰 사브라니예

다음 회의 날짜를 정해 봅시다.

Дава́йте назна́чим да́ту сле́дующего собра́ния.

다바이쩨 나즈나침 다뚜 슬례두쒸바 사브라니야

결정된 것이 실행될 수 있도록 해 주세요.

Проследи́те, что́бы все при́нятые реше́ния бы́ли вы́полнены.

쁘라슬리지쩨, 쉬또브 프세 쁘리니뜨예 리셰니야 블리 브빨르느느

제가 회의록을 작성해야 해요.

Мне ну́жно соста́вить протоко́л собра́ния.

므녜 누즈나 사스따비찌 쁘라따꼴 사브라니야

제가 회의록에 결정된 것을 전부 기록해야 해요.

Мне ну́жно записа́ть все при́нятые реше́ния в протоко́л собра́ния.

므녜 누즈나 자삐사찌 프세 쁘리니뜨예 리셰니야 프 쁘라따꼴 사브라니야

휴가 ①

우리 부서장이 지금 휴가 중이에요.

Наш нача́льник отде́ла сейча́с в о́тпуске.

나쉬 나찰리니ㄱ 아젤라 시차ㅅ 브 오트뿌스꼐

저는 다음 주부터 휴가예요.

У меня́ о́тпуск со сле́дующей неде́ли.

우 미냐 오트뿌스ㅋ 사 슬례두쒜이 니젤리

그가 휴가 중이면 연락이 불가능해요.

С ним невозмо́жно связа́ться во вре́мя о́тпуска.

스 님 니바즈모즈나 스비자짜 바 브례먀 오트뿌스까

저는 제 임시 대체자를 교육시켜 놓을 거예요.

Я обучу́ своего́ вре́менного замести́теля.

야 아부추 스바이보 브례미나바 자미스찌쩰랴

저는 휴가 중에 상담이 가능할 거예요.

Во вре́мя о́тпуска я бу́ду досту́пен(досту́пна) для консульта́ций.

바 브례먀 오트뿌스까 야 부두 다스뚜뺀 (다스뚜프나) 들랴 깐술따쯔이

298

휴가 ②

저는 쉬는 날 없이 일을 했어요.
휴가가 필요해요.

Я рабо́тал(а) без
выходны́х. Мне ну́жен
о́тпуск.
야 라보딸(라) 볘즈 브하드느ㅎ.
므녜 누즌 오트뿌스크

드디어 오래 기다렸던 휴가를 받았어요.

Наконе́ц-то я получи́л(а)
свой долгожда́нный
о́тпуск.
나까녜쯔따 야 빨루칠(라) 스보이 달가즈다느이
오트뿌스크

율랴가 출산 휴가로 나갔어요.

Ю́ля ушла́ в декре́тный
о́тпуск.
율랴 우쉴라 브 지크레트느이 오트뿌스크

레나는 지금 육아 휴직 중이에요.

Ле́на сейча́с в о́тпуске по
ухо́ду за ребёнком.
례나 시차ㅅ 브 오트뿌스꼐 빠 우호두 자 리본깜

저는 병가 냈어요.

Я взя́л(взяла́) больни́чный.
야 브쟐(브질라) 발리니츠느이

저는 오늘 대휴를 냈어요.

Я сего́дня взя́л(взяла́)
отгу́л.
야 시보드냐 브쟐(브질라) 아드굴

스트레스 & 불만

오늘 다시 늦게까지 직장에서 남아
있어야 해요.

Опя́ть ну́жно остава́ться
на рабо́те допоздна́.
아뺘찌 누즈나 아스따바쨔 나 라보쩨 다빠즈나

저는 자꾸 동료들의 실수를 고쳐 줘야
해요.

Мне постоя́нно
прихо́дится исправля́ть
оши́бки свои́х колле́г.
므녜 빠스따야나 쁘리호지짜 이스프라블랴찌
아쉬프끼 스바이ㅎ 깔례ㅋ

저는 지속적인 마감일과 상사의 요구로
인해 지쳤어요.

Я уста́л(а) из-за
постоя́нных дедла́йнов и
тре́бований нача́льника.
야 우스딸(라) 이자 빠스따야느ㅎ 데들라이나ㅍ
이 뜨례바바니이 나찰니까

제가 하는 업무의 양에 비해, 받는
월급이 맞지 않아요.

Зарпла́та не
соотве́тствует объёму
рабо́ты, кото́рую я
выполня́ю.
자르플라따 니 사아트볘스트부이ㅌ 아브요무
라보뜨, 까또루유 야 브빨냐유

업무가 불공평하게 분배되었어요.

Обя́занности распределены́
несправедли́во.
아뱌자나스찌 라스프리질리느 니스프라비들리바

거래처 방문

안녕하세요!

До́брый день!
도브르이 젠!

저는 김 드미트리라고 합니다.
저는 A사에서 왔습니다.

Меня́ зову́т Ким Дми́трий.
Я из компа́нии «А».
미냐 자부ㅌ 킴 드미트리.
야 이스 깜빠니이 '아'

제가 월요일에 연락을 드렸어요.
오늘 3시에 미팅하기로 했습니다.

Я вам звони́л в
понеде́льник.
Мы договори́лись о
встре́че сего́дня в три
часа́.
야 밤 즈바닐 프 빠니젤리니ㅋ.
므 다가바릴리시 아 프스트례체 시보드냐 프
뜨리 치사

들어오세요. 앉으세요.

Проходи́те. Сади́тесь.
쁘라하지쩨. 사지찌시

제 명함을 드리겠습니다.

Позво́льте вручи́ть вам
мою́ визи́тную ка́рточку.
빠즈볼쩨 브루치찌 밤 마유 비지트누유
까르따츠꾸

상품 소개 ①

저희 제품을 소개해 드리도록
하겠습니다.

Разреши́те ознако́мить вас
с на́шей проду́кцией.
라즈리쉬쩨 아즈나꼬미찌 바ㅅ 스 나셰이
쁘라두크쯔예이

저희 제품 최신 모델을 소개해 드리도록
하겠습니다.

Разреши́те предста́вить
вам са́мую после́днюю
моде́ль на́шей проду́кции.
라즈리쉬쩨 쁘리즈따비찌 밤 사무유
빠슬례드뉴유 마델 나셰이 쁘라두크쯔이

이 모델은 소비자에게 큰 인기를 얻고
있습니다.

Э́та моде́ль по́льзуется
больши́м спро́сом среди́
покупа́телей.
에따 마델 뽈주이짜 발쉼 스프로삼 스리지
빠꾸빠찔례이

이 모델을 오래 사용할 수 있습니다.

Э́та моде́ль слу́жит о́чень
до́лго.
에따 마델 슬루즈ㅌ 오친 돌가

저희 제품은 고객에게 발송되기 전에
철저한 품질 검사를 거칩니다.

На́ша проду́кция прохо́дит
тща́тельный контро́ль
ка́чества пе́ред отпра́вкой
клие́нтам.
나샤 쁘라두크쯔야 쁘라호지ㅌ 뜨싸찔리느이 깐트롤
까치스트바 뻬리ㅌ 아트프라프까이 끌리엔땀

300

상품 소개 ②

이 상품은 제품 라인을 갖추고 있습니다.

У нас це́лая ли́ния э́того това́ра.

우 나ㅅ 쩰라야 리니야 에따바 따바라

다음 달에 새로운 제품 라인을 생산하려고 준비 중입니다.

Мы гото́вим вы́пуск но́вой ли́нии в сле́дующем ме́сяце.

므 가또빔 브뿌스ㅋ 노바이 리니이 프 슬례두쉼 메시쩨

높은 품질을 보장합니다.

Мы гаранти́руем высо́кое ка́чество.

므 가란찌루임 브소까예 까치스트바

지금 직접 사용해 보셔도 됩니다.

Вы мо́жете испо́льзовать э́то сейча́с на себе́.

브 모즈쩨 이스뽈자바찌 에따 시차ㅅ 나 시볘

사용해 보실 수 있게 샘플을 드릴 수 있습니다.

Мы мо́жем предложи́ть вам экземпля́ры для про́бы.

므 모즘 쁘리들라즈찌 밤 에그젬쁠랴르 들랴 쁘로브

저희 제품은 최상의 재료로 제작됩니다.

На́ша проду́кция изгота́вливается из лу́чших материа́лов.

나샤 쁘라두크쯔야 이즈가따블리바이짜 이즈 루츠쉬ㅎ 마찌리알라ㅍ

상담

카탈로그를 받을 수 있습니까?

Вы не могли́ бы дать мне катало́г?

브 니 마글리 브 다찌 므녜 까딸로ㅋ?

다른 모델을 볼 수 있나요?

Мо́жно посмотре́ть други́е моде́ли?

모즈나 빠스마트례찌 드루기예 마델리?

얼마 동안 품질 보증이 되나요?

Како́в срок гара́нтии?

까꼬ㅍ 스로ㅋ 가란찌이?

상품의 단가가 얼마예요?

Какова́ цена́ за едини́цу това́ра?

까까바 쯔나 자 이지니쭈 따바라?

품질 보증 기간 내에 무상 수리가 보증되나요?

Гаранти́руется ли беспла́тный ремо́нт в тече́ние сро́ка гара́нтии?

가란찌루이짜 리 비스쁠라트느이 리몬ㅌ 프 찌체니예 스로까 가란찌이?

제품에 관심이 있어요. 그런데 가격이 너무 높아요.

Меня́ о́чень интересу́ет ваш това́р. Но цена́ сли́шком высока́.

미냐 오친 인찌리수이ㅌ 바쉬 따바르. 노 쯔나 슬리쉬깜 쁘사까

주문

주문하고 싶은데요.

Я хочу́ сде́лать зака́з.
야 하추 즈젤라찌 자까ㅅ

제품 주문서를 작성해 드리겠습니다.

Я офо́рмлю вам зака́з на поку́пку това́ра.
야 아포르믈류 밤 자까ㅅ 나 빠꾸프꾸 따바라

얼마나 주문하시겠어요?

Како́е коли́чество вы жела́ете заказа́ть?
까꼬예 깔리치스트바 브 즐라이쩨 자까자찌?

일단 2,500개를 주문하고 싶습니다.

Я хочу́ заказа́ть для нача́ла две ты́сячи пятьсо́т штук.
야 하추 자까자찌 들랴 나찰라 드베 뜨시치 삐쪼ㅌ 쉬뚜ㅋ

최소 주문 수량이 어떻게 됩니까?

Како́в минима́льный объём зака́за?
까꼬ㅍ 미니말느이 아브욤 자까자?

인터넷으로도 주문서를 작성하실 수 있습니다.

Вы мо́жете офо́рмить зака́з и по Интерне́ту.
브 모즈쩨 아포르미찌 자까ㅅ 이 빠 인떼르네뚜

협상

주문량이 많을수록 가격이 낮아집니다.

Чем бо́льше вы де́лаете зака́з, тем ни́же цена́.
쳄 볼셰 브 젤라이쩨 자까ㅅ, 쩸 니제 쯔나

최저 가격으로 제품을 드립니다.

Мы предлага́ем вам това́р по минима́льной цене́.
므 쁘리들라가임 밤 따바ㄹ 빠 미니말리나이 쯔네

최저 가격을 보증합니다.

Мы гаранти́руем вам минима́льную це́ну.
므 가란찌루임 밤 미니말리누유 쩨누

할인을 받고 싶은데요.

Я хоте́л(а) бы получи́ть ски́дку на това́р.
야 하쩰(라) 브 빨루치찌 스끼ㅌ꾸 나 따바ㄹ

5% 할인을 받았으면 합니다.

Я наде́юсь на пятипроце́нтную ски́дку.
야 나졔유시 나 삐찌프라쩬트누유 스끼ㅌ꾸

좀 더 저렴하고 비슷한 모델이 있나요?

Есть ли похо́жие моде́ли, но подеше́вле?
예스찌 리 빠호즈예 마델리, 노 빠지셰블례?

납품 & 배송

고객님의 주문이 발송되었습니다.

Ваш зака́з отпра́влен.
바쉬 자까ᄉ 아트프라블린

주문 제품을 받으셨습니까?

Вы получи́ли свой зака́з?
브 빨루칠리 스보이 자까ᄉ?

배송 비용은 제품 가격에 포함되지 않습니다.

Пла́та за доста́вку не вхо́дит в сто́имость това́ра.
쁠라따 자 다스따프꾸 니 프호지ᄐ 프 스또이마스찌 따바라

배달하는 데 시간이 얼마나 걸리나요?

Ско́лько вре́мени ухо́дит на доста́вку?
스꼴까 브례미니 우호지ᄐ 나 다스따프꾸?

다음 주 수요일까지 제품을 받을 수 있나요?

Мо́жно получи́ть това́р до сле́дующей среды́?
모즈나 빨루치찌 따바ᄅ 다 슬례두쎄이 스리드?

벌써 2주가 지났는데, 제품이 아직 안 왔어요.

Уже́ прошло́ две неде́ли, но това́р ещё не дошёл.
우제 쁘라쉴로 드볘 니젤리, 노 따바ᄅ 이쑈 니 다숄

클레임

불량품으로 납품되었어요.

Мне доста́вили брако́ванный това́р.
므녜 다스따빌리 브라꼬바느이 따바ᄅ

완전 다른 모델이 납품되었어요.

Мне доста́вили совсе́м другу́ю моде́ль.
므녜 다스따빌리 사프셈 드루구유 마델

파손 상품에 대해 환불할 수 있나요?

Мо́жно возврати́ть де́ньги за повреждённый това́р?
모즈나 바즈브라찌찌 제니기 자 빠브리즈죠느이 따바ᄅ?

파손 상품을 교환할 수 있나요?

Мо́жно поменя́ть повреждённый това́р на но́вый?
모즈나 빠미냐찌 빠브리즈죠느이 따바ᄅ 나 노브이?

납품 책임자와 이야기를 나눌 수 있나요?

Мо́жно поговори́ть с отве́тственным за отпра́вку това́ра?
모즈나 빠가바리찌 스 아트볘쯔트비늠 자 아트프라프꾸 따바라?

해고

그는 업무 불이행으로 해고됐어요.

Его уволили с работы за невыполнение обязанностей.

이보 우볼릴리 스 라보뜨 자 니브빨녜니예 아뱌자나스쩨이

그녀는 직무 요건과 자격이 맞지 않아서 해고됐어요.

Её уволили с работы из-за несоответствия квалификации требованиям должности.

이요 우볼릴리 스 라보뜨 이자 니사아트베쯔트비야 끄발리피까쯔이 뜨례바바니얌 돌즈나스찌

그는 인원 감축 대상이 되었어요.

Он попал под сокращение.

온 빠빨 빠트 사크라쎼니예

그는 수습 기간 후 해고됐어요.

Его уволили после испытательного срока.

이보 우볼릴리 뽀슬례 이스쁘따찔리나바 스로까

그의 계약은 만료되면서 계약이 연장되지 않을 거예요.

Ему не будут продлевать трудовой договор по истечении срока действия.

이무 니 부두트 쁘라들리바찌 뜨루다보이 다가보르 빠 이스찌체니이 스로까 졔이스트비야

퇴직

임의 사직서를 제출하고 싶습니다.

Я хочу подать заявление об увольнении по собственному желанию.

야 하추 빠다찌 자이블례니예 아브 우발리녜니이 빠 소프스트비나무 즐라니유

그는 임의 사직을 했어요.

Он ушёл с работы по собственному желанию.

온 우숄 스 라보뜨 빠 소브스트비나무 즐라니유

사직하고 다른 직장에 취직하고 싶어요.

Я хочу уволиться и устроиться на другую работу.

야 하추 우볼리짜 이 우스트로이짜 나 드루구유 라보뚜

그녀는 직장을 바꾸고 싶어 해요.

Она хочет сменить место работы.

온 호치트 스미니찌 몌스따 라보뜨

그는 개인사업을 시작하기 위해 오랫동안 퇴사를 계획하고 있어요.

Он давно планирует уволиться, чтобы начать частный бизнес.

온 다브노 쁠라니루이트 우볼리짜, 쉬또브 나차찌 차스느이 비즈니스

직장 기타

오늘 사무실에 일이 별로 없었어요.

Сего́дня бы́ло ма́ло рабо́ты в о́фисе.
시보드냐 블라 말라 라보뜨 브 오피세

우리는 가끔 동료들과 커피 마시려고 모여요.

Мы иногда́ собира́емся с колле́гами на ча́шку ко́фе.
므 이나그다 사비라임샤 스 깔례가미 나 차쉬꾸 꼬페

제가 요청했던 만큼, 임금을 받아요.

Мне пла́тят сто́лько, ско́лько я запроси́л(а).
므녜 쁠라쨔ᄐ 스똘까, 스꼴까 야 자프라실(라).

저는 정규직이에요.

Я шта́тный сотру́дник.
야 쉬따트느이 사트루드니ᄏ

저는 비정규직이에요.

Я внешта́тный сотру́дник.
야 브니쉬따트느이 사트루드니ᄏ

저는 계약직이에요.

Я рабо́таю по контра́кту.
야 라보따유 빠 깐트라크뚜

저는 매년 계약을 연장해야 해요.

Мне ну́жно продлева́ть контра́кт ка́ждый год.
므녜 누즈나 쁘라들리바찌 깐트라크ᄐ 까즈드이 고ᄐ

극북 지역 노동자 혜택

극북 및 극북 인접 지역은 러시아 영토에서 가장 넓은 면접을 차지하며, 다른 지역보다 추운 기후 때문에 거주와 노동이 쉽지 않아요. 어려운 기후 조건 때문에 다른 지역보다 더 많은 혜택이 노동법에 보장되어 있어요.

예를 들면, 다른 지역보다 더 높은 임금, 추가 휴가 일수, 더 많은 의료 서비스 혜택, 단축된 근로 시간 등이 제공돼요.

극북 및 인접 지역에 근무하는 노동자가 러시아 내에서 휴가를 갈 때 고용주가 기차, 항공, 버스, 주유 등의 왕복 이동 비용(택시 제외) 및 수하물 운송 비용을 부담해야 해요.

휴가를 가기 전에 이동 비용을 신청해서 지급받거나, 휴가를 다녀와서 교통비 영수증 또는 티켓을 첨부하여 비용을 청구하면 돌려받을 수 있어요. 근무처에 따라 동반 가족의 이동 비용 또한 지급될 수도 있습니다.

구직

이력서

\# 저는 직장을 구하고 있어요.

Я ищу́ рабо́ту.
야 이쓔 라보뚜

\# 저는 적합한 일자리를 몇 개 골랐어요.

Я вы́брал(а) не́сколько подходя́щих вака́нсий.
야 브브랄(라) 녜스깔까 빠트하쟈쒸ㅎ 바깐시이

\# 채용 공고를 보고 연락드렸습니다.

Я звоню́ вам по по́воду объявле́ния о приёме на рабо́ту.
야 즈바뉴 밤 빠 뽀바두 아브이블례니야 아 쁘리요몌 나 라보뚜

\# 구인 자리가 아직 비어 있나요?

Э́то ме́сто ещё вака́нтно?
에따 몌스따 이쑈 바깐트나?

\# 제가 구인 자리에 지원 자격이 있나요?

Могу́ ли я претендова́ть на э́ту вака́нсию?
마구 리 야 쁘리찐다바찌 나 에뚜 바깐시유?

\# 경력이 필요한가요?

Ну́жен ли стаж рабо́ты?
누즌 리 스따쉬 라보뜨?

\# 면접을 보러 오시면 됩니다.

Мы приглаша́ем вас на собесе́дование.
므 쁘리글라샤임 바ㅅ 나 사비세다바니예

\# 새 이력서를 작성해야 해요.

Мне ну́жно написа́ть но́вое резюме́.
므녜 누즈나 나삐사찌 노바예 리쥬메

\# 예전 이력서를 조금 수정하고 내용을 추가해야 해요.

Ну́жно подпра́вить и допо́лнить ста́рое резюме́.
누즈나 빠트프라비찌 이 다뽈르니찌 스따라예 리쥬메

\# 메일 주소로 이력서를 보내 주세요.

Пришли́те ва́ше резюме́ на а́дрес электро́нной по́чты.
쁘리쉴리쩨 바셰 리쥬메 나 아드리ㅅ 엘리크트로나이 뽀츠뜨

\# 이력서에는 구인 자리와 관련된 모든 성과를 기재해 주세요.

Укажи́те в резюме́ все достиже́ния, свя́занные с вака́нсией.
우까즈쩨 브 리쥬메 프세 다스찌제니야, 스뱌자느예 스 바깐시예이

\# 이 구인 자리는 경력이 요구되지 않아요.

О́пыт рабо́ты на э́ту вака́нсию не тре́буется.
오쁘ㅌ 라보뜨 나 에뚜 바깐시유 니 뜨례부이짜

면접 예상 질문 ①

\# 자신에 대하여 이야기해 주세요.

Расскажи́те немно́го о себе́.
라스까즈쩨 님노가 아 시볘

\# 어떤 외국어를 할 수 있습니까?

На каки́х иностра́нных языка́х вы говори́те?
나 까끼ㅎ 이나스트란늬ㅎ 이즈까ㅎ 브
가바리쩨?

\# 자신의 장점과 단점에 대해서 이야기해 보세요.

Расскажи́те о свои́х си́льных и сла́бых сторона́х.
라스까즈쩨 아 스바이ㅎ 실릐늬ㅎ 이 슬라브ㅎ
스따라나ㅎ

\# 자신의 전문적 자질에 대해서 이야기해 보세요.

Расскажи́те о свои́х профессиона́льных ка́чествах.
라스까즈쩨 아 스바이ㅎ 쁘라피시아날릐늬ㅎ
까치스트바ㅎ

\# 자신의 전문성을 향상하기 위해 무엇을 하십니까?

Что вы де́лаете для повыше́ния свое́й профессиона́льной квалифика́ции?
쉬또 브 졜라이쩨 들랴 빠브셰니야 스바예이
쁘라피시아날리나이 끄발리피까쯔이?

면접 예상 질문 ②

\# 우리 회사에 대해 아는 것을 말해 보시겠어요?

Что вам изве́стно о на́шей фи́рме?
쉬또 밤 이즈볘스나 아 나셰이 피르몌?

\# 왜 우리 회사에서 일하고 싶으신가요?

Почему́ вы хоти́те рабо́тать в на́шей фи́рме?
빠치무 브 하찌쩨 라보따찌 브 나셰이 피르몌?

\# 전에 다녔던 직장을 왜 그만뒀습니까?

Почему́ вы ушли́ с предыду́щей рабо́ты?
빠치무 브 우쉴리 스 쁘리드두쎼이 라보뜨?

\# 언제부터 일할 수 있습니까?

В каки́е сро́ки вы могли́ бы приступи́ть к но́вой рабо́те?
프 까끼예 스로끼 브 마글리 브 쁘리스뚜삐찌 크
노바이 라보쩨?

\# 급여는 어느 정도를 원하십니까?

На каку́ю зарпла́ту вы рассчи́тываете?
나 까꾸유 자르플라뚜 브 라쒸뜨바이쩨?

Каку́ю за́работную пла́ту вы ожида́ете?
까꾸유 자라바트누유 쁠라뚜 브 아즈다이쩨?

Глава 09

여행을 떠나자!

Глава 09

Аэропорт и Транспорт 아에라뽀르트 이 뜨란스빠르트 공항&교통

аэропо́рт 아에라뽀르트 n.m. 공항 	**самолёт** 사말료트 n.m. 비행기 	**термина́л** 찌르미날 n.m. 터미널
	отправле́ние 아트프라블례니예 n.n. (기차, 비행기 등의) 출발	**поса́дка** 빠사트까 n.f. 착륙; 탑승 **прибы́тие** 쁘리브찌예 n.n. 도착
биле́т 빌례트 n.m. (차)표; 승차권; 입장권 **авиабиле́т** 아비아빌례트 n.m. 항공권	**па́спорт** 빠스빠르트 n.m. 여권; 신분 증명서 	**бага́ж** 바가쉬 n.m. (여객) 수하물; 짐
ме́сто 몌스따 n.n. 자리, 좌석 	**бортово́е пита́ние** 바르따보예 삐따니예 기내식 	**реме́нь** **безопа́сности** 리몐 비자빠스나스찌 안전벨트
тра́нспорт 뜨란스빠르트 n.m. 교통; 운송, 수송 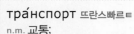	**ка́сса** 까사 n.f. 매표소 	**пункт назначе́ния** 뿐크트 나즈나체니야 목적지; 행선지 **переса́дка** 삐리사트까 n.f. 환승
по́езд 뽀이스트 n.m. 기차 **ста́нция** 스딴쯔야 n.f. 기차역	**метро́** 미트로 n.n. 지하철 **ли́ния метро́** 리니야 미트로 지하철 노선	**авто́бус** 아프또부ㅅ n.m. 버스 **остано́вка** 아스따노프까 n.f. 버스 정류장
такси́ 따크시 n.n. 택시 	**мотоци́кл** 마따쯔클 n.m. 오토바이 **моторо́ллер** 마따롤리르 n.m. 스쿠터	**кора́бль** 까라블 n.m. 배, 선박 **ло́дка** 로트까 n.f. 보트

ночлéг 나츨례ㅋ n.m. 숙박; 숙소	**гостúница** 가스찌니짜 n.f. = **отéль** 아뗄 n.m. 호텔	**останáвливаться - остановúться** (в-вл) 아스따나블리바짜 −아스따나비짜 v. 머무르다, 묵다
стóйка регистрáции 스또이까 리기스트라쯔이 프런트(등록 카운터)	**регистрáция** 리기스트라쯔야 n.f. 등록; 수속, 체크인	**вы́писка из гостúницы** 브삐스까 이즈 가스찌니쯔 호텔 체크아웃
брони́рование 브라니라바니예 n.n. 예약	**одномéстный нóмер** 아드나몌스느이 노미라 1인실	**двухмéстный нóмер** 드부흐몌스느이 노미라 2인실
отоплéние 아따플례니예 n.n. 난방; 난방 장치	**тáпочки** 따빠츠끼 n.pl. 실내용 슬리퍼	**полотéнце** 빨라뗀쩨 n.n. 수건
тури́зм 뚜리즘 n.m. 관광, 여행 **тур** 뚜ㄹ n.m. 투어	**поéздка** 빠예스트까 n.f. (단기) 여행 **путешéствие** 뿌찌셰스트비예 n.n. (장기) 여행; 여정	**тури́ст** 뚜리스ㅌ n.m. 관광객
информациóнно-туристи́ческий центр 인파르마쯔오나뚜리스찌치스끼 쩬트ㄹ 관광 안내소	**туристи́ческая фи́рма** 뚜리스찌치스까야 피르마 = **турфи́рма** 뚜르피르마 n.f. 여행사	**гид** 기ㅌ n.m. 가이드, 안내원
кáрта 까르따 n.f. 지도	**сувени́р** 수비니ㄹ n.m. 기념품	**фотогрáфия** 파따그라피야 n.f. 사진; 사진 촬영

항공권 예약

모스크바에서 서울행 왕복 티켓을
예약하고 싶은데요.

**Я хочу́ заброни́ровать
биле́т из Москвы́ в Сеу́л
туда́ и обра́тно.**
야 하추 자브라니라바찌 빌례트 이즈 마스크브
프 시울 뚜다 이 아브라트나

서울까지 11월 12일에 직항이 있어요?

**У вас есть прямо́й рейс
в Сеу́л двена́дцатого
ноября́?**
우 바스 예스찌 쁘리모이 레이스 프 시울
드비나짜따바 나이브랴?

며칠 예정으로 티켓을 원하십니까?

**На како́е число́ вы хоти́те
биле́т?**
나 까꼬예 치슬로 브 하찌쩨 빌례트?

며칠에 출발을 원하세요?

**Како́го числа́ вы жела́ете
вы́лететь?**
까꼬바 치슬라 브 즐라이쩨 블리찌찌?

며칠 예정으로 돌아오는 티켓을
원하십니까?

**На како́е число́ вы хоти́те
биле́т обра́тно?**
나 까꼬예 치슬로 브 하찌쩨 블례트 아브라트나?

편도 티켓이 필요하신가요 아니면
왕복 티켓이 필요하신가요?

**Вам биле́т в оди́н коне́ц
и́ли в о́ба конца́?**
밤 빌례트 브 아진 까녜쯔 일리 브 오바 깐짜?

예약 확인 & 변경

예약을 재확인하고 싶은데요.

**Я хочу́ подтверди́ть свою́
бронь на биле́т.**
야 하추 빠트비르지찌 스바유 브로니 나 빌례트

성함과 항공편을 말씀해 주시겠어요?

**Ва́ше и́мя и назва́ние
ре́йса.**
바셰 이먀 이 나즈바니예 레이사

9월 10일 서울행 SU 250편입니다.

**Рейс SU 250(две́сти
пятьдеся́т) в Сеу́л
деся́того сентября́.**
레이스 수 드베스찌 삐지샤트 프 시울 지샤따바
신찌브랴

예약 번호를 알려 주시겠습니까?

**Назови́те, пожа́луйста,
но́мер ва́шей бро́ни.**
나자비쩨, 빠잘루스따, 노미르 바셰이 브로니

예약 번호는 ABC123.

**Но́мер бро́ни ABC123
(сто два́дцать три).**
노미르 브로니 에이비시 스또 드바짜찌 뜨리

11월 12일 예약을 취소하고 20일로
예약하고 싶습니다.

**Я хочу́ отмени́ть бронь
на двена́дцатое ноября́
и заброни́ровать на
двадца́тое.**
야 하추 아트미니찌 브로니 나 드비나짜따예
나이브랴 이 자브라니라바찌 나 드바짜따예

여권

여권을 신청하려고 하는데요.

Я хочу́ пода́ть докуме́нты на загранпа́спорт.
야 하추 빠다찌 다꾸멘뜨 나 자그란빠스빠르트

여권을 신청하려면 어디로 문의하면 돼요?

Куда́ мне ну́жно обрати́ться, что́бы сде́лать загранпа́спорт?
꾸다 므녜 누즈나 아브라찌짜, 쉬또브 즈젤라찌 자그란빠스빠르트?

여권을 만드는 데 얼마나 걸리나요?

Ско́лько вре́мени уйдёт на оформле́ние загранпа́спорта?
스꼴까 브레미니 우이죠트 나 아파르믈레니예 자그란빠스빠르따?

여권을 발급하려면 어떤 서류를 준비해야 합니까?

Каки́е докуме́нты мне ну́жно подгото́вить на загранпа́спорт?
까끼예 다꾸멘뜨 므녜 누즈나 빠드가또비찌 나 자그란빠스빠르트?

여권이 올해 말로 만기됩니다.

Срок де́йствия загранпа́спорта зака́нчивается в конце́ э́того го́да.
스로ㅋ 제이스트비야 자그란빠스빠르따 자깐치바이짜 프 깐쩨 에따빠 고다

비자

러시아 비자를 신청하고 싶은데요.

Я хочу́ пода́ть докуме́нты на ви́зу в Росси́ю.
야 하추 빠다찌 다꾸멘뜨 나 비주 브 라시유

러시아에 유학이나 취업 목적으로 입국하려면 비자를 받아야 해요.

Для въе́зда в Росси́ю в це́лях учёбы и́ли рабо́ты ну́жно получи́ть ви́зу.
들랴 브예즈다 브 라시유 프 쩰랴ㅎ 우쵸브 일리 라보뜨 누즈나 빨루치찌 비주

저는 학생비자 초청장이 왔어요.

Мне пришло́ приглаше́ние для получе́ния студе́нческой ви́зы.
므녜 쁘리쉴로 쁘리글라셰니예 들랴 빨루체니야 스뚜젠치스까이 비즈

공부를 계속하려면 비자를 연장해야 해요.

Для продолже́ния учёбы ну́жно продли́ть ви́зу.
들랴 쁘라달제니야 우쵸브 누즈나 쁘라들리찌 비주

비자 연장을 신청하고 싶은데요.

Я хочу́ пода́ть докуме́нты на продле́ние ви́зы.
야 하추 빠다찌 다꾸멘뜨 나 쁘라들레니예 비즈

공항 이용

티켓팅

출발 1시간 전 탑승 수속을 하셔야 합니다.

Вы должны́ пройти́ регистра́цию пассажи́ров за час до вы́лета.
브 달즈느 쁘라이찌 리기스트라쪼유 빠사즈라ㅍ 자 차ㅅ 다 블리따

부칠 짐이 있습니까?

Вы бу́дете сдава́ть бага́ж?
브 부지쩨 즈다바찌 바가쉬?

국제선 터미널은 어디인가요?

Где нахо́дится междунаро́дный термина́л?
그제 나호지짜 미즈두나로드느이 찌르미날?

출발 항공편이 연착되어서 연결 항공편을 놓쳤어요.

Я не успе́л(а) на стыко́вочный рейс, потому́ что пе́рвый рейс был заде́ржан.
야 니 우스뼬(라) 나 스뜨꼬바츠느이 례이ㅅ, 빠따무 쉬따 뼤르브이 례이ㅅ 블 자제르잔

다음 항공편에 탑승하도록 해 드리겠습니다.

Вас переса́дят на сле́дующий рейс.
바ㅅ 삐리사쟈ㅌ 나 슬례두쉬 례이ㅅ

아에로플롯 카운터는 어디인가요?

Где нахо́дится сто́йка регистра́ции «Аэрофло́т»?
그제 나호지짜 스또이까 리기스트라쯔이 '아에라플로ㅌ'?

티켓을 예약했습니다.

У меня́ заброни́рован биле́т.
우 미냐 자브라니라반 빌례ㅌ

창문 쪽 좌석으로 원합니다.

Я хочу́ ме́сто у окна́.
야 하추 몌스따 우 아크나

복도 쪽 좌석으로 원합니다.

Я хочу́ ме́сто у прохо́да.
야 하추 몌스따 우 쁘라호다

여권을 보여 주세요.

Покажи́те ваш загранпа́спорт.
빠까즈쩨 바쉬 자그란빠스빠르ㅌ

수하물 무게 기준이 어떻게 돼요?

Какова́ но́рма ве́са бага́жа?
까까바 노르마 볘사 바가자?

초과 수하물 요금은 얼마 지불하면 될까요?

Ско́лько ну́жно заплати́ть за ли́шний вес бага́жа?
스꼴까 누즈나 자플라찌찌 자 리쉬니 볘ㅅ 바가자?

314

탑승

탑승 수속은 몇 시예요?

В кото́ром часу́
регистра́ция пассажи́ров?

프 까또람 치수 리기스트라쯔야 빠사즈라프?

탑승은 몇 시에 하나요?

В кото́ром часу́ поса́дка
на самолёт?

프 까또람 치수 빠사트까 나 사말료트?

탑승 출입구는 어디 있나요?

Где нахо́дится вы́ход на
поса́дку?

그제 나호지짜 브하트 나 빠사트꾸?

탑승 출입구 번호가 탑승권에 적혀
있어요.

Но́мер вы́хода на поса́дку
ука́зан на поса́дочном
тало́не.

노미ㄹ 브하다 나 빠사트꾸 우까잔 나
빠사다츠남 딸로녜

곧 탑승을 시작하겠습니다.

Ско́ро начнётся поса́дка
на самолёт.

스꼬라 나츠뇨짜 빠사트까 나 사말료트

탑승권을 보여 주세요.

Покажи́те ваш
поса́дочный тало́н.

빠까즈쩨 바쉬 빠사다츠느이 딸론

세관

세관 신고서를 작성해 주세요.

Запо́лните тамо́женную
деклара́цию.

자뽈르니쩨 따모즈누유 지클라라쯔유

세관 신고서를 보여 주세요.

Покажи́те ва́шу
тамо́женную деклара́цию.

빠까즈쩨 바슈 따모즈누유 지클라라쯔유

신고할 것이 있습니까?

У вас есть предме́ты,
подлежа́щие
деклари́рованию?

우 바스 예스찌 쁘리드몌뜨, 빠들리자쒸예
지클라리라바니유?

금지된 물품이 있습니까?

Есть ли у вас предме́ты,
запрещённые для
перево́зки?

예스찌 리 우 바스 쁘리드몌뜨 자프리쑈느예
들랴 뻬리보스끼?

신고할 것은 없습니다.

Мне не́чего
деклари́ровать.

므녜 녜치바 지클라리라바찌

У меня́ нет ничего́, что
ну́жно деклари́ровать.

우 미냐 녜트 니치보, 쉬또 누즈나
지클라리라바찌

면세점

면세점은 어디 있나요?

Где нахо́дится магази́н беспо́шлинной торго́вли?
그제 나호지짜 마가진 비스뽀쉴리나이 따르고블리?

탑승까지 아직 시간이 많아. 면세점에 들르자.

До поса́дки ещё мно́го вре́мени. Дава́й зайдём в дьюти-фри́.
다 빠사트끼 이쑈 므노가 브례미니. 다바이 자이쫌 브 지유찌프리

면세점에서 선물을 사고 싶어요.

Я хочу́ купи́ть пода́рки в дьюти-фри́.
야 하추 꾸삐찌 빠다르끼 브 지유찌프리

저는 면세점에서 한정판 향수를 샀어요.

В дьюти-фри́ я купил(а) ограни́ченную се́рию парфю́ма.
브 지유찌프리 야 꾸삘(라) 아그리니치느우 세리유 빠르퓨마

면세점에서 구매할 수 있는 알코올의 양은 어떻게 되나요?

Како́е коли́чество алкого́ля мо́жно купи́ть в дьюти-фри́?
까꼬예 깔리치스트바 알까골랴 모즈나 꾸삐찌 브 지유찌프리?

입국 심사

여권과 출입국 신고서를 보여 주세요.

Покажи́те ваш па́спорт и миграцио́нную ка́рту.
빠까즈쩨 바쉬 빠스빠르ㅌ 이 미그라쯔오누유 까르뚜

국적은 어디입니까?

Ва́ше гражда́нство?
바셰 그라즈단스트바?

러시아 방문 목적은 무엇입니까?

Цель ва́шего въе́зда в Росси́ю?
쩰 바쉬바 브예즈다 브 라시유?

관광차 왔습니다.

Я прие́хал(а) с це́лью тури́зма.
야 쁘리예할(라) 스 쩰리유 뚜리즈마

공부 목적으로 왔습니다.

Я прие́хал(а) с це́лью учёбы.
야 쁘리예할(라) 스 쩰리유 우쵸브

얼마나 오래 머무를 예정입니까?

На како́й срок вы прие́хали?
나 까꼬이 스로ㄱ 브 쁘리예할리?

출입국 신고서를 러시아에서 출국할 때까지 보관하셔야 합니다.

Ну́жно сохрани́ть миграцио́нную ка́рту до вы́езда из Росси́и.
누즈나 사흐라니찌 미그라쯔오누유 까르뚜 다 브이즈다 이즈 라시이

출국 심사

지금은 여권 심사를 받으려고 순서를 기다리고 있어요.

Я сейча́с стою́ в о́череди в па́спортный контро́ль.
야 시차ㅅ 스따유 브 오치리지 프
빠스빠르트느이 깐트롤

외국인 여권 심사는 어디서 해요?

Где нахо́дится па́спортный контро́ль для иностра́нцев?
그제 나호지짜 빠스빠르트느이 깐트롤 들랴
이나스트란쩨ㅍ?

여권을 보여 주세요.

Покажи́те ваш па́спорт.
빠까즈쩨 바쉬 빠스빠르트

출입국 신고서를 보여 주세요.

Покажи́те ва́шу миграцио́нную ка́рту.
빠까즈쩨 바슈 미그라쯔오누유 까르뚜

어디로 가십니까?

Куда́ вы направля́етесь?
꾸다 브 나프라블랴이찌시?

여기서 잠깐!
러시아에 체류하는 동안 출입국 신고서를 소지해야
해요. 무비자로 입국한 경우에는 최대 90일간 체류
할 수 있으며 이 기간 동안 출입국 신고서는 체류 허
가 역할을 합니다. 잘 보관하다가 출국할 때 제출해
야 해요.

보안 검사

겉옷과 주머니 속 내용물을 바구니에 넣으세요.

Сложи́те содержи́мое карма́нов и ве́рхнюю оде́жду в корзи́ну.
슬라즈쩨 사지르즈마예 까르마나ㅍ 이
베르흐뉴유 아제즈두 프 까르지누

가방을 검사대에 올리세요.

Поста́вьте су́мку на контро́льную ле́нту.
빠스따피쩨 숨꾸 나 깐트롤리누유 렌뚜

신발을 벗고 바구니에 넣으세요.

Сними́те о́бувь и поста́вьте в корзи́ну.
스니미쩨 오부피 이 빠스따피쩨 프 까르지누

보안 검사대에서 금속 탐지기를 통과해야 합니다.

В пу́нкте контро́ля безопа́сности ну́жно проходи́ть че́рез металлодете́ктор.
프 뿐크쩨 깐트롤랴 비자빠스나스찌 누즈나
쁘라하지찌 체리ㅈ 몌딸라지쩨크따ㄹ

개봉된 음료수 병을 가져가시면 안 됩니다.

Откры́тую буты́лку с со́ком проноси́ть нельзя́.
아트크르뚜유 부뜰꾸 스 소깜 쁘라나시찌 닐쟈

짐 찾기

제 짐을 찾으려면 어디로 가야 합니까?

Где я могу́ получи́ть свой бага́ж?
그제 야 마구 빨루치찌 스보이 바가쉬?

수하물 찾는 곳은 어디에 있습니까?

Где нахо́дится зо́на вы́дачи багажа́?
그제 나호지짜 조나 브다치 바가자?

수하물 찾는 곳이 어디인지 전광판에서 보시면 됩니다.

Вы мо́жете посмотре́ть на информацио́нном табло́, где вам получа́ть бага́ж.
브 모즈쩨 빠스마트례찌 나 인파르마쯔오남 따블로, 그제 밤 빨루차찌 바가쉬

제 가방이 보이지 않아요.

Я не ви́жу свою́ су́мку.
야 니 비주 스바우 숨꾸

짐을 아직 다 내리지 못했어요. 조금 기다려야 해요.

Бага́ж ещё не вы́грузили. Ну́жно подожда́ть.
바가쉬 이쑈 니 브그루질리.
누즈나 빠다즈다찌

카트를 끌고 오자.

Дава́й возьмём теле́жку.
다바이 바지묨 찔례쉬꾸

마중

누가 저를 마중 나와요?

Кто бу́дет меня́ встреча́ть в аэропорту́?
끄또 부지트 미냐 프스트리차찌 브 아에라빠르뚜?

Кто прие́дет за мной в аэропо́рт?
끄또 쁘리예지트 자 므노이 브 아에라빠르트?

내가 공항에 너를 마중 나갈게.

Я тебя́ встре́чу в аэропорту́.
야 찌뱌 프스트례추 브 아에라빠르뚜

저희 직원이 마중 나갈 겁니다.

Вас встре́тит наш сотру́дник.
바스 프스트례찌트 나쉬 사트루드닉

마중 나올 직원 이름이 뭐예요?

Как зову́т сотру́дника, кото́рый бу́дет меня́ встреча́ть?
까ㅋ 자부트 사트루드니까, 까또르이 부지트 미냐 프스트리차찌?

나 마중 나오지 마. 내가 알아서 갈게.

Не на́до меня́ встреча́ть. Я сам(сама́) прие́ду.
니 나다 미냐 프스트리차찌.
야 삼(사마) 쁘리예두

공항 기타

저는 모스크바를 경유해서 갑니다.

Я лечу́ с переса́дкой
че́рез Москву́.

야 리추 스 삐리사트까이 체리ᵶ 마스크부

모스크바행 직항이 있어요?

У вас есть прямо́й рейс до
Москвы́?

우 바ᔆ 예스찌 쁘리모이 레이ᔆ 다 마스크브?

경유 티켓으로 하시면 됩니다.

Вы мо́жете взять биле́т с
переса́дкой.

브 모즈쩨 브쟈찌 블례ᵗ 스 삐리사트까이

날씨 때문에 비행기가 연착되었어요.

Наш рейс задержа́ли из-за
непого́ды.

나쉬 레이ᔆ 자지르잘리 이자 니빠고드

환승할 때 짐이 자동으로 전달되나요
아니면 제가 찾아서 다시 붙여야 하나요?

При переса́дке мой бага́ж
бу́дет перенапра́влен
автомати́чески и́ли мне
ну́жно его́ забира́ть и
регистри́ровать за́ново?

쁘리 삐리사트꼐 모이 바가쉬 부지ᵗ
삐리나프라블린 아프따마찌치스끼 일리 므녜
누즈나 이보 자비라찌 이 리기스트리라바찌
자나바?

수하물 표를 보여 주세요.

Покажи́те ва́шу бага́жную
квита́нцию.

빠까즈쩨 바슈 바가즈누유 끄비딴쯔유

꼭! 짚고 가기

행운을 빌게요!

각종 시험을 앞두고 있거나 대회에 출전하는 사람에게 'Ни пу́ха ни пера́! 니 뿌하 니 삐라! / Ни пу́ха! 니 뿌하!(행운을 빌게요!)'라고 하는데, 직역하면 '솜털도 깃털도 없기를!'이라는 뜻이에요.

옛날에 사냥을 나가는 사람에게 사냥을 방해하는 악령이 붙지 않도록 일부러 '사냥감을 못 잡기를!'이라고 말하던 풍습에서 유래한 미신이에요. 이 말에 사냥꾼은 'К чёрту! 크 쵸르뚜!'라고 대답했는데, 이 말은 '(사냥감이) 악령에게 가라!'라는 의미예요. 러시아 친구나 동료가 이 말을 하면, 'Спаси́бо! 스빠시바! 고맙습니다!'가 아니라 반드시 'К чёрту! 크 쵸르뚜!'라고 대답하세요.

한국에서는 시험 기간에 미역국을 먹으면 안 된다는 속설이 있는 것처럼 러시아에서도 시험 전 여러 가지 속설이 있습니다. 시험 전에 하지 말아야 하는 것과 해야 하는 것들을 알아볼까요?

시험 전에 머리를 감으면 안 된다고 믿습니다. 머릿속에 있던 모든 지식을 씻어 내버린다는 속설이 있기 때문입니다. 또한 머리를 자르는 것도 피해야 합니다. 머리를 자를 때 지식도 함께 잘려 나간다고 합니다. 노트나 교재를 펼쳐 두지 않아요. 지식이 날아가 버릴 수 있다고 생각하기 때문입니다. 대신 노트나 교재를 베개 아래에 두고 자라고 해요. 자는 동안에 지식이 머릿속으로 빨려 들어간다고 믿기 때문입니다.

왼발과 관련된 미신으로, 시험 당일에 왼발로 침대에서 일어나고 왼발로 교실에 들어가면, 시험을 잘 치를 수 있다고 믿어요.

좌석 찾기 & 이륙 준비

기내에서

\# 탑승권을 보여 주세요.

Покажи́те ваш поса́дочный тало́н.
빠까즈쩨 바쉬 빠사다츠느이 딸론

\# 좌석을 안내해 드리겠습니다.

Я помогу́ вам найти́ ва́ше ме́сто.
야 빠마구 밤 나이찌 바셰 메스따

\# 좌석은 이쪽에 있습니다.

Ва́ше ме́сто нахо́дится здесь.
바셰 메스따 나호지짜 즈졔시

\# 지나갈게요. 제 좌석은 창문 쪽입니다.

Разреши́те пройти́. Моё ме́сто у окна́.
라즈리쉬쩨 쁘라이찌. 마요 메스따 우 아크나

\# 죄송하지만, 제 좌석입니다.

Извини́те, э́то ме́сто моё.
이즈비니쩨, 에따 메스따 마요

\# 죄송합니다, 좌석을 잘못 봤습니다.

Извини́те, я перепу́тал(а) ме́сто.
이즈비니쩨, 야 삐리뿌딸(라) 메스따

\# 짐을 좌석 위 짐칸에 올리세요.

Поста́вьте су́мку в ве́рхнее отделе́ние над сиде́ньем.
빠스따피쩨 숨꾸 브 볘르흐녜예 아질례니예 나트 시졔니옘

\# 안전벨트를 매 주십시오.

Пристегни́те ремни́ безопа́сности.
쁘리스찌그니쩨 림니 비자빠스나스찌

\# 위생 봉투를 좀 갖다주세요.

Принеси́те, пожа́луйста, гигиени́ческий паке́т.
쁘리니시쩨, 빠잘루스따, 기기이니치스끼 빠꼐트

\# 담요를 좀 갖다주세요.

Принеси́те, пожа́луйста, плед.
쁘리니시쩨, 빠잘루스따, 쁠례트

\# 창문 덮개를 올려 주세요.

Подними́те што́рку иллюмина́тора.
빠드니미쩨 쉬또르꾸 일류미나따라

\# 좌석 등받이를 세워 주세요.

Приведи́те кре́сла в вертика́льное положе́ние.
쁘리비지쩨 끄례슬라 브 비르찌깔리나예 빨라졔니예

\# 착륙할 때까지 시간이 얼마나 남았습니까?

Ско́лько ещё оста́лось до поса́дки?
스꼴까 이쑈 아스딸라시 다 빠사트끼?

기내식

좌석 테이블을 내려 주세요.

Опусти́те, пожа́луйста, сто́лик для еды́.

아뿌스찌쩨, 빠잘루스따, 스똘리ㅋ 들랴 이드

음료수는 무엇으로 하시겠습니까?

Что вы жела́ете из напи́тков?

쉬또 브 즐라이쩨 이즈 나삐트까ㅍ?

주스는 어떤 게 있어요?

Каки́е со́ки у вас есть?

까끼예 수끼 우 바ㅅ 예스찌?

사과 주스와 오렌지 주스 그리고 토마토 주스가 있습니다.

У нас есть я́блочный, апельси́новый и тома́тный со́ки.

우 나ㅅ 예스찌 야블라츠느이, 아뻴시나브이 이 따마트느이 소끼

물 한 컵 주세요.

Да́йте, пожа́луйста, стака́н воды́.

다이쩨, 빠잘루스따, 스따깐 바드

생선과 닭고기 중 무엇을 드릴까요?

Вам ры́бу и́ли ку́рицу?

밤 르부 일리 꾸리쭈?

생선으로 주세요.

Ры́бу, пожа́луйста.

르부, 빠잘루스따

기내 기타

기내식 트레이를 전달해 주세요.

Переда́йте, пожа́луйста, подно́с.

뻬리다이쩨, 빠잘루스따, 빠드노ㅅ

기내식 트레이를 치워 주세요.

Забери́те, пожа́луйста, подно́с.

자비리쩨, 빠잘루스따, 빠드노ㅅ

배시넷(아기 침대)을 신청했는데요.

Мы зака́зывали лю́льку для ребёнка.

므 자까즈발리 률리꾸 들랴 리본까

아기 침대를 치워 주세요.
더 이상 필요 없을 것 같아요.

Пожа́луйста, убери́те лю́льку для ребёнка. Она́ нам бо́льше не нужна́.

빠잘루스따, 우비리쩨 률리꾸 들랴 리본까. 아나 남 볼셰 니 누즈나

어린이 기내식을 신청했는데요.

Мы зака́зывали де́тское пита́ние.

므 자까즈발리 제쯔까예 삐따니예

출입국 신고서 한 장 주세요.

Да́йте, пожа́луйста, миграцио́нную ка́рту.

다이쩨, 빠잘루스따, 미그라쯔오누유 까르뚜

기차표 구입

모스크바행 기차표 한 장 주세요.

Да́йте оди́н биле́т до
Москвы́.

다이쩨 아진 빌례ㅌ 다 마스크ㅂ

모스크바행 가장 빠른 시간의 열차가
몇 시에 있습니까?

Во ско́лько са́мый
ближа́йший по́езд в
Москву́?

바 스꼴까 사므이 블리자이쉬 뽀이스ㅌ 브
마스크부?

이르쿠츠크행 열차표 어른 두 장,
어린이 한 장 주세요.

Да́йте два взро́слых
биле́та и оди́н де́тский до
Ирку́тска.

다이쩨 드바 브즈로슬르ㅎ 빌례따 이 아진
졔쯔끼 다 이르꾸쯔까

하바롭스크에서 이르쿠츠크로,
9월 15일에 도착하는 기차표를 주세요.

Да́йте биле́т из
Хаба́ровска в Ирку́тск на
по́езд, кото́рый прибыва́ет
в Ирку́тск пятна́дцатого
сентября́.

다이쩨 빌례ㅌ 이스 하바라프스까 브
이르꾸쯔ㅋ 나 뽀이스ㅌ, 까또로이 쁘리브바이ㅌ
브 이르꾸쯔ㅋ 삐트나짜따바 신찌브랴

2등 침대석 두 장 주세요.

Да́йте два биле́та в купе́.

다이쩨 드바 빌례따 프 꾸뻬

기차 타기

기차는 몇 시에 출발합니까?

В кото́ром часу́
отправля́ется по́езд?

프 까또람 치수 아트프라블랴이짜 뽀이스ㅌ?

기차는 2시에 출발합니다.

По́езд отправля́ется в два
часа́.

뽀이스ㅌ 아트프라블랴이짜 브 드바 치사

몇 번 선로에서 기차가 출발합니까?

С како́го пути́
отправля́ется по́езд?

스 까꼬바 뿌찌 아트프라블랴이짜 뽀이스ㅌ?

기차는 5번 선로에서 출발합니다.

По́езд отправля́ется с
пя́того пути́.

뽀이스ㅌ 아트프라블랴이짜 스 빠따바 뿌찌

실례합니다, 5번 선로가 어디에
있습니까?

Извини́те, где нахо́дится
путь но́мер 5(пять)?

이즈비니쩨, 그졔 나호지짜 뿌찌 노미ㄹ 빠찌?

말씀 좀 여쭙겠습니다. 이 기차는
모스크바로 가는 게 맞습니까?

Скажи́те, пожа́луйста,
э́тот по́езд отправля́ется в
Москву́?

스까즈쩨, 빠잘루스따, 에따ㅌ 뽀이스ㅌ
아트프라블랴이짜 브 마스크부?

객차에서

실례합니다. 자리를 못 찾겠습니다.

**Извини́те, я не могу́
найти́ своё ме́сто.**
이즈비니쩨, 야 니 마구 나이찌 스바요 몌스따

22번 좌석이 어딘가요?

**Где нахо́дится ме́сто
22(два́дцать два)?**
그졔 나호지짜 몌스따 드바짜찌 드바?

실례지만, 여기 제 자리인데요.

Извини́те, это моё ме́сто.
이즈비니쩨, 에따 마요 몌스따

기차표 검사가 있겠습니다.

**Сейча́с бу́дет прове́рка
биле́тов.**
시차ㅅ 부지ㅌ 쁘라볘르까 빌례따ㅍ

기차표를 보여 주세요.

Покажи́те ваш биле́т.
빠까즈쩨 바쉬 빌례ㅌ

이 역에서 얼마 동안 기차가 정차할
예정입니까?

**Ско́лько по́езд бу́дет
стоя́ть на э́той ста́нции?**
스꼴까 뽀이스ㅌ 부지ㅌ 스따야찌 나 에따이
스딴쯔이?

목적지에 내리기

기차가 옴스크역에 도착합니다.

**По́езд приближа́ется к
ста́нции «Омск».**
뽀이스ㅌ 쁘리블리자이짜 크 스딴쯔이 '옴스ㅋ'

다음 역이 뭐예요?

**Кака́я ста́нция
сле́дующая?**
까까야 스딴쯔야 슬례두쌰야?

**Кака́я ста́нция бу́дет
сле́дующей?**
까까야 스딴쯔야 부지ㅌ 슬례두쎼이?

얼마 후에 옴스크역에 도착합니까?

**Че́рез ско́лько вре́мени
мы прибыва́ем на ста́нцию
«Омск»?**
체리ㅅ 스꼴까 브례미니 므 쁘리브바임 나
스딴쯔유 '옴스ㅋ'?

열차가 10분 후 옴스크역에 도착합니다.

**По́езд бу́дет на ста́нции
«Омск» че́рез де́сять
мину́т.**
뽀이스ㅌ 부지ㅌ 나 스딴쯔이 '옴스ㅋ' 체리ㅈ
제시찌 미누ㅌ

승객 여러분! 두고 내리시는 물건이
없는지 확인하시기 바랍니다.

**Уважа́емые пассажи́ры!
При вы́ходе из по́езда не
забыва́йте свои́ ве́щи.**
우바자이므예 빠사즈르! 쁘리 브하졔 이스
뽀이즈다 니 자브바이쩨 스바이 볘쒸

숙박 시설 예약 ①

인터넷으로 호텔 방을 예약했어요.

Я заброни́ровал(а)
но́мер в гости́нице че́рез
Интерне́т.
야 자브라니라발(라) 노미ㄹ 브 가스찌니쩨
체리ㅈ 인떼르네ㅌ

중심지에 가까운 호텔을 찾고 싶어요.

Я хочу́ найти́ гости́ницу
побли́же к це́нтру.
야 하추 나이찌 가스찌니쭈 빠블리제 크 쩬트루

호텔 방을 예약하고 싶은데요.

Я хочу́ заброни́ровать
но́мер.
야 하추 자브라니라바찌 노미ㄹ

빈방이 있습니까?

У вас есть свобо́дные
номера́?
우 바ㅅ 예스찌 스바보드느예 나미라?

언제쯤 묵으실 예정입니까?

Когда́ вы хоти́те
останови́ться у нас?
까그다 브 하찌쩨 아스따나비짜 우 나ㅅ?

며칠 날짜로 방 예약을 원하십니까?

На како́е число́ вы хоти́те
заброни́ровать но́мер?
나 까꼬예 치슬로 브 하찌쩨 자브라니라바찌
노미ㄹ?

숙박 시설 예약 ②

며칠 묵으실 겁니까?

На ско́лько вы хоти́те
останови́ться?
나 스꼴까 브 하찌쩨 아스따나비짜?

3일 묵을 겁니다.

Я остановлю́сь на три дня.
야 아스따나블류시 나 뜨리 드냐

어떤 방을 원하십니까?

Како́й но́мер вы жела́ете?
까꼬이 노미ㄹ 브 즐라이쩨?

싱글룸이 필요합니다.

Мне ну́жен одноме́стный
но́мер.
므녜 누즌 아드나몌스느이 노미ㄹ

하루 숙박비는 얼마인가요?

Ско́лько сто́ит но́мер за
су́тки?
스꼴까 스또이ㅌ 노미ㄹ 자 수트끼?

조금 더 저렴한 방이 있습니까?

У вас есть номера́
подеше́вле?
우 바ㅅ 예스찌 나미라 빠지셰블례?

방에 인터넷 연결되어 있나요?

В но́мере есть до́ступ к
Интерне́ту?
브 노미례 예스찌 도스뚜ㅍ 크 인떼르네뚜?

체크인

호텔 방이 예약되어 있어요.

У меня́ заброни́рован
но́мер.
우 미냐 자브라니라반 노미ㄹ

성함이 어떻게 되세요? 여권을 보여
주세요.

Ва́ше и́мя. Ваш па́спорт.
바셰 이먀. 바쉬 빠스빠르트

체크인 신청서를 기입해 주세요.

Запо́лните
регистрацио́нный листо́к.
자뽈르니쩨 리기스트라쯔오느이 리스또ㅋ

오후 2시에 체크인하실 수 있습니다.

В но́мер вы мо́жете
засели́ться в два часа́
дня.
브 노미ㄹ 브 모즈쩨 자실리짜 브 드바 치사
드냐

조금 더 일찍 체크인할 수 있나요?

Мо́жно въе́хать в но́мер
пора́ньше?
모즈나 브예하찌 브 노미ㄹ 빠라니셰?

손님 방 열쇠는 여기 있습니다.

Вот ключ от ва́шего
но́мера.
보트 끌류ㅊ 아트 바쉬바 노미라

조식은 몇 시에 있어요?

В кото́ром часу́ за́втрак?
프 까또람 치수 자프트라ㅋ?

체크아웃

몇 시에 체크아웃해야 합니까?

В кото́ром часу́ ну́жно
вы́ехать из но́мера?
프 까또람 치수 누즈나 브이하찌 이즈 노미라?

12시에 체크아웃하셔야 합니다.

Вы должны́ освободи́ть
но́мер в двена́дцать
часо́в.
브 달즈느 아스바바지찌 노미ㄹ 브 드비나짜찌
치소ㅍ

체크아웃하려고 하는데요.

Я хочу́ вы́писаться из
но́мера.
야 하추 브삐사짜 이즈 노미라

12시 이전까지 체크아웃하셔야 합니다.

Вы должны́ вы́ехать
из но́мера не поздне́е
двена́дцати часо́в.
브 달즈느 브이하찌 이즈 노미라 니 빠즈녜예
드비나짜찌 치소ㅍ

예정보다 하루 일찍 체크아웃
가능한가요?

Мо́жно вы́писаться из
но́мера на су́тки ра́ньше
сро́ка?
모즈나 브삐사짜 이즈 노미라 나 수트끼 라니셰
스로까?

하룻밤 더 묵을 수 있나요?

Мо́жно ещё оста́ться в
но́мере на су́тки?
모즈나 이쑈 아스따짜 브 노미례 나 수트끼?

숙박 시설 이용	숙박 시설 트러블

숙박 시설 이용

\# 공항으로 트렌스퍼 서비스가 있나요?

У вас есть услу́га трансфе́ра в аэропо́рт?
우 바ㅅ 예스찌 우슬루가 뜨란스페라 브 아에라뽀르ㅌ?

\# 세탁 서비스 이용하고 싶은데요.

Я хочу́ воспо́льзоваться услу́гой пра́чечной.
야 하추 바스뽈자바짜 우슬루가이 쁘라치츠나이

\# 택시를 좀 불러 주세요.

Вы́зовите, пожа́луйста, такси́ для меня́.
브자비쩨, 빠잘루스따, 따크시 들랴 미냐

\# 7시에 모닝콜을 해 주세요.

Разбуди́те, пожа́луйста, меня́ в семь часо́в утра́.
라즈부지쩨, 빠잘루스따, 미냐 프 셈 치소ㅍ 우트라

\# 호텔에 짐 보관 서비스가 있나요?

У вас есть услу́га ка́меры хране́ния багажа́?
우 바ㅅ 예스찌 우슬루가 까미르 흐라녜니야 바가자?

\# 아침 식사를 객실로 주문할 수 있나요?

Мо́жно заказа́ть за́втрак в но́мер?
모즈나 자까자찌 자프트라ㅋ 브 노미르?

\# 수건이 부족해요.

Не хвата́ет полоте́нец.
니 흐바따이ㅌ 빨라쩨니ㅉ

숙박 시설 트러블

\# 와이파이가 연결되지 않아요.

Вайфа́й не подключа́ется.
바이파이 니 빠트클루차이짜

\# 냉장고가 작동하지 않아요.

Холоди́льник не рабо́тает.
할라질니ㅋ 니 라보따이ㅌ

\# 에어컨이 켜지지 않아요.

Кондиционе́р не включается.
깐지쯔아녜르 니 프클류차이짜

\# 객실에서 난방이 작동하지 않아요.

В но́мере не рабо́тает отопле́ние.
브 노미례 니 라보따이ㅌ 아따플례니예

\# 뜨거운 물이 나오지 않아요.

Не идёт горя́чая вода́.
니 이죠ㅌ 가랴차야 바다

\# 수압이 약해요.

Сла́бое давле́ние воды́.
슬라바예 다브례니예 바드

\# 변기가 막혔어요.

Унита́з засори́лся.
우니따ㅅ 자사릴샤

\# 샤워실 배수구가 막혔어요.

Слив в ду́ше засорён.
슬리ㅍ 브 두셰 자사룐

관광 안내소

관광 안내소는 어디에 있나요?

Где нахо́дится тури́стско-информацио́нный центр?
그제 나호지짜 뚜리스트까인파르마쯔오느이 쩬트ㄹ?

도시 관광 지도를 얻을 수 있나요?

Мо́жно получи́ть ка́рту достопримеча́тельностей го́рода?
모즈나 빨루치찌 까르뚜 따스따프리미차찔리나스쩨이 고라다?

도시에 있는 박물관에 관한 정보를 얻을 수 있나요?

Мо́жно получи́ть информа́цию о музе́ях го́рода?
모즈나 빨루치찌 인파르마쯔유 아 무제야ㅎ 고라다?

이번 주에 재미있는 행사가 있나요?

На э́той неде́ле есть каки́е-нибудь интере́сные мероприя́тия?
나 에따이 니젤례 예스찌 까끼예니부찌 인찌례스느예 미라프리야찌야?

비싸지 않은 호텔을 추천해 주실 수 있나요?

Каку́ю недорогу́ю гости́ницу вы могли́ бы порекомендова́ть?
까꾸유 니다라구유 가스찌니쭈 브 마글리 브 빠리까민다바찌?

꼭! 짚고 가기

11번의 새해맞이

러시아의 영토는 동서로 길게 뻗어 있어 11개나 되는 시간대가 있고, 각 시간대마다 의 자정을 기준으로 새해맞이를 한다고 하면, 러시아에서만 11번의 새해맞이가 이루어지는 셈입니다. 모스크바 시간(MSK)을 기준으로 서쪽에서 동쪽까지 아래와 같은 시간대를 가집니다.

① **칼리닌그라드** 시간 : MSK-1
② **모스크바** 시간 : MSK
③ **사마라** 시간 : MSK+1
④ **예카테린부르크** 시간 : MSK+2
⑤ **옴스크** 시간 : MSK+3
⑥ **크라스노야르스크** 시간 : MSK+4
⑦ **이르쿠츠크** 시간 : MSK+5
⑧ **야쿠츠크** 시간 : MSK+6
⑨ **블라디보스토크** 시간 : MSK+7
⑩ **마가단** 시간 : MSK+8
⑪ **캄차카** 시간 : MSK+9

캄차카 시간대에 속하는 캄차카 지방과 추코트카 자치구 시민들이 첫 번째로, 그리고 마지막 11번째로 칼리닌그라드 시민들이 새해맞이를 해요.

투어

관광 프로그램은 어떤 것이 있나요?

Каки́е экскурсио́нные програ́ммы у вас есть?
까끼예 에크스꾸르시오느예 쁘라그라므 우 바ㅅ 예스찌?

당일 관광이 있습니까?

У вас есть однодне́вная экску́рсия?
우 바ㅅ 예스찌 아드나드녜브나야 에크스꾸르시야?

관광은 몇 시에 어디에서 출발합니까?

В кото́ром часу́ и отку́да отправля́ется экску́рсия?
프 까또람 치수 이 아트꾸다 아트프라블랴이짜 에크스꾸르시야?

관광은 몇 시에 출발 지점으로 돌아오나요?

В кото́ром часу́ экску́рсия возвраща́ется на ме́сто отправле́ния?
프 까또람 치수 에크스꾸르시야 바즈브라샤이짜 나 몌스따 아트프라블례니야?

관광 요금은 1인당 얼마인가요?

Ско́лько сто́ит экску́рсия на одного́ челове́ка?
스꼴까 스또이트 에크스꾸르시야 나 아드나보 칠라볘까?

가이드가 동반하는 관광입니까?

Э́то экску́рсия с ги́дом?
에따 에크스꾸르시야 스 기담?

입장권을 살 때

티켓을 어디서 살 수 있나요?

Где мо́жно купи́ть биле́т?
그졔 모즈나 꾸삐찌 빌례ㅌ?

입장료는 얼마인가요?

Ско́лько сто́ит вход?
스꼴까 스또이ㅌ 프호ㅌ?

어린이 입장료는 얼마예요?

Ско́лько сто́ит вход для ребёнка?
스꼴까 스또이ㅌ 프호ㅌ 들랴 리본까?

입장권 어른 2장, 어린이 1장 주세요.

Да́йте два взро́слых биле́та и оди́н де́тский.
다이쩨 드바 브즈로슬르ㅎ 빌례따 이 아진 제쯔끼

3시 티켓으로 두 장 주세요.

Да́йте два биле́та на три часа́.
다이쩨 드바 빌례따 나 뜨리 치사

대학생 할인이 되나요?

У вас есть ски́дки для студе́нтов?
우 바ㅅ 예스찌 스끼트끼 들랴 스뚜젠따ㅍ?

단체 티켓을 구매하면 할인이 있나요?

У вас есть ски́дки на групповы́е биле́ты?
우 바ㅅ 예스찌 스끼트끼 나 그루빠브예 빌례뜨?

관람

정말 아름다운 곳이네요!

Како́е краси́вое ме́сто!
까꼬예 끄라시바예 메스따!

기념품 가게는 어디 있나요?

Где нахо́дится магази́н сувени́ров?
그제 나호지짜 마가진 수비니라ㅍ?

여기에서 사진 찍어도 되나요?

Здесь мо́жно фотографи́ровать?
즈제시 모즈나 파따그라피라바찌?

여기는 사진 촬영 금지입니다.

Здесь запрещено́ фотографи́ровать.
즈제시 자프리쉬노 파따그라피라바찌

출구는 어디인가요?

Где нахо́дится вы́ход?
그제 나호지짜 브하ㅌ?

안에 무엇이 있나요?

Что нахо́дится внутри́?
쉬또 나호지짜 브누트리?

관광지 정보가 담긴 브로셔를 받을 수 있을까요?

Мо́жно получи́ть брошю́ру с информа́цией о достопримеча́тельностях?
모즈나 빨루치찌 브라슈루 스 인파르마쯔예이 아 다스따프리미차찔리나스쨔ㅎ?

길 묻기 ①

크렘린 궁전 입구가 어디에 있나요?

Где нахо́дится вход в Кремль?
그제 나호지짜 프호ㅌ 프 끄례믈?

볼쇼이 극장까지 어떻게 갈 수 있나요?

Как дойти́ до Большо́го теа́тра?
까ㅋ 다이찌 다 발쇼바 찌아트라?

죄송하지만, 이 거리 이름이 뭐예요?

Извини́те, как называ́ется э́та у́лица?
이즈비니쩨, 까ㅋ 나즈바이짜 에따 울리짜?

죄송해요, 저도 여기 처음이에요.

Извини́те, я сам(сама́) здесь пе́рвый раз.
이즈비니쩨, 야 삼(사마) 즈제시 뻬르브이 라ㅅ

기차역까지 어떻게 갈 수 있나요?

Как мне дое́хать до вокза́ла?
까ㅋ 므녜 다예하찌 다 바그잘라?

공항까지 어떻게 갈 수 있나요?

Как мо́жно дое́хать до аэропо́рта?
까ㅋ 모즈나 다예하찌 다 아에라뽀르따?

길 묻기 ②

제 위치를 지도에서 보여 주실 수 있나요?

Покажи́те, пожа́луйста, на ка́рте, где я сейча́с нахожу́сь?
빠까즈쩨, 빠잘루스따, 나 까르쩨, 그제 야 시차ㅅ 나하주시?

극장까지 얼마나 더 가야 하나요?

Ско́лько ещё идти́ до теа́тра?
스꼴까 이쑈 이찌 다 찌아트라?

극장까지 걸어서 갈 수 있나요?

Мо́жно дойти́ до теа́тра пешко́м?
모즈나 다이찌 다 찌아트라 삐쉬꼼?

이 주소까지는 어떻게 갈 수 있나요?

Как дойти́ до э́того а́дреса?
까ㅋ 다이찌 다 에따바 아드리사?

곧장 가서 첫 번째 사거리에서 왼쪽으로 돌리세요.

Иди́те пря́мо и поверни́те нале́во на пе́рвом перекрёстке.
이지쩨 쁘랴마 이 빠비르니쩨 날레바 나 뻬르밤 삐리크료스트꼐

이 근처에 지하철역이 어디 있나요?

Здесь есть побли́зости ста́нция метро́?
즈제시 예스찌 빠블리자스찌 스딴쯔야 미트로?

기차

앉아서 가는 좌석으로 표 1장 주세요.

Да́йте биле́т в сидя́чий ваго́н.
다이쩨 빌례ㅌ 프 시쟈치 바곤

3등 침대석 위층으로 표 1장 주세요.

Да́йте биле́т в плацка́ртный ваго́н на ве́рхнюю по́лку.
다이쩨 빌례ㅌ 프 쁠라쯔까르트느이 바곤 나 뻬르흐뉴유 뽈꾸

상트페테르부르크행 열차의 배차 간격은 어떻게 되나요?

С каки́м интерва́лом хо́дят поезда́ до Санкт-Петербу́рга?
스 까낌 인떼르발람 호쟈ㅌ 빠이즈다 다 산크트뻬찌르부르가?

첫차가 몇 시에 출발합니까?

В кото́ром часу́ отправля́ется пе́рвый по́езд?
프 까또람 치수 아트프라블랴이짜 뻬르브이 뽀이스ㅌ?

막차가 몇 시에 출발합니까?

В кото́ром часу́ отправля́ется после́дний по́езд?
프 까또람 치수 아트프라블랴이짜 빠슬레드니 뽀이스ㅌ?

고속 열차를 타고 가자.

Дава́й пое́дем на скоростно́м по́езде.
다바이 빠예짐 나 스까라스놈 뽀이즈제

지하철

지하철 입구가 어디에 있나요?

Где нахо́дится вход в метро́?
그제 나호지짜 프호ㅌ 브 미트로?

지하철 티켓은 어디서 구입할 수 있나요?

Где мо́жно купи́ть биле́т на метро́?
그제 모즈나 꾸삐찌 빌례ㅌ 나 미트로?

1회 승차권이 얼마예요?

Ско́лько сто́ит биле́т на одну́ пое́здку?
스꼴까 스또이ㅌ 빌례ㅌ 나 아드누 빠예스트꾸?

2회 승차권 한 장 주세요.

Да́йте оди́н биле́т на две пое́здки.
다이쩨 아진 빌례ㅌ 나 드볘 빠예스트끼

어떤 출구로 붉은 광장을 갈 수 있나요?

Из како́го вы́хода мо́жно попа́сть на Кра́сную пло́щадь?
이스 까꼬바 브하다 모즈나 빠빠스찌 나 끄라스누유 쁠로쒸찌?

주황색 노선으로 갈아타려면 어떤 역에서 갈아타야 하나요?

На како́й ста́нции мо́жно пересе́сть на ора́нжевую ли́нию?
나 까꼬이 스딴쯔이 모즈나 삐리세스찌 나 아란즈부유 리니유?

버스

가장 가까운 거리의 버스 정류장이 어디에 있어요?

Где ближа́йшая авто́бусная остано́вка?
그제 블리자이샤야 아프또부스나야 아스따노프까?

이 버스는 공항까지 갑니까?

Э́тот авто́бус идёт до аэропо́рта?
에따ㅌ 아프또부스 이죠ㅌ 다 아에라뽀르따?

공항 가려면 몇 번 버스를 타야 하나요?

На како́м авто́бусе мо́жно дое́хать до аэропо́рта?
나 까꼼 아프또부세 모즈나 다예하찌 다 아에라뽀르따?

버스가 벌써 끊겼어요.

Авто́бусы уже́ не хо́дят.
아프또부스 우제 니 호쟈ㅌ

혹시 내리시지 않으세요?

Вы не выхо́дите?
브 니 브호지쩨?

다음 정류장이 종점이에요.

Сле́дующая остано́вка после́дняя.
슬례두쌰야 아스따노프까 빠슬례드냐야

선박 ①

저는 크루즈 여행을 가고 싶어요.

Я хочу́ пое́хать в круи́з на теплохо́де.

야 하추 빠예하찌 프 끄루이ㅅ 나 찌플라호제

우리 여객선은 언제 출발하나요?

Когда́ отправля́ется наш теплохо́д?

까그다 아트프라블랴이짜 나쉬 찌플라호ㅌ?

가장 빠른 시간의 여객선이 언제예요?

Когда́ ближа́йший рейс на теплохо́де?

까그다 블리자이쉬 레이ㅅ 나 찌플라호제?

여객선 티켓 두 장 주세요.

Да́йте два биле́та на теплохо́д.

다이쩨 드바 빌례따 나 찌플라호ㅌ

저는 배를 타면 뱃멀미를 해요.

Меня́ ука́чивает на теплохо́де.

미냐 우까치바이ㅌ 나 찌플라호제

섬까지 가려면 시간이 얼마나 걸려요?

Ско́лько вре́мени ну́жно плыть до о́строва?

스꼴까 브례미니 누즈나 쁠르찌 다 오스트라바?

우리의 선실은 어디에 있나요?

Где нахо́дится наш каю́тный но́мер?

그제 나호지짜 나쉬 까유트느이 노미ㄹ?

선박 ②

저는 속초에서 블라디보스토크까지 페리를 타고 갈 거예요.

Я пое́ду на паро́ме из Со́кчо во Владивосто́к.

야 빠예두 나 빠로몌 이스 쏘ㅋ초 바 블라지바스또ㅋ

저는 편도 페리표를 예약했어요.

Я заброни́ровал(а) биле́т на паро́м в оди́н коне́ц.

야 자브라니라발(라) 빌례ㅌ 나 빠롬 브 아진 까녜ㅉ

블라디보스토크까지 여행하는 데 얼마나 걸리나요?

Как до́лго дли́тся пое́здка до Владивосто́ка?

까ㅋ 돌가 들리짜 빠예스트까 다 블라지바스또까?

페리에 어떤 편의시설이 있나요?

Каки́е удо́бства есть на борту́ паро́ма?

까끼예 우도프스트바 예스찌 나 바르뚜 빠로마?

배에서는 추가 요금을 내면 식사가 제공돼요.

На борту́ обеспе́чено пита́ние за дополни́тельную пла́ту.

나 바르뚜 아비스뼤치나 삐따니예 자 다빨니찔리누유 쁠라뚜

저는 멀미약을 미리 먹었어요.

Я зара́нее вы́пил(а) сре́дство от ука́чивания.

야 자라녜예 브벨(라) 스례쯔트바 아ㅌ 우까치바니야

택시

저는 앱으로 택시를 예약했어요.

Я заказа́л(а) такси́ че́рез приложе́ние.
야 자까잘(라) 따크시 체리ᄉ 쁘릴라제니예

저는 지금 도착할 거예요.
어떤 건물 앞에 계신가요?

Я сейча́с подъезжа́ю.
У како́го зда́ния вы нахо́дитесь?
야 시차ᄉ 빠드이자유. 우 까꼬바 즈다니야 브 나호지쩨시?

저는 정문 앞에 서 있어요.

Я стою́ у гла́вного вхо́да.
야 스따유 우 글라브나바 프호다

입구에서 기다려 주실 수 있나요?
제가 1분 안에 도착할 거예요.

Мо́жете подожда́ть у вхо́да? Я бу́ду там че́рез мину́ту.
모즈쩨 빠다즈다찌 우 프호다? 야 부두 땀 체리ᄉ 미누뚜

짐을 트렁크에 실어야 해요.

Мне ну́жно загрузи́ть су́мки в бага́жник.
므녜 누즈나 자그루지찌 숨끼 브 바가즈니크

에어컨을 켜 주실 수 있나요?

Мо́жете включи́ть кондиционе́р?
모즈쩨 프클류치찌 깐지쯔아녜ᄅ?

꼭! 짚고 가기

바이칼호와 간헐천 계곡

러시아의 7대 불가사의로 꼽히는 명소는 페테르고프, 성 바실리 대성당, 마마예프 언덕, 옐브루스산, 만푸푸뇨르 그리고 바이칼호와 간헐천 계곡이라고 해요. 그중에 자연이 아름다운 바이칼호와 간헐천 계곡에 대해 알아볼까요?

• **바이칼호**

о́зеро Байка́л 오지라 바이깔

세계적으로도 손꼽히는 아름다운 호수예요. 깊이는 1.6km 이상이며 세계 담수의 20%를 보유하고 있는 호수로, 호수 위 하늘에는 구름이 낀 날이 거의 없어 아름다운 경치로 관광객들에게 인기를 얻고 있어요. 호수에는 27개의 섬이 있고, 가장 큰 섬은 올혼(Ольхо́н 알혼)섬이에요. 길이는 73.5km, 너비는 15km예요. 여객 수송이 위험한 11~1월, 4~5월 기간을 제외하고 섬에 갈 수 있어요.

• **캄차카반도 간헐천 계곡**

полуо́стров Камча́тка Доли́на ге́йзеров

빨루오스트라ᄑ 깜차트까 달리나 게이지라ᄑ

캄차카반도에 위치한 계곡으로 간헐천, 호수, 폭포, 온천이 있는 관광 명소예요. 간헐천이 있는 곳의 강물과 호숫물 온도는 95℃까지 올라가요. 계곡은 1941년에 발견되었고 현재는 200개의 간헐천 중 큰 간헐천 20곳에 이름을 붙여 놓았지요. 뜨거운 증기가 갑작스레 배출될 수 있어 혼자서 다니기에는 위험하니 반드시 안내원과 함께 구경해야 해요. 헬리콥터를 타고 하늘 위에서도 계곡의 아름다운 풍경을 볼 수 있어요.

Глава 10

지금은 사랑 중!

Глава 10

Любовь 류보피 사랑

свида́ние 스비다니예 n.n. 만남; 데이트 	**свида́ние вслепу́ю** 스비다니예 프슬리뿌유 소개팅 	**отноше́ние** 아트나셰니예 n.n. 관계
	признава́ться (ва -) - **призна́ться** 쁘리즈나바짜 – 쁘리즈나짜 v. 고백하다 	**влюбля́ться** - **влюби́ться** (б-бл) 블류블랴짜 – 블류비짜 v. ~에 반하다, 사랑하게 되다
	мой па́рень 모이 빠린 (나의) 남자 친구	**моя́ де́вушка** 마야 제부쉬까 (나의) 여자 친구
любо́вь 류보피 n.f. 사랑 **люби́ть** (б-бл) 류비찌 v. 사랑하다, 좋아하다 	**брать** - **взять за руку** 브라찌 – 브쟈찌 자 루꾸 손을 잡다 	**объя́тие** 아브야찌예 n.n. 포옹
	поцелу́й 빠쯸루이 n.m. 입맞춤, 키스 	**скуча́ть** - **соску́читься** 스꾸차찌 – 사스꾸치짜 v. 그립다, 보고 싶다
	изменя́ть - **измени́ть** 이즈미냐찌 – 이즈미니찌 v. 배신하다; 바람을 피우다 	**разлу́ка** 라즐루까 n.f. 이별

Брак 브라크 결혼

брак 브라크 n.m. 결혼 **бракосочета́ние** 브라까사치따니예 n.n. 결혼; 결혼식 **сва́дьба** 스바지바 n.f. 결혼식	**предложе́ние вы́йти за́муж** 쁘리들라제니예 브이찌 자무쉬 청혼, 프러포즈 	**помо́лвка** 빠몰프까 n.f. 약혼
сва́дебное пригласи́тельное 스바지브나예 쁘리글라시찔리나예 청첩장	**жени́х** 즈니흐 n.m. 신랑 	**неве́ста** 니볘스따 n.f. 신부
сва́дебное кольцо́ 스바지브나예 깔쪼 결혼 반지	**сва́дебное пла́тье** 스바지브나예 쁠라찌예 웨딩드레스 	**сва́дебный буке́т** 스바지브느이 부꼐ㅌ 웨딩 부케
муж и жена́ 무쉬 이 즈나 = **супру́ги** 수프루기 n.pl. 부부(남편과 아내) 	**супру́г** 수프루ㅋ = **муж** 무쉬 n.m. 남편 	**супру́га** 수프루가 = **жена́** 즈나 n.f. 아내
семья́ 시미야 n.f. 가족 	**оте́ц** 아쩨ㅉ n.m. 아버지 **па́па** 빠빠 n.m. 아빠	**мать** 마찌 n.f. 어머니 **ма́ма** 마마 n.f. 엄마
ребёнок 리뵤나ㅋ n.m. 아이; 자식, 자녀	**сын** 쓴 n.m. 아들 	**дочь** 도ㅊ n.f. 딸
бере́менность 비례미나스찌 n.f. 임신 	**младе́нец** 믈라제니ㅉ n.m. = **ля́лька** 럀까 n.f. (회화) 아기 	**моло́чная смесь** 말로츠나야 스몌시 분유
подгу́зник 빠드구즈니ㅋ n.m. 기저귀 	**коля́ска** 깔랴스까 n.f. 유모차 	**колыбе́ль** 깔르벨 n.f. 요람

소개팅 ①

누구 만나는 사람 있니?

Ты с ке́м-нибудь встреча́ешься?
뜨 스 껨니부찌 프스트리차이쉬샤?

У тебя́ кто́-нибудь есть?
우 찌뱌 끄또니부찌 예스찌?

너 남자 친구 있니?

У тебя́ есть па́рень?
우 찌뱌 예스찌 빠린?

난 남자 친구 없어.

У меня́ нет па́рня.
우 미냐 녜ㅌ 빠르냐

너 여자 친구 있니?

У тебя́ есть де́вушка?
우 찌뱌 예스찌 제부쉬까?

난 여자 친구 없어.

У меня́ нет де́вушки.
우 미냐 녜ㅌ 제부쉬끼

난 만나는 사람 없어.

Я ни с кем не встреча́юсь.
야 니 스 껨 니 프스트리차우시

소개팅할래?
(누구 좀 소개해 줄까?)

Тебя́ с ке́м-нибудь познако́мить?
찌뱌 스 껨니부찌 빠즈나꼬미찌?

소개팅 ②

그는 내 취향이 아니다.

Он не мой тип.
온 니 모이 찌ㅍ

그는 내 취향에 맞는 남자가 아니다.

Он не в моём вку́се.
온 니 브 마욤 프꾸세

그녀는 내 이상형이야.

Она́ мой идеа́л де́вушки.
아나 모이 이지알 제부쉬끼

우리는 공통점이 많아.

У нас мно́го о́бщего.
우 나ㅅ 므노가 오프쒸바

우리는 바로 말이 통했어.

Мы сра́зу нашли́ о́бщий язы́к.
므 스라주 나쉴리 오프쒸 이즈ㅋ

나는 그가 바로 마음에 들었다.

Он мне сра́зу понра́вился.
온 므녜 스라주 빠느라빌샤

나는 첫눈에 반했어.

Я влюби́лся(влюби́лась) с пе́рвого взгля́да.
야 블류빌샤(블류빌라시) 스 뻬르바바 브즈글랴다

그녀는 내가 꿈꿨던 여자야.

Она́ та, о кото́рой я мечта́л.
아나 따, 아 까또라이 야 미츠딸

338

데이트 ①

제 남자 친구를 직장에서 알게 되었어요.

Я познако́милась со свои́м па́рнем на рабо́те.
야 빠즈나꼬밀라시 사 스바임 빠르녬 나 라보쩨

우리가 대학교에서 서로 알게 되었어.

Мы познако́мились в университе́те.
므 빠즈나꼬밀리시 브 우니베르시쩨쩨

그들은 파티에서 서로 알게 됐어.

Они́ познако́мились на вечери́нке.
아니 빠즈나꼬밀리시 나 삐치린꼐

직장에서 한 남자를 사귀고 있어.

Я встреча́юсь с па́рнем с мое́й рабо́ты.
야 프스트리차유시 스 빠르녬 스 마예이 라보뜨

우린 만나기 막 시작했어.

Мы то́лько на́чали встреча́ться.
므 똘까 나칠리 프스트리차짜

그들은 만난 지 1년 되었어요.

Они́ встреча́ются уже́ год.
아니 프스트리차유짜 우제 고트

그가 나에게 사귀자고 했어.

Он предложи́л мне встреча́ться.
온 쁘리들라즐 므녜 프스트리차짜

데이트 ②

저는 데이트 가려고 해요.

Я собира́юсь на свида́ние.
야 사비라유시 나 스비다니예

그가 저에게 데이트를 신청했어요.

Он пригласи́л меня́ на свида́ние.
온 쁘리글라실 미냐 나 스비다니예

데이트 어땠어?

Как прошло́ твоё свида́ние?
까크 쁘라쉴로 뜨바요 스비다니예?

어디 가려고 예쁘게 차려입었니?

Куда́ ты наряди́лся (наряди́лась)?
꾸다 뜨 나리질샤(나리질라시)?

데이트에 뭘 입어야 할지 모르겠어요.

Я не зна́ю, что наде́ть на свида́ние.
야 니 즈나유, 쉬도 나제찌 나 스비다니예

꽃을 사야 하는데요.

Ну́жно купи́ть цветы́.
누즈나 꾸삐찌 쯔비뜨

그가 나를 데리러 차 가지고 올 거야.

Он за мной зае́дет на маши́не.
온 자 므노이 자예지트 나 마쉬네

데이트 ③

주말 계획이 뭐예요?

Каки́е у тебя́ пла́ны на выходны́е?

까끼예 우 찌뱌 쁠라늬 나 브하드늬예?

오늘 저녁에 시간 있어요?

Ты свобо́ден(свобо́дна) сего́дня ве́чером?

뜨 스바보진(스바보드나) 시보드냐 베치람?

같이 어디 갈래요?

Хо́чешь сходи́ть куда́-нибудь вме́сте?

호치쉬 스하지찌 꾸다니부찌 브몌스쩨?

카페에서 만날까요?

Дава́й встре́тимся в кофе́йне?

다바이 프스트례찜샤 브 까폐이녜?

같이 저녁 식사 할래요?

Хо́чешь поу́жинать со мной?

호치쉬 빠우즈나찌 사 므노이?

일요일에 바닷가에 갈까요?

Мо́жет, пое́дем на мо́ре в воскресе́нье?

모즈ㅌ, 빠예젬 나 모례 브 바스크리세니예?

다음 주에 영화 보러 갈까요?

Хо́чешь, пойдём в кино́ на сле́дующей неде́ле?

호치쉬, 빠이좀 프 끼노 나 슬례두쎼이 니젤례?

연애 충고 ①

그녀를 쫓아다니지 마.

Не бе́гай за ней.

니 베가이 자 네이

아무리 바빠도 그녀와 함께 더 많은 시간을 보내라.

Проводи́ с ней бо́льше вре́мени, да́же е́сли за́нят.

쁘라바지 스 네이 볼셰 브례미니, 다제 예슬리 자니ㅌ

다른 이성에게 치근대지 마.

Не флирту́й с други́ми.

니 플리르뚜이 스 드루기미

그녀에게 충분히 신경 쓰고 챙겨 줘.

Уделя́й ей доста́точно внима́ния и забо́ться о ней.

우질랴이 예이 다스따따츠나 브니마니야 이 자보찌샤 아 네이

그를 자주 칭찬해 주고 비판하지 마라.

Ча́ще хвали́ его́, а не критику́й.

차쎄 흐발리 이보, 아 니 끄리찌꾸이

함께 시간을 보내려면, 공통의 관심사를 찾아봐라.

Постара́йся найти́ о́бщие интере́сы, что́бы вме́сте проводи́ть вре́мя.

빠스따라이샤 나이찌 오프쒸예 인찌례스, 쉬또브 브몌스쩨 쁘라바지찌 브례먀

연애 충고 ②

그에게 단점에 대해서 말하지 마.

Не говори́ ему́ о его́ недоста́тках.
니 가바리 이무 아 이보 니다스따트까ㅎ

그의 전화기를 뒤지지 마.

Не копа́йся в его́ телефо́не.
니 까빠이샤 브 이보 찔리포네

그를 전에 만났던 남자랑 비교하지 마.

Не сра́внивай его́ со свои́м бы́вшим.
니 스라브니바이 이보 사 스바임 브프쉼

그를 좋아한다고, 너의 마음을 아직 보여 주지 마.

Не пока́зывай пока́, что он тебе́ нра́вится.
니 빠까즈바이 빠까, 쉬또 온 찌볘 느라비짜

그를 바꾸려고 하지 마. 그는 안 변할 거야.

Не стара́йся его́ измени́ть. Он не изме́нится.
니 스따라이샤 이보 이즈미니찌.
온 니 이즈몌니짜

그의 모든 행동을 통제하려 하지 마.

Не пыта́йся контроли́ровать все его́ де́йствия.
니 쁘따이샤 깐트랄리라바찌 프세 이보
졔이스트비야

꼭! 짚고 가기

연인을 부르는 애칭

러시아에서 연인들이 서로를 부르는 애칭을 알아볼까요?

'내 사랑'을 의미하는 형용사 (남/여)
- люби́мый 류비므의 / люби́мая 류비마야
- ми́лый 밀르이 / ми́лая 밀라야
- дорого́й 다라고이 / дорога́я 다라가야

'아가'를 의미하는 명사 (남/여)
- кро́шка 끄로쉬까
- малы́ш 말르쉬 / малы́шка 말르쉬까
- де́тка 졔트까

동물로 애칭을 표현
- за́йчик 자이치ㅋ 아기 토끼
  = за́я 자야
- ко́тик 꼬찍ㅋ 아기 고양이
- ры́бка 르프까 아기 물고기

기타
- со́лнышко 솔르느쉬까 햇님

보통 애칭 앞뒤에 소유대명사 'мой 모이 (나의)'를 붙여서 불러요.

- мой за́йчик 모이 자이치ㅋ
  = за́йчик мой 자이치ㅋ 모이
  나의 아기 토끼

사랑 ①

너를 좋아해.

Ты мне нра́вишься.
뜨 므녜 느라비쉬샤

너를 사랑해.

Я тебя́ люблю́.
야 찌뱌 류블류

너 없이는 못 살아.

Я без тебя́ не могу́.
야 볘ㅅ 찌뱌 니 마구

매일 너만 생각해.

Я ка́ждый день ду́маю
то́лько о тебе́.
야 까즈드이 젠 두마유 똘까 아 찌볘

밤이나 낮이나 너를 생각하고 있어.

Я ду́маю о тебе́ день и
ночь.
야 두마유 아 찌볘 젠 이 노ᄎ

매 순간 너를 생각해.

Я ду́маю о тебе́ ка́ждую
секу́нду.
야 두마유 아 찌볘 까즈두유 시꾼두

나의 모든 생각은 너밖에 없어.

У меня́ мы́сли то́лько о
тебе́.
우 미냐 므슬리 똘까 아 찌볘

어제 만났는데 벌써 보고 싶어.

Мы вчера́ ви́делись, но я
уже́ скуча́ю.
므 프치라 비질리시, 노 야 우제 스꾸차유

사랑 ②

어제보다 오늘 너를 더 많이 사랑해.

Я люблю́ тебя́ бо́льше,
чем вчера́.
야 류블류 찌뱌 볼셰, 쳄 프치라

너 아니면 다른 사람은 필요 없어.

Мне никого́ не на́до,
кро́ме тебя́.
므녜 니까보 니 나다, 끄로몌 찌뱌

날이 갈수록 너를 더 많이 사랑해.

Я люблю́ тебя́ с ка́ждым
днём сильне́е.
야 류블류 찌뱌 스 까즈듬 드뇸 실리녜예

나는 사랑에 푹 빠져 있어.

Я влюблён(влюблена́) по́
уши.
야 블류블룐(블류블리나) 뽀 우쉬

진정한 사랑에 빠진 것 같아.

Мне ка́жется,
я влюби́лся(влюби́лась)
по-настоя́щему.
므녜 까즈짜, 야 블류빌샤(블류빌라시)
빠나스따야쒸무

너는 나의 처음이자 진정한 사랑이야.

Ты моя́ пе́рвая настоя́щая
любо́вь.
뜨 마야 뻬르바야 나스따야쌰야 류보피

나는 그녀와 결혼하고 싶다.

Я хочу́ жени́ться на ней.
야 하추 즈니짜 나 녜이

질투 & 배신

나는 그를 질투한다.

Я его́ си́льно ревну́ю.
야 이보 실리나 리브누유

그가 바람을 피우는 것 같아.

Мне ка́жется, он мне изменя́ет.
므녜 까즈짜, 온 므녜 이즈미냐이트

그에게 다른 여자가 있는 것 같아.

Мне ка́жется, у него́ есть друга́я.
므녜 까즈짜, 우 니보 예스찌 드루가야

그녀가 바람을 피웠어.

Она́ мне измени́ла.
아나 므녜 이즈미닐라

그녀가 나 몰래 다른 남자랑 만난다.

Она́ встреча́ется с други́м вта́йне от меня́.
아나 프스트리차이짜 스 드루김 프따이네 아트 미냐

그가 나를 배신했어요.

Он меня́ пре́дал.
온 미냐 쁘례달

그는 자꾸 핑계를 대며 나를 피하고 있어요.

Он постоя́нно приду́мывает отгово́рки и избега́ет меня́.
온 빠스따야나 쁘리두므바이트 아드가보르끼 이 이즈비가이트 미냐

갈등

그는 나를 전에 만났던 여자하고 자꾸 비교한다.

Он постоя́нно сра́внивает меня́ со свое́й бы́вшей.
온 빠스따야나 스라브니바이트 미냐 사 스바예이 브프셰이

우리는 서로 신뢰를 잃었어요.

Мы потеря́ли дове́рие друг к дру́гу.
므 빠쪄랼리 다베리예 드루ㅋ 크 드루구

너의 거짓말에 지쳤어.

Я уста́л(а) от твое́й лжи.
야 우스딸(라) 아트 뜨바예이 르즈

우리는 다툼이 빈번해졌어.

Мы ста́ли ча́ще ссо́риться.
므 스딸리 차쎼 소리짜

너의 트집에 이제 지겨워.

Я уже́ не могу́ слу́шать твои́ приди́рки.
야 우제 니 마구 슬루샤찌 뜨바이 쁘리지르끼

그는 끊임없이 나를 트집 잡아요.

Он ве́чно придира́ется ко мне.
온 베츠나 쁘리지라이짜 까 므녜

우리는 말이 안 통해요.

Мы не мо́жем найти́ о́бщий язы́к.
므 니 모즘 나이찌 오프쒸 이즈ㅋ

이별 ①

우리는 헤어지기로 했어.

Мы реши́ли расста́ться.
므 리쉴리 라스따짜

우리는 헤어져야만 했다.

Нам пришло́сь расста́ться.
남 쁘리쉴로시 라스따짜

그와 헤어지고 싶다.

Я хочу́ с ним расста́ться.
야 하추 스 님 라스따짜

우린 헤어졌는데 친구로 지내기로 했다.

Мы расста́лись и реши́ли оста́ться друзья́ми.
므 라스딸리시 이 리쉴리 아스따짜 드루지야미

그녀가 다른 남자에게 떠났어.

Она́ ушла́ к друго́му.
아나 우쉴라 크 드루고무

우리 관계를 더 이상 계속할 수 없어.

На́ши отноше́ния невозмо́жно продолжа́ть.
나쉬 아트나셰니야 니바즈모즈나 쁘라달자찌

우리는 헤어지는 게 더 나을 것 같다.

Мне ка́жется, нам лу́чше расста́ться.
므네 까즈짜, 남 루츠셰 라스따짜

이별 ②

그가 나를 버렸어.

Он меня́ бро́сил.
온 미냐 브로실

그녀를 잊을 수 없어.

Я не могу́ её забы́ть.
야 니 마구 이요 자브찌

그를 잊을 수 없다고 생각했는데 시간이 지나니 괜찮아졌어.

Я ду́мала, что не смогу́ его́ забы́ть, но со вре́менем мне ста́ло лу́чше.
야 두말라, 쉬또 니 스마구 이보 자브찌, 노 사 브례미넴 므네 스딸라 루츠셰

우리는 처음부터 서로 잘 맞지 않았어.

Мы с са́мого нача́ла не подходи́ли друг дру́гу.
므 스 사마바 나찰라 니 빠트하질리 드루ㄱ 드루구

우리가 헤어진 지 1년이 지났어.

Уже́ прошёл год, как мы расста́лись.
우제 쁘라숄 고ㅌ, 까ㅋ 므 라스딸리시

그들이 헤어진 지 한 달도 지나지 않아 그가 벌써 다른 여자를 만나고 있어.

Ещё не прошло́ и ме́сяца, как они́ расста́лись, а он уже́ с друго́й.
이쑈 니 쁘라쉴로 이 메시짜, 까ㅋ 아니 라스딸리시, 아 온 우제 스 드루고이

344

연애 기타

우리는 서로 어울리지 않는 것 같아요.

Мне ка́жется, мы не подхо́дим друг дру́гу.
므네 까즈짜, 므 니 빠트호짐 드루ㄱ 드루구

나는 진지한 관계를 가질 시간이 없어요.

У меня́ нет вре́мени на серьёзные отноше́ния.
우 미냐 네ㅌ 브례미니 나 시리요즈느예 아트나셰니야

그냥 친구로 지내요.

Дава́й про́сто оста́немся друзья́ми.
다바이 쁘로스따 아스따님샤 드루지야미

우리는 잘 안 될 것 같아요.

Я ду́маю, у нас ничего́ не полу́чится.
야 두마유, 우 나ㅅ 니치보 니 빨루치짜

나는 이별 후에 새로운 관계를 원하지 않아요.

Я пока́ не хочу́ но́вых отноше́ний по́сле разры́ва.
야 빠까 니 하추 노브ㅎ 아트나셰니이 뽀슬례 라즈르바

나는 너에게 아무 감정도 없어.

Я не испы́тываю к тебе́ никаки́х чувств.
야 니 이스쁘뜨바유 크 찌볘 니까끼ㅎ 추스트ㅍ

꼭! 짚고 가기

아들일까 딸일까?

러시아의 옛 사람들이 태아의 성별을 예측 하던 재미있는 방법과 내려오는 미신에 관 해 알아볼게요.

임산부가 육류와 짜고 매운 음식을 자꾸 찾으면 아들이고, 달콤한 음식을 많이 먹 으면 딸일 가능성이 높다고 여겼답니다. 또한 배가 길쭉하게 위에서 아래로 커지 면 아들이며, 옆으로 커지면 딸이라고 생 각했습니다.

임산부는 아무리 불편해도 머리카락을 잘 라서는 안 되며, 뜨개질도 해서는 안 된다 는 미신도 있는데, 이는 아이가 탯줄에 엉 킬 수 있다고 생각했기 때문이에요.

또 임산부가 놀라서 손을 얼굴이나 몸에 대면 아이에게 그 자리에 점이 생긴다는 말도 있어요.

또 미리 아이 옷을 준비하면 좋지 않다는 속설이 있어 거의 만삭이 되도록 아기 용 품을 준비하지 않는 사람도 종종 있습니다.

가족 소개

청혼

너를 내 부모님께 소개해 주고 싶어.

Я хочу́ познако́мить тебя́ с мои́ми роди́телями.
야 하추 빠즈나꼬미찌 찌뱌 스 마이미 라지찔랴미

부모님이 너를 좋아하실 거야.

Ты понра́вишься мои́м роди́телям.
뜨 빠느라비쉬샤 마임 라지찔럄

나는 남자 형제와 여자 형제가 있어.

У меня́ есть брат и сестра́.
우 미냐 예스찌 브라т 이 시스트라

내 형(오빠)을 너에게 소개해 줄게.

Я познако́млю тебя́ с мои́м ста́ршим бра́том.
야 빠즈나꼬믈류 찌뱌 스 마임 스따르쉼 브라땀

그는 자신의 부모님에게 나를 소개해 주고 싶다고 했다.

Он сказа́л, что хо́чет познако́мить меня́ со свои́ми роди́телями.
온 스까잘, 쉬또 호치т 빠즈나꼬미찌 미냐 사 스바이미 라지찔랴미

너의 부모님이 나를 좋아하지 않으실까 봐 걱정돼.

Я бою́сь, вдруг я не понра́влюсь твои́м роди́телям.
야 바유시, 브드루к 야 니 빠느라블류시 뜨바임 라지찔럄

나와 결혼해 줘.

Выходи́ за меня́ за́муж.
브하지 자 미냐 자무쉬

Выходи́ за меня́.
브하지 자 미냐

결혼하자.

Дава́й поже́нимся.
다바이 빠제님샤

너와 결혼하고 싶어. (남자가 말할 때)

Я хочу́ жени́ться на тебе́.
야 하추 즈니짜 나 찌볘

내 아내가 되어 줘.

Будь мое́й жено́й.
부찌 마예이 즈노이

그가 나한테 청혼했어.

Он сего́дня сде́лал мне предложе́ние.
온 시보드냐 즈젤랄 므녜 쁘리들라제니예

나는 그의 청혼을 받아들였어.

Я согласи́лась вы́йти за него́.
야 사글라실라시 브이찌 자 니보

나는 그의 아내가 되기로 승낙했어.

Я согласи́лась стать его́ жено́й.
야 사글라실라시 스따찌 이보 즈노이

결혼 준비

너희들 결혼식 어디서 할 거니?

Где вы бу́дете справля́ть сва́дьбу?
그제 브 부지쩨 스프라블랴찌 스바지부?

우리는 혼인신고만 하기로 했어.

Мы реши́ли то́лько расписа́ться.
므 리쉴리 똘까 라스삐사짜

우리는 친척들과 가까운 사람들만 초대해서 작은 결혼식을 할 거야.

Мы бу́дем справля́ть ма́ленькую сва́дьбу то́лько в кругу́ родны́х и бли́зких.
므 부짐 스프라블랴찌 말린꾸유 스바지부 똘까 프 끄루구 라드느ㅎ 이 블리스끼ㅎ

우리는 오늘 웨딩드레스를 보러 가요.

Мы сего́дня идём выбира́ть сва́дебное пла́тье.
므 시보드냐 이쫌 브비라찌 스바지브나예 쁠라찌예

네가 나의 결혼식 증인이 되었으면 해.

Я хочу́, что́бы ты был мои́м свиде́телем. (신랑 측)
야 하추, 쉬또브 뜨 블 마임 스비제찔렘

Я хочу́, что́бы ты была́ мое́й свиде́тельницей. (신부 측)
야 하추, 쉬또브 뜨 블라 마예이 스비제찔리니쩨이

꼭! 짚고 가기

결혼식 문화

러시아에서는 보통 신분 등록소에서 결혼식을 올립니다. 결혼식 당일 신랑과 신부, 신랑 측 증인과 신부 측 증인은 웨딩카를 타고 'ЗАГС 자크ㅅ(신분 등록소)'로 가고, 가까운 친구들과 가족, 친척들도 신분 등록소에 모입니다.

신분 등록소에는 예식을 위해 특별히 준비된 강당, 신부 방과 신랑 방이 있어요. 하객들이 앉아서 신랑과 신부의 입장을 기다리고 초대된 연주자들이 결혼 행진곡을 연주하면 신랑과 신부가 입장을 해요.

신분 등기원이 주례, 결혼 서약, 반지 교환, 결혼 등록을 진행하며 신랑과 신부는 결혼 증명서에 서명합니다. 부모님과 친척들을 비롯한 하객들은 차례차례 앞으로 나와서 축하를 합니다. 예식이 모두 끝나면 신분 등록소에 마련된 장소에서 샴페인과 초콜릿으로 간단하게 축하연을 열 수 있습니다.

신분 등록소에서 나올 때 신랑은 신부를 안고 있으며, 하객들은 장미 꽃잎을 뿌려 줘요. 신분 등록소 입구에서 단체 사진을 찍은 다음 신랑과 신부, 가까운 친구들은 웨딩카를 타고 도시에 있는 영원한 사랑을 상징하는 장소에 들러 사진 촬영을 합니다.

결혼식 초대

너를 결혼식에 초대할게.

Приглаша́ю тебя́ на сва́дьбу.
쁘리글라샤유 찌뱌 나 스바지부

결혼식에 초대합니다.

Приглаша́ю вас на сва́дьбу.
쁘리글라샤유 바ㅅ 나 스바지부

우리 결혼식에 와.

Приходи́ к нам на сва́дьбу.
쁘리하지 크 남 나 스바지부

우리 결혼식에 오세요.

Приходи́те к нам на сва́дьбу.
쁘리하지쩨 크 남 나 스바지부

난 결혼식에 초대를 받았어.

Меня́ пригласи́ли на сва́дьбу.
미냐 쁘리글라실리 나 스바지부

우리는 친척들과 가까운 친구들만 초대했어요.

Мы пригласи́ли то́лько родны́х и бли́зких друзе́й.
므 쁘리글라실리 똘까 라드느ㅎ 이 블리스끼ㅎ 드루제이

미안해, 너의 결혼식에 갈 수 없어.

Извини́, я не смогу́ прийти́ на твою́ сва́дьбу.
이즈비니, 야 니 스마구 쁘리찌 나 뜨바유 스바지부

결혼식 ①

우리는 신분 등록소에 혼인 신고식을 보러 갈 거예요.

Мы пойдём на церемо́нию заключе́ния бра́ка в загс.
므 빠이죰 나 쯔리모니유 자클류체니야 브라까 브 자크ㅅ

신랑과 신부가 신분 등록소 강당 안으로 결혼 행진곡에 맞춰 들어갔어요.

Жени́х и неве́ста вошли́ в зал за́гса под сва́дебный марш.
즈니ㅎ 이 니볘스따 바쉴리 브 잘 자크사 빠트 스바지브느이 마르쉬

신랑과 신부가 반지를 교환했어요.

Жени́х и неве́ста обменя́лись ко́льцами.
즈니ㅎ 이 니볘스따 아브미냘리시 꼴짜미

신랑이 신부를 안아 올리고 신분 등록소에서 나왔어요.

Жени́х вы́нес неве́сту на рука́х из за́гса.
즈니ㅎ 브니ㅅ 니볘스뚜 나 루까ㅎ 이즈 자크사

광장에서 신랑과 신부가 사진 촬영을 하고 있었어요.

На пло́щади фотографи́ровались жени́х и неве́ста.
나 쁠로쒸지 파따그라피라발리시 즈니ㅎ 이 니볘스따

결혼식 ②

\# 결혼식에 많은 하객들이 왔어요.

На сва́дьбу пришло́ мно́го госте́й.
나 스바지부 쁘리쉴로 므노가 가스제이

\# 결혼식이 너무 재미있게 진행되었어요.

Сва́дьба прошла́ о́чень ве́село.
스바지바 쁘라쉴라 오친 볘실라

\# 저는 신부 부케를 잡았어요.

Я пойма́ла буке́т неве́сты.
야 빠이말라 부꼐트 니베스뜨

\# 모두 다 신랑 신부를 위하여 잔을 들었어요.

Все по́дняли бока́лы за сча́стье молодожёнов.
프세 뽀드닐리 바깔르 자 쌰스찌예
말라다죠나ㅍ

\# 하객들이 밤새도록 춤을 추며 즐겁게 보냈어요.

Го́сти весели́лись и танцева́ли всю ночь.
고스찌 비실릴리시 이 딴쯔발리 프슈 노ㅊ

우리가 결혼한 지도 벌써 10년이 되었어요.

Мы жена́ты уже́ де́сять лет.

므 즈나뜨 우제 제시찌 례트

그들의 결혼 생활은 행복해요.

Они́ о́чень сча́стливы в бра́ке.

아니 오친 쌰슬리브 브 브라꼐

그는 가정적인 사람이에요.

Он настоя́щий семьяни́н.

온 나스따야쒸 시미이닌

그의 삶은 결혼하고 나서 바뀌었어요.

Его́ жизнь измени́лась по́сле жени́тьбы.

이보 즈즈니 이즈미닐라시 뽀슬례 즈니지브

아이가 태어나고 나서 그는 아내의 집안일을 돕기 시작했어요.

По́сле рожде́ния ребёнка он стал помога́ть жене́ по до́му.

뽀슬례 라즈제니야 리뵨까 온 스딸 빠마가찌 즈녜 빠 도무

그녀의 모든 관심은 아이들의 양육에 집중되어 있어요.

Всё её внима́ние ухо́дит на воспита́ние дете́й.

프쇼 이요 브니마니예 우호지트 나 바스삐따니예 지쩨이

그들은 아주 단단하고 화목한 가족이네요.

У них о́чень кре́пкая и дру́жная семья́.

우 니ㅎ 오친 끄례프까야 이 드루즈나야 시미야

신혼이 끝나고 가정불화가 생겼어요.

По́сле медо́вого ме́сяца появи́лись семе́йные конфли́кты.

뽀슬례 미도바바 메시짜 빠이빌리시 시몌이느예 깐플리크뜨

그들은 아직 아이가 없어요.

У них ещё нет дете́й.

우 니ㅎ 이쑈 녜트 지쩨이

우리는 아직 아이를 키울 준비가 안 되었어요.

Мы пока́ ещё не гото́вы име́ть дете́й.

므 빠까 이쑈 니 가또브 이몌찌 지쩨이

우리는 저녁 식사 때 중요한 문제를 논의해요.

Мы ча́сто обсужда́ем ва́жные вопро́сы за у́жином.

므 차스따 아브수즈다임 바즈느예 바프로스 자 우즈남

그들은 모든 문제를 싸우지 않고 해결하려고 노력해요.

Они́ стара́ются реша́ть все пробле́мы без ссор.

아니 스따라유짜 리샤찌 프세 쁘라블례므 볘스 쏘ㄹ

별거 & 이혼 & 재혼

그들은 지금 별거 중이에요.

Они́ сейча́с живу́т разде́льно.
아니 시차ㅅ 즈부ㅌ 라즈젤리나

나는 이혼하고 싶다.

Я хочу́ развести́сь.
야 하추 라즈비스찌시

그들은 이혼 신고를 했어요.

Они́ по́дали на разво́д.
아니 뽀달리 나 라즈보ㅌ

그는 이혼했는데 바로 재혼했어요.

Он развёлся и сра́зу же жени́лся сно́ва.
온 라즈뵬샤 이 스라주 제 즈닐샤 스노바

이혼 후 그는 혼자 산 지 벌써 5년이 되었어요.

По́сле разво́да он уже́ пять лет живёт оди́н.
뽀슬례 라즈보다 온 우제 빠찌 례ㅌ 즈뵤ㅌ 아진

그녀가 재혼했어요.

Она́ вы́шла за́муж во второ́й раз.
아나 브쉴라 자무쉬 바 프따로이 라ㅅ

꼭! 짚고 가기

결혼 기념일 명칭

러시아어로 결혼 1주년, 10주년 등 특별한 결혼 기념일 명칭을 알아볼까요?

- **결혼식 당일** : 푸른(익지 않은) 결혼식
  зелёная сва́дьба
  질료나야 스바지바
- **1주년** : 거즈 결혼식
  ма́рлевая сва́дьба
  마를리바야 스바지바
- **5주년** : 목제 결혼식
  деревя́нная сва́дьба
  지리뱌나야 스바지바
- **10주년** : 주석 결혼식
  оловя́нная сва́дьба
  알라뱌나야 스바지바
- **15주년** : 크리스탈 결혼식
  хруста́льная сва́дьба
  흐루스딸리나야 스바지바
- **20주년** : 도자기 결혼식
  фарфо́ровая сва́дьба
  파르포라바야 스바지바
- **25주년** : 은혼식
  сере́бряная сва́дьба
  시례브리나야 스바지바
- **30주년** : 진주 결혼식
  жемчу́жная сва́дьба
  즘추즈나야 스바지바
- **35주년** : 산호 결혼식
  кора́лловая сва́дьба
  까랄라바야 스바지바
- **40주년** : 루비 결혼식
  руби́новая сва́дьба
  루비나바야 스바지바
- **45주년** : 사파이어 결혼식
  сапфи́ровая сва́дьба
  사프피라바야 스바지바
- **50주년** : 금혼식
  золота́я сва́дьба
  잘라따야 스바지바

임신 ①

\# 나 너한테 말하고 싶은 소식이 있어!
네가 아버지가 될 거야.

У меня но́вость для тебя́!
Ты бу́дешь отцо́м.
우 미냐 노바스찌 들랴 찌뱌! 뜨 부지쉬 아쫌

\# 나 임신했어.

Я бере́менна.
야 비례미나

\# 그녀가 임신했어요.

Она́ забере́менела.
아나 자비례미닐라

Она́ ждёт ребёнка.
아나 즈죠ㅌ 리뵨까
(그녀가 아이를 기다리고 있어요.)

\# 그녀는 임신한 상태예요.

Она́ в положе́нии.
아나 프 빨라제니이

Она́ в интере́сном
положе́нии.
아나 브 인찌례스남 빨라제니이

\# 그들은 쌍둥이를 가졌어요.

Они́ ждут дво́йню.
아니 즈두ㅌ 드보이뉴

\# 저는 오늘 초음파 검사하러 가야 해요.

Мне сего́дня на УЗИ.
므녜 시보드냐 나 우지

임신 ②

\# 임신 기간이 얼마나 되나요?

Како́й у вас срок
бере́менности?
까꼬이 우 바ㅅ 스로ㅋ 비례미나스찌?

\# 지금 임신 몇 개월째인가요?

На како́м ме́сяце
бере́менности вы сейча́с?
나 까꼼 메시쩨 비례미나스찌 브 시차ㅅ?

\# 그녀는 임신 6개월이에요.

Она́ на шесто́м ме́сяце
бере́менности.
아나 나 쉬스똠 메시쩨 비례미나스찌

\# 그녀가 임신 8개월인데, 일을 계속해요.

Она́ на восьмо́м ме́сяце
бере́менности, но
продолжа́ет рабо́тать.
아나 나 바시몸 메시쩨 비례미나스찌, 노
쁘라달자이ㅌ 라보따찌

\# 저는 임신 기간 동안 힘들었어요.

Мне бы́ло о́чень тяжело́
во вре́мя бере́менности.
므녜 블라 오친 찌즐로 바 브례먀 비례미나스찌

\# 임신 중에 입덧이 없었어요.

У меня́ не́ было токсико́за
во вре́мя бере́менности.
우 미냐 녜 블라 따크시꼬자 바 브례먀
비례미나스찌

\# 아기의 움직임을 느끼고 있나요?

Вы чу́вствуете движе́ния
малыша́?
브 추스트부이쩨 드비제니야 말르샤?

육아 ①

저는 모유 수유를 하고 있어요.

Я кормлю́ ребёнка грудны́м молоко́м.
야 까르믈류 리본까 그루드늠 말라꼼

Я кормлю́ ребёнка гру́дью.
야 까르믈류 리본까 그루지유

젖병을 세척해야 해요.

Ну́жно помы́ть де́тскую буты́лочку.
누즈나 빠므찌 졔쯔꾸유 부뜰라츠꾸

아기에게 젖을 먹여야 해요.

Мне ну́жно покорми́ть ребёнка.
므녜 누즈나 빠까르미찌 리본까

아기에게 채소를 갈아서 이유식을 만들어 줘야 해요.

Ну́жно сде́лать ребёнку овощно́е пюре́.
누즈나 즈젤라찌 리본꾸 아바쉬노예 쀼레

우리는 4개월부터 이유식을 시작했어요.

Мы на́чали вводи́ть прико́рм с четырёх ме́сяцев.
므 나칠리 바지찌 쁘리꼬름 스 치뜨료흐 몌시쩨ㅍ

육아 ②

아기 기저귀를 갈아 줘.

Поменя́й подгу́зник у ребёнка.
빠미냐이 빠드구즈니ㅋ 우 리본까

아기 목욕시키는 거 도와줘.

Помоги́ мне искупа́ть ребёнка.
빠마기 므녜 이스꾸빠찌 리본까

그들의 아기는 순해요.

У них о́чень споко́йный ребёнок.
우 니ㅎ 오친 스빠꼬이느이 리뵤나ㅋ

밤에 아이가 울 때 그가 일어나요.

Он встаёт по ноча́м, когда́ ребёнок пла́чет.
온 프스따요ㅌ 빠 나참, 까그다 리뵤나ㅋ 쁠라치ㅌ

속싸개와 배냇저고리를 다려야 해요.

Ну́жно погла́дить пелёнки и распашо́нки.
누즈나 빠글라지찌 삘룐끼 이 라스빠숀끼

오늘 아기에게 예방접종을 했어요.

Сего́дня ребёнку де́лали приви́вку.
시보드냐 리본꾸 졜랄리 쁘리비프꾸

아기는 이가 나고 있어요.

У ребёнка ре́жутся зу́бки.
우 리본까 례주짜 주프끼

Глава 11

위급할 땐 이렇게!

Глава 11

Происшествия и Аварии 쁘라이셰스트비야 이 아바리이 사건&사고

происше́ствие 쁘라이셰스트비예 n.n. = слу́чай 슬루치 n.m. 사건 	**боль** 볼 n.f. 아픔; 통증 	**поврежде́ние** 빠브리즈졔니예 n.n. 부상; 파손, 파괴
	перело́м 삐릴롬 n.m. 골절 	**гипс** 기프ㅅ n.m. 깁스; 석고
	отмороже́ние 아트마라졔니예 n.n. 동상 	**ожо́г** 아조ㅋ n.m. 화상
	лече́ние 리체니예 n.n. 치료 	**лейкопла́стырь** 리이까플라스뜨리 n.m. 반창고
по́мощь 뽀마쒸 n.f. 도움, 구조 	**апте́чка пе́рвой** **медици́нской** **по́мощи** 아프쩨츠까 뼤르바이 미지쯘스까이 뽀마씨 구급상자 	**ско́рая по́мощь** 스꼬라야 뽀마쒸 구급차
	серде́чный при́ступ 시르졔츠느이 쁘리스뚜ㅍ 심장마비 	**серде́чно-лёгочная** **реанима́ция** 시르졔츠날료가츠나야 리아니마쯔야 = СЛР 에셀레ㄹ 심폐 소생술
	задыха́ться - **задохну́ться** 자드하짜 – 자다흐누짜 v. 질식하다 	**о́бморок** 오브마라ㅋ n.m. 기절

полиция 빨리쯔야
n.f. 경찰
полицейский
빨리쩨이스끼
n.m. 경찰관

отделение полиции
아질례니예 빨리쯔이
경찰서

заявление 자이블례니예
n.n. 신고; 선언

преступление
쁘리스뚜플례니예
n.n. 범죄
преступник
쁘리스뚜쁘니ㅋ n.m.,
преступница
쁘리스뚜쁘니짜 n.f.
범죄자

карманный вор
까르마느이 보르
= карманник
까르마니ㅋ n.m.
소매치기

ограбление 아그라블례니예
n.n. 강도, 약탈
вор 보르
n.m. 도둑

мошенничество
마셰니치스트바
n.n. 사기

авария 아바리야
n.f. 사고;
파손; 조난

столкновение
스딸크나볘니예
n.n. 충돌

эвакуатор 에바꾸아따르
n.m. 견인차

пожарная
станция
빠자르나야 스딴쯔야
소방서

пожарная машина
빠자르나야 마쉬나
소방차

пожарный 빠자르느이 n.m.
소방관

пожар 빠자르
n.m. 화재

взрыв 브즈르ㅍ
n.m. 폭발

лавина 라비나
n.f. 눈사태

землетрясение
지믈리트리세니예
n.n. 지진

응급 상황 ①

\# 응급 상황이에요.

Это э́кстренный слу́чай.
에따 에크스트린느이 슬루치

\# 사고예요.

Это ава́рия.
에따 아바리야

\# 도와주세요!

Помоги́те!
빠마기쩨!

\# 살려 주세요!

Спаси́те!
스빠시쩨!

\# 조심하세요!

Осторо́жно!
아스따로즈나!

Береги́тесь!
비리기찌시!

\# 위험해요!

Опа́сно!
아빠스나!

\# 저는 도움이 필요해요.

Мне нужна́ по́мощь.
므녜 누즈나 뽀마쒸

\# 저는 다쳤어요.

Я получи́л(а) тра́вму.
야 빨루칠(라) 뜨라브무

응급 상황 ②

\# 여기서 빨리 대피해야 해요.

Ну́жно бы́стро вы́браться отсю́да.
누즈나 브스트라 브브라짜 아트슈다

\# 어서 모두 실내에서 빠져나가세요!

Сро́чно всем поки́нуть помеще́ние!
스로츠나 브셈 빠끼누찌 빠미쎼니예!

\# 차가 사람을 쳤어요.

Маши́на сби́ла челове́ка.
마쉬나 스빌라 칠라볘까

\# 차가 전봇대를 받았어요.

Маши́на вруби́лась в столб.
마쉬나 브루빌라시 프 스똘ㅍ

\# 구급차를 불러 주세요.

Вы́зовите ско́рую по́мощь.
브자비쩨 스꼬루유 뽀마쒸

\# 경찰을 불러 주세요.

Вы́зовите поли́цию.
브자비쩨 빨리쯔유

\# 심폐 소생술을 해야 해요.

Ну́жно сде́лать иску́сственное дыха́ние.
누즈나 즈젤라찌 이스꾸스트비나예 드하니예

\# 아무것도 손대지 마세요!

Ничего́ не тро́гайте!
니치보 니 뜨로가이쩨!

구급차 ①

구급차를 보내 주세요.

Пришли́те ско́рую по́мощь.
쁘리쉴리쩨 스꼬루유 뽀마쒸

주소를 불러 주세요.

Назови́те ваш а́дрес.
나자비쩨 바쉬 아드리스

남자가 부상당했어요.

Мужчи́на ра́нен.
무쒸나 라닌

남자가 의식을 잃었어요.

Мужчи́на потеря́л сознáние.
무쒸나 빠찌랼 사즈나니예

남자가 무의식 상태이고 숨을 쉬지 않아요.

Мужчи́на без сознáния и не ды́шит.
무쒸나 볘스 사즈나니야 이 니 드쉬ㅌ

남자가 심한 출혈이 있어요.

У мужчи́ны си́льное кровотече́ние.
우 무쒸느 실리나예 끄라바찌체니예

여자가 출산 진통을 시작했어요.

У же́нщины начали́сь родовы́е схвáтки.
우 젠쒸느 나칠리시 라다브예 스흐바트끼

구급차 ②

구급차를 불렀어요?

Ско́рую вызывáли?
스꼬루유 브즈발리?

오시기 전에 어떻게 하면 돼요?

Что ну́жно де́лать до вáшего прие́зда?
쉬또 누즈나 젤라찌 다 바쉬바 쁘리예즈다?

부상자가 못 움직이게 하세요.

Не позволя́йте пострадáвшему дви́гаться.
니 빠즈발랴이쩨 빠스트라다프쉬무 드비가짜

구급차가 오기 전에 부상자를 다른 장소로 옮기지 마세요.

Не перемещáйте пострадáвшего до прие́зда маши́ны ско́рой по́мощи.
니 뻬리미쌰이쩨 빠스트라다프쉬바 다 쁘리예즈다 마쉬느 스꼬라이 뽀마쒸

사고 현장에 구급차가 도착했어요.

На ме́сто авáрии прие́хала скóрая по́мощь.
나 몌스따 아바리이 쁘리예할라 스꼬라야 뽀마쒸

부상자는 어디에 있습니까?

Где пострадáвший?
그제 빠스트라다프쉬?

길을 잃음

미아

\# 길을 잃었어요.

Я потеря́лся(потеря́лась).
야 빠찌랼샤(빠찌랼라시)

\# 실례지만, 이 거리 이름이 뭐예요?

Извини́те, кака́я э́то у́лица?
이즈비니쩨, 까까야 에따 울리짜?

\# 여기가 어디인지 말씀해 주시겠어요?

Скажи́те, где я нахожу́сь?
스까즈쩨, 그제 야 나하주시?

\# 일행들로부터 뒤처졌어요.

Я отста́л(а) от гру́ппы.
야 아쯔딸(라) 아트 그루쁘

\# 너 지금 어디 있는 거니?

Где ты сейча́с?
그제 뜨 시차ㅅ?

\# 내가 지금 어디 있는지 모르겠어.

Я не зна́ю, где я сейча́с.
야 니 즈나유, 그제 야 시차ㅅ

\# 주변에 뭐가 보이는지 말해 줘.

Скажи́, что ты ви́дишь вокру́г.
스까즈, 쉬또 뜨 비지쉬 바크루ㅋ

\# 어떤 거리에 있는지 행인한테 물어봐.

Спроси́ у прохо́жих, на како́й у́лице ты нахо́дишься.
스프라시 우 쁘라호즈ㅎ, 나 까꼬이 울리쩨 뜨 나호지쉬샤

\# 아이를 잃어버렸어요.

Я потеря́л(а) ребёнка.
야 빠찌랼(라) 리뵨까

\# 아이가 사라졌어요.

Ребёнок потеря́лся.
리뵤나ㅋ 빠찌랼샤

\# 장 보는 사이에 아이가 사라졌어요.

Ребёнок потеря́лся, пока́ я де́лал(а) поку́пки.
리뵤나ㅋ 빠찌랼샤, 빠까 야 젤랄(라) 빠꾸프끼

\# 혹시 여기에서 아이를 못 보셨어요?

Вы не ви́дели здесь ребёнка?
브 니 비질리 즈제시 리뵨까?

\# 아이 인상착의를 알려 주세요.

Назови́те приме́ты ребёнка.
나자비쩨 쁘리몌드 리뵨까

\# 어디서 아이를 잃어버리셨어요?

Где вы потеря́ли ребёнка?
그제 브 빠찌랼리 리뵨까?

\# 미아를 찾기 위한 방송을 해 주세요.

Сде́лайте звуково́е объявле́ние о поте́ре ребёнка.
즈젤라이쩨 즈부까보예 아브이블례니예 아 빠쩨례 리뵨까

분실 사고 ①

제 가방 못 봤어요?

Вы не ви́дели мою́ су́мку?
브 니 비질리 마유 숨꾸?

화장실에 다녀오는 동안 가방이 없어졌어요.

Пока́ я ходи́л(а) в туале́т, су́мка исче́зла.
빠까 야 하질(라) 프 뚜알례트, 숨까 이쎄즐라

가방을 테이블 위에 놔뒀는데, 돌아왔을 때 가방이 없어졌어요.

Я оста́вил(а) су́мку на столе́, а когда́ верну́лся(верну́лась), су́мка пропа́ла.
야 아스따빌(라) 숨꾸 나 스딸례, 아 까그다 비르눌샤(비르눌라시), 숨까 쁘라빨라

가방을 테이블 위에 놔둔 게 확실해요?

Вы то́чно оставля́ли свою́ су́мку на столе́?
브 또츠나 아스따블랼리 스바유 숨꾸 나 스딸례?

죄송하지만, 탈의실에 가방을 두고 나왔습니다.

Извини́те, я оста́вил(а) свою́ су́мку в приме́рочной.
이즈비니쩨, 야 아스따빌(라) 스바유 숨꾸 프 쁘리몌라츠나이

여기에 휴대폰을 혹시 못 보셨나요?

Вы не ви́дели здесь моби́льного телефо́на?
브 니 비질리 즈제시 마빌리나바 찔리포나?

분실 사고 ②

신용 카드를 잃어버렸어요.

Я потеря́л(а) креди́тную ка́рту.
야 빠찌랼(라) 끄리지트누유 까르뚜

지갑을 잃어버렸어요.

Я потеря́л(а) кошелёк.
야 빠찌랼(라) 까쉴료ㅋ

지갑을 어디서 마지막으로 사용하셨나요?

Где вы по́льзовались кошелько́м в после́дний раз?
그제 브 뽈자발리시 까쉴꼼 프 빠슬례드니 라ㅅ?

제 휴대폰을 택시 좌석에 놔두고 내렸어요.

Я оста́вил(а) свой моби́льный телефо́н на сиде́нье в такси́.
야 아스따빌(라) 스보이 마빌리느이 찔리폰 나 시제니예 프 따크시

신분증을 잃어버렸어요. 어디에 문의해야 해요?

Я потеря́л(а) докуме́нты. Куда́ мне ну́жно обрати́ться?
야 빠찌랼(라) 다꾸몐뜨. 꾸다 므녜 누즈나 아브라찌짜?

분실 신고 & 분실물 센터

잃어버린 물건은 어디서 찾을 수 있나요?

Где мо́жно найти́ поте́рянные ве́щи?
그제 모즈나 나이찌 빠쪠리느예 볘쒸?

잃어버린 물건을 찾으려면 어디에 문의해야 해요?

Куда́ ну́жно обраща́ться, что́бы найти́ поте́рянные ве́щи?
꾸다 누즈나 아브라쌰짜, 쉬또브 나이찌 빠쪠리느예 볘쒸?

분실물 보관소는 어디에 있나요?

Где нахо́дится бюро́ нахо́док?
그제 나호지짜 뷰로 나호다ㅋ?

분실물 신고를 하고 싶어요.

Я хочу́ заяви́ть о пропа́же.
야 하추 자이비찌 아 쁘라빠제

언제 어디에서 분실하셨어요?

Где и когда́ произошла́ пропа́жа?
그제 이 까그다 쁘라이자쉴라 쁘라빠자?

Где и когда́ вы потеря́ли свою́ вещь?
그제 이 까그다 브 빠쪨랼리 스바유 볘쒸?

물건을 습득해서 신고하고 싶은데요.

Я хочу́ заяви́ть о нахо́дке.
야 하추 자이비찌 아 나호트꼐

도난

도둑이야!

Вор!
보르!

잡아라! 도둑이야!

Держи́те! Вор!
지르즈쪠! 보르!

저 강도를 당했어요.

Меня́ огра́били.
미냐 아그라빌리

제 가방을 훔쳤어요.

У меня́ укра́ли су́мку.
우 미냐 우크랄리 숨꾸

제 물건들을 훔쳤어요.

Мои́ ве́щи укра́дены.
마이 볘쒸 우크라지느

누군가 제 여행 트렁크를 훔쳤어요.

Кто́-то укра́л мой чемода́н.
끄또따 우크랄 모이 치마단

도난 신고하고 싶은데요.

Я хочу́ заяви́ть о кра́же.
야 하추 자이비찌 아 끄라제

제 신용 카드를 도난당했어요. 정지시켜야 해요.

У меня́ укра́ли креди́тную ка́рту. Её на́до заблоки́ровать.
우 미냐 우크랄리 끄리지트누유 까르뚜.
이요 나다 자블라끼라바찌

소매치기

가방을 항상 몸 앞에 들고 있어라.

Всегда́ держи́ су́мку впереди́ себя́.
프시그다 지르즈 숨꾸 프삐리지 시뱌

주변에 사람들이 많으면 자신의 가방을 잘 지키세요.

Следи́те за свое́й су́мкой, когда́ вокру́г мно́го люде́й.
슬리지쩨 자 스바예이 숨까이, 까그다 바크루ㅋ 므노가 류제이

사람 많은 장소에서 소매치기를 조심하세요.

Береги́тесь карма́нников в многолю́дном ме́сте.
비리기찌시 까르마니까ㅍ 브 므나갈류드남 몌스쩨

시내에 전문 소매치기가 활동해요.

В го́роде де́йствуют профессиона́льные карма́нники.
브 고라제 제이스트부유ㅌ 쁘라피시아날리느예 까르마니끼

소매치기가 제 휴대폰을 훔쳤어요.

Карма́нник вы́тащил у меня́ телефо́н.
까르마니ㅋ 브따쉴 우 미냐 찔리폰

기차역에서 소매치기가 체포됐어요.

На вокза́ле был заде́ржан карма́нник.
나 바그잘례 블 자제르잔 까르마니ㅋ

사기

이 사기꾼이 많은 사람들을 속였어요.

Э́тот моше́нник обману́л мно́гих люде́й.
에따ㅌ 마셰니ㅋ 아브마눌 므노기ㅎ 류제이

그가 사기꾼이라는 걸 저는 바로 알았어요.

Я сра́зу по́нял(поняла́), что он моше́нник.
야 스라주 뽀닐(빠닐라), 쉬또 온 마셰니ㅋ

저는 그를 사기죄로 신고하고 싶어요.

Я хочу́ пода́ть заявле́ние о моше́нничестве на него́.
야 하추 빠다찌 자이블례니예 아 마셰니치스트볘 나 니보

그는 사기죄로 기소되었어요.

Ему́ предъяви́ли обвине́ние в моше́нничестве.
이무 쁘리드이빌리 아브비녜니예 브 마셰니치스트볘

그게 순전히 사기였어요.

Э́то бы́ло настоя́щее моше́нничество.
에따 블라 나스따야쎼예 마셰니치스트바

어떤 사기꾼들이 연락해서 신용 카드 번호를 불러 달라고 했어요.

Звони́ли каки́е-то моше́нники и проси́ли назва́ть но́мер креди́тной ка́рты.
즈바닐리 까끼예따 마셰니끼 이 쁘라실리 나즈바찌 노미르 끄리지트나이 까르뜨

경찰서에 신고하고 싶어요.

Я хочу́ заяви́ть в поли́цию.
야 하추 자이비찌 프 빨리쯔유

Я хочу́ пода́ть заявле́ние
в поли́цию.
야 하추 빠다찌 자이블례니예 프 빨리쯔유

범죄를 신고하고 싶은데요.

Я хочу́ заяви́ть о
преступле́нии.
야 하추 자이비찌 아 쁘리스뚜플례니이

여기 가장 가까운 경찰서가 어디에
있나요?

Где здесь ближа́йший
полице́йский уча́сток?
그제 즈제시 블리자이쉬 빨리쩨이스끼
우차스따ㅋ?

사람이 위협받고 있어요.
경찰을 불러 주세요!

Челове́ку угрожа́ют.
Вы́зовите поли́цию!
칠라볘꾸 우그라자유ㅌ. 브자비쩨 빨리쯔유!

한국 대사관에 연락하고 싶어요.

Я хочу́ связа́ться с
посо́льством Респу́блики
Коре́я.
야 하추 스비자짜 스 빠솔스트밤 리스뿌블리끼
까례야

길에서 차 두 대가 충돌했어요.

На доро́ге столкну́лись
две маши́ны.
나 다로게 스딸크눌리시 드볘 마쉬느

사고가 났어요. 경찰을 불러 주세요!

Произошла́ ава́рия.
Вы́зовите поли́цию!
쁘라이자쉴라 아바리야. 브자비쩨 빨리쯔유!

사고를 당했어요.

Я попа́л(а) в ава́рию.
야 빠빨(라) 브 아바리유

제 차를 뒤쪽에서 받았어요.

На мою́ маши́ну нае́хали
сза́ди.
나 마유 마쉬누 나예할리 자지

제 차를 옆에서 받았어요.

На мою́ маши́ну нае́хали
сбо́ку.
나 마유 마쉬누 나예할리 즈보꾸

사고 현장에서 차가 뺑소니쳤어요.

Маши́на скры́лась с ме́ста
ава́рии.
마쉬나 스크를라시 스 몌스따 아바리이

차가 전봇대를 들이받았어요.

Маши́на вруби́лась в
столб.
마쉬나 브루빌라시 프 스똘ㅍ

교통사고 ②

부상자들을 병원에 후송했어요.

Пострада́вших
госпитализи́ровали.

빠스트라다프쉬ㅎ 가스삐딸리지라발리

운전자가 가벼운 부상을 입었어요.

Води́тель получи́л лёгкие
теле́сные поврежде́ния.

바지찔 빨루칠 료흐끼예 찔레스느예
빠브리즈제니야

빨간불에 정차하지 않으셨어요.

Вы не останови́лись на
кра́сный свет.

브 니 아스따나빌리시 나 끄라스느이 스베트

미끄러운 길에서 안전 운전하지 못해
미끄러졌어요.

Я не
спра́вился(спра́вилась)
с управле́нием на
ско́льзской доро́ге.

야 니 스프라빌샤(스프라빌라시) 스
우프라블례니옘 나 스꼴스까이 다로게

운전 중 바퀴에 펑크가 났어요.

Во вре́мя движе́ния
проколо́лось колесо́.

바 브례먀 드비제니야 쁘라깔롤라시 깔리소

음주 상태로 운전대를 잡지 마세요.

Не сади́тесь за руль в
нетре́звом ви́де.

니 사지찌시 자 룰 브 니트례즈밤 비제

응급 전화번호

'범죄 신고는 112, 화재 신고는 119' 우리나라의 긴급 전화번호입니다.
러시아에서 응급 상황 시 필요한 긴급 전화번호는 어떻게 될까요?

	무선	유선
대표 응급	112	
소방	101	01
경찰	102	02
구급	103	03
가스 사고	104	04
아동 폭력	121 123	

기타 서비스

• 현재 시각 100
• 은행 카드 중지 116
• 국가 도로 교통 안전국 127

안전사고

사람이 물에 빠졌어요!

Челове́к упа́л в во́ду!

칠라볘ㅋ 우빨 브 보두!

사람이 감전됐어요!

Челове́ка уда́рило то́ком!

칠라볘까 우다릴라 또깜!

저는 빙판길에 넘어져서 다리가
부러졌어요.

Я упа́л(а) на льду и
слома́л(а) но́гу.

야 우빨(라) 나 리두 이 슬라말(라) 노구

길이 빙판이야. 넘어지지 않도록 해.

На у́лице гололёд.
Смотри́ не упади́.

나 울리쩨 갈랄료ㅌ. 스마트리 니 우빠지

고드름 밑으로 다니지 마세요.
고드름이 떨어질 수 있어요.

Не ходи́те под
сосу́льками. Они́ мо́гут
упа́сть.

니 하지쩨 빠ㅌ 사술까미. 아니 모구ㅌ 우빠스찌

지붕 아래로 다니지 마. 지붕에서 눈이
내려 떨어질 수 있어.

Не ходи́ под кры́шей.
С кры́ши мо́жет сползти́
снег.

니 하지 빠ㅌ 끄르셰이. 스 끄르쉬 모즈ㅌ
스빨즈찌 스녜ㅋ

화재

불이야!

Пожа́р!

빠자르!

화재경보기를 켜 주세요!

Включи́те пожа́рную
сигнализа́цию!

프클루치쩨 빠자르누유 시그날리자쯔유!

주의하세요! 화재경보입니다!

Внима́ние!
Пожа́рная трево́га!

브니마니예! 빠자르나야 뜨리보가!

소화기를 가져와!

Принеси́ огнетуши́тель!

쁘리니시 아그니뚜쉬찔!

소방차를 불러 주세요.

Вы́зовите пожа́рную
слу́жбу.

브자비쩨 빠자르누유 슬루즈부

모든 사람들을 건물에서 대피시켜야
해요.

Ну́жно всех эвакуи́ровать
из зда́ния.

누즈나 프세ㅎ 에바꾸이라바찌 이즈 즈다니야

물수건이나 천으로 입과 코를 가리세요.

Прикро́йте рот и нос
мо́крым полоте́нцем и́ли
тря́пкой.

쁘리크로이쩨 로ㅌ 이 노ㅅ 모크름 빨라쩬쩸
일리 뜨랴프까이

자연재해 ①

밤에 지진이 일어났어요.

Но́чью произошло́ землетрясе́ние.

노치유 쁘라이자쉴로 지믈리트리세니예

진도 3의 지진이 발생했다.

Произошло́ землетрясе́ние си́лой в три ба́лла.

쁘라이자쉴로 지믈리트리세니예 실라이 프 뜨리 발라

지진 진동이 끝나면 건물에서 나와야 해요.

Ну́жно выходи́ть из зда́ния, когда́ зако́нчатся толчки́ землетрясе́ния.

누즈나 브하지찌 이즈 즈다니야, 까그다 자꼰차짜 딸츠끼 지믈리트리세니야

어제 우리 동네에 홍수가 났어요.

Вчера́ наш райо́н затопи́ло.

프치라 나쉬 라욘 자따삘라

거센 태풍으로 건물 위에 간판들이 날아갔고 나무는 뿌리째 뽑혔어요.

Си́льным урага́ном сорва́ло вы́вески со зда́ний и вы́рвало дере́вья.

실리늠 우라가남 사르발라 브비스끼 사 즈다니이 브르발라 지례비야

자연재해 ②

거센 바람이 지붕을 날렸어요.

Си́льный ве́тер сорва́л кры́шу до́ма.

실리느이 베찌르 사르발 끄르슈 도마

거센 바람이 전선을 끊었고, 우리는 전기가 끊겼어요.

Си́льный ве́тер оборва́л провода́, и у нас не́ было электри́чества.

실리느이 베찌르 아바르발 쁘라바다, 이 우 나ㅅ 녜 블라 엘리크트리치스트바

사람들이 지붕 위에서 구조 대원들을 기다리고 있었어요.

Лю́ди на кры́ше до́ма жда́ли спаса́телей.

류지 나 끄르셰 도마 즈달리 스빠사찔례이

강추위로 학교 수업이 중단되었어요.

Из-за си́льных моро́зов прекращены́ заня́тия в шко́лах.

이자 실리느ㅎ 마로자ㅍ 쁘리크라쒸느 자냐찌야 프 쉬꼴라ㅎ

짙은 안개로 항공편이 지연되었어요.

Из-за густо́го тума́на бы́ли отло́жены полёты самолётов.

이자 구스또바 뚜마나 블리 아틀로즈느 빨료뜨 사말료따ㅍ

장례

조문 인사 ①

할아버지가 오늘 아침에 돌아가셨어요.

Сего́дня у́тром у́мер де́душка.
시보드냐 우트람 우미ㄹ 제두쉬까

장례식에서 눈물을 참지 못했어요.

Я не мог(могла́) сдержа́ть слёзы на похорона́х.
야 니 모ㅋ(마글라) 즈제르자찌 슬료즈 나 빠하라나ㅎ

장례식에서 모든 사람들이 울고 있었어요.

На похорона́х все пла́кали.
나 빠하라나ㅎ 프세 쁠라깔리

장례식에 모든 친척들이 왔어요.

На по́хороны пришли́ все ро́дственники.
나 뽀하라느 쁘리쉴리 프세 로쯔트비니끼

길에서 장의 행렬이 가고 있어요.

По у́лице идёт похоро́нная проце́ссия.
빠 울리쩨 이죠트 빠하로나야 쁘라쩨시야

장례식에 참석할 수 없어요.

Я не смогу́ пойти́ на по́хороны.
야 니 스마구 빠이찌 나 뽀하라느

조의를 표합니다.

Выража́ю свои́ соболе́знования.
브라자유 스바이 사발례즈나바니야

Прими́те мои́ соболе́знования.
쁘리미쩨 마이 사발례즈나바니야

Прими́те мои́ соболе́знования ва́шей утра́те.
쁘리미쩨 마이 사발례즈나바니야 바셰이 우트라쩨

진심으로 조의를 표합니다.

Выража́ю свои́ и́скренние соболе́знования.
브라자유 스바이 이스크리니예 사발례즈나바니야

Прими́те мои́ глубо́кие соболе́знования.
쁘리미쩨 마이 글루보끼예 사발례즈나바니야

Приношу́ и́скренние соболе́знования.
쁘리나슈 이스크리니예 사발례즈나바니야

당신과 함께 가슴 아파하고 있습니다.

Разделя́ю ва́шу скорбь.
라즈질랴유 바슈 스꼬르피

Скорблю́ вме́сте с ва́ми.
스까르블류 브메스쩨 스 바미

조문 인사 ②

위로의 말을 전합니다.

Сочу́вствую ва́шей бо́ли.
사추스트부유 바셰이 볼리

Я о́чень сочу́вствую и сопережива́ю.
야 오친 사추스트부유 이 사뻬리즈바유

Искренне сопережива́ю вам.
이스크리녜 사뻬리즈바유 밤

Я сопережива́ю ва́шей поте́ре.
야 사뻬리즈바유 바셰이 빠쩨례

어떻게 위로의 말을 전해야 할지 모르겠네요.

Мне тру́дно вы́разить слова́ми, как я сопережива́ю вам.
므녜 뜨루드나 브라지찌 슬라바미, 까ㅋ 야 사뻬리즈바유 밤

고인을 영원히 기억할 것입니다!

Ве́чная па́мять!
베츠나야 빠미찌!

Све́тлая и ве́чная па́мять!
스베틀라야 이 베츠나야 빠미찌!

꼭! 짚고 가기

가장 추운 곳!

러시아에서 공식적으로 가장 추운 곳은 극동 연방지구 북부에 있는 사하 자치 공화국으로, 그곳에서도 야쿠티아 북쪽에 위치한 있는 작은 도시 'Верхоя́нск 비르하얀스ㅋ(베르호얀스크)'입니다.

최저 기온은 1892년 −69.8℃로, −35℃ 이하로 떨어지면 임시 휴교를 해요. 신기하게도 여름 최고 기온은 32℃까지 기록한 적이 있습니다.

사하 자치 공화국의 수도인 'Яку́тск 이꾸쯔ㅋ(야쿠츠크)'도 매우 추운 도시 중 하나예요. 겨울 내내 −40℃ 이하는 기본이며 −64℃ 이하까지 기온이 떨어진 적도 있어요.

못지않게 추운 곳으로는 북극 대륙에 위치한 'Оймяко́н 아이미꼰(오이먀콘)'을 꼽습니다. 최저 기온은 1924년 기록된 −71.2℃로, 기상대에서 측정한 것은 아니나 비공식적으로 가장 추운 장소로 알려져 있어요.

Глава 12

디지털 시대엔 필수!

Глава 12

Компьютер и Интернет 깜피유떼르 이 인떼르네트 컴퓨터&인터넷

компью́тер 깜피유떼르 n.m. 컴퓨터	**ноутбу́к** 노우트부ㅋ n.m. 노트북	**планше́т** 쁠란셰트 n.m. 태블릿 컴퓨터
	монито́р 마니또르 n.m. 모니터	**клавиату́ра** 끌라비아뚜라 n.f. 키보드
мы́шка 므쉬까 n.f. (컴퓨터) 마우스; 쥐	**при́нтер** 쁘린떼르 n.m. 프린터	**веб-ка́мера** 베프까미라 n.f. 웹캠
файл 파일 n.m. 파일	**сохраня́ть - сохрани́ть** 사흐라냐찌–사흐라니찌 v. 저장하다	**удаля́ть - удали́ть** 우달랴찌–우달리찌 v. 삭제하다, 없애다
интерне́т 인떼르네트 n.m. 인터넷	**Wi-Fi(вайфа́й)** 바이파이 n.m. 와이파이	**сеть** 세찌 n.f. 네트워크
электро́нная по́чта 엘리크트로나야 뽀츠따 이메일	**по́иск** 뽀이스ㅋ n.m. 검색	**социа́льная сеть** 사쯔알나야 세찌 SNS
блог 블로ㅋ n.m. 블로그	**онла́йн-игра́** 온라인이그라 온라인 게임	**интерне́т-шо́пинг** 인떼르네트쇼핀ㅋ 인터넷 쇼핑

Телефон _{찔리폰} 전화

телефо́н _{찔리폰} n.m. 전화; 전화기 	моби́льный телефо́н 마빌리느이 찔리폰 = со́товый телефо́н 소따브이 찔리폰 휴대전화 	смартфо́н _{스마르트폰} n.m. 스마트폰
	звони́ть - позвони́ть 즈바니찌 – 빠즈바니찌 v. 전화하다 	класть - положи́ть тру́бку 끌라스찌 – 빨라지찌 뜨루프꾸 전화를 끊다
	но́мер телефо́на 노미르 찔리포나 전화번호 	видеозвоно́к 비디오즈바노ㅋ n.m. 영상통화
	те́кстовое сообще́ние 쩨크스따바예 사아프쎄니예 문자 메시지 СМС _{에세메ㅅ} n.f./n.n. 문자 메시지, SMS	приложе́ние _{쁘릴라제니예} n.n. 애플리케이션, 앱; 첨부
	включа́ть - включи́ть 프클류차찌 – 프클류치찌 v. 켜다 	выключа́ть - вы́ключить 브클류차찌 – 브클류치찌 v. 끄다
	батаре́я _{바따례야} n.f. 배터리, 건전지 	заря́дка _{자랴트까} n.f. 충전기

컴퓨터 ①

새 컴퓨터를 설치해야 해요.

На́до установи́ть но́вый компью́тер.
나다 우스따나비찌 노브이 깜피유떼르

컴퓨터 설치하는 거 도와줘.

Помоги́ мне установи́ть компью́тер.
빠마기 므녜 우스따나비찌 깜피유떼르

저는 일하고 공부하는 데 컴퓨터를 사용해요.

Я по́льзуюсь компью́тером для рабо́ты и обуче́ния.
야 뽈주시 깜피유떼람 들랴 라보뜨 이 아부체니야

컴퓨터가 없으면 아무 일도 안 돼요.
(컴퓨터가 없으면 손이 없는 것과 같다.)

Без компью́тера как без рук.
베ㅈ 깜피유떼라 까ㅋ 베ㅈ 루ㅋ

저는 항상 컴퓨터로 일을 해요.

Я всегда́ рабо́таю на компью́тере.
야 프시그다 라보따유 나 깜피유떼례

저는 오디오 파일과 비디오 파일을 컴퓨터에서 편집해요.

Я редакти́рую а́удио- и видеофа́йлы на компью́тере.
야 리다크찌루유 아우지오 이 비지오파일르 나 깜피유떼례

컴퓨터 ②

너는 컴퓨터를 잘 다루니?

Ты хорошо́ разбира́ешься в компью́терах?
뜨 하라쇼 라즈비라이쉬샤 프 깜피유떼라ㅎ?

저는 주로 그래픽 프로그램을 사용하여 일해요.

Я в основно́м рабо́таю с графи́ческими програ́ммами.
야 브 아스나브놈 라보따유 스 그라피치스끼미 쁘라그라마미

저는 두 개의 모니터를 사용해요.

Я испо́льзую два монито́ра.
야 이스뽈주유 드바 마니또라

저는 항상 노트북을 들고 다녀요.

Я всегда́ ношу́ с собо́й ноутбу́к.
야 프시그다 나슈 스 사보이 노우트부ㅋ

컴퓨터가 작동이 안 돼요.

Компью́тер не рабо́тает.
깜피유떼르 니 라보따이ㅌ

컴퓨터가 고장 났어요.

Компью́тер слома́лся.
깜피유떼르 슬라말샤

컴퓨터 사양

제 컴퓨터가 오래돼서 이 프로그램을 설치할 수 없어요.

У меня́ ста́рый компью́тер, поэ́тому э́ту програ́мму не установи́ть.

우 미냐 스따르이 깜피유떼ㄹ, 빠에따무 에뚜 쁘라그라무 니 우스따나비찌

이 프로그램의 예전 버전이 필요해요.

Мне нужна́ ста́рая ве́рсия э́той програ́ммы.

므네 누즈나 스따라야 베르시야 에따이 쁘라그라므

제 컴퓨터에서 이 게임을 실행할 수 없어요.

На моём компью́тере э́та игра́ не запуска́ется.

나 마욤 깜피유떼례 에따 이그라 니 자뿌스까이짜

어떤 OS를 쓰고 있니?

Кака́я операцио́нная систе́ма на твоём компью́тере?

까까야 아뻬라쯔오나야 시스쩨마 나 뜨바욤 깜피유떼례?

Windows 버전을 업그레이드해야겠어요.

Ну́жно обнови́ть ве́рсию Windows.

누즈나 아브나비찌 베르시유 빈도우ㅅ

모니터

모니터를 켜 줘.

Включи́ монито́р.

프클류치 마니또ㄹ

모니터가 켜지지 않아요.

Монито́р не включа́ется.

마니또ㄹ 니 프클류차이짜

모니터가 연결되어 있는지 확인해 줘.

Прове́рь, подсоединён ли монито́р.

쁘라베리, 빠짜이지뇬 리 마니또ㄹ

모니터 화면이 흔들려요.

Изображе́ние дрожи́т.

이자브라제니예 드라즈ㅌ

모니터 수리를 맡겨야겠어요.

Ну́жно отнести́ монито́р в ремо́нт.

누즈나 아트니스찌 마니또ㄹ 브 리몬ㅌ

모니터 닦아 줘.

Протри́ монито́р.

쁘라트리 마니또ㄹ

저는 넓은 모니터를 설치하고 싶어요.

Я хочу́ установи́ть широ́кий монито́р.

야 하추 우스따나비찌 쉬로끼 마니또ㄹ

키보드 & 마우스

저는 독수리 타법이에요.

Я печа́таю двумя́
па́льцами.

야 삐차따유 드부먀 빨짜미

저는 러–영 키보드를 써요.

У меня́ ру́сско-англи́йская
клавиату́ра.

우 미냐 루스까안글리이스까야 끌라비아뚜라

저는 키보드에 러시아 알파벳 스티커를
붙이고 싶어요.

Я хочу́ прикле́ить
накле́йки с ру́сским
алфави́том на клавиату́ру.

야 하추 쁘리클레이찌 나클레이끼 스 루스낌
알파비땀 나 끌라비아뚜루

제 키보드에 Ё 키가 안 먹혀요.

У меня́ запада́ет кла́виша
с бу́квой Ё.

우 미냐 자빠다이트 끌라비샤 스 부크바이 요

무선 마우스를 사야겠어요.

Ну́жно купи́ть
беспроводну́ю мышь.

누즈나 꾸삐찌 비스프라바드누유 므쉬

마우스가 말을 안 들어요.

Мы́шка не слу́шается.

므쉬까 니 슬루샤이짜

커서가 안 움직여요.

Курсо́р не дви́гается.

꾸르소ㄹ 니 드비가이짜

프린터 & 복사기

문서를 인쇄해야 해요.

Ну́жно распеча́тать
докуме́нт.

누즈나 라스삐차따찌 다꾸몐트

프린터에 종이가 걸렸어요.

В при́нтере застря́ла
бума́га.

프 쁘린떼례 자스트랼라 부마가

프린터에 걸린 종이를 빼 줘.

Вы́тащи застря́вшую
бума́гу из при́нтера.

브따쒸 자스트랴프슈유 부마구 이스 쁘린떼라

문서의 복사본을 만들어야 해요.

Ну́жно сде́лать ко́пию
докуме́нта.

누즈나 즈젤라찌 꼬삐유 다꾸몐따

저는 복합기를 사고 싶어요.

Я хочу́ купи́ть
многофункциона́льное
устро́йство.

야 하추 꾸삐찌 므노가푼크쯔아날리나예
우스트로이스트바

프린터 카트리지를 교체해야 해요.

Ну́жно замени́ть
ка́ртриджи в при́нтере.

누즈나 자미니찌 까르트리즈 프 쁘린떼례

문서 작업

문서를 워드 형식으로 보내 주세요.

Пришли́те докуме́нт в форма́те Word.
쁘리쉴리쩨 다꾸멘ㅌ 프 파르마쩨 보르ㅌ

엑셀 프로그램에서 작업할 수 있어요?

Вы мо́жете рабо́тать с програ́ммой Excel?
브 모즈쩨 라보따찌 스 쁘라그라마이 에크셀?

MS 오피스 기본 프로그램을 다룰 줄 아는 직원이 필요합니다.

Нам тре́буется сотру́дник с уме́нием рабо́тать с ба́зовыми програ́ммами MS Office.
남 뜨례부이짜 사트루드니ㅋ 스 우메니옘 라보따찌 스 바자브미 쁘라그라마미 엠에스오피ㅅ

파워포인트로 프레젠테이션을 준비해 주세요.

Пригото́вьте презента́цию в форма́те Power Point.
쁘리가또삐쩨 쁘리진따쯔유 프 파르마쩨 빠베르 뽀인ㅌ

나는 텍스트를 입력할 거예요. 편집해 줄 수 있어요?

Я наберу́ те́кст. Смо́жете его́ отредакти́ровать?
야 나비루 쩨크스ㅌ. 스모즈쩨 이보 아트리다크찌라바찌?

파일 저장 & 관리

파일을 저장하는 것을 잊어버렸어요.

Я забы́л(а) сохрани́ть файл.
야 자블(라) 사흐라니찌 파일

모르고 '저장 취소' 버튼을 눌러 버렸어요.

Я неча́янно нажа́л(а) на кно́пку «Не сохрани́ть».
야 니차이나 나잘(라) 나 끄노프꾸 '니 사흐라니찌'

컴퓨터가 다운돼서 파일이 저장되지 않았어요.

Компью́тер зави́с, и файл не сохрани́лся.
깜피유쩨르 자비ㅅ, 이 파일 니 사흐라닐샤

어떤 이름으로 파일을 저장했는지 기억이 안 나요.

Я не по́мню, под каки́м и́менем сохрани́л(а) файл.
야 니 뽐뉴, 빠ㅌ 까낌 이미넴 사흐라닐(라) 파일

어떤 폴더에 파일을 저장했니?

В како́й па́пке ты сохрани́л(а) файл?
프 까꼬이 빠프께 뜨 사흐라닐(라) 파일?

폴더를 압축해야 해요.

Ну́жно сжать па́пку.
누즈나 즈자찌 빠프꾸

압축 폴더를 풀어야 해요.

Ну́жно разжа́ть па́пку.
누즈나 라즈자찌 빠프꾸

인터넷 ①

\# 저는 늘 인터넷을 사용해요.

Я всегда́ по́льзуюсь Интерне́том.

야 프시그다 뽈주유시 인떼르네땀

\# 컴퓨터가 인터넷에 연결돼 있어요?

Компью́тер подсоединён к Интерне́ту?

깜피유떼ㄹ 빠짜이지뇬 크 인떼르네뚜?

\# 우리는 무선 인터넷이 있어요.

У нас беспроводно́й Интерне́т.

우 나ㅅ 비스프라바드노이 인떼르네ㅌ

\# 인터넷 연결이 자꾸 끊겨요.

Связь с Интерне́том постоя́нно обрыва́ется.

스뱌시 스 인떼르네땀 빠스따야나 아브르바이짜

\# 인터넷 연결이 안 돼요.

Нет свя́зи с Интерне́том.

녜ㅌ 스뱌지 스 인떼르네땀

\# 인터넷 접속이 안 돼요.

Нет до́ступа к Интерне́ту.

녜ㅌ 도스뚜빠 크 인떼르네뚜

인터넷 ②

\# 저는 인터넷하는 것을 좋아해요.

Я люблю́ сиде́ть в Интерне́те.

야 류블류 시졔찌 브 인떼르네쩨

\# 인터넷하는 시간 좀 줄여라.

Поме́ньше сиди́ в Интерне́те.

빠몌니셰 시지 브 인떼르네쩨

\# 저는 인터넷을 통해 친구들과 연락해요.

Я обща́юсь с друзья́ми че́рез Интерне́т.

야 아프쌰유시 스 드루지야미 체리ㅈ 인떼르네ㅌ

\# 저는 인터넷 뱅킹을 자주 이용해요.

Я ча́сто по́льзуюсь интерне́т-ба́нкингом.

야 차스따 뽈주유시 인떼르네트반낀감

\# 저는 인터넷으로 외국어 공부를 해요.

Я учу́ иностра́нные языки́ по Интерне́ту.

야 우추 이나스트라느예 이즈끼 빠 인떼르네뚜

\# 저는 항상 인터넷으로 필요한 정보를 검색해요.

Я всегда́ ищу́ ну́жную информа́цию в Интерне́те.

야 프시그다 이쓔 누즈누유 인파르마쯔유 브 인떼르네쩨

여기서 잠깐!

'интерне́т 인떼르네ㅌ(인터넷)' 첫글자 И은 대·소문 자 모두 가능하지만 복합어인 경우 소문자로 씁니다.

이메일

서류를 이메일로 보내 주세요.

Пришли́те мне докуме́нты по электро́нной по́чте.
쁘리쉴리쩨 므녜 다꾸몐뜨 빠 엘리크트로나이 뽀츠쩨

Пришли́те мне докуме́нты по име́йлу.
쁘리쉴리쩨 므녜 다꾸몐뜨 빠 이메일루

이메일 주소를 알려 주세요.

Да́йте мне а́дрес ва́шей электро́нной по́чты.
따이쩨 므녜 아드리ㅅ 바셰이 엘리크트로나이 뽀츠뜨

너의 이메일 주소를 알려 줘.

Дай мне твой име́йл-а́дрес.
다이 므녜 뜨보이 이메일아드리ㅅ

이메일로 답장을 보내 드리겠습니다.

Мы отве́тим вам по электро́нной по́чте.
므 아트볘찜 밤 빠 엘리크트로나이 뽀츠쩨

스팸 메일이 많이 왔어요.

На электро́нную по́чту пришло́ мно́го спа́ма.
나 엘리크트로누유 뽀츠뚜 쁘리쉴로 므노가 스빠마

SNS & 블로그

'프콘탁테'를 이용하니?

Ты по́льзуешься «ВКонта́кте»?
뜨 뽈주이쉬샤 '프깐따크쩨'?

나를 친구로 추가해 줘.

Доба́вь меня́ в друзья́.
다바피 미냐 브 드루지야

저는 '페이스북'에서 제 친구들을 찾았어요.

Я нашёл(нашла́) свои́х друзе́й в «Фейсбу́ке».
야 나숄(나쉴라) 스바이ㅎ 드루제이 프 '페이스부꼐'

그녀가 '인스타그램'에 새 사진을 올렸어요.

Она́ вы́весила но́вые фо́то в «Инстагра́ме».
아나 브비실라 노브예 포따 브 '인스따그라몌'

'오드노클라스니키'에서 제 페이지가 해킹당했어요.

Мою́ страни́цу в «Однокла́ссниках» взлома́ли.
마유 스트라니쭈 브 '아드나클라스니까ㅎ' 브즐라말리

여기서 잠깐!
이메일 주소의 기호 @은 'соба́ка 사바까(개)'라고 하고,
'점'은 'то́чка 또츠까'라고 해요.

휴대전화

휴대폰 전화번호가 어떻게 되세요?

Како́й ваш но́мер мобѝльного телефо́на?
까꼬이 바쉬 노미르 마빌리나바 찔리포나?

Како́й у вас но́мер мобѝльного телефо́на?
까꼬이 우 바스 노미르 마빌리나바 찔리포나?

네 전화번호를 저장 안 했어.

Я не сохрани́л(а) твой но́мер телефо́на.
야 니 사흐라닐(라) 뜨보이 노미르 찔리포나

제 전화번호가 변경되었어요.

У меня́ поменя́лся но́мер телефо́на.
우 미냐 빠미날샤 노미르 찔리포나

Я поменя́л(а) но́мер телефо́на.
야 빠미날(라) 노미르 찔리포나

휴대전화 충전해야 해요.

Ну́жно заряди́ть телефо́н.
누즈나 자리지찌 찔리폰

너 충전기 있니?

У тебя́ есть заря́дка для телефо́на?
우 찌뱌 예스찌 자랴트까 들랴 찔리포나?

휴대전화 문제

제 휴대폰이 방전되었어요.

У меня́ разряди́лся телефо́н.
우 미냐 라즈리질샤 찔리폰

제 전화기 배터리가 곧 방전될 거예요.

У меня́ ско́ро разряди́тся батаре́я.
우 미냐 스꼬라 라즈리지짜 빠따례야

제 휴대폰 액정에 금이 갔어요.

У меня́ тре́снул экра́н на телефо́не.
우 미냐 뜨례스눌 에크란 나 찔리포네

제 휴대폰 저장 공간이 조금밖에 없어요.

У меня́ ма́ло па́мяти в телефо́не.
우 미냐 말라 빠미찌 프 찔리포네

휴대전화가 말을 안 들어요.

Телефо́н не слу́шается.
찔리폰 니 슬루샤이짜

너 보조 배터리 사야겠다.
(너 파워뱅크를 사야겠다.)

Тебе́ на́до купи́ть пауэрба́нк.
찌볘 나다 꾸삐찌 빠우에르반ㅋ

여기서 잠깐!
'충전기'는 'заря́дное устро́йство 자랴드나예 우스트로이스트바'인데, 회화에서는 'заря́дка 자랴트까'라고 합니다.

여기서 잠깐!
'보조 배터리'는 'вне́шний аккумуля́тор 브녜쉬니이 아꾸물랴따르'인데, 회화에서는 주로 'пауэрба́нк 빠우에르반ㅋ(파워뱅크)'라고 부릅니다.

380

휴대전화 기능

저는 휴대폰 모닝콜 기능을 항상
이용해요.

Я всегда́ по́льзуюсь
буди́льником на телефо́не.
야 프시그다 뽈주유시 부질리니깜 나 찔리포녜

제가 좋아하는 음악을 휴대전화에
다운로드했어요.

Я скача́л(а) люби́мую
му́зыку на телефо́н.
야 스까찰(라) 류비무유 무즈꾸 나 찔리폰

저는 스마트폰으로 사진 찍는 것을
좋아해요.

Я люблю́
фотографи́ровать
смартфо́ном.
야 류블류 파따그라피라바찌 스마르트포남

휴대폰으로 전자책 읽는 것을 좋아해요.

Я люблю́ чита́ть
электро́нные кни́ги на
телефо́не.
야 류블류 치따찌 엘리크트로느예 끄니기 나
찔리포녜

저는 스마트폰으로 게임하는 것을
좋아해요.

Я люблю́ игра́ть в и́гры на
смартфо́не.
야 류블류 이그라찌 브 이그르 나 스마르트포녜

꼭! 짚고 가기

축약어와 약자

러시아 사람들이 이메일이나 각종 서류에서 간단하고 빠른 정보 전달을 위해 자주 사용하는 축약어와 약자들을 알아볼게요.

한국어	러시아어
러시아 연방	Росси́йская Федера́ция 라시이스까야 피지라쯔야
	축약어/약자
	РФ
상트페테르부르크	Санкт-Петербу́рг 산크트뻬찌르부르ㅋ
	СПб.
철도	желе́зная доро́га 즐례즈나야 다로가
	ж.д. 또는 ж/д
(러시아의) 주	о́бласть 오블라스찌
	обл.
도시	го́род 고라트
	г.
거리	у́лица 울리짜
	ул.
국가의, 국립의	госуда́рственный 가수다르스트비느이
	гос.
~씨 (남성 존칭어)	господи́н 가스빠진
	г-н
~씨 (여성 존칭어)	госпожа́ 가스빠자
	г-жа
남성의	мужско́й 무쉬스꼬이
	муж. 또는 м.
여성의	же́нский 젠스끼
	жен. 또는 ж.
성, 이름, 부칭	фами́лия 파밀리야, и́мя 이먀, о́тчество 오치스트바
	Ф.И.О 또는 ф.и.о.
루블	рубль 루블
	руб.

문자 메시지

문자 메시지를 보내 드리겠습니다.

Я пришлю́ вам
СМС-сообще́ние.
야 쁘리쉴류 밤 에세메스사아프쎼니예

너에게 문자가 왔어.

Тебе́ пришла́ эсэмэ́ска.
찌볘 쁘리쉴라 에세메스까

저는 모르는 번호로 문자 메시지를 받았어요.

Мне пришло́ СМС с
незнако́мого но́мера.
므녜 쁘리쉴로 에세메ㅅ 스 니즈나꼬마바 노미라

죄송합니다, 문자를 잘못 보내 드렸습니다.

Извини́те, я по оши́бке
отпра́вил(а) СМС.
이즈비니쪠, 야 빠 아쉬프께 아트프라빌(라)
에세메ㅅ

주소를 문자로 보내 주세요.

Пришли́те мне СМС с
а́дресом.
쁘리쉴리쪠 므녜 에세메ㅅ 스 아드리삼

저에게 음성 메시지가 왔어요.

Мне пришло́ звуково́е
сообще́ние.
므녜 쁘리쉴로 즈부까보예 사아프쎼니예

벨소리

저는 벨소리를 다운로드했어요.

Я скача́л(а) му́зыку для
звонка́ на телефо́н.
야 스까찰(라) 무즈꾸 들랴 즈반까 나 찔리폰

휴대폰을 진동으로 해 줘.

Поста́вь телефо́н на
вибра́цию.
빠스따피 찔리폰 나 비브라쯔유

휴대폰을 무음 모드로 해 줘.

Поста́вь телефо́н на
бесшу́мный режи́м.
빠스따피 찔리폰 나 비스슘느이 리즘

휴대전화 벨소리를 꺼 주세요.

Отключи́те звук
моби́льных телефо́нов.
아트클류치쪠 즈부ㅋ 마빌리느ㅎ 찔리포나ㅍ

네 휴대폰이 울려. 전화 받아.

У тебя́ звони́т телефо́н.
Возьми́ тру́бку.
우 찌뱌 즈바니ㅌ 찔리폰. 바지미 뜨루프꾸

미안해, 휴대폰이 진동으로 되어 있었어. 전화 오는 걸 못 들었어.

Извини́, у меня́ телефо́н
был на вибра́ции. Я не
слыша́л(а) звонка́.
이즈비니, 우 미냐 찔리폰 블 나 비브라쯔이.
야 니 슬르샬(라) 즈반까

382

노트북

새 노트북을 사고 싶어요.

Я хочу́ купи́ть но́вый ноутбу́к.
야 하추 꾸삐찌 노브이 노우트부크

새 노트북 모델을 골라 놨어요.

Я присмотре́л(а) себе́ но́вую моде́ль ноутбу́ка.
야 쁘리스마트렐(라) 시볘 노부유 마델 노우트부까

노트북 얼마 주고 샀니?

За ско́лько ты купи́л(а) свой ноутбу́к?
자 스꼴까 뜨 꾸삘(라) 스보이 노우트부크?

저는 가벼운 노트북이 필요한데요.

Мне ну́жен лёгкий ноутбу́к.
므녜 누즌 료흐끼 노우트부크

몇 시간 동안 배터리 이용 가능해요?

Ско́лько часо́в мо́жно по́льзоваться батаре́ей?
스꼴까 치소프 모즈나 뽈자바짜 바따례예이

노트북 배터리를 충전해야 해요.

Мне ну́жно заряди́ть батаре́ю на ноутбу́ке.
므녜 누즈나 자리지찌 바따례유 나 노우트부꼐

태블릿 PC

태블릿 PC를 사고 싶어요.

Я хочу́ купи́ть планше́т.
야 하추 꾸삐찌 쁠란셰트

저는 항상 태블릿 PC를 갖고 다녀요.

Я всегда́ ношу́ с собо́й планше́т.
야 프시그다 나슈 스 사보이 쁠란셰트

저는 컴퓨터 대신에 태블릿 PC를 사용해요.

Я испо́льзую планше́т вме́сто компью́тера.
야 이스뽈주유 쁠란셰트 브몌스따 깜피유떼라

일할 때 태블릿 PC가 필요해요.

Для рабо́ты мне ну́жен планше́т.
들랴 라보뜨 므녜 누즌 쁠란셰트

태블릿 PC 케이스가 필요해요.

Мне ну́жен чехо́л для планше́та.
므녜 누즌 치홀 들랴 쁠란셰따

태블릿 PC에 저장 공간이 충분하지 않아요.

В планше́те недоста́точно па́мяти.
프 쁠란셰쩨 니다스따따츠나 빠미찌

디지털카메라	디지털기기

저는 좋은 디지털카메라를 갖고 싶어요.

Я хочу́ хоро́шую цифрову́ю ка́меру.

야 하추 하로슈유 쯔프라부유 까미루

이 카메라로 고품질 사진이 나와요.

На э́той ка́мере получа́ются фо́то высо́кого ка́чества.

나 에따이 까미례 빨루차유짜 포따 브소까바 까치스트바

이 카메라 어느 회사 거예요?

Како́й фи́рмы э́тот фотоаппара́т?

까꼬이 피르므 에따ㅌ 포따아빠라ㅌ?

몇 만 화소 디지털카메라예요?

Ско́лько мегапи́кселей в э́том цифрово́м фотоаппара́те?

스꼴까 몌가삐크실례이 브 에땀 쯔프라봄 포따아빠라쩨?

카메라를 충전해야 해요.

Мне ну́жно подзаряди́ть фотоаппара́т.

므녜 누즈나 빠드자리지찌 포따아빠라ㅌ

저는 스마트워치를 사용해요.

Я по́льзуюсь у́мными часа́ми.

야 뽈주유시 움늬미 치사미

저는 스마트워치와 이어폰을 충전해야 해요.

Мне ну́жно заряди́ть смарт-часы́ и нау́шники.

므녜 누즈나 자리지찌 스마르트치스 이 나우쉬니끼

저는 스마트워치를 이용해 운동추적을 해요.

С по́мощью смарт-часо́в я отсле́живаю свои́ трениро́вки.

스 뽀마쮜유 스마르트치소ㅍ 야 아트슬례즈바유 스바이 뜨리니로프끼

저는 스마트 스피커를 설치하고 와이파이에 연결했어요.

Я установи́л(а) у́мную коло́нку и подключи́л(а) её к Wi-Fi.

야 우스타나빌(라) 움누유 깔론꾸 이 빠트클류칠(라) 이요 크 바이파이

저는 비싼 무선 이어폰을 구입했지만, 한 쪽을 벌써 잃어버렸어요.

Я купи́л(а) дороги́е беспроводны́е нау́шники, но оди́н из них уже́ потеря́лся.

야 꾸삘(라) 다라기예 비스프라바드느예 나우쉬니끼, 노 아진 이즈 니ㅎ 우제 빠찌랼샤